Xpert.press

Die Reihe **Xpert.press** vermittelt Professionals
in den Bereichen Softwareentwicklung,
Internettechnologie und IT-Management aktuell
und kompetent relevantes Fachwissen über
Technologien und Produkte zur Entwicklung
und Anwendung moderner Informationstechnologien.

Dieter Masak

IT-Alignment

IT-Architektur und Organisation

Mit 116 Abbildungen

 Springer

Dieter Masak
plenum Systems
Hagenauer Str. 53
65203 Wiesbaden
dieter.masak@plenum.de

Bibliografische Information der Deutschen Bibliothek
Die Deutsche Bibliothek verzeichnet diese Publikation in der Deutschen
Nationalbibliografie; detaillierte bibliografische Daten sind im Internet über
http://dnb.ddb.de abrufbar.

ISSN 1439-5428
ISBN-10 3-540-31153-X Springer Berlin Heidelberg New York
ISBN-13 978-3-540-31153-9 Springer Berlin Heidelberg New York

Springer ist ein Unternehmen von Springer Science+Business Media
springer.de

© Springer-Verlag Berlin Heidelberg 2006
Printed in Germany

Satz: Druckfertige Daten des Autors
Herstellung: LE-TEX, Jelonek, Schmidt & Vöckler GbR, Leipzig
Umschlaggestaltung: KünkelLopka Werbeagentur, Heidelberg
Gedruckt auf säurefreiem Papier   33/3142 YL – 5 4 3 2 1 0

Danksagung

...für Christiane ...

Dr. Dieter Masak

Inhaltsverzeichnis

1

Einleitung

*I have travelled the length
and breadth of this country
and talked with the best people,
and I can assure you
that data processing is a fad
that won't last out the year.*

Editor Business-Books
Prentice-Hall
1957

Was ist eigentlich eine Organisation? Was Software oder Hardware ist, kann eigentlich jeder beantworten, aber was ist eine Organisation? Die beste Antwort auf diese Frage ist immer noch: Man erkennt eine Organisation, wenn man sie sieht! Unglücklicherweise existiert keine allgemein anerkannte Definition des Begriffs Organisation, da die meisten theoretischen Texte versuchen anhand ihrer jeweiligen Organisationsdefinition bestimmte Phänomene[1] zu erklären. Unabhängig von einer allgemeingültigen Definition herrscht trotzdem eine Übereinstimmung darüber, welche Eigenschaften Organisationen haben müssen:

- Organisationen setzen Technologien ein um Probleme zu lösen, die viele Menschen betreffen,
- eine Organisation besteht immer aus mehreren „Teilnehmern" (Menschen, künstliche Systeme, Organisationen),
- Organisationen führen eine oder mehrere Aktivitäten systematisch und koordiniert durch,
- Organisationen haben immer ein oder mehrere Ziele[2],
- Organisationen werden durch ihre Umwelt beeinflusst und beeinflussen ihre Umwelt[3],
- Organisationen haben Wissen, Kultur, Gedächtnis und Fähigkeiten, welche über den einzelnen Teilnehmer hinausgehen,

---

[1] Bezüglich des Begriffs Phänomen, s. Fußnote S. 348.
[2] Die Ziele müssen nicht unbedingt artikuliert worden sein oder von allen Teilnehmern geteilt werden.
[3] Siehe Anhang A

- Organisationen haben einen legalen Status[4], der über den des einzelnen Teilnehmers hinausgeht.

Der Hintergrund für die Schaffung einer Organisation ist, dass sie die Limitierungen des einzelnen Teilnehmers in kognitiver, zeitlicher und physischer Sicht überwinden kann. Zwar gibt es auch Organisationen wie beispielsweise Vereine, die primär aus Gründen der sozialen Geselligkeit existieren, diese stehen jedoch nicht im Fokus dieses Buchs.

1.1 Geschichte des IT-Einsatzes

Die Geschichte des Einsatzes von IT[5] in Organisationen durchläuft mehrere unterschiedliche Generationen, welche sich als Technologiezyklen und, konsequenterweise, auch als Investitionszyklen darstellen. Für die Investitionszyklen sind neben der Technologie die Konkurrenz sowie staatliche Anforderungen an die einzelnen Organisationen die treibenden Kräfte. Die einzelnen Zyklen lassen sich auf dem Gebiet der reinen Informationsverarbeitung beispielsweise in den Buchhaltungssystemen am besten beobachten, da Computer in der Produktion meist sehr eng mit der Maschinerie[6] verknüpft sind. Die hier dargestellten Zyklen sind idealtypisch. In der Praxis findet man heute in den Organisationen meistens eine Mischung aus allen möglichen Technologien vor, da sich eine einmal erfolgreich eingeführte Technologie in aller Regel nur schwer wieder verdrängen lässt. Insofern sind heute, vergleichbar mit versteinerter Lava als Folge diverser Vulkanausbrüche, stets mehrere Einführungswellen von Technologie in einer Momentaufnahme zu beobachten. Auch der Zeitpunkt für den Beginn und das Ende des Zyklus ist, abhängig von der Art der Organisation und dem jeweiligen Standort, unterschiedlich. Der schnellste Einsatz in den Frühphasen der IT fand sich in der Vergangenheit bei der Reisebranche sowie bei den Versicherungen und Banken. Mittlerweile wurden diese Unternehmen in der Adaptionsfreudigkeit für Softwaretechnologie von Organisationen überholt, deren heutiges Kerngeschäft auf der Internetnutzung beruht. In den sechziger Jahren lagen die amerikanischen Organisationen in aller Regel 5–10 Jahre in ihrer IT-Nutzung vor deutschen Organisationen. Mittlerweile ist der Abstand auf 1–2 Jahre geschrumpft. Dies ist nicht zuletzt auf die zunehmende Internationalisierung und die stärkere Verbreitung von Open-Source-Software zurückzuführen. Die acht idealtypischen Zeitalter der IT-Nutzung sind:

---

[4] Organisationen wie Drogenkartelle oder terroristische Netzwerke haben nur bedingt einen „legalen" Status, trotzdem benötigen diese Organisationen zumindest intern eine Legitimität.

[5] Informationstechnologie. Hierunter wird im Allgemeinen die Summe aus Hard- und Software in einer Organisation verstanden.

[6] Interessanterweise findet eine Trennung von Hard- und Software erst relativ spät statt.

- **1950–1960 Mechanisierung der IT** – Starker Einsatz von Lochkarten oder Lochstreifensystemen, die sich einer mechanischen Tabelliermaschine[7] bedienten, welche durch Hollerith zur Marktreife gebracht wurde und anschließend die Grundlage von *IBM* bildete, kennzeichnen diese Ära. Diese Maschinen konnten mit dem Einsatz von Lochkarten einfache Additionen, Subtraktionen und Sortierungen durchführen. Die treibende Kraft hinter dem Einsatz dieser Maschinen war der steigende Bedarf an Controlling sowie an Berichten für staatliche Organisationen. Computer im heutigen Sinne, digitale elektronische Maschinen, gab es zu dieser Zeit fast nur in Forschungseinrichtungen oder beim Militär. Die beiden ersten kommerziellen Computer wurden 1954 in Betrieb genommen:
  - UNIVAC-1 – In dem amerikanischen Unternehmen *General Electrics* wurde das UNIVAC-System als erstes für Lohnabrechnungen eingesetzt.
  - LEO – In England entstand zum gleichen Zeitpunkt das Lyons Electronic Office, welches die *Lyons Tea Company* nutzte.
- **1960–1970 Zentralisierung der IT** – Mit dem Einsatz erster elektronischer Computer, zum Teil waren sie sogar Analogrechner[8], bildeten die Anschaffungskosten für die Computer das Haupthindernis für eine flächendeckende Einführung in der ganzen Organisation. Die entstehenden Mainframes wurden primär im Bereich der Buchhaltung eingesetzt, was zu einer engen Zusammenarbeit zwischen den Chefbuchhaltern und dem damals größten Anbieter *IBM* führte. In diesem Zeitalter waren Kosten nicht unbedingt die Frage, da die Ausgabenkontrolle direkt dem Chefbuchhalter unterstand. Der Einsatz zentraler Mainframes stärkte die Macht der Buchhaltung enorm, da sie nun die Kontrolle über eine gesuchte zentrale Ressource hatte. Diese Phase wurde dominiert von rein operationellen Applikationen wie:
  - Auftragsabwicklung
  - Lohnbuchhaltung
  - Fakturierung
  - Kostenrechnung
  - Finanzbuchhaltung

  Die Softwareentwicklung wurde hauptsächlich durch die großen Erwartungen der Endbenutzer geprägt, ohne dass es eine besondere Aufmerksamkeit des Managements gab.
- **1970–1980 Rechenzentren** – Die Einführung der „Time Sharing Option"[9] war die Reaktion auf die Erosion der zentralen Macht der Buchhaltung im vorhergegangenen Zyklus. Andere Organisationsteile fingen an

---

[7] Tabulating Machine

[8] Bis weit in die sechziger Jahre waren Analogrechner deutlich schneller als Digitalrechner.

[9] Daher rührt der Name TSO für einen Teil des Betriebssystems MVS, heute auch OS/390 oder z/OS genannt.

sich eigene Computer zuzulegen. Um diesen Machtverlust aufzuhalten wurden dann Multitasking- beziehungsweise Multiusersysteme eingesetzt. Es entstanden die ersten Rechenzentren. Mit der Loslösung aus dem Bereich der Buchhaltung wurden jetzt die ersten IT-Abteilungen geschaffen. Informationsverarbeitung bekam einen immer höheren Stellenwert. Zu den ersten Organisationen, welche den Wert von Information an sich erkannten, gehörten die großen Pauschalreiseveranstalter sowie Banken und Versicherungen, da diese primär von der Umverteilung von Informationen leben. Typische Anwendungen für die Rechenzentren waren Buchhaltung und Controlling, aber auch Kontoführung und Stammdatenverwaltung. In dieser Phase begannen auch die ersten Applikationen den Bereich der operationellen Tätigkeiten zu verlassen. Die ersten Softwaresysteme im planerischen Bereich tauchten auf:
- Vertriebsplanung
- Arbeitsvorbereitung und Einsatzplanung
- Finanzmodellierung

- **1975–1985 Minicomputer** – Der Einstieg in die Technologie der Minicomputer[10] bedeutete eine Proliferation von Computern; weg von den Rechenzentren und deren zentraler Kontrolle – hin zu den einzelnen Abteilungsrechnern, welche den Abteilungen nun eigenständige Rechenkapazitäten boten. Diese Bewegung wurde durch den rasanten Anstieg an Geschwindigkeit und Rechenkapazität der Minicomputer, neben ihrem relativ geringen Preis, gefördert. Eine der Konsequenzen war ein Verfall an Softwarequalität, da schlechte Eigenschaften der Software in der Regel durch höhere Geschwindigkeiten aufgefangen werden konnten[11]. Die andere Konsequenz der Minicomputer war die Erosion der Macht der Rechenzentren. Diese reagierten auf jeden Weggang einer Abteilung mit der Erhöhung der Preise[12] für die verbleibenden Abteilungen. Die Erhöhung der Preise führte dann zu dem Argument, es sei billiger, eigene Abteilungsrechner zu haben, was wiederum zu einer geringeren Auslastung der Rechenzentren und damit zu einer Preiserhöhung führte.

- **1985–1995 PC** – Der PC-Boom wurde hauptsächlich durch die Büroangestellten ausgelöst: Mit dem PC hatten sie die Möglichkeit, der zentralistischen IT zu trotzen und sich so ihre Arbeitsplätze zu sichern. In dieser Zeit beginnt auch der Verfall der „klassischen" Hardwarelieferanten wie *DEC*, *Honeywell-Bull* oder *IBM* zugunsten von Intel und Softwarefirmen wie *Microsoft*, *Lotus* oder *Oracle*. Die zunehmende Rechenkapazität der PCs beschleunigte ihre Verbreitung enorm, allerdings wurden die PCs

---

[10] Die Minicomputer wurden so mächtig, dass wir sie heute meist als Server bezeichnen.

[11] Noch heute ist es üblich, ein Windowssystem mehrmals täglich neu zu starten ...

[12] Ein solches Preismodell lässt sich heute bei kommunalen Anbietern im Dienstleistungssektor, wie Müllverbrennungsanlagen oder Klärwerken wiederfinden. Je mehr die Haushalte an Müll oder Abwasser einsparen, desto teurer wird es für alle.

zu einem Hindernis für die Kommunikation. Diese Nichtkommunikation wurde als eine der Ursachen für das entstehende IT-Chaos in den Organisationen ausgemacht. Die Einrichtung der Position eines CIO[13],[14],[15] war die organisatorische Reaktion auf dieses Chaos. Besonders Softwarehersteller und Consultingunternehmen profitierten von dieser Situation und schufen in der Regel ihre heutige ökonomische Grundlage in dieser Zeit.

- **1990–2000 Client-Server** – Die Einführung von zentralen Datenbanken und Client-Server-Systemen war der Versuch auf das entstehende Chaos des zunehmenden PC-Einsatzes zu reagieren und die Qualitätserosion unter Kontrolle zu bringen. Die Client-Server-Systeme wurden zwar stets unter dem Begriff der Kosteneinsparung[16] eingeführt, doch die Praxis zeigte, dass dies nie der Fall war. Im Gegenteil: Die Kosten explodierten und die Qualität der Client-Server-Architekturen war nicht entsprechend hoch. Bevor jedoch diese Realität erkannt werden konnte, setzte schon der nächste Zyklus ein. Diese Eigenart hat sich bis heute fortgesetzt. Bei jeder neuen Softwaretechnologie versprechen die Befürworter immense Einsparungen durch konsequenten Einsatz der entsprechenden Technologie, so beispielsweise beim Einsatz von CASE-Tools, CORBA, Java, Smalltalk, SOA[17], MDA[18] oder auch Standardsoftware[19]. Diese Einsparungen ergeben sich vermeintlich nach 5–10 Jahren[20]. Nur werden diese Technologien dann fast immer nach 4–5 Jahren durch eine noch bessere Technologie abgelöst, meist von denselben Befürwortern wie zuvor, ohne dass die vermeintlichen Einsparungen je realisiert wurden.
- **1995–2000 Internet** – Mit dem Internet entstand ein Massenabsatzmarkt für Hard- und Software; seitdem sinkt der Preis von beiden drastisch. Ironischerweise existiert das Internet in der akademischen Welt schon sehr viel länger, nämlich seit den siebziger Jahren. Erst das Zusammentreffen von HTML und neuen „intuitiven" Oberflächen ermöglichte den Internetboom, da diese Kombination die Trainingskosten für die neuen Teilnehmer drastisch absenkte. Im Rahmen des Internetzyklus zeigte sich erstmals eine Tendenz auf breiter Basis, welche sich in den Printmedien schon früher angekündigt hatte: Wir ertrinken in Informationen! Neben dem Einsatz in Organisationen weckte das Internet die Hoffnung

---

[13] **Chief Information Officer**

[14] Spötter behaupten, CIO sie die Abkürzung für „*Career Is Over*", da der durchschnittliche CIO etwa 2–3 Jahre in dieser Position bleibt.

[15] Der erste CIO war *Bill Synnott*, welcher zuvor als „Vice President of Information Systems" bei der *Bank of Boston* war. Ihm wurde 1980 der Titel „Chief Information Officer" der *Bank of Boston* verliehen.

[16] Aus Sicht der echten Gesamtkosten, inklusive der direkten und indirekten Personalkosten, sind Mainframemaschinen noch heute unschlagbar günstig.

[17] **Service Oriented Architecture** (s. Abschn. 4.11)

[18] **Model Driven Architecture**, (s. Abschn. 10.6)

[19] s. Kap. 9

[20] Oder nach der vierten Wiederholung im Fall der Objektorientierung.

auf einen völlig neuen Markt, indem der PC in immer mehr Haushalten
zur Verfügung stand. Die Ära des Internethandels à la Amazon und die der
Internetauktion à la eBay entstand. Traditionelle Organisationen entdeckten das Internet als Verkaufsplattform, beziehungsweise im Rahmen von
Internetbanking auch als Handelsplattform, wobei die ersten Systeme eher
wie Versandhauskataloge mit einer HTML-Darstellung wirkten. Auch die
Organisationen waren intern nicht so recht auf das Internet und die Konsequenzen aus dem daraus resultierenden Kundenkontakt vorbereitet.[21]

- **seit 2002 Verteilte Systeme** – Seit einiger Zeit spielt es immer weniger
  eine Rolle, welche Hardware eingesetzt wird oder wo sie sich zurzeit befindet; die mittlerweile billige hohe Bandbreite und Verfügbarkeit sowie die
  Zuverlässigkeit von Netzwerken ermöglichen diesen Schritt. Der Internetzyklus hat, zum Teil bedingt durch starke Defizite des HTML, den Bedarf
  gesteigert, „Services" unabhängig vom jeweiligen Nutzer unternehmensweit zur Verfügung zu stellen. Damit rücken Ansätze wie beispielsweise
  SOA immer stärker in den Vordergrund. Trotz aller Versprechungen, dass
  es damit besser[22] und effizienter sei, organisationsweite Applikationen zu
  betreiben – die Erfahrung der vergangenen Zyklen zeigt das krasse Gegenteil: Es wird noch einmal deutlich komplexer und sehr viel teurer werden.

Parallel zu dieser mehr hardware- und investionsorientierten Geschichtsdar-
stellung lässt sich die Entwicklung der IT auch aus Sicht der Programmiersprachen sehen. Diese beginnen in den fünfziger Jahren mit den ersten hardware-
nahen Sprachen. Mit der Entstehung der unterschiedlichen Sprachen wurde
die Softwareentwicklung immer abstrakter, das heißt es wurde immer stärker
modelliert und die Entwicklungen in den Programmiersprachen versuchten
diesem Trend zu folgen; letztlich gipfelte dies in der Idee der Model Driven
Architecture (s. Abschn. 10.6). Die Generationen der Programmiersprachen
sind:

- First-Generation Languages – Das Programmieren in Binärformat, was
  extrem hardwarenah ist. Hierbei wurde das Programm in Binärform für
  den jeweiligen Chip produziert.
- Second-Generation Languages – Darunter fallen alle Sprachen, welche symbolische Adressen benutzen, speziell Assembler. Beim Assembler wurden
  die Programme für die jeweilige Chipgeneration oder -architektur (8080,
  8088, 68000 oder /370) geschrieben. Bei der Sprache C existieren Diskussionen darüber, ob es sich um eine Second- oder eine Third-Generation
  Language handelt. Die starke Hardwarenähe legt es nahe, C hier einzuordnen.

---

[21] Der Autor war einmal in einem Unternehmen beschäftigt, welches per E-Mail
   eingehende Bestellungen in der Zentrale ausdruckte und an den Vertrieb faxte.
[22] Die Argumente sind zum größten Teil austauschbar. Nimmt man beispielsweise
   die alten Argumente aus dem Client-Server-Zyklus und ersetzt einfach überall
   Client-Server durch SOA, so erhält man heutige SOA-Versprechungen.

- Third-Generation Languages – Diese werden auch als Hochsprachen bezeichnet; hierunter fallen die klassischen Programmiersprachen wie:
  - Pascal
  - COBOL
  - Fortran
  - Basic
  - Ada
  - PL/I
  - RPG
  - C++
  - Java
- Fourth-Generation Languages – Diese werden auch als 4GL-Sprachen bezeichnet. Alle 4GL-Sprachen sind proprietär und oft nichtprozedural. Typischerweise sind 4GL-Sprachen sehr eng mit einer entsprechenden Entwicklungsumgebung (IDE[23] genannt) verknüpft. Oft wird durch Generierung aus diesen 4GL-Sprachen Programmcode in einer Third-Generation-Language (meist COBOL, Basic oder C) erzeugt.

Nicht alle Sprachen kommen gleich häufig vor, heutige Systeme sind geprägt von ihrer Vergangenheit und weisen ein hohes Maß an so genannter Legacysoftware auf, welche, statistisch gesehen, nur in einigen wenigen Sprachen gebaut wurde. Diese typischen Legacysoftwaresprachen sind:

- Assembler – Assembler ist typisch für Systeme aus den sechziger Jahren. Der jeweils gewählte Dialekt ist dabei sehr maschinenabhängig. Die bekanntesten, noch heute vorzufindenden Dialekte sind: /370-Assembler bei einer Mainframe und 8080-Assembler beim PC.
- COBOL – Die Sprache COBOL ist die Standardsprache für betriebswirtschaftliche Applikationen. Von daher ist die COBOL-basierte Software im gesamten Bereich der Buchhaltung, der Planung, der Lagerwirtschaft und ähnlicher Domänen vorzufinden.
- Fortran – Die Sprache Fortran ist vor allen Dingen in wissenschaftlichen sowie in rechenintensiven Bereichen vorzufinden.
- C – Größere C-Programme existieren in den Bereichen von CAD-Systemen, der Oberflächenentwicklung und, bedingt durch ihre Hardwarenähe, im gesamten Telekommunikationssektor.

In neueren Systemen ist immer öfter Java oder C++ anzutreffen. Softwareentwicklung in den Sprachen der ersten und zweiten Generation nennt man auch „Machine Centric Computing", da es bei diesen Sprachen unabdingbar ist, das Zielsystem zu kennen. Mit dem Aufkommen der Programmiersprachen der dritten Generation begann das Zeitalter des „Application Centric Computing"; nun spielte die konkrete Hardware des Zielsystems kaum noch eine Rolle, sondern die Softwareentwickler konzentrierten sich auf die applikative

---

[23] **I**ntegrated **D**evelopment **E**nvironment

Logik. Mit dem Aufkommen von Designmethoden, welche Komponenten[24] in den Vordergrund stellten, begann das „Enterprise Centric Computing" mit all seinen Façetten, rangierend von Wiederverwendung der Komponenten über Frameworks bis hin zur Enterprise Application Integration (s. Abschn. 4.13) und Model Driven Architecture (s. Abschn. 10.6). Zwar hat es auch immer Versuche gegeben, Sprachen der vierten Generation zu etablieren, diese jedoch blieben im Grunde stets proprietär und auf einen kleinen Kundenkreis[25] beschränkt. Die Dominanz der höheren Sprachen und der daraus resultierenden Hardwareunabhängigkeit führt dazu, dass die Wichtigkeit der Hardware stetig abnimmt. Hardware wird austauschbar, sie kann gemietet, geleast oder gekauft und in seltenen Fällen verkauft werden. Selbstverständlich gibt es auch noch andere Programmiersprachen[26], welche in einer Software vorkommen. Statistisch gesehen spielen diese Sprachen aber, wie auch alle 4GL-Sprachen, nur eine untergeordnete Rolle.

Diese Aufzählung der historischen Entwicklungsstufen in der IT zeigen noch etwas anderes auf. Während des Industriezeitalters war es relativ einfach Profite zu erzielen; im Grunde reichte es aus, ein gutes Produkt zu haben und jemand zu finden, der es verkaufte. Der Markt als Ganzes war groß genug, um neue Produkte rasch zu absorbieren. Der größte Effekt war die Einführung der Automatisierungstechniken, da nun die gleichen Dinge sehr viel kostengünstiger produziert werden konnten. Diese Stufe wurde mittlerweile verlassen. Es gibt keine lokalen Märkte mehr, die auf Sättigung warten, bedingt durch das Internet kann jeder alles überall kaufen. Allerdings hat mit der Einführung des Internets in die Organisationen auch die Menge an relevanten und, vor allen Dingen, irrelevanten Informationen zugenommen. Allein dieses Wachstum[27] macht es sehr schwer, die Informationen zu erhalten, die entscheidend sind. Für die Organisationen ist es mittlerweile eine Herausforderung geworden, die richtigen Daten zu finden.[28] Die Einführung von RFID[29] und GPS[30] beziehungsweise Galileo[31] verstärkt nochmals die vorhandenen Datenmengen

---

[24] Die Idee, Systeme aus Komponenten aufzubauen, ist keine Erfindung der Softwareentwicklung. Schon in den 1820er Jahren schlug Eli Whitney die Nutzung von Komponenten zum Bau eines Gewehrs vor.

[25] Organisationen, welche solche 4GL-Sprachen einsetzen, bzw. einsetzten, betreiben, bzw. betrieben, in den meisten Fällen große Anstrengungen, um von diesen Sprachen zu 3GL-Sprachen zu migrieren.

[26] Historisch gesehen ist die Gesamtanzahl von entstandenen Programmiersprachen deutlich größer als 100.

[27] In großen Organisationen verdoppelt sich der Bedarf an Speicherplatz zurzeit etwa jedes Jahr, mit wachsender Tendenz.

[28] Dies erklärt auch das große Interesse an Suchmaschinen und Dataminingtechniken.

[29] **R**adio **F**requency **I**dentification

[30] **G**lobal **P**ositioning **S**ystem

[31] Das europäische Äquivalent zum amerikanischen GPS.

um zusätzliche Informationen, welche die mit den entsprechenden Chips versehenen Gegenstände selbst abgeben.

Tab. 1.1: Probleme der Softwaretechnologie

Problemkreis	Vergangenheit&Heute	Zukunft
limitierende Größe	Information	menschliche Aufmerksamkeit
Endbenutzerzugang	Zugriff	Partizipation
Designziel	fertiges System	evolutionäres System
Erzeugungsmodell	individuelle Kreativität	soziale Kreativität
Dokumentation	formelle und informelle Objekte spezifischer Domänen und Vorgehensweisen	Grenzobjekte zwischen den kognitiven Gruppen
Wiederverwendungsfokus	technische Problemstellung	kognitive und soziale Problemstellungen
intellektuelle Eigentümerschaft	Besitz einzelner Organisationen	Allgemeingut, Sharingmodelle

Bei der Einführung von technologischen Innovationen wird oft die Technik an sich, quasi als „l'art pour l'art" als die treibende Kraft für den Erfolg angesehen. Dies ist vermutlich nicht so, da solche technologischen Entwicklungen, wenn sie wirklich erfolgreich sind, in aller Regel die Beziehungen der verschiedenen beteiligten Organisationen untereinander verändern, und die Veränderung der Beziehungen hat viel drastischere Konsequenzen als die bloße Technik[32]. Ein anderes Phänomen, welches oft für Verwirrung sorgt, sind die kurzen Innovationszyklen innerhalb der IT. Die schnellen Innovationszeiten verführen viele Führungskräfte aus dem Geschäftsleben dazu zu glauben, dass die entstehende Technologie nicht komplex sei; so wurde lange Zeit vermutet, dass die Einführung des PCs wie auch des Internets ohne große Aufwände möglich und dass der jeweilige Betrieb kostengünstig sei. Das krasse Gegenteil ist jedoch eingetreten, so dass heute wieder das Kostenbewusstsein im Vordergrund steht.

---

[32] Ein Beispiel in dieser Richtung ist der De-facto-Sieg des Videosystems VHS von JVC gegenüber Betamax von Sony und Video2000 von Philips. VHS setzte sich nicht auf Grund von überlegener Technik durch, sondern weil zum einen JVC die größere Anzahl von verkauften Geräten und zum anderen die breitere Palette an kommerziellen Filmangeboten hatte.

1.2 Alignment

Unter dem Begriff Alignment versteht man den Grad der gemeinsamen Ausrichtung von IT und Organisation. In aller Regel reicht es heute aus, nur die Software zu betrachten, da Hardware mittlerweile sehr austauschbar geworden ist und nur sehr selten ein Hemmnis darstellt. Das Alignment an sich lässt sich nicht so leicht definieren, im Gegenteil: Die Abwesenheit von Alignment, das Fehlalignment, ist das, was zuerst auffällt. Ein Fehlalignment ist in gewisser Weise das Gefühl, dass die IT irgendwie nicht zur Organisation passt, dass der Einzelne gegen die Software „ankämpfen" muss. Nichts geht mehr voran; Veränderungen sind auf Grund starrer Legacysoftwaresysteme nicht mehr möglich oder die Fachbereiche sind nicht in der Lage, das Potential einer zukünftigen Softwaretechnologie zu erkennen und konstruktiv zu nutzen. So oder so ähnlich lauten die gegenseitigen Schuldzuweisungen der Beteiligten. Das Fehlen von Alignment ist offensichtlich. Der Mangel an Alignment lässt sich anhand von einigen Kriterien feststellen (s. Tab. 1.2). Wie sich schon bei

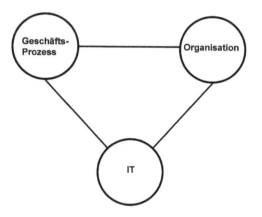

Abb. 1.1: Die drei Alignmentbereiche

der Betrachtung des Fehlalignments ergeben hat, sind zur Begutachtung des Alignments drei unterschiedliche Bereiche zu betrachten:

- Organisation
- Geschäftsprozess
- IT

Im vorliegenden Buch wird das Alignment zwischen der Organisation und dem Geschäftsprozess nicht explizit betrachtet. Ein solcher, vereinfachter, Ansatz

Tab. 1.2: Kriterien für Alignment und Fehlalignment

Kriterium	Fehlalignment	Alignment
Berichtsstruktur	Die IT berichtet an die Buchhaltung.	Die IT hat einen eigenen CIO oder berichtet an einen Manager, der die strategische Bedeutung der IT versteht.
Einstellung zu der IT	Die IT stellt eine Utility wie Strom, Gas oder Hausmeister dar.	Die IT wird als einer der Schlüsselfaktoren für den strategischen Erfolg des Unternehmens wahrgenommen.
Wahrnehmung des IT-Services	Die IT wird als fehleranfällig, unflexibel, abweisend, arrogant und viel zu teuer wahrgenommen	Die IT produziert zufriedenstellende Services, welche den Erwartungen der Endanwender genügen.
IT-Zugang zu Geschäftszielen und -strategien	Die Führung der IT kennt die Geschäftsziele und -strategien nicht, beziehungsweise ist nicht in ihrer Definition involviert.	Die IT-Führung ist in der Planung und Durchführung der Geschäftsziele und -strategien ein integrierter Bestandteil.
IT-Planung	Die IT plant unabhängig von den Geschäftszielen, quasi als „l'art pour l'art".	Die IT hat einen dynamischen und pragmatischen Planungsprozess.
Projektpriorität	Es existiert kein organisationsweiter Planungsprozess	Es gibt Strukturen und Prozesse für die organisationsweite Planung.
Kommunikation (vertikal)	Das Top-Management ist sich nicht der strategischen Rolle der IT bewusst.	Die Führung der IT hat ihre Erfolge an das Top-Management vermarktet.
Kommunikation (horizontal)	Die Führung der IT kommuniziert mehr und besser mit Technikern als mit den Fachbereichen.	Die IT kommuniziert aktiv, „auf Augenhöhe", mit den Fachbereichen.
Strategische Rolle	Die IT gehört nicht zur Organisationsstrategie.	Die IT gehört zur Organisationsstrategie.

reicht jedoch nicht aus, um eine Organisation als Ganzes vollständig[33] zu verstehen. Trotzdem soll hier nur das Alignment zwischen der IT auf der einen Seite und der Organisation und den Geschäftsprozessen auf der anderen Seite betrachtet werden, da eine Einbeziehung des fehlenden Teils den Rahmen des Buches sprengen würde. Das Problem des Alignments wurde in der Vergangenheit oft unklar beziehungsweise unter völlig unterschiedlichen Begriffen geführt. Üblicherweise wird Alignment nicht definiert und wenn es doch ein-

---

[33] Soweit dies überhaupt möglich ist ...

mal definiert wird, dann in einer sehr vagen und mehrdeutigen Art und Weise. Folgende Formen von Definitionen sind in der Literatur zu finden:

- ... *the extent to which the IS strategy supports, and is supported by, the business strategy* ...[34]
- ... *alignment of information systems strategy with business strategy* ...[35]
- ... *the degree to which the information technology mission, objectives and plans support and are supported by the business mission, objectives and plans* ...[36]
- ... *alignment is not a one time activity but a constant balancing act between a lead or lag strategy* ...[37]

Neben der Frage, wie eigentlich Alignment definiert wird, stellt sich die Frage: Wie kann Alignment quantifiziert werden? Denn wer nicht in der Lage ist Alignment zu messen, kann auch keine Aussagen über Effizienz oder Effektivität von Maßnahmen treffen.[38] Um in der Lage zu sein, Alignment zu beurteilen, müssen wir es auch messen können (s. Anhang C). Ein weiteres Problem ist die Kontextbezogenheit des Alignments. Alle Messungen werden nur innerhalb einer Organisation, genauer gesagt innerhalb des von der Organisation geprägten soziotechnologischen Kontextes sinnvoll sein können. Außerdem sollte stets berücksichtigt werden, dass Alignment nicht etwas Statisches ist, das einmal erzeugt worden ist und dann für immer so bleibt, sondern sich permanent entwickelt und neu ausrichtet. In Bezug auf Technik und Architektur sind Organisationen relativ schnell bereit über Alignment zu reden, beziehungsweise das Alignment zu ändern. Aber eine der langfristig gesehen wichtigsten Dimensionen ist die soziologische Dimension des Alignments. Das Konzept des Alignments sollte also folgenden Kriterien genügen:

- Alignment ist ein dynamischer Prozess.
- Alignment findet auf verschiedenen Ebenen statt – zumindest müssen die strategische, die implementative und die prozessurale Ebene enthalten sein.
- Bei der Betrachtung muss sowohl der relevante Geschäfts- sowie der Technologiekontext berücksichtigt werden.
- Menschliche Faktoren sollten stets berücksichtigt werden.
- Alignment muss stets messbar sein.

---

[34] Luftman
[35] Tallon&Kraemer
[36] Reich&Benbasat
[37] Burn
[38] Dies ist ein beliebtes Vorgehen so genannter Strategieberater aus den Consultingunternehmen. Wenn das Ergebnis einer Beratung quantifizierbar wäre, würde sich auch Erfolg oder Misserfolg messen lassen. Die Nichtmessbarkeit einer Beratung verhindert das Eintreten eines Misserfolges.

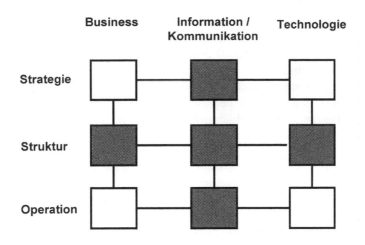

Abb. 1.2: Das Framework für die Beziehung zwischen IT und Geschäftswelt; durch das Alignment sind die schattierten Bereiche stark betroffen.

Aber Alignment hat auch Auswirkungen auf die Struktur der Organisation, der IT-Systeme sowie des Problemfelds. Die Schaffung einer Architektur in Form einer Geschäftsprozess- oder Geschäftsarchitektur sowie einer dazugehörigen Enterprise-Architektur ist eine immens wichtige Maßnahme, sichert sie doch das langfristige Überleben einer jeden Organisation. Diese unterschiedlichen Bereiche machen klar, in welchen Rahmen sich Alignment abspielen muss (s. Abb. 1.2).

Das Alignment ist nicht nur eine Frage der Strategie beziehungsweise einer strategischen Ausrichtung, sondern in gleichem Maße eine Frage von strukturellen und operationalen Beziehungen zwischen der Geschäftswelt und der IT. Die mittlere Ebene (Abb. 1.2) ist die Domäne der Architektur, da nur die Architektur Aussagen über die inhärente Struktur einer Organisation oder eines IT-Systems liefern kann. Der Entwurf und die Umsetzung einer Architektur treibt die IT voran, genau wie der Entwurf und die Umsetzung einer Organisationsform die Organisation verändert, auch Organisationsarchitektur genannt. Beide Formen der Architektur müssen eine Entsprechung haben, um sinnvoll miteinander agieren zu können.

Das Alignment der IT mit der Geschäftswelt lässt sich auf fünf unterschiedliche Weisen betrachten. Diese bilden quasi orthogonale Dimensionen zu Abb. 1.2. Es handelt sich bei diesen Dimensionen um:

- kognitives Alignment
- architektonisches Alignment
- strategisches Alignment
- temporales Alignment

- systemisches Alignment

Alle diese Formen des Alignments haben ihre eigene Aussagekraft beziehungsweise ihr eigenes Niveau. Das kognitive und das strategische Alignment sind für die Ebene der Vorstände und die langfristigen Auswirkungen wichtig. Die Metriken im Bereich des temporalen Alignments treffen Aussagen über die Effizienz der Softwareentwicklung. Das architektonische Alignment versucht, Aussagen über den tatsächlichen Einsatz der IT-Architektur und die Stärke der Unterstützung der Geschäftsprozesse zu liefern. Das systemische Alignment versucht die IT und die Organisation unter ganzheitlichen Aspekten zu betrachten.

Die Erreichung beziehungsweise auch die Erhaltung eines gewissen Maßes an Alignment ist eine besonders schwierige Aufgabe, welche auch schon mit dem Bau einer Brücke zwischen zwei sich permanent bewegenden Ufern verglichen wurde. Die Komplexität des dynamischen und evolutionären Alignments ist enorm. Eine der großen Schwierigkeiten im Bereich des kognitiven Alignments ist die Angst einiger Beteiligten vor dem Unbekannten. Computersysteme sind in den letzten Jahrzehnten immer mächtiger, aber gleichzeitig auch immer undurchsichtiger[39] für den Durchschnittsanwender geworden. Dies führt dazu, dass Computersysteme Ängste produzieren. Jenseits der Angst, den Arbeitsplatz zu verlieren, steht bei vielen die Angst davor, sich zu sehr auf Computersysteme zu verlassen und dadurch eine unlösbare Abhängigkeit[40] zu produzieren.

Der Schwerpunkt dieses Buches liegt auf der Frage des IT-Alignments in großen Organisationen, allerdings sollte nicht übersehen werden, dass kleine Betriebe[41] spezielle Probleme beim Einsatz von Softwaresystemen haben. Bedingt durch ihre sehr viel niedrigere Kapitaldecke und einen sich rasch ändernden Markt haben kleinere Betriebe sehr viel weniger Spielraum für Fehlentscheidungen bezüglich der von ihnen eingesetzten Software. Diese Randbedingungen machen für kleine Organisationen das Alignmentproblem im Grunde noch viel wichtiger. IT-Alignment wird, obwohl oft nicht klar definiert und seltener exakt gemessen, als einer der Faktoren betrachtet, welche auf lange Sicht die Basis für eine kontinuierliche Wettbewerbsfähigkeit auf dem Markt bieten.

Trotzdem sollten die Betrachtungen über Organisationen mit einer gewissen Vorsicht angestellt werden. Alles was im Rahmen eines Buches dargestellt

---

[39] Ein Teil der Anwender personifiziert auch ihren Computer. Nach einer Studie schlagen 30% der Endbenutzer in Deutschland ihren Computer.

[40] So sagt in dem Stanley-Kubrick-Film *2001: A Space Odyssey* der Computer HAL9000 zu dem Astronauten David Bowman:
This mission is too important for me to allow you to jeopardize it.

HAL 9000

[41] Die kleineren Betriebe, mit weniger als 20 Mitarbeitern, bilden das „Rückgrat" der OECD-Nationen.

werden kann, sind Organisationen im abstrakten Sinn. Real existierende Organisationen weisen einen hohen Grad an Differenzierung, Fluktuation und Unbestimmtheit auf, folglich lassen sie sich zwar im Einzelfall betrachten, jedoch nur durch die Reduktion auf wenige Parameter miteinander vergleichen. Oder um es noch einmal klar zu formulieren: Die graphische Repräsentation einer Organisation ist eine immense und sehr oft eine viel zu starke Vereinfachung[42] der Organisation. Messungen von Alignment finden immer in einer solchen abstrakten, quasi klinischen, Umgebung statt und dürfen niemals mit der reichhaltigen Vielfalt des tatsächlichen Lebens verwechselt werden.[43,44] Einzig und allein Indizien können das Ergebnis eines Vergleichs zwischen unserer abstrakten Repräsentation der Organisation und einer gleich abstrakten Repräsentation der IT-Systeme sein. Der Glaube, dass IT immer eine Lösung hat oder sie bietet, ist oft verfehlt. Die Tendenz, organisatorische Probleme durch den Einsatz eines Softwarewerkzeugs zu lösen, wird aus Gründen des innerbetrieblichen „Friedens" oft gewählt, mit fatalen Folgen: Es entsteht in vielen Organisationen ein wahrer Werkzeugzoo, dessen Nutzen und Einsatz meist fragwürdig und oft völlig unklar bleibt.

---

[42] Die komplexe Welt stark zu vereinfachen ist sehr verführerisch.
Wir messen die Welt nach den Ähnlichkeiten, die sie mit den Bildern [Modellen] *hat, und nicht umgekehrt.*

Hans Belting
Kunsthistoriker

[43] *Grau, teurer Freund, ist alle Theorie, und grün des Lebens goldner Baum.*

Mephisto in Faust
Johann Wolfgang von Goethe
1749 – 1832

[44] Oder um *Husserl* zu folgen: Die wissenschaftliche Sicht auf die Welt ist eine von vielen möglichen Sichten.

2

Betriebswirtschaftliche Größen

> *Let's further think of this; Weigh what convenience*
> *both of time and means May fit us to our shape: if this*
> *should fail, And that our drift look through our bad*
> *performance, 'Twere better not assay'd: therefore this*
> *project Should have a back or second, that might hold,*
> *If this should blast in proof. Soft! let me see: We'll*
> *make a solemn wager on your cunnings: I ha't. When*
> *in your motion you are hot and dry– As make your*
> *bouts more violent to that end– And that he calls for*
> *drink, I'll have prepared him A chalice for the nonce,*
> *whereon but sipping, If he by chance escape your*
> *venom'd stuck, Our purpose may hold there.*

Hamlet
William Shakespeare
1564 – 1616

Es ist viel und sehr ausführlich darüber diskutiert worden, welchen Vorteil der Einsatz von Computern in Organisationen bietet; ganze Zweige der Volkswirtschaft leben von der Erstellung, dem Vertrieb und Einsatz von Hard- und Software. Die Menge an Marketingmaterial der IT-Branche ist immens.[1] Trotzdem bleibt die Frage bestehen: Welchen Mehrwert hat der Einsatz[2] von Computern innerhalb der Organisationen gebracht?

Seit den neunziger Jahren existiert unter den Ökonomen ein Paradoxon:

Der Einsatz von Computern erzeugt kein isoliert nachweisbares Wachstum[3] in der Wirtschaft!

---

[1] Zynisch wird oft auf die Analogie zwischen Softwaremarketing und Drogenhandel hingewiesen: Beide versprechen eine sorglose Zukunft, die nie eintritt und beide nennen ihre Kunden User...

[2] Auf dieser Abstraktionsstufe wird nicht zwischen Hard- und Software unterschieden. Aus heutiger Sicht spielt die Hardware eine untergeordnete Rolle.

[3] *You can see the computer age everywhere but in the productivity statistics.*

Robert Solow
1924
Nobelpreisträger – Wirtschaftswissenschaften

Im Gegensatz zu anderen Technologiegütern, wie beispielsweise Telephonen oder Elektromotoren, scheinen Computer und die damit zusammengehörende Software die Wirtschaft nicht explizit zu einem Wachstum zu veranlassen. Diese Feststellung klingt zunächst sehr verblüffend, da wir es gewohnt sind, den technischen Fortschritt anhand eines zunehmenden Computereinsatzes zu messen und technischen Fortschritt mit wirtschaftlichem Wachstum gleichzusetzen.

Der Ursprung der These der Nichtproduktivität ist die Beobachtung, dass es bei großen Organisationen keine Korrelation zwischen den Ausgaben[4] für die IT und der Profitabilität, beziehungsweise dem Organisationserfolg, gibt. Daraus wird oft abgeleitet, dass der Einsatz von Computern überhaupt keinen positiven wirtschaftlichen Effekt hat. Dem ist aber nicht so!

Inwieweit obige Aussage auch volkswirtschaftliche Gültigkeit besitzt, ist zurzeit noch in der Diskussion. Zumindest bei der Betrachtung des volkswirtschaftlichen Produktivitätswachstums scheinen sich die Volkswirtschaftler einig zu sein: In der Vergangenheit war die Hauptquelle der Produktivitätssteigerung die Einführung neuer Energiequellen. Die Einführung von IT jedoch wird nur dann ein Produktivitätswachstum erzeugen, wenn die Gesellschaft einen Wandel von der Industrie- zur Wissensgesellschaft vollzogen hat. Bis dahin wird es aber vermutlich noch etwas dauern, zumindest für die Volkswirtschaft. Betrachtet man jedoch einzelne Industriezweige, so zeigt sich ein sehr viel differenzierteres Bild. Speziell in Industriezweigen, die sich intensiv mit der Massenproduktion technischer Produkte beschäftigen, so zum Beispiel der Automotivsektor, hat der Einsatz von Industrierobotern und integrierten Computern zu massiven Produktivitätsschüben geführt. Die Elektronik-, Automobil- und Flugzeugindustrie ist ohne den Einsatz von Robotern und CAD-Systemen heute nicht mehr denkbar. In diesen Sektoren würde auch niemand die Vorteile eines Computereinsatzes ernsthaft bestreiten wollen. Völlig anders sieht es jedoch in folgenden Bereichen aus:

- Transport und Logistik
- Handel
- Banken
- Versicherung
- öffentliche Verwaltung[5]

Im Dienstleistungssektor in den USA fließen ca. 85% aller Investitionen in die IT, trotzdem kann dieser Sektor in den USA nur sehr geringe Produktivitätssteigerungen vorweisen.

Für den deutschen Markt gibt es vor allen Dingen Zahlen im Bereich der börsennotierten Banken und Versicherungen (s. Abb. 2.1). Die Zahlen zeigen, dass es zwischen den ökonomischen Kenngrößen wie beispielsweise dem

---

[4] Hierzu zählen: Hardware-, Software-, Personal-, Outsourcing- und Dienstleistungskosten.

[5] Im Rahmen von öffentlichen Verwaltungen ist es sehr fragwürdig, ob und wie die Produktivität einer Behörde überhaupt gemessen werden kann.

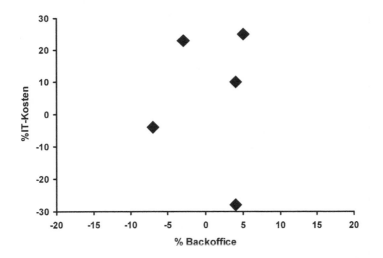

Abb. 2.1: Wachstumsvergleiche bei europäischen Banken laut Boston Consulting Group im Jahr 2003.

Wachstum des Backoffice und der Investitionshöhe für die IT keine unternehmensübergreifende Korrelation gibt! Die tiefere Ursache für dieses paradoxe Verhalten liegt in der Art und Weise, wie die Informationstechnologie eingesetzt wird beziehungsweise wie die entstehenden Entwicklungsmöglichkeiten aus dem Einsatz genutzt werden.

Die IT ist eine der am stärksten verändernden Kräfte, welche völlig neue oder verbesserte Abläufe in den Organisationen zum größten Teil erst ermöglicht. Diese Art von Katalysator für neue Prozesse und soziologische Veränderungen innerhalb der Organisationen wird in den meisten Fällen drastisch unterschätzt. Aber gerade die „katalytische" Wirkung der IT innerhalb der Organisationen macht es so schwer, „traditionelle" Produktivitätsmaße aus der Ökonomie auf das Gebiet der IT anzuwenden. In gewissem Sinne wird dies auch im (eingangs erwähnten) Massenproduktionssektor übersehen, nur war hier der durch die IT ausgelöste Automatisierungsschub so groß, dass der Produktivitätsgewinn sofort offensichtlich wurde.

In anderen Wirtschaftszweigen ist dies so nicht möglich, da hier nicht die Beschleunigung, sondern die Schaffung völlig neuer Prozesse echten Fortschritt erzeugt. Die Erzeugung neuer Chancen ist eine der Wirkungen des IT-Einsatzes. Diese Feststellung zeigt auch einen Teil der Lösung des ökonomischen Computerparadoxons auf:

Entscheidend ist, wie die Organisationen die durch den Einsatz der IT entstehenden Chancen nutzen, nicht die Höhe der Investitionen in die IT!

Oder anders formuliert: Wenn es kein Alignment zwischen der IT und der Organisation gibt, nützt auch der massive Einsatz von Kapital im IT-Sektor nichts. Diese Auflösung des Paradoxons zeigt auch eine weitere Dimension des

IT-Alignments auf, die Frage nach der Architektur und ihrer Anpassung: Wie stark sind die Geschäftsprozesse und die IT aufeinander ausgerichtet?

Ein mögliches Fehlalignment zwischen der IT und der restlichen Organisation kann auf drei Arten gelöst werden:

- Die Software[6] wird an die Organisation angepasst[7];
- Die Organisation passt sich der Software an[8];
- die Software und die Organisation passen sich aneinander an[9].

Die Gründe für das ökonomische Computerparadoxon lassen sich auch drastischer formulieren: In einer schlecht geführten Organisation wird auch die beste IT stets nur ein Kostenfaktor sein. Das Problem sind nicht eventuell mangelnde inhärente Fähigkeiten der IT, sondern das Versagen des Managements, diese Fähigkeiten gezielt zu nutzen. Ein drastisches Beispiel hierfür ist die Analyse des Reisekostenersatzes des amerikanischen Verteidigungsministeriums: Laut *Federal Computer Week* waren 1994 ca. 2,4 Milliarden \$ IT-Kosten zur Abrechnung von einem Gesamtwert von ca. 2 Milliarden \$ Reisekosten notwendig. Auf einer persönlichen Ebene lässt sich das gleiche Phänomen beobachten: Trotz allen Fortschritts in der Software in den letzten Jahren hat die Zahl der Verwaltungskräfte drastisch zugenommen, obwohl gerade sie es sein sollten, die durch die Software ersetzt werden. Der Mythos, der zunehmende Einsatz des Computers werde immer mehr Bürokräfte obsolet machen, hat sich definitiv nicht bewahrheitet.[10]

Eine andere Beobachtung hinter dem stärkeren Einsatz der IT ist das Entstehen von psychischem Druck auf die Manager: Die Angst vor Fehlverhalten nimmt zu, da die „klassische" Ausrede der mangelnden Informationsbasis bezüglich einer Entscheidung nicht mehr benutzt werden kann. Dies hat zur Folge, dass die Manager immer risikoscheuer werden; folglich werden die aus der Vergangenheit bekannten Muster fortgesetzt[11], da diese nicht besonders legitimiert werden müssen. Auf lange Sicht führt dies zu einem technologischen Stillstand. Solche Handlungsmuster werden im Rahmen von Prozessreife (CMM[12]) beziehungsweise ISO-9000-Normen meist noch verstärkt und zusätzlich zementiert.

---

[6] s. Kap. 8

[7] Im Rahmen von Standardsoftware (s. Kap. 9) wird dies als Tailoring oder Customizing bezeichnet.

[8] s. Kap. 9

[9] s. Abschn. 10.1

[10] Mit dem Mythos des papierlosen Büros (Paperless Office) scheint es ähnlich zu sein. Besonders markant ist, dass mittlerweile Druckerhersteller mit dem Begriff Paperless Office werben.

[11] Ironischerweise erklärt dies auch die Verwendung mancher Standardsoftwarepakete (s. Kap. 9). Häufig wird nach dem Gesichtspunkt entschieden: *Wenn andere große Unternehmen diese Software einsetzen, dann kann ich nichts falsch machen, wenn ich sie auch einsetze ...*

[12] Capability and Maturity Model

2.1 Portfolio

Der Einsatz von Computern und Software wird heute immer stärker unter ökonomischen und strategischen Gesichtspunkten gesehen. Einer der Gründe für diesen Trend sind die stetig wachsenden Kosten auf dem IT-Sektor (s. Tab. 2.1). Die Kosten für den Einsatz der IT sind streng monoton wachsend, unabhängig vom allgemeinen Wirtschaftswachstum. Während die IT-Kosten um 4–6% von 2003 bis 2006 angestiegen sind, ist das weltweite Wirtschaftswachstum, insbesondere das deutsche, deutlich niedriger ausgefallen.

Tab. 2.1: Weltweite IT-Ausgaben für die Jahre 2003–2006 laut *Gartner Group*, das Gesamtvolumen in Milliarden Euro

	2003	2004	2005	2006
COTS-Software	9,4%	9,4%	9,7%	9,9%
Hardware	33,8%	33,7%	33,6%	32,8%
Services	56,8%	56,9%	56,8%	57,3%
Gesamtvolumen	805,1	859,1	905,4	949,4

Vermutlich sind die Gesamtkosten für die Organisationen noch höher als die in Tab. 2.1 zitierten Werte, da die IT von einer ganzen Reihe von „versteckten" Folgekosten begleitet wird. Zu diesen „versteckten" Kosten zählen unter anderem:

- Schulung und Training der Endbenutzer
- Ausfallzeiten durch Installation und Upgrades
- Ausfallzeiten durch Softwarefehler[13]
- Buchhaltungs- und Verwaltungspersonalkosten[14]
- Gebäude- und Lagerkosten

Werden alle diese Kosten zusätzlich noch mit in Betracht gezogen, so sind die Gesamtvolumina der Ausgaben deutlich höher als in Tab. 2.1. Aber diese indirekten Kosten des IT-Einsatzes werden traditionell nicht zu den IT-Kosten gezählt, sondern auf andere Kostenstellen in den Organisationen verteilt.

Der Finanzbereich hat, historisch gesehen, ein Instrumentarium entwickelt um unabhängig von der eingesetzten Technologie solche komplexen Systeme zu bewerten: die Portfoliotheorie. Ein IT-Portfolio kann aus vier teilweise überlappenden Sichtweisen aufgebaut werden:

- Due Diligence – Die Due Diligence versucht verschiedene messbare Größen zu quantifizieren. Hierzu zählen neben dem Time-to-Market auch die Vorhersagbarkeit und eventuelle Synergieeffekte.

---

[13] Hardwarefehler spielen mittlerweile kaum noch eine Rolle.
[14] Diese hohen Kostenblöcke werden traditionell nicht zu den IT-Kosten gerechnet.

- Performanzmanagement – Das Performanzmanagement betrachtet meistens die operationale IT, obwohl es mittlerweile Ansätze gibt, die Performanz einer Softwareentwicklung zu messen. Im Vordergrund stehen Messgrößen wie SLAs[15], Benchmarks (s. Anhang C.3) und quantitative Größen im Bereich des In- und Outsourcings.
- Investitionsmanagement – Diese Betrachtungsweise ist in aller Regel recht unabhängig von der IT. Größen wie ROI[16], Nettowert, Wertschöpfung und ähnliche Größen stehen hier im Vordergrund.
- Portfoliomanagement – Das Portfoliomanagement versucht, eine Balance zwischen unterschiedlichen Größen innerhalb der gesamten IT herzustellen und dadurch ein „globales" Optimum zu erreichen. Zusätzliche Verfahren wie das Assessment oder auch Paybackmodelle werden im Rahmen des Portfoliomanagements betrachtet.

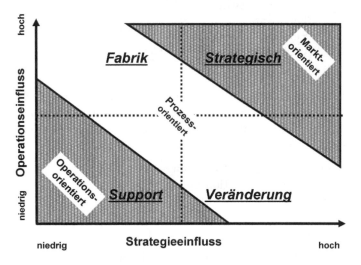

Abb. 2.2: IT-Portfolio-Klassifikation

Die Auswirkungen der IT auf das Geschäft der Organisation lassen sich, zumindest auf sehr abstrakter Ebene, durch zwei Dimensionen, den Strategie- und den Operationseinfluss, beschreiben (s. Abb. 2.2): zum einen die Auswirkungen auf die Geschäftsstrategie und zum anderen die Auswirkungen auf die Operationen, das heißt, die tägliche Arbeit der Organisation. Werden Systeme oder auch Projekte in ein solches Schema eingeteilt, so entstehen vier Quadranten:

---

[15] **S**ervice **L**evel **A**greements
[16] **R**eturn **O**f **I**nvestment

- Fabrik – Ziel ist es hier, möglichst fehlerfrei und möglichst effektiv die Organisation IT-gestützt laufen zu lassen. Solche Systeme und Projekte sind essentiell für die Organisation, sie sind: „Mission Critical". Die IT übernimmt in diesem Quadranten die Rolle des Providers. Beispiele für solche Systeme sind ERP-Softwaresysteme (s. S. 253).
- Strategisch – Innerhalb des strategischen Quadranten hat die IT die Rolle eines Partners innerhalb des Unternehmens (s. Kap. 7). Es entsteht eine extrem enge Verzahnung mit der Organisation und der Geschäftswelt. Neue Systeme, welche neue Märkte eröffnen sollen, fallen in diese Kategorie.
- Support – Die Supportsysteme haben in aller Regel eine niedrigere Funktionalität und sind im Prinzip austauschbar, was dazu beiträgt, dass sie schnell in den Blickpunkt von Outsourcingbetrachtungen geraten. Funktionalitäten wie Archivierung oder Officeprodukte fallen in diese Region.
- Veränderung – Systeme in einem solchen Zustand werden genutzt, um dann mit Hilfe der IT eine Veränderung der Organisation durchzuführen. Dies ist nicht immer a priori gewollt, stellt sich aber auf Dauer ein. Speziell COTS-Systeme führen oft dazu, dass sich die Organisation in ihrer Struktur verändert. War die Veränderung erfolgreich, so wandern diese Systeme meist in den Bereich der Fabrik.

Alle diese Zugänge haben ein gemeinsames Charakteristikum: Sie versuchen stets die gesamte IT, mit Hardware, COTS-Software und Services[17], zu betrachten. Generell wird versucht, das gesamte Portfolio in den Größen Risiko, Technologie, Alignment und Markt ausbalanciert aufzustellen. Mittlerweile existiert in den USA der so genannte „Clinger-Cohen Act", ein Gesetz, welches die öffentliche Hand in den USA zwingt, im Rahmen von IT-Investitionen stets Portfoliobetrachtungen vorzunehmen. Der „Clinger-Cohen Act" zeigt deutlich, wie weit die Technik der Portfoliobetrachtungsweise (zumindest in den USA) schon ein allgemein akzeptierter Standard geworden ist.

Die moderne Portfoliotheorie geht zurück auf Markowitz[18]. Er war einer der Ersten, die zeigten, dass man neben der Rendite auch das Risiko einer Aktie betrachten muss und mit einer solchen Kombination seinen Gesamtgewinn deutlich gegenüber einer reinen Renditebetrachtung steigern kann. Seine Theorie ist auch als MPT[19] bekannt. Auf den ersten Blick scheint es Sinn zu machen, MPT auch auf ein IT-Portfolio anzuwenden. Leider ist dies nicht so einfach. Die Markowitzsche Portfoliotheorie setzt nämlich implizit voraus, dass die Aktien frei handelbar und in ausreichender Zahl vorhanden sind. Die theoretisch erreichbare Effizienzgrenze in der MPT (s. Abb. 2.3) wird durch eine Veränderung des Portofolioinhaltes erreicht. Für ein IT-Portfolio ist dies

---

[17] In dieser Betrachtungsweise zählt Individualsoftware, beziehungsweise Softwareentwicklung innerhalb der Organisation, auch wenn diese durch Out- oder Insourcing vorgenommen wird, als Service.

[18] Harry Markowitz, Nobelpreisträger für Wirtschaftswissenschaften, 1990.

[19] Modern Portfolio Theory

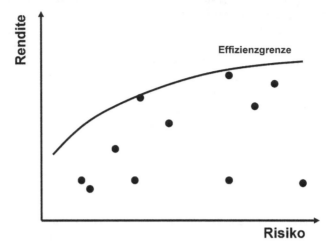

Abb. 2.3: Die Effizienzgrenze für Aktien nach Markowitz. Hierbei wird versucht, eine Balance zwischen Risiko und Rendite zu erzielen. Die einzelnen Aktien sind als Punkte dargestellt.

praktisch nicht möglich, da die Investitionen zum Teil in Anpassungen (s. Kap. 9) oder Entwicklungen der jeweiligen Software gemacht wurden, die anschließend nicht mehr marktfähig[20] sind. Außerdem ist die Zielsetzung hinter der MPT, die Auswahl der Wertpapiere für ein geeignetes Portfolio möglichst breit zu streuen und kurzfristig veräußern zu können; im Gegensatz dazu brauchen IT-Systeme Jahre bis sie fertig gestellt sind, während der Wertpapierhandel faktisch instantan funktioniert. Im Fall des Jahr-2000-Problems oder der Euroumstellung wäre nach der MPT die „richtige" Reaktion gewesen, alle betroffenen Systeme sofort zu verkaufen und durch neu erworbene „korrekte" Systeme ersetzen. Eine absurde Vorstellung! Offensichtlich funktioniert IT nicht ganz so einfach wie ein Wertpapierhandel. Wer würde denn die obsoleten Systeme kaufen? Der Markt ist praktisch nicht existent. Die meisten der Legacysysteme beinhalten ein sehr hohes Maß an akkumuliertem Wissen über die jeweilige Organisation, insofern ist ein Ersatz oder Verkauf oft nur sehr schwer möglich und braucht außerdem jede Menge Zeit und Energie. Im Gegensatz zu Aktien haben IT-Systeme einen reichen Schatz an innerem Wissen, der sich nicht auf eine Art „Kurs" reduzieren lässt.

Ein weiterer Unterschied sind die oft sehr hohen Abhängigkeiten der verschiedenen IT-Komponenten. Besonders die Betriebssysteme haben einen hohen Einfluss auf die möglichen Applikationen, welche auf ihnen laufen können.

---

[20] Fast alle Versuche, Softwaresysteme, die innerhalb eines Unternehmens entstanden sind, nachträglich an Dritte als COTS-Software zu vermarkten, sind gescheitert.

Generell gilt: Software hat stets eine niedrige Einstiegshürde, aber eine hohe Exitbarriere! Im Gegensatz dazu haben Aktien in der Markowitzschen Portfoliotheorie weder Einstiegshürden noch Exitbarrieren.

Ein weiterer großer Unterschied ist die Strategie der Diversifikation, welche im Rahmen der MPT für Aktien eingesetzt wird. Die Diversifikation der Aktien innerhalb des Portfolios minimiert die Risiken und stabilisiert den Gewinn. Eine gleiche Vorgehensweise ist im Rahmen der IT nur schwer möglich. Die Nutzung vieler verschiedener Betriebssysteme, Datenbanken und unterschiedlichster Hardware ist geradezu absurd. Innerhalb der IT ist das Vorgehen heute genau umgekehrt: Weg von der Diversifikation hin zu einer Homogenisierung. In der IT ist Standardisierung das Zauberwort: Möglichst wenige verschiedene Programmiersprachen, gleiche Protokolle, Enterprise-Architekturen, alles Schritte zur Reduktion der Diversifikation.

Aktien und IT-Systeme, beziehungsweise Softwareprojekte, sind also völlig unterschiedlich. Von daher macht es wenig Sinn, die Markowitzsche Portfoliotheorie direkt auf die IT zu übertragen.

2.2 Governance

In aller Regel ist die IT-Governance ein Bestandteil der „Corporate Governance". Corporate Governance ist der Versuch, die Interessen aller an einer Organisation Beteiligten unter einen Hut zu bekommen. Dieser Interessenausgleich soll durch die Ausrichtung auf das primäre Organisationsziel langfristig zu einer Wertschöpfung führen. Dies muss nicht a priori zu einer Erhöhung des „Shareholder Values" führen, sollte es aber in aller Regel mittel- und langfristig tun.

Die IT-Governance ist ein Teil der Corporate Governance. Das Ziel hinter der IT-Governance ist es, eine Reihe von Regeln aufzustellen, um damit die gesamten IT-Anstrengungen einer Organisation als Ganzes zu betrachten: eine holistische Sicht. Um diese Governance zu gewährleisten, gibt es eine ganze Reihe von Maßnahmen, so zum Beispiel:

- IT-Dashboard
- IT-Portfoliomanagement
- Balanced Scorecard[21]
- IT-Reviewboards
- IT-Investmentmodelle

Als Bestandteil der Corporate Governance innerhalb der gesamten Organisation durchläuft die eigentliche IT-Governance einen permanenten Zyklus[22]; im Grunde kann man sie auch als selbstständig betrachten.

Für den IT-Governance-Zyklus sind folgende Teilschritte notwendig:

---

[21] s. Abschn. C.4
[22] s. Abb. 2.4

- IT-strategisches Alignment
- IT-Value-Delivery – Diese Dimension zielt auf die termin- und budgetgerechte Bereitstellung von Ressourcen ab. Der Wertschöpfungsbeitrag sollte, in aller Regel, zu den geringsten Kosten geleistet werden. Hier werden neben klassischen Ressourcen wie Arbeitszeit oder CPU-Leistung auch Services strategisch gesteuert.
- IT-Risikomanagement – Das Risikomanagement für die IT beschäftigt sich neben operationalen und sicherheitsrelevanten Risiken auch mit Projektrisiken.
- IT-Performance-Management – Die laufende Überwachung der Operationen sowie der Entwicklung ist hier angesiedelt.

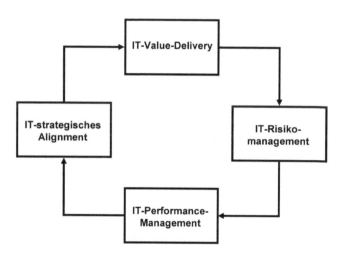

Abb. 2.4: IT-Governance-Zyklus

Für die IT-Governance gibt es jede Menge von „Kochrezepten" und Hinweisen inklusive einiger „Best-Practices"[23]. Der Einsatz eines konsistenten Regelwerks soll die Effizienz und Effektivität der gesamten IT erhöhen, allerdings sind die meisten Organisationen heute noch nicht so weit, denn es fehlen ihnen noch grundsätzliche Regeln im Umgang mit der IT. Eine Untersuchung der META Group aus dem Jahre 2002 ergab, dass von allen untersuchten Unternehmen

- 57% behaupteten, dass sie eine Balance zwischen Kostendruck und IT-Effektivität gefunden hätten, aber dies nicht quantifizieren können.

---

[23] s. S. 374

- 83% nicht in der Lage sind, ihr IT-Budget auf außerordentliche Veränderungen im Geschäftsbereich abzustimmen.
- 84% keine oder nur ausnahmsweise bei speziellen Projekten eine Business-Case-Betrachtung machen.
- 87% der Organisationen sich im „Blindflug" ohne den Einsatz von Metriken mit Ausnahme der budgetierten Kosten befinden.[24]

Den meisten Organisationen fehlt es also an der Fähigkeit, ihre eigene IT überhaupt quantitativ erfassen zu können! Aber selbst wenn die entsprechenden Daten erfasst werden, gibt es vier typische Probleme mit den Daten:

- inhomogene Daten – Bei dem Phänomen der inhomogenen Daten sind nicht nur einfache statistische Ausreißer in den erfassten Daten zu beobachten, sondern die Stichproben zeigen keine oder nur minimale Korrelationen. Dabei gibt es innerhalb der jeweiligen Daten oft einfache Korrelationen, die fast immer vorhanden sein müssen:
  - Größere IT-Systeme sind komplexer und führen daher zu einer niedrigeren Produktivität pro Mitarbeiter.
  - Länger laufende Projekte verbrauchen üblicherweise mehr Ressourcen als kürzere.
  - Größere Projekte haben mehr Risiko als kleinere und folglich auch eine stärkere Streuung bei den Aufwänden.
  - Die Verteilung von Projektgrößen, -kosten, -dauern sollte immer asymmetrische Kurven zeigen, welche jeweils eine steile linke Flanke zum Maximum gefolgt von einer flacheren rechten Flanke zu großen Werten hin haben.

Solche inhomogenen Daten entstehen, wenn unterschiedliche Maßstäbe oder Messungen zusammengefasst beziehungsweise fehlinterpretiert werden. Ein Beispiel für ein solches Phänomen ist die Betrachtung der Produktivität als Funktion der Projektgröße (s. Abb. 2.5). Eine solche Kurve entspricht nicht der zu erwartenden Korrelation, dass mit größeren Projekten die Produktivität abnimmt. Wie kommt diese scheinbare Verletzung der Korrelation zwischen Produktivität und Projektgröße zustande? In Abb. 2.5 werden zwei verschiedene Typen von Projekten miteinander gemischt. Erfahrungsgemäß sind Veränderungen von Legacysystemen auf Grund der stark erhöhten Komplexität der Legacysysteme sehr viel schwieriger als vergleichbare Projekte in neueren Systemen (s. Abb. 2.6). Die Kombination der beiden Produktivitätskurven führt, je nach dem Verhältnis von Aufwänden für Neuentwicklung und Legacysystemen, zur beobachteten Produktivitätskurve (s. Abb. 2.5).
Eine Ursache für inhomogene Daten liegt darin begründet, dass sich Lieferant und Abnehmer der Daten unterscheiden. Solange in einer Organisa-

---

[24] Dies entspricht nicht wirklich einem Blindflug, sondern dem Versuch, die noch zurückzulegende Entfernung bis zum Ziel anhand des Kerosinverbrauchs zu bestimmen.

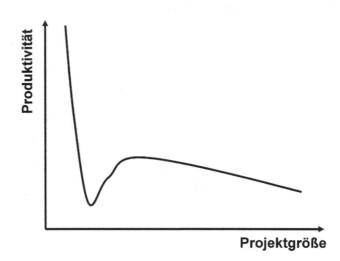

Abb. 2.5: Eine typische Produktivitätskurve bei inhomogenen Daten

tion kein durchgängiges Anreizsystem[25] für die Produktion von qualitativ hochwertigen Daten existiert, wird die Datenqualität immer schlecht sein.

- perfekte Daten – Obwohl die meisten der aufzufindenden Daten oft Inhomogenitäten aufweisen, lässt sich in manchen Organisationen das Phänomen perfekte Daten beobachten: Alle Vorhersagen werden eingehalten, Aufwände und Budgets stimmen perfekt überein, alle Kurven sind glatt und haben eine konstante Steigung, alles so, wie man es nach der Theorie erwarten würde. Ein solches Phänomen bedeutet nicht, dass die betrachtete Organisation ideal ist, sondern, dass die Daten massiv korrigiert worden sind. Statistische Daten, auch solche, die qualitativ hochwertig gewonnen werden, weisen immer eine Streuung und Varianz auf! Üblicherweise sind 10% Ausreißer völlig normal. Wenn keine Streuung vorhanden ist, bedeutet dies, dass die Daten ex post angepasst wurden, um die Erwartungshaltung des Managements zu bestätigen. Ein solches Verhalten ist im Grunde noch schlimmer als überhaupt keine Daten zu erfassen, da sich jetzt das Management in einer künstlich geschaffenen Sicherheit wiegt ohne den aktuellen Zustand zu kennen. Oft liegt die ursächliche Verantwortung für diese Misere nicht bei den ausführenden Personen, welche die Daten geeignet „justieren", sondern darin, dass das Management negative Meldungen nicht hören will und sofort bestraft. Dies wird auch als „crucify the messenger" bezeichnet: Der Überbringer der schlechten Nachricht wird hingerichtet,

---

[25] Ein solches Anreizsystem muss nicht unbedingt monetärer Natur sein, ein Gefühl der emotionalem oder sozialen Verpflichtung reicht bei den meisten Menschen aus.

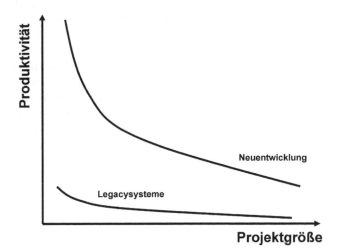

Abb. 2.6: Typische Produktivitätskurven für Neuentwicklungen (s. Gl. 2.10) und Legacysysteme. Die Produktivität bei Legacysystemen ist deutlich niedriger, da hier gegenüber der Gesamtkomplexität gemessen werden muss.

damit zum einen die Nachricht ignoriert werden kann und zum anderen in Zukunft keine schlechten Nachrichten überbracht werden.
Oft ist es innerhalb einer Stichprobe von Daten möglich, mit Hilfe von klassischen Verfahren wie Korrelationsanalysen oder auch Kolmogorov-Smirnov-Tests, die Qualität der Daten nachzuweisen. In Bezug auf die Betrachtung von aktuellen und historischen Daten ist es sinnvoll, den „estimating quality factor" $\phi(t,a)$, welcher sich durch Gl. 2.1 definiert, zu bestimmen:

$$\phi(t,a) = \int\limits_{0}^{t} \frac{1}{\left|1 - \frac{e(\tau)}{a}\right|} \, \mathrm{d}\tau, \tag{2.1}$$

wobei die Zielgröße a den tatsächlichen Wert und $e(\tau)$ die jeweilige Schätzung als Funktion der Zeit angibt. Typischerweise wird Gl. 2.1 für die Schätzung der Dauer eines Projekts verwendet. Bei Zeitschätzungen ist zu beobachten, dass die Projekte generell ihren Zeitplan als zu günstig einschätzen, mit der Folge, dass der Betrag im Nenner von Gl. 2.1 durch $1 - \frac{e(\tau)}{a}$ ersetzt werden kann. Für perfekte Daten gilt:

$$\lim_{t \mapsto \infty} \phi(t,a) = \infty.$$

Bei praktischen Beobachtungen lässt sich in allen zitierten Fällen stets

$$\phi(t,a) \leq 10$$

beobachten. Bessere Werte für $\phi(t,a)$ deuten auf eine ex-post-Manipulation der Daten hin.

- Überregulation – Von dem Phänomen der Überregulation wird gesprochen, wenn die Anwendung von IT-Governance mehr Aufwand beziehungsweise Kosten produziert als sie einspart.[26] Es gibt drei typische Anzeichen für Überregulation in Organisationen:
  - Starres unternehmensweites Vorgehensmodell mit einem sehr hohem Detaillierungsgrad – Manche Organisationen machen ein sehr detailliertes Vorgehensmodell verpflichtend für alle Formen der Softwareentwicklung: Großprojekte, Miniprojekte und Maintenance. Ein solches generisches Vorgehensmodell, welches alle Formen der Entwicklung gleich gut unterstützt, ist praktisch unmöglich oder so generisch, dass es faktisch nicht einsetzbar ist. Die betreffenden Projekte müssen einen Anspruch erfüllen, der zum Teil ohne jeden Sinn und Zweck ist.[27] Erfolgreiche Projekte in einem solchen Umfeld geben meist nur vor, sich an die überbordenden Regularien zu halten, projektintern wird ein völlig anderes Vorgehensmodell gelebt[28] und zu den Meilensteinen werden die Artefakte der Formalismen nachträglich produziert.[29]
  - Großer Anteil an formal geforderten, aber nie gebrauchten Artefakten – In diesem Fall hat sich die formale Qualitätssicherung verselbstständigt und zwingt nun alle zur Produktion einer großen Menge von sinnlosen Dokumenten, welche in Wirklichkeit nie gelesen werden.
  - Ein sehr langer Bewilligungszeitraum für Vorhaben – Der Bewilligungszeitraum ist die Zeit zwischen der Abgabe von Dokumenten, welche durch die IT-Governance gefordert werden, bis zu ihrer Abnahme. Ein sehr langer Bewilligungszeitraum ist dann vorhanden, wenn er kumuliert mehr als 10% der Projektdauer beträgt. Eine solche Form der Überregulation führt zu einer drastischen Verlängerung der tatsächlichen Projektlaufzeiten und damit zu erhöhten Kosten und höherer Mitarbeiterfrustration.
- Unterregulation – Das Gegenteil der Überregulation ist die Unterregulation. In diesem Fall liegen praktisch keine IT-Governanceregeln vor. Eine solche Unterregulation lässt sich manchmal auch an den statistischen Daten erkennen, wenn das Zeitverhalten eine Saisonkurve zeigt. Die Herkunft der Saisonkurve ist auf die starke Übermacht der Finanzabteilung zurückzuführen, da die Budgets in den entsprechenden Zeiträumen bewilligt werden und es nachträglich fast unmöglich ist, solche Budgets umzuwidmen.

---

[26] Ein analoges Phänomen gibt es in der Softwareentwicklung. In manchen Organisationen steht nur noch die Entwicklungsmethodik und nicht mehr die produzierte Software im Vordergrund.

[27] Unternehmen, die einen hohen CMM-Level erreicht haben, tendieren oft zu sinnentleerten Formalismen.

[28] Softwareentwickler nennen dies sinnigerweise „U-Boot fahren".

[29] Das nachträgliche und äußerst widerwillige Produzieren von notwendiger Dokumentation scheint eine Eigenart zu sein, die alle Softwareentwickler teilen.

Neben diesen Problemen bei der tatsächlichen Durchführung einer IT-Governance ist zu beobachten, dass der Versuch einer Implementierung oft scheitert. Als Hauptgrund hinter diesem Scheitern wird oft behauptet, dass Rollen oder Mechanismen nicht korrekt adressiert worden seien. Dies sind in aller Regel vordergründige Erklärungsmuster, die wirklichen Ursachen liegen fast immer im Machtgefüge der jeweiligen Organisation. Die Einführung einer IT-Governance bedeutet für einige der Beteiligten einen subjektiven Macht- und Gestaltungsraumverlust, folglich werden die Maßnahmen der IT-Governance nur widerwillig durchgesetzt und insgeheim boykottiert[30].

2.3 Basisgrößen

Tab. 2.2: Die Potenz $\aleph$ in Gl. 2.2, nach *C. Jones*

Softwaretypus	$\aleph$	γ
Objektorientierte Software	0,36	2,78
Client-Server-Software	0,37	2,70
Outsourcing	0,38	2,63
Managementinformationssysteme	0,39	2,56
Kommerzielle Software	0,40	2,50
Militärische Software	0,43	2,33

Im Folgenden werden einige Faustregeln in Bezug auf Basisgrößen innerhalb der IT dargestellt. Die hier aufgeführten Formeln sind empirisch gewonnen und stellen mehr eine Größenordnungsbetrachtung denn exakte, herleitbare Formeln dar. Einzelne Projekte können durchaus stark hiervon abweichen, aber für eine allgemeine IT-Portfoliobetrachtung sollten die angesprochenen Näherungen ausreichen. Bei der Betrachtung der gesamten IT einer Organisation kommen auch noch die Faktoren Lizenzkosten, Betriebssysteme, Infrastruktur und Hardware hinzu. Dass die Infrastruktur und Hardware nicht besonders intensiv genutzt wird, beziehungsweise nicht den limitierenden Faktor darstellt, kann man am Grad der Nutzung nach *Guttierez* ablesen:

- Die meisten Mainframes sind 40% der Zeit ohne hohe Last;
- Unix-Server sind 90% der Zeit ohne nennenswerte Last;
- PCs werden 95% der Zeit nicht genutzt.

Diese Infrastruktur- und Hardwareanteile werden hier nicht explizit betrachtet; eine Ausdehnung auf solche „klassischen" Investitionsgüter ist jedoch rela-

---

[30] Besonders perfide ist die „formale" Erfüllung durch Redeklaration der bisherigen Arbeitsweise.

tiv einfach und wird bei Investitionsbetrachtungen durchaus öfters vorgenommen. Da Softwareentwicklung den Löwenanteil der Kosten, direkt oder indirekt, innerhalb eines üblichen IT-Bereichs ausmachen, ist es ausreichend, Projekte zur Softwareentwicklung beziehungsweise die Maintenance von Software zu betrachten. Außerdem ist Projektarbeit etwas, das unternehmensübergreifend sehr ähnlich funktioniert, ohne dass es hier branchenspezifische Anbieter von Software oder Hardwaresystemen gibt.

Damit man überhaupt in der Lage ist, ein IT-Portfolio quantitativ zu bewerten, muss man zunächst den Zusammenhang zwischen den Größen Dauer (t), Kosten (k) und der Anzahl der Mitarbeiter (s) in einem durchschnittlichen IT-Projekt betrachten. Für die Dauer eines IT-Projekts in Monaten gibt es eine einfache empirische Formel:

$$t = f^\aleph, \tag{2.2}$$

hierbei ist f die Anzahl der Funktionspunkte in der Software. Zwar ist die Funktionspunktmetrik eine synthetische Metrik, welche durchaus mit einiger Kritik gesehen werden kann, jedoch ändert diese Basis nichts an den allgemeinen Betrachtungen dieses Abschnitts. Das tiefer liegende Problem ist die Fragestellung: Wie kann die Menge an produzierter Software domänen-, programmiersprach- und organisationsübergreifend gemessen werden? Funktionspunkte sind ein domänen- und organisationsneutrales synthetisches Maß, welches sich hierfür anbietet. Theoretisch gesehen wäre auch die Nutzung jeder anderen konsistenten Metrik an Stelle der Funktionspunktmetrik, so beispielsweise Komplexität, möglich und würde zu ähnlichen Aussagen führen.

Die Funktionspunktmetrik hat den großen Vorteil, dass sie sehr nahe am Geschäftsprozess angesiedelt ist. Außerdem ist sie weit verbreitet. Obwohl es in der Literatur keine allgemeingültige übereinstimmende exakte Definition eines Funktionspunktes gibt, empfiehlt es sich doch, diese Metrik zu nutzen, da in der Praxis Funktionspunktangaben in den meisten Fällen um nicht mehr als 15–20% schwanken. Für den Fall, dass keine Spezifikation vorhanden ist, lässt sich aus dem Sourcecode die Zahl der Funktionspunkte werkzeuggestützt ermitteln (s. Tab. 2.3).[31] Obwohl es Abweichungen zwischen den Werten aus den Werkzeugen und den von Systemanalysten erstellten gibt, sind diese Abweichungen meist klein, im Durchschnitt unter 10%. Ist noch nicht einmal der Sourcecode vorhanden, so können immerhin noch Faustregeln bezüglich der Größe des Assemblercodes[32] eingesetzt werden, da der Assemblercode aus den binären Modulen mit Hilfe eines Disassemblers produziert werden kann. Die Tabelle 2.3 kann auch als Verhältnis für die Implementierung der Funktionspunkte in den einzelnen Sprachen[33] zueinander verstanden werden.

---

[31] Dies wird auch als „Backfiring" bezeichnet.

[32] Beim Assembler entsprechen etwa 320 Zeilen einem Funktionspunkt (s. Tab. 2.3).

[33] Die generelle Tendenz ist zu kompakteren Sprachen, mit weniger Zeilen Code pro Funktionspunkt. MDA (s. Abschn. 10.6) hat die Vision, ganz ohne Code auszukommen.

Tab. 2.3: Die durchschnittliche Anzahl von Sourcecodezeilen pro Funktionspunkt für verschiedene Programmiersprachen nach Bundschuh&Fabry

Programmiersprache	Zeilen pro Funktionspunkt
Basic Assembler	320
Macro Assembler	213
C	128
ANSI COBOL 74	107
Fortran	107
Interpreted Basic	107
ANSI COBOL 85	107
Fortran 90	80
Microfocus COBOL	80
LISP	64
C++	55
CICS	46
IBM CICS/VS	40
ORACLE	40
Visual Basic 2	35
Visual C++	34
SAS	32
Symantec C++	29
EIFFEL	21
Smalltalk IV	21
ABAP/4	16
Programmgeneratoren	16
ANSI SQL	13

Der unterschiedliche Potenzfaktor $\aleph$ in Gl. 2.2 ist für verschiedene Softwaretypen in Tab. 2.2 und Abb. 2.7 dargestellt. Für die meisten Betrachtungen reicht es aus, eine Näherung der Form

$$\aleph \approx 0,39$$

zu nutzen.

Die notwendige Anzahl von Mitarbeitern für ein IT-System kann durch zwei Gleichungen angenähert werden:

$$s = \frac{f}{150} \tag{2.3}$$

$$s^\dagger = \frac{f}{750} \tag{2.4}$$

Gleichung 2.4 gibt die Zahl der Mitarbeiter für die Maintenance der entstandenen Software an. Der Quotient

$$\frac{s}{s^\dagger} \approx \frac{5}{1} \tag{2.5}$$

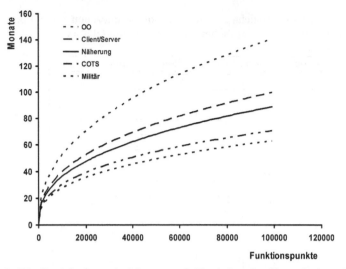

Abb. 2.7: Die Projektdauer in Monaten als Funktion der Komplexität der Software nach Gl. 2.2 (vergleiche Tab. 2.2)

scheint ein hohe Gültigkeit für viele IT-Systeme zu besitzen. Folglich benötigt eine Organisation etwa 20% der vorherigen Projektmannschaft, um die Maintenance einer im Rahmen des Projekts entstandenen Software durchführen zu können.

Für die Relation zwischen Anzahl der Mitarbeiter beim Bau der Software und der Dauer des Projekts ergibt sich aus Gl. 2.2 und Gl. 2.3:

$$s = \frac{1}{150} t^{\frac{1}{\aleph}}$$

$$= \frac{1}{150} t^{\gamma} \tag{2.6}$$

mit $\gamma = \frac{1}{\aleph}$ beziehungsweise für Maintenancetätigkeiten:

$$s^{\dagger} = \frac{1}{750} t^{\gamma}. \tag{2.7}$$

Da die aufgelaufenen Kosten sich aus der Zahl der Mitarbeiter, Kostensätzen und der Zeit ergeben, lassen sich die Kosten durch eine einfache Näherung kalkulieren:

$$k = s t \frac{j}{12} r$$

$$= \frac{jr}{1800} t^{1+\gamma}, \tag{2.8}$$

wobei j die Anzahl der effektiven Arbeitstage (circa 180) pro Jahr angibt und r den Tagessatz eines Mitarbeiters. Die so ermittelten Kosten sind die reinen

Entwicklungskosten. Weitere Kosten, die im Rahmen eines solchen Projekts entstehen, sind:

- Schulungskosten
- Lizenzkosten
- Royalties
- Kosten für die technische Migration
- Kosten für die organisatorische Migration
- Kosten für verlorene Opportunitäten

um nur einige zu nennen. Alle diese Kosten werden in Gl. 2.8 nicht berücksichtigt. Diese Kosten lassen sich jedoch relativ leicht durch einen entsprechenden Tagessatz pro Mitarbeiter ausdrücken, wenn sie einmal bekannt sind.

Analog zu Gleichung 2.8 ergeben sich die Kosten ($k^\dagger$) für die Maintenance der Software zu:

$$k^\dagger = \frac{jr}{9000} t^{1+\gamma}. \tag{2.9}$$

Diese Gleichung beinhaltet nur die „reguläre" Maintenance, nicht jedoch größere funktionale Erweiterungen. Diese werden besser durch Gl. 2.8 abgedeckt, allerdings sollte hier die Zahl der Funktionspunkte stark erhöht sein, um der Tatsache Rechnung zu tragen, dass nun gegen eine größere Grundkomplexität gearbeitet wird.

Die Produktivität (p) des einzelnen Mitarbeiters in einer Neuentwicklung ergibt sich zu:

$$p = \frac{f}{st}$$
$$= 150 f^{-\aleph}. \tag{2.10}$$

Empirische Studien von *Verhoef* haben als besten Fit für die Produktivität als Funktion der Projektgröße eine Formel der Form:

$$p = c_1 + c_2 \mathrm{e}^{-c_3 f^{c_4}}$$

ergeben. Für eine allgemeine Betrachtung reicht jedoch Gl. 2.10 als Näherung vollständig aus.

Die Gleichungen 2.8 und 2.9 lassen sich auch umkehren, womit sich die Dauer einer Entwicklung oder Maintenance als Funktion der Kosten ergibt:

$$d = \left(\frac{1800k}{jr} \right)^{\frac{\aleph}{1+\aleph}} \tag{2.11}$$

$$d^\dagger = \left(\frac{9000k^\dagger}{jr} \right)^{\frac{\aleph}{1+\aleph}}, \tag{2.12}$$

beziehungsweise die jeweiligen Dauern als Funktion der eingesetzten Anzahl von Mitarbeitern:

$$d = (150s)^{\aleph} \tag{2.13}$$

$$d^{\dagger} = (750s)^{\aleph}. \tag{2.14}$$

Der Exponent in den Gleichungen 2.11 und 2.12 ergibt sich näherungsweise zu:

$$\frac{\aleph}{1 + \aleph} \approx 0,28.$$

Dies ist eine Verallgemeinerung der klassischen Schätzregel von *Boehm*:

$$d = 3\sqrt[3]{k},$$

wobei d die Dauer in Kalendermonaten und k den Aufwand in Mitarbeiter-
monaten angibt.

Die Auswirkungen dieser einfachen Größen auf das IT-Portfolio sind recht
drastisch, da sich anhand von Gl. 2.2 die Auswirkungen von zeitlicher Kompression[34] oder Dekompression[35] zeigen lassen.

Die Formel für die Projektdauer (Gl. 2.2) lässt sich auch als Invariante[36]
formulieren:

$$kt^{1+\gamma} = \text{const.} \tag{2.15}$$

Diese empirische Korrelation führt zu einer ganzen Schar von Kurven, je
nach Komplexität der Software und Produktivität innerhalb der Organisation.
Trotz inhomogener Daten (s. S. 27) lässt sich innerhalb einer Organisation
eine solche Konstante für Gl. 2.15 bestimmen. Dies ergibt eine Art interne
Benchmark für IT-Projekte in der Organisation. Die Auswirkung der Dekompression lässt sich gut anhand von Abb. 2.8 zeigen. Der Punkt symbolisiert
ein aktuelles Projekt. Wird nun Dekompression angewandt, so wandert das
Projekt entlang der gestrichelten Kurve

$$c(t) \sim t^{-1-\gamma}$$

bis zur Benchmarklinie.

Da die Dauer mit einer sehr hohen Potenz eingeht, steigen beziehungsweise sinken die Kosten mit einer kleinen Änderung der Dauer drastisch. So
führt eine Dekompression um 10% der Dauer zu einer Kostenersparnis von
$\Delta k(\Delta t = 10\%) \approx 29\%$, während eine Kompression um 10% zu einer Ver-
teuerung von $\Delta k \approx 48\%$ führt. Dies gilt allerdings nur dann, wenn die entsprechende Anzahl von Mitarbeitern eingesetzt wird. In den meisten Fällen

---

[34] Muss ein Projekt schneller fertig werden als geplant, so spricht man von einer
Kompression der Zeitachse.

[35] Wird einem Projekt mehr Zeit gegeben, so spricht man von einer Dekompression
der Zeitachse.

[36] Physikalisch gesehen ist dies wie eine Adiabate in der Gastheorie:

$$pV = \text{const.}$$

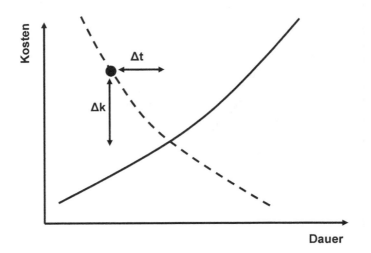

Abb. 2.8: Die Wirkung der Dekompression nach Gl. 2.15

ist es deutlich günstiger, eine Kostenersparnis im Vergleich zu einem Zeitverlust zu akzeptieren. Ausnahmen von dieser Regel sind Softwareprojekte, die einem externen Termindruck, zum Beispiel durch den Gesetzgeber oder Konkurrenz auf dem Markt, unterliegen. Obige Betrachtungsweise gilt nur unter der Annahme der konstanten Komplexität beziehungsweise Funktionalität der Software.

Ein beliebtes Vorgehen ist es, speziell bei Outsourcingunternehmen, die Funktionalität zu reduzieren. Meistens wird die Funktionalitätsreduktion während des Projekts angesichts gefährdeter Termine vorgenommen ohne jedoch Restdauer und Aufwand neu zu planen. Nach Gl. 2.2 führt eine Reduktion der Komplexität um 20% zu einer Veränderung von $\Delta t \approx 9\%$, was wiederum zu einer Kostenreduktion von $\Delta k(\Delta t = 9\%) \approx 28\%$ führt.

Das hohe Risiko der Kompression muss also innerhalb des Portfolios reduziert werden. Folgende Erfahrungswerte haben sich gezeigt:

- Jahresbudget – Der Budgetdruck durch die Finanzabteilung (s. S. 30) führt zu einer Jahresplanung. Implizit müssen am Ende des Planungszeitraums auch die Entwicklungen abgeschlossen sein, daher verfallen viele Organisationen auf die Idee, einfach eine Kompression des Zeitplans vorzunehmen mit folgenden Konsequenzen:
  - langfristige Kostenexplosion
  - mangelnde Funktionalität[37]
  - Abbruch des Projekts
  - formaler Abschluss mit geringer Usability

---

[37] Um den Zeitplan zu halten wird die Komplexität reduziert.

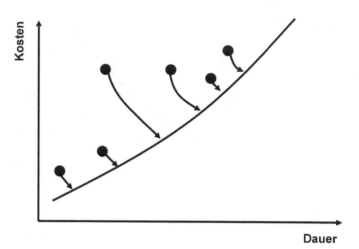

Abb. 2.9: Die Wirkung der Dekompression nach Gl. 2.15 auf das gesamte IT-Portfolio

- Nicht alle IT-Projekte sind zeitkritisch – Nur die wirklich zeitkritischen sollten entsprechend eingeengt werden, die anderen Projekte gelingen besser, wenn es zu einer Dekompression kommt. Außerdem sind nicht alle strategischen Projekte zeitkritisch, auch wenn sie aus „politischen" Gründen für zeitkritisch gehalten werden.
- Externe Kräfte – Oft sind Kompressionen in Projekten eine Konsequenz aus anderen Konstellationen. Unabdingbare Projekte, welche durch äußere Kräfte initiiert werden, haben manchmal nicht genügend interne Aufmerksamkeit erlangt. Wird nun ein kritischer Punkt überschritten, geraten diese Projekte wieder in den Vordergrund. Allerdings sind sie nun auf Grund der Versäumnisse der Vergangenheit „plötzlich" zeitkritisch geworden. Ein solches Verhalten lässt sich meistens auf mangelndes Problembewusstsein beim Management zurückführen. Ein „crucify the messenger"-Verhaltensmuster (s. S. 28) verstärkt dies noch.
- Vernachlässigung – Die Vernachlässigung von Projekten führt, auch ohne die Anwesenheit von externen Kräften, zu einem Wir-müssen-schnell-fertig-werden, was sich dann wieder als Kompression zeigt.
- „Death-March-Projekte" – Hierunter werden Projekte verstanden, welche im Grunde unmöglich zu realisieren sind. Solche Projekte tauchen meistens aus „politischen" Gründen auf. In der Regel haben sie schon a priori einen viel zu kurzen Zeitplan. Eine zweite Variante solcher Projekte sind solche, die auf Vorstandsebene beschlossen und vom mittleren Management boykottiert werden. Die „Death-March-Projekte" haben immer eine hohe Sichtbarkeit in der Organisation und gelten stets als strategisch und

zeitkritisch. Trotzdem sollten sie frühzeitig abgebrochen oder am besten gar nicht begonnen werden.

- Risiken – Die Risiken sollten über das Portfolio verstreut werden, das heißt, es sollten nicht nur Projekte mit hohem Risiko innerhalb des Portfolios existieren!
- Dot-Com-Hype – Ein vermeintlich hoher Marktdruck erzeugt das Bedürfnis, eine Kompression vorzunehmen.

Zwar sagt Gl. 2.15, dass ein länger laufendes Projekt Kosten spart, dies ist aber nicht ad infinitum so möglich. Ab einer gewissen Größe gibt es das Risiko der Dekompression, oder anders formuliert: Das Projekt hat nicht genügend Ressourcen. In einfachster Näherung steigen die Kosten solcher Projekte linear mit der verlängerten Zeit an:

$$\Delta k \sim \Delta t,$$

mit der Folge, dass sich für die veränderten Kosten Gl. 2.16 ergibt:

$$k(t) = \frac{k(t_0)}{t_0} t$$

$$= \frac{jr}{1800} t_0^\gamma t. \tag{2.16}$$

Umgekehrt ergibt sich die „Konstante" t_0 aus:

$$t_0 = \left(\frac{1800k}{tjr} \right)^\aleph. \tag{2.17}$$

Solche Projekte sind im Grunde genauso gefährlich wie die Kompressionsprojekte, da sie Ressourcen[38] im suboptimalen Bereich verbrauchen. Genau wie das Problem der Kompression, kann sich im Rahmen eines IT-Portfolios die Dekompression als kritisch erweisen:

- Gießkannensparen – In manchen Organisationen werden alle Projekte uniform um einen festen Prozentsatz in ihren Aufwänden gekürzt. Dieses Verfahren scheint bei der öffentlichen Hand beliebt zu sein. Hintergrund für dieses Vorgehen ist der Versuch zu sparen und gleichzeitig Konflikte, welche aus einer Priorisierung der einzelnen Projekte entstehen könnten, zu vermeiden. Alle gleichmäßig sparen zu lassen enthebt das Management in gewisser Weise der Legitimation bezüglich Initiierung oder Unterbrechung von Projekten, mit fatalen Folgen. Die einsetzende Dekompression erhöht langfristig gesehen den Ressourcen- und damit den Kapitalbedarf.
- Überregulation – Die langen Wartefristen im Fall der Überregulation[39] führen zu erhöhten Kosten durch die Projekte.
- Multiprojektzugehörigkeit – Die Tendenz, Schlüsselpersonen an mehr als einem Projekt zu beteiligen, führt in den meisten Fällen zu verlängerten Projektlaufzeiten und damit zu erhöhten Kosten.

---

[38] In der Regel Zeit und Geld.
[39] s. S. 30

Eine weitere interessante Konsequenz aus Gl. 2.11 ist, dass Projektdauern und Projektkosten nicht additiv sind, das heißt:

$$k(t_1 + t_2) > k(t_1) + k(t_2)$$

beziehungsweise:

$$t(k_1 + k_2) < t(k_1) + t(k_2).$$

Die Folge dieser Ungleichungen ist die Tatsache, dass die Beseitigung von partiell redundanten Projekten nur bedingt zu Einsparungen führt, obwohl dies eine häufig zu hörende Empfehlung von Unternehmensberatern und Zeitschriften ist. Generell sind Projekte mit geringer Funktionalität und kurzer Dauer deutlich billiger als große langlaufende Projekte. Werden nun zwei Projekte gleicher Komplexität f, welche in einem Anteil β mit $0 \leq \beta \leq 1$ übereinstimmen zu einem neuen Projekt r zusammengelegt, so hätte das resultierende Projekt (r) die Funktionalität

$$f_r = (2 - \beta)f.$$

Das entstehende Projekt hat nun die Laufzeit (s. Gl. 2.2):

$$d_r = (2 - \beta)^{\aleph} d_0.$$

Die entstehenden Kosten sind (Gl. 2.8):

$$k_r = (2 - \beta)^{\aleph(1+\gamma)} k$$
$$= (2 - \beta)^{1+\aleph} k.$$

Wenn beide Ursprungsprojekte gleich teuer sind, dann ist das zusammengefasste Projekt (r) genauso teuer wie zwei einzelne Projekte, wenn gilt:

$$\beta = 2 - 2^{\frac{1}{1+\aleph}}.$$

Die resultierende Kurve ist in Abb. 2.10 dargestellt. Wie sich leicht ablesen lässt, lohnt es sich erst die beiden Projekte zusammenzufassen, wenn mindestens 30–40% der Funktionalität identisch sind. Dies ist aber nur ein Teil der Wahrheit, da die Folgekosten (s. Gl. 2.9) sich analog verhalten, ganz zu schweigen von der erhöhten Wahrscheinlichkeit des Projektversagens p_c (s. Gl. 2.26). Indirekt lässt sich dies schon erahnen, da die Produktivität (s. Gl. 2.10) mit wachsender Komplexität stark absinkt $p \sim f^{-\aleph}$. Folglich lohnt sich eine Redundanzbeseitigung innerhalb des Portfolios nur dann, wenn die Projekte fast identisch sind. Noch effektiver wäre es jedoch, den gemeinsamen Anteil β in einem eigenständigen dritten Projekt zu realisieren.

2.3.1 Folgekosten

Neben den eigentlichen Kosten für die Entwicklung tauchen auch Folgekosten auf, nämlich die Kosten für den Betrieb und die Maintenance der entstandenen Software. Diese Folgekosten werden oft sträflich unterschätzt und nur

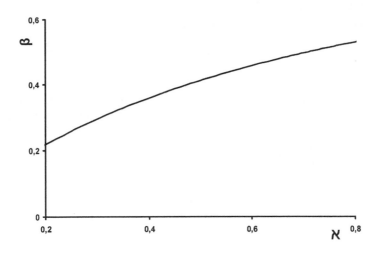

Abb. 2.10: Die beiden Größen β und $\aleph$ bei identischen Kosten

äußerst selten in eventuelle Investitions- oder Business-Case-Betrachtungen aufgenommen.

Am einfachsten lässt sich die Lebensdauer einer Software angeben. Nach *Jones* ist die Lebensdauer im Mittel gegeben durch:

$$t_L \approx f^{\frac{1}{4}}, \tag{2.18}$$

$$= t^{\frac{7}{4}}, \tag{2.19}$$

wobei t_L die Lebensdauer der Software in Jahren und t die Entwicklungszeit in Monaten ist. f ist die bekannte Anzahl von Funktionspunkten. Die zweite Gleichung lässt sich aus Gl. 2.18 und Gl. 2.2 sowie der Definition $\gamma = \frac{1}{\aleph}$ ableiten. Eine Software, die innerhalb von 24 Monaten erstellt wurde, lebt in etwa 7,5 Jahre lang $t_L(24) \approx 7,5$.

Umgekehrt lässt sich aus Gl. 2.19 auch die Entwicklungszeit t berechnen:

$$t = t_L^{4\aleph}. \tag{2.20}$$

Gl. 2.20 kann eingesetzt werden, um damit zukünftige Entwicklungsvorhaben abschätzen zu können.

Die so ermittelte Lebensdauer gibt ein Indiz für die untere Schranke der „Total-Cost-Of-Ownership" (TCO): die minimalen TCO-Kosten. Aus den Gleichungen 2.8 und 2.9 ergibt sich Gl. 2.22:

$$k_{TCO}^{min} = k + k^{\dagger}$$

$$= k + t_L j r s^{\dagger} \tag{2.21}$$

$$= \frac{jr}{150} t^{1+\gamma} + \frac{jr}{750} t^{\frac{5}{4}\gamma}. \tag{2.22}$$

Gl. 2.22 lässt sich auch umkehren, so ergibt sich die durchschnittliche Entwicklungsdauer aus den Kosten der Maintenance zu:

$$t \approx \left(\frac{750}{jr}\right)^{\frac{4}{5}\aleph}.$$

Diese Näherung lässt sich nutzen, um damit eventuelle Potentiale bezüglich eines Outsourcings oder einer Neuentwicklung bei bestehender Software zu treffen.

Eine weitere interessante Größe ist das Verhältnis q zwischen Entwicklungs- und Betriebskosten; dies ergibt sich zu:

$$q = \frac{12}{5}t^{-1+\frac{\gamma}{4}}. \tag{2.23}$$

Die Anteile an den minimalen TCO-Kosten ergeben sich zu:

$$\alpha_{Betrieb} = \frac{1}{1+q} \tag{2.24}$$

$$\alpha_{Entwicklung} = \frac{q}{1+q}. \tag{2.25}$$

Mit zunehmender Projektdauer steigt der Entwicklungsanteil an. Genauer gesagt gilt:

$$\lim_{t\to\infty} \begin{cases} \alpha_{Betrieb} \\ \alpha_{Entwicklung} \end{cases} = \begin{cases} 0 \\ 1 \end{cases}$$

$$\lim_{t\to 0} \begin{cases} \alpha_{Betrieb} \\ \alpha_{Entwicklung} \end{cases} = \begin{cases} 1 \\ 0 \end{cases}.$$

Dies bedeutet nicht, dass der Betrieb von teurer Software immer billiger wird, sondern dass die Entwicklungskosten schneller steigen als die Maintenance- und Betriebskosten.

Die relativen Kosten pro Zeiteinheit ergeben sich einfach aus dem Verhältnis der Aufwände für die Mitarbeiter (s. Gl. 2.8 und Gl. 2.9) zu:

$$\frac{\Delta q}{\Delta t} = \frac{k^{\dagger}}{k}$$

$$= \frac{1}{5}.$$

Folglich werden pro Jahr für jeden Euro Entwicklung mindestens 20c an Maintenance- und Betriebskosten ausgegeben. Da die durchschnittliche Lebensdauer für Software meist über 5 Jahren liegt, ist es nicht verwunderlich, dass immer mehr Geld in die Maintenance fließen muss. Bei 5 Jahren sind die Maintenance- und Betriebskosten ohne Berücksichtigung der Inflation genauso hoch wie die Projektkosten.

Tab. 2.4: Bekannte IT-Desaster

Organisation	System	Dauer	Kosten
amerikanisches Finanzamt	IRS Tax Modernization	1989 – 1997	4 Milliarden $
amerikanische Flugaufsicht	FAA Advanced Automation System	1982 – 1994	3 Milliarden $
City of London	London Ambulance Service Computer Aided Dispatch System	1991 – 1992	2,5 Millionen $ + 20 Menschenleben

2.3.2 Risiken

Neben den Kosten und der Dauer, beziehungsweise den eingesetzten Ressourcen, gibt es bei IT-Projekten noch eine weitere Größe, die einen Einfluss hat: die Wahrscheinlichkeit des Projektabbruchs p_c beziehungsweise der Projektverzögerung p_l. Die meisten Schätzungen bezüglich der Summe der IT-Projekte gehen davon aus, dass 30% aller IT-Projekte abgebrochen werden und etwa 50% sich verzögern[40],[41]. Nur 20% werden innerhalb der geplanten Zeit fertig. Eine Ausfallsrate in dieser Größenordnung muss Einfluss auf diverse betriebswirtschaftliche Größen in einem Portfolio haben.[42]

Nach *Verhoef* existiert für die Wahrscheinlichkeit, dass ein Projekt abgebrochen wird, folgende empirische Formel:

$$p_c(f) \approx \alpha \left(1 - e^{\lambda f^\eta}\right) \tag{2.26}$$

mit den Konstanten $\alpha = 0,48$, $\lambda = 0,00749$ und $\eta = 0,5873$ für eine Inhouse-Entwicklung. Bei einer Outsourcinglösung betragen die Koeffizienten: $\alpha = 0,33$, $\lambda = 0,003296$ und $\eta = 0,67842$. Anwendbar ist diese empirische Formel nur in Bereichen mit $f < 100,000$. Offensichtlich bricht die empirische Näherung ab einer gewissen Projektgröße zusammen. Mit den angegebenen Parametern gilt:

$$\lim_{f \to \infty} p_c = \alpha \neq 1,$$

---

[40] Nach einer Untersuchung der Standish Group ist es in speziellen Softwaresektoren noch katastrophaler: Ca. 90% aller ERP-Projekte werden nicht in der geplanten Zeit fertig.

[41] Trotz der hohen Versagensraten im Rahmen der IT-Projekte weisen die Organisationen ein erstaunliches Maß an Stabilität auf, zumindest kurz- und mittelfristig. Dies lässt vermuten, dass sich die meisten Organisationen in einem stabilen Gleichgewichtszustand befinden, so dass sie die chaotischen Folgen der verfehlten Projekte rasch ausheilen können.

[42] Ein durchschnittliches Projekt ist in aller Regel 6 – 12 Monate hinter der Zeit und 50 – 100% über Budget.

während die Erfahrung lehrt: Je größer das Projekt, desto größer die Wahrscheinlichkeit, dass es schief geht und daher gestoppt wird. Über den Zusammenhang zwischen der Dauer und der Zahl der Funktionspunkte: $f = t^\gamma$ lässt sich die Abbruchwahrscheinlichkeit als

$$p_c(f) \approx \alpha \left(1 - e^{-\lambda t^{\gamma\eta}}\right) \qquad (2.27)$$

formulieren.

Für die Wahrscheinlichkeit der Kostenexplosion $p_l(f)$ lässt sich auch Gl. 2.26 einsetzen, nun allerdings mit den Koeffizienten: $\alpha = 0,37$, $\lambda = 0,0152$ und $\eta = 0,553$ beziehungsweise im Outsourcingfall $\alpha = 0,401$, $\lambda = 0,00992$ und $\eta = 0,5657$. Die Abhängigkeit zur Projektdauer ist dann analog Gl. 2.27.

Die geringere Abbruchrate bei outgesourcten Projekten erklärt sich durch die viel höheren Exitbarrieren als bei vergleichbaren Inhouse-Projekten. In gewisser Weise produziert das Festhalten an „sinnlosen" Projekten Kostenexplosionen, von daher ist die Wahrscheinlichkeit für Kostenexplosionen im Outsourcingbereich deutlich höher.

Ein Teil dieser Verzögerungen wird durch klassische Projektmanagementfehler produziert, ein anderer, weitaus größerer Teil, ist die Folge des „Requirements Creeps[43]" (s. Tab. 2.5). Durch die Veränderung von nur 3,5% pro Monat erhöht sich die Anzahl der Funktionspunkte um den entsprechenden Anteil. Bei einem Projekt mit 10,000 Funktionspunkten und einer monatlichen Änderungsrate von 3,5% führt das nun größere Projekt zu einem Absinken der Produktivität um 20% und einer Steigerung des Aufwands um 80%. Allein diese einfachen Betrachtungen machen klar, wie risikobehaftet Softwareentwicklung im Allgemeinen ist. Da die meisten Planungen den „Requirements Creep" überhaupt nicht berücksichtigen, ist es nur natürlich, dass es zu massiven Terminüberschreitungen bei der Softwareentwicklung kommt.

Tab. 2.5: Monatliche Änderungsrate nach Erstellung der Spezifikation

Softwarekategorie	monatliche Rate
Informationssystem	1,5 %
Systemsoftware	2 %
Militärsoftware	2 %
Öffentliche Hand	2,5 %
Betriebswirtschaftliche Software	3,5 %

---

[43] Mit Requirements Creep bezeichnet man das stetige Anwachsen der Zahl der Anforderungen und ihrer Komplexität im Laufe eines Projekts. Oder anders formuliert: Schlecht geführte Projekte sind wie Staubsauger; sie saugen jeden Dreck auf, der irgendwo auf ihrem Weg liegt.

Wenn die Termine gehalten werden müssen, aber ein Requirements Creep eingesetzt hat, ist die übliche Reaktion auf dieses Problem der Versuch, eine Kompression vorzunehmen, mit allen dazugehörigen Konsequenzen (s. S. 38).

Die Hauptquelle von Risiken innerhalb eines IT-Projekts liegt nicht im Bereich der Technologie, obwohl die meisten Manager dies annehmen. Die primären Risikoquellen liegen fast immer in der Organisation (s. Kap. 7). IT-Innovationen erzeugen Unsicherheit in Organisationen und diese Unsicherheit führt oft zu einem hohen Maß an Widerstand gegen computergestützte Innovationen: Je „radikaler"die Veränderung, das heißt, je mehr Wissen sich die einzelnen Mitglieder der Organisation aneignen müssen, desto höher der Widerstand!

2.4 Rayleigh-Kurven

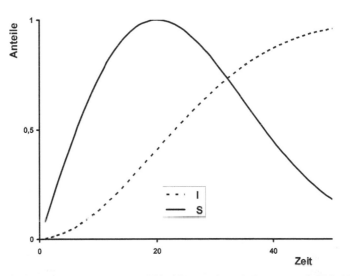

Abb. 2.11: Die Rayleigh-Kurve $S(t)$ (Gl. 2.28) und ihr Integral $I(t)$ (Gl. 2.29)

Die bisher angesprochenen empirischen Gleichungen beruhen auf der Annahme, dass die Auslastung innerhalb eines laufenden Projekts konstant bleibt. In der Praxis ist jedoch bekannt, dass dies nur äußerst selten der Fall ist. Eine recht gute Näherung ist es, den Aufwand durch eine Rayleigh-Kurve (s. Abb. 2.11) zu modellieren:

$$S(t) = \frac{S_{tot}}{t_{max}^2} e^{-\frac{1}{2}t^2/t_{max}^2}. \qquad (2.28)$$

Die Rayleigh-Kurven sind Lösungen folgender Differentialgleichung:

$$\frac{\mathrm{d}S}{\mathrm{d}t} = \frac{\alpha t}{\beta - S},$$

welche besagt, dass der Aufwand in der nächsten Periode proportional zur verstrichenen Zeit und dem noch verbleibenden Budgetanteil $(\beta - S)$ ist. Der aufgelaufene Aufwand ergibt sich dann als ein Integral über die Aufwandsverteilung:

$$I(t) = \int_0^t S(\tau)\,\mathrm{d}\tau, \tag{2.29}$$

mit der Festlegung der Konstanten:

$$I(\infty) = \int_0^\infty S(\tau)\,\mathrm{d}\tau$$

$$= \int_0^\infty \frac{S_{tot}}{t_{max}^2} e^{-\frac{1}{2}t^2/t_{max}^2}\,\mathrm{d}\tau$$

$$= S_{tot}.$$

Eine solche Auslastungskurve ist selbstverständlich viel präziser als die bisher gewählte Näherung:

$$S(t) = \begin{cases} const. & \tau < t \\ 0 & \tau \geq t. \end{cases}$$

Werden aber die großen Streuungen der Daten innerhalb eines Portfolios berücksichtigt (s. S. 27), so ist in den meisten Fällen der Einsatz einer Rayleigh-Kurve identisch mit der Einführung einer Pseudopräzision. Man spricht von einer Pseudopräzision, wenn durch die Angaben möglichst vieler Nachkommastellen der Eindruck vermittelt wird, dass das Ergebnis exakt sei. Übliche Variationen von Messungen in der IT liegen im Bereich von über 10% der Messgrößen. Welchen Sinn macht es also, Werte bis auf die 4-te Nachkommastelle zu berechnen? Je präziser die Zahlen erscheinen, desto mehr ist ein Beobachter geneigt zu glauben, dass der Verantwortliche das System ingenieurmäßig unter Kontrolle hat. Angaben mit einer großen Zahl von Nachkommastellen haben oft genau diesen Sinn: den Eindruck der vollständigen Kontrolle zu vermitteln.

2.5 Portfolioebene

Innerhalb der klassischen Ökonomie gibt es eine Reihe von sehr ausgeklügelten Verfahren, um Investitionen zu analysieren. Obwohl solche Finanzanalysen schon eine sehr lange Tradition haben, werden sie selten auf die Frage von IT-Investitionen angewandt. Der Hintergrund für die seltene Anwendung dieser Analyseformen ist einfach: Es fehlen in aller Regel die hierfür notwendigen Daten.

Die wenigsten Organisationen haben bezüglich ihrer IT den notwendigen Reifegrad erreicht, um geeignete quantitative Aussagen treffen zu können. Es fehlt generell an erfassten Metriken. Häufig würde es schon ausreichen, wenn die Wahrscheinlichkeit für Erfolg oder Misserfolg eines IT-Projekts vorhersagbar wäre, dann könnten zumindest Größen wie das ROI mit der entsprechenden Wahrscheinlichkeit verknüpft werden um insgesamt, bezüglich des Portfolios, einen Wertzuwachs zu erhalten.[44] Die am einfachsten erscheinende Lösung wäre es, eine Metrik zu implementieren; leider geht dies in den allermeisten Fällen schief![45]

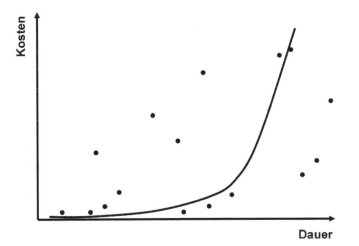

Abb. 2.12: Die Größe Kosten als Funktion der Projektdauer innerhalb des Portfolios

Wenn der Inhalt eines Projektportfolios betrachtet wird, so ergibt sich Abb. 2.12. Es wurden die Kosten und die Projektdauern gegeneinander aufgetragen. Typischerweise befinden sich einige Projekte in der Nähe der Benchmarkkurve, andere unterhalb und, in der Regel, viele oberhalb der Linie. Die jeweilige Positionierung im Fall der Projekte in der Nähe der Linie ist ein-

---

[44] IT-Projekte haben auf Grund ihrer hohen Versagensrate (s. Gl. 2.26) eine schlechtere „Performance" als manche „Junk Bonds".

[45] s. S. 370

fach, diese sind „üblich".[46] Für die beiden anderen Erscheinungsformen gibt es diverse Gründe:

- Oberhalb – Projekte oberhalb der Linie sind sehr viel teurer als es ihrer Projektdauer entsprechen sollte. Die Gründe hierfür sind:
  - Kompression (s. S. 37)
  - Mangelnde IT-Governance
  - Politisch wichtige Projekte – Diese Kombination aus hohem Risiko, hohen Kosten und zu wenig Zeit führt zu den „Death-March-Projekten". Projekte sind oft sehr erfinderisch darin, die Unterstützung der Fachbereiche zu bekommen und zu begründen, warum gerade das aktuelle Projekt besonders wichtig[47] ist und nicht gestoppt werden darf.
- Unterhalb – Projekte unterhalb der Linie sind sehr viel billiger als es ihrer Projektdauer entsprechen sollte. Die Gründe hierfür sind:
  - Dekompression, (s. S. 36)
  - Zu optimistische Schätzung – Mitarbeiter in der Softwareentwicklung sind meistens notorische Optimisten beziehungsweise tendieren dazu, ihre Fertigkeiten krass zu überschätzen[48].
  - Macht der Gewohnheit – In den Endphasen eines Projekts taucht manchmal die Situation auf, dass einige Mitarbeiter das Projekt gar nicht beenden möchten. Solche Projekte wandern dann unterhalb der Linie.

Eine interessante Konsequenz aus dieser Betrachtungsweise ist, dass es nun möglich wird, frühzeitig die Ausreißer zu identifizieren und auf diese entsprechend zu reagieren. Eine recht einfache Reaktion ist es, das Ausreißerprojekt in einzelne unabhängige Teile zu zerlegen und damit das Risiko im Gesamtportfolio besser zu verteilen. Die Zusammenlegung mehrerer Projekte auf Grund einer „angeblichen" Synergie ist in aller Regel kontraproduktiv. Synergistische Effekte treten äußerst selten auf.[49] Jede Form eines Großprojekts ist risikoreich. Ein gewisses Maß an Redundanz ist sogar sehr förderlich (s. Abb. 2.10).

---

[46] Projekte sind sehr lernfähig; nach einiger Zeit werden alle Projekte auf der Linie liegen (s. S. 30).
[47] Besonders beliebte Zwänge sind:
„... wir brauchen das, um konkurrenzfähig zu sein ... "
„... der Kunde will das so ... "
„... der Wirtschaftsprüfer fordert das ... "
„... der Vorstand / Aufsichtsrat möchte das so haben ... ".
[48] Ein Eigenschaft, die Entwickler mit Autofahrern gemeinsam haben. Das Phänomen der Selbstüberschätzung ist sehr weit verbreitet. Menschen tendieren dazu, ihre eigenen Fertigkeiten stets besser zu sehen als diese tatsächlich sind. Eine Umfrage unter zufällig ausgewählten schwedischen Autofahrern ergab, dass 80% der Teilnehmer der Studie sich zu den besten 30% aller Autofahrer rechneten.
[49] Aus der Thermodynamik kann man ableiten: Die Koppelung zweier Systeme erzeugt immer Entropie und fast nie Synergie! Insofern ist Synergie wohl eher der Sphäre des Marketings zuzuordnen.

Neben den kleineren Projektgrößen kann die entstehende Redundanz auch zur Entkoppelung von Anwendergruppen eingesetzt werden. Bei redundanzfreien Systemen müssen immer alle Anwender auf jede Änderung reagieren, bei redundanten Projekten lässt sich dies eventuell vermeiden. Eventuell erzwungene Releasewechsel können sehr hohe Kosten im Umfeld der Fachbereiche produzieren. Hiermit eng verwandt ist auch die Existenz von Homonymen in der Softwareentwicklung: Die vielen fachlichen und technischen Probleme sind oft nur scheinbar redundant, da in den einzelnen Projekten manchmal identische Begriffe für völlig unterschiedliche Tatbestände genutzt werden; dies wirkt nach außen wie Redundanz, ist aber keine!

2.5.1 Kumulierte Zahlen

Die Maintenance der bereits abgeschlossenen Projekte ist mittlerweile eine immense Belastung jedes IT-Budgets. Je nach Organisation werden 40–80% der Ausgaben für Maintenance getätigt; eine Tatsache, welche die Wichtigkeit der Berücksichtigung der Maintenance zum Zeitpunkt der Investitionsbetrachtung sehr deutlich unterstreicht.

Die Gesamtkosten eines gegebenen Portfolios Π für einen Zeitraum T ergeben sich aus den Entwicklungs- sowie den Maintenancekosten der diversen Bestandteile, sprich Projekte und in Betrieb genommene Applikationen, zu:

$$
\begin{aligned}
K(T) &= \sum_{\phi \in \Pi} k_\phi^{tot}(T) \\
&= \sum_{\phi \in \Pi} k^\dagger(T) + \sum_{\phi \in \Pi} k(T) \\
&= \sum_{\phi \in \Pi} \int_0^T k^\dagger(\tau)\,\mathrm{d}\tau + \sum_{\phi \in \Pi} \int_0^T k(\tau)\,\mathrm{d}\tau.
\end{aligned}
\tag{2.30}
$$

Die Summe der Kosten erstreckt sich über das gesamte gegebene Portfolio Π. Die Kosten für den Betrieb sind zwar nachlaufend, summieren sich aber auf Dauer stark an (s. Abb. 2.13).

Dieser akkumulierte Kapitalverzehr muss betrachtet werden, um sich die Situation des IT-Portfolios vor Augen zu führen. Einem solchen Kapitalverzehr sollte auch ein Gewinn gegenüberstehen, der ROI. Der „Return on Investment" sollte irgendwann einmal einsetzen; leider zeigt die Praxis, dass die wenigsten Systeme lange genug am Leben (s. Gl. 2.18) bleiben, um überhaupt in eine positive ROI-Zone zu gelangen. Obige Gleichung (2.30) gibt nur die minimalen TCO-Kosten wieder, in der Praxis sind die Kosten stets höher. Folglich ist der Zeitpunkt, wann der „Break-Even-Punkt" erreicht wird, immer in die Zukunft verschoben. Eine Berücksichtigung der Inflationsrate verschiebt diesen Zeitpunkt sogar noch weiter in die Zukunft. Um die Kosten für das Leihen von Geld zu berücksichtigen, wird der so genannte Nettowert[50]

---

[50] NPV, **N**et **P**resent **V**alue

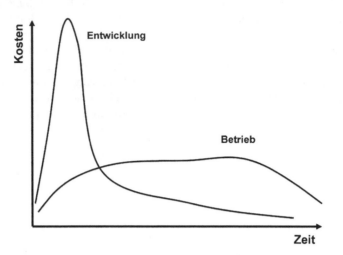

Abb. 2.13: Der Kostenberg der Entwicklung wird von einer Kostenwelle während des Betriebs gefolgt.

berechnet. Dieser ergibt sich zu:

$$v = \sum_{i=0}^{n} \frac{I_i}{(1+z)^i}$$

$$= I_0 + \frac{I_1}{1+z} + \frac{I_2}{(1+z)^2} + \ldots + \frac{I_n}{(1+z)^n},$$

wobei I_k für die jeweiligen Nettoeinnahmen pro Jahr stehen und z der Zinssatz für das Kapital ist. In aller Regel sind I_0 und I_1 negativ, da sie das Investment zu Beginn darstellen. Bei sehr langen Laufzeiten wächst der Nenner so schnell, dass kein effektiver Beitrag zu v geleistet wird. Oder drastischer formuliert: Entweder es wird innerhalb weniger Jahre ein Profit generiert oder er tritt nie ein.[51] Eine umgekehrte Betrachtungsweise ist der IRR[52]. Hierunter wird der Zinssatz z verstanden, bei dem nach n Jahren der Nettowert gerade Null wird. Somit ist für den IRR die Gleichung:

$$0 = \sum_{i=0}^{n} \frac{I_i}{(1+z)^i} \tag{2.31}$$

nach z aufzulösen. Eine weitere Größe, nach der oft gefragt wird, ist die „Pay-back-Periode", auch „Break-Even-Punkt" genannt. Analog der IRR ist sie

---

[51] Bei Computerspielen gilt diese Regel sogar unterjährig, da nach wenigen Monaten der Markt durch Raubkopien gesättigt wird.

[52] Internal Rate of Return

definiert als das n in Gl. 2.31, für welches die Gleichung bei gegebenen I_i und z eine Lösung besitzt.

Aber nicht nur Kosten und Dauer müssen für das Portfolio in Betracht gezogen werden, auch die Risiken müssen bewertet werden. Aus Abschnitt 2.3.2 lässt sich anhand von Gl. 2.26 die Wahrscheinlichkeit auf das gesamte Portfolio übertragen. Dies führt zu:

$$p_c(\Pi) = \frac{1}{|\Pi|} \sum_{\phi \in \Pi} p_c(\phi) \qquad (2.32)$$

$$p_l(\Pi) = \frac{1}{|\Pi|} \sum_{\phi \in \Pi} p_l(\phi). \qquad (2.33)$$

2.6 Portfoliowertschaffung

In der Vergangenheit waren rein monetäre Größen wie Kapitaleinsatz oder Zinszahlungen ein Vergleichsmaßstab, um Investitionen oder die Performanz einer Organisation im Vergleich zu anderen zu messen. In den letzten Jahrzehnten sind solche Größen wie:

- Return on Investment
- Return on Equity[53]
- Anlagenwert
- Immobilienwert

immer stärker in den Hintergrund gedrängt worden. Diese Größen sind im Bereich des kapitalintensiven Produktionssektors noch immer wichtig, innerhalb des IT-Sektors ist jedoch Information das primäre Gut. Dies lässt sich anhand von folgenden Punkten gut ablesen:

- Kapital ist mittlerweile nicht mehr die wichtigste Größe für eine moderne Organisation. Speziell im Dienstleistungssektor hat das Kapital nicht mehr die dominante Rolle wie in der Mitte des 20 Jahrhunderts.
- Die internationale Verfügbarkeit von Kapital macht es nicht mehr zu einem limitierenden Faktor für die Organisationen.
- Kapital ist zu einer „Commodity" geworden. Das Kapital wird, bewertet nach Risiko, einfach gemietet. Die stark zunehmende Arbeitsteilung durch:
  - Outsourcing
  - Leasing
  - Subunternehmerschaft
  macht es einfach, auf große Kapitalmengen zu verzichten.

---

[53] Auch „Shareholder Value" genannt, wobei diese Größe die Gewinnausschüttung misst und nicht die Steigerung des Aktienwerts.

- Mittlerweile sind die Mitarbeiter und ihr Wissen das wichtigste „Kapital" einer Organisation geworden.[54] Die Art und Weise, wie die Mitarbeiter untereinander und mit externen Kräften kommunizieren und agieren, ist für viele Organisationen überlebenswichtig.
- Eine der kritischen Ressourcen in modernen Organisationen ist die Fähigkeit zum Informationsmanagement geworden.

Wenn aber das Kapital nicht mehr die wichtigste Größe ist, sondern die Information, beziehungsweise der Umgang mit ihr, dann müssen andere Metriken über die Performanz Auskunft geben. In den letzten Jahrzehnten hat noch ein anderer Wandel stattgefunden: Immer mehr Arbeitnehmer sind mit Informationen beschäftigt. Dieser stetig steigende Anteil muss auch gemessen werden, mit der Fragestellung: Wie effektiv ist der Einsatz?

Auf der Ebene des gesamten Portfolios gibt es einige Metriken, welche die Performanz einer Organisation in Bezug auf seine IT messbar und vergleichbar machen. Zu diesen Metriken, meist Performanzmetriken genannt, zählen:

- Informationsproduktivität
- Mehrwert[55]
- Wissenskapital
- Prokopfausgaben
- Total Cost of Ownership

Alle diese Metriken dienen dazu, für die IT Maßstäbe aufzustellen, welche die IT für andere Organisationsteile vergleichbar macht. Von daher stellen sie eine gewisse Konzentration an finanziellen Zahlen dar.

An dieser Stelle muss auch davor gewarnt werden, bei der Betrachtung des „Gewinns" durch die IT in ein Vorher-Nachher-Bild zu verfallen. Hinter einem Vorher-Nachher-Bild steckt die Idee, den Gewinn durch die IT in Form der Varianz einer Metrik[56] vor und nach der Veränderung durch die IT zu messen. Hierbei wird die IT als eine Art „Black-Box" betrachtet, welche wie eine Maschine schneller oder sparsamer wird. Diese Betrachtungsweise vernachlässigt völlig den Effekt, den die IT auf den Geschäftsprozess hat; dieser ist jedoch in aller Regel der wichtigste. Oft wird die IT sogar aufgefordert, einen Geschäftsprozess zu unterstützen, welcher im Grunde falsch ist, mit der Folge, dass kein Mehrwert produziert wird, obwohl die Veränderung der Metrik durchaus positiv sein kann.

2.6.1 Mehrwert

Der erzeugte Mehrwert einer Organisation η_{EVA} ist der Profit einer Organisation verringert um die Kosten für die Kapitalbeschaffung. Im Grunde ist dies

---

[54] Leider haben das die deutschen Banken noch nicht so recht verstanden. Da es keine allgemein anerkannten Bewertungsmaßstäbe für dieses „menschliche Kapital" gibt, erhalten informationsintensive Unternehmen selten günstige Kredite.

[55] Economic Value Added

[56] Zum Beispiel: Return on Assets, Profitabilität und so weiter.

ein Modell einer Fabrik: Rohstoffe werden eingekauft, verarbeitet und Produkte werden verkauft. Die Differenz aus den Kosten und den Erlösen stellt dann den produzierten Mehrwert dar. Leider werden in den Bilanzen die Kosten für die Kapitalbeschaffung nicht als Kosten von den Erlösen abgezogen, so dass sie nicht direkt erscheinen. Diese Kosten müssen aber für den η_{EVA} berücksichtigt werden.

Die Betrachtung des entstehenden Mehrwerts ermöglicht es also, die „Wertvernichter" von den „Werterzeugern" zu unterscheiden, eine Tatsache, die in der Bilanz oder dem „shareholder value" bewusst verschleiert wird. Eine Liste der η_{EVA}-Zahlen in Deutschland ist in Abb. 2.14 dargestellt.

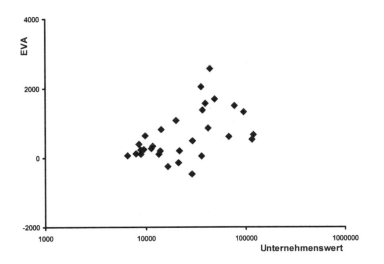

Abb. 2.14: Der Organisationswert gegenüber η_{EVA} für die DAX-30 Unternehmen in 2005

Abb. 2.14 zeigt deutlich, dass es keine direkte Korrelation zwischen dem Wert einer Organisation und den Werten, die sie produziert, gibt. Werterzeuger und -vernichter – beide werden in den DAX-30 aufgenommen.

2.6.2 Informationsproduktivität

Diese Metrik ist unter dem englischen Begriff „Information Productivity" bekannt, wurde von *Strassmann* postuliert und versucht den Einfluss der IT auf die Reduktion von Allgemeinkosten sowie den langfristig gelieferten Mehrwert zu berücksichtigen.

Die Informationsproduktivität ist definiert durch:

$$\eta_{IP} = \frac{\eta_{EVA}}{c_{Tx}}, \tag{2.34}$$

wobei c_{Tx} die Transaktionskosten sind und η_{EVA} der gelieferte Mehrwert ist. Die größte Schwierigkeit hinter dieser Metrik liegt darin, dass keine Organisation ernsthaft bereit ist, diese Größen zu messen und zu publizieren[57]. Die Transaktionskosten werden üblicherweise zu niedrig angesetzt, dabei müssen sie alles enthalten, was mit der Informationsverarbeitung zu tun hat:

- Management
- Schulungen
- Infrastruktur
- Hardware
- Leitungskosten
- Projektkosten
- Marketing
- Verwaltung
- Forschung
- Entwicklung
- Lizenzen

Diese oben aufgeführte Reihe lässt sich noch lange fortsetzen. Grundsätzlich müssen alle diese Kosten berücksichtigt werden um festzustellen, ob die IT tatsächlich performant ist. Ironischerweise haben die wenigsten Organisationen ein echtes Interesse an diesen Zahlen. Am einfachsten kann man sich den Transaktionskosten nähern, indem man aus der Bilanz die Größen:

- Vetriebskosten
- Allgemeine Verwaltungskosten
- Forschungs- und Entwicklungskosten

addiert und diese als Transaktionskosten verwendet. Dies ist zwar nicht exakt, aber für eine grobe Näherung dürfte es in aller Regel ausreichend sein.

Die Informationsproduktivität ist ein Maß dafür, wie stark die IT die Organisation als Ganzes unterstützt; wenn η_{IP} nicht ausreicht, sollte man sich zuerst überlegen, wie die Transaktionskosten zu senken sind, bevor man auf die Idee kommt, noch mehr in IT zu investieren. Unglücklicherweise schaffen Organisationen, die sich auf dem „absteigenden Ast" befinden, zusätzliche interne Stellen für Controller, Buchhalter und so weiter – alles Positionen, welche die Transaktionskosten zusätzlich erhöhen. Dies wurde in aller Schärfe durch das Parkinsonsche Gesetz formuliert:

$$\Delta n = \frac{1}{p} \left(n^h + \Delta \overline{T} \right),\qquad(2.35)$$

wobei Δn das Wachstum an Verwaltungskräften, n deren Anzahl, h die Anzahl der geleisteten Stunden und $\Delta \overline{T} = \overline{T}_{Pension} - \overline{T}_{Eintritt}$ die durchschnittliche Lebensarbeitszeit ist. p ist die Anzahl der Verwaltungseinheiten, die

---

[57] In Hinblick auf die von Organisationen veröffentlichten IT-Zahlen scheint es fraglich, ob das Sprichwort: „Nirgends wird so viel gelogen wie auf Beerdigungen und auf dem Friedhof" tatsächlich Gültigkeit besitzt.

tatsächlich erledigt werden, quasi die „Arbeit". Die durchschnittliche Zunahme beträgt 5–6%, unabhängig von der tatsächlichen Menge an Arbeit! Je weniger „Arbeit" es in der Organisation gibt[58], desto mehr Verwaltungspositionen werden geschaffen.

2.6.3 Wertgetriebene Softwareentwicklung

Die meisten Designrichtlinien, welche in der Software angewandt werden, entbehren einer detaillierten theoretischen Grundlage bezüglich ihrer ökonomischen Validität. Es existiert praktisch keine Verbindung zwischen dem technischen Designkonzept und einem entstehenden ökonomischen Mehrwert. In dem Maße, wie Softwaresysteme größer, älter und komplexer werden, tritt die Ökonomie stärker in den Vordergrund, stärker als jede Wahl eines Algorithmus oder einer spezifischen Datenstruktur. Dasselbe gilt auch für den Entwicklungsprozess per se, denn Entwicklungsprozesse werden üblicherweise in strukturelle Kategorien[59] eingeteilt:

- Planungsstadien
- Analysestadien
- Designstadien
- Anordnung der unterschiedlichen Phasen, eventuelle Parallelitäten oder auch Rekursionen
- Übergang in die Produktion
- Maintenance

Dies sind jedoch Kriterien aus dem Bereich der Struktur, nicht entstanden aus der Fragestellung, was ökonomisch sinnvoll ist. In dem klassischen Wasserfallmodell mit seinen Phasen Analyse, Design, Implementierung und Test ist der ökonomische Mehrwert des Produkts nicht sichtbar, auch die Spiralmodelle, von denen der Rational Unified Process eine Unterart ist, nutzen nur die Risikoorientierung zur Entscheidung, nicht aber ökonomische Betrachtungen. Bezüglich der Designentscheidungen gilt für die Spiralmodelle und ihre Abkömmlinge, inklusive dem eXtreme Programming, der Grundsatz: Eine Entscheidung für ein konkretes Design sollte so spät wie möglich erfolgen, um die Menge an relevanter Information zu maximieren. Diese Heuristik ist oft nicht korrekt. Hierfür gibt es zwei Gründe:

- Menschen nutzen für ihre Entscheidungen sehr viel weniger Informationen als sie tatsächlich glauben zu nutzen. In aller Regel werden nicht mehr als 3 bis 5 Informationen für eine Entscheidung verwendet. Alle anderen dienen nur zur Legitimation der Entscheidung. Oft werden Entscheidungen schon im Vorfeld getroffen und widersprüchliche Information wird nicht

---

[58] Nach *Parkinson* geschieht in einer Bürokratie auch das Umgekehrte: Die Arbeit nimmt in einer Bürokratie so lange zu, bis sie die budgetierte Zeit für ihren Abschluss erreicht hat.

[59] s. Kap. 10

zur Kenntnis genommen, um somit nicht in den Zustand einer kognitiven Dissonanz zu verfallen.

- Die Strategie der möglichst späten Entscheidung ist nur sinnvoll, wenn es eine unsichere Zukunft gibt. Je sicherer die Zukunft, desto weniger ist diese Strategie wert.

Die Entstehung von Mehrwert ist in allen Fällen nur implizit, wenn sie überhaupt da ist. Bei der Betrachtung von Softwareprojekten stehen aus ökonomischer Sicht zwei Strategien im Vordergrund: Zum einen ein Höchstmaß an Flexibilität in der Software zu erreichen und zum andern Projekte möglichst frühzeitig stoppen zu können. Die Struktur einer Software, eines Prozesses oder eines Projekts beeinflusst den entstehenden Mehrwert[60] in entscheidender Art und Weise. Da die Struktur hauptsächlich die zukünftige Flexibilität beeinflusst – diese Flexibilität erlaubt ihrerseits überhaupt erst Änderungen und Anpassungen in einer unsicheren Zukunft –, ist sie ein besonders wichtiges Merkmal der Software. Neben einer möglichen Reduktion des Risikos wird durch eine erhöhte Flexibilität auch die Wahrnehmung einer zukünftigen Opportunität erst ermöglicht. Die Fähigkeit zur Flexibilität verspricht folglich einen erhöhten möglichen ökonomischen Mehrwert zu produzieren. Im Vergleich hierzu kann das Jahr-2000-Problem betrachtet werden. Das Jahr-2000-Problem war nicht die Folge der Verwendung von nur zweistelligen Jahreszahlen durch die Softwareentwickler (wie immer behauptet wird), sondern es war die Folge davon, dass diese Entscheidung nicht innerhalb der Module gekapselt wurde. Denn wenn einfaches Information Hiding für die Jahreszahlen genutzt worden wäre, wären die hohen Umstellungskosten nicht entstanden. Es kommt aber hier zu einem Dilemma für die Softwareentwickler: Flexibilität hat ihren Preis und für Flexibilität muss eine Investition getätigt werden. Am Ende kann sich die entstehende Software nur im Rahmen einer gegebenen Flexibilität bewegen und diese wiederum entsteht nur im Rahmen einer Flexibilität, welche sich die Entwicklung ökonomisch leisten kann.

Bei der Entscheidung, Flexibilität zu verwenden, muss sich der Softwareentwickler zwischen den Kosten für die Flexibilität und den zukünftigen Opportunitätskosten entscheiden. Nur, diese Kosten sind direkt und sofort merklich, während die Flexibilität sich erst in der Zukunft auszahlt. Dies erklärt die Inflexibilität vieler Softwaresysteme. Auch der Nettowert (s. S. 50) ist hier nicht besonders hilfreich, da er statisch ist und somit zukünftige Veränderungen überhaupt nicht berücksichtigt. Wird die Optionstheorie für Investitionen auf Softwareentwicklungen angewandt, so ergibt sich eine Reihe von Aussagen über Entscheidungsstrategien in der Softwareentwicklung:

- Je größer die Wahrscheinlichkeit für negative zukünftige Ereignisse, desto besser ist es, mit der Investition möglichst lange zu warten.
- Wenn alle anderen Parameter konstant sind, dann ist es besser mit einer Entscheidung zu warten, denn je höher die Varianz in den zukünftigen

---

[60] Sehr oft ist der entstehende Mehrwert negativ.

Kosten ist, desto länger macht es Sinn die Entscheidung hinauszuzögern um eine höhere Sicherheit zu erlangen.

Aus diesem Blickwinkel betrachtet ist das Prinzip des Information Hiding der Versuch, Teile innerhalb eines Moduls zu verstecken, bei denen die Wahrscheinlichkeit der Änderung gering, aber das entstehende Risiko hoch ist. Auch die Objektorientierung geht ähnlich vor. Die Spiralmodelle werden zwar sehr oft auf Grund ihrer Risikoorientierung als Entwicklungsmodelle ausgewählt, es wäre jedoch besser, den Übergang von einer Iteration zur nächsten durch die Wahl einer Designentscheidung, welche den Mehrwert maximiert, zu treffen anstatt nur das Risiko zu betrachten. Die Vorgehensweise des Prototyping ist insofern interessant, da sie den Versuch darstellt, nicht die Flexibilität zu maximieren, sondern zukünftige Wahrscheinlichkeiten besser eingrenzen zu können. Das Prototyping führt daher nicht unbedingt zur Erhöhung des Wertes, sondern in aller Regel zu einer Erhöhung der Information; ob dies tatsächlich die Qualität[61] zukünftiger Entscheidungen verbessert, sei dahingestellt.

2.7 Maintenance

Sehr oft stehen die Projekte der IT-Abteilungen im Vordergrund der Betrachtung. Dies ist durchaus sinnvoll, nur sollte berücksichtigt werden, dass in einem durchschnittlichen Großunternehmen nur 25 – 35% des IT-Budgets auf Projekte entfällt. Der Rest sollte auch betrachtet werden. Einen besonders großen Anteil an den Kosten hat in aller Regel die Summe der Kosten, welche sich aus den Kosten der Maintenance und den Betriebskosten zusammensetzt. Folglich muss eine effektive Betrachtung der IT-Kosten und des IT-Alignments neben den reinen Projektkosten alle Kosten der IT in Betracht ziehen.

Die Wartungskosten sind jedoch im Gegensatz zu den Projektkosten streng monoton wachsend, da sie sich stetig aufbauen. Der Anteil an Investitionen, die in Projekten getätigt werden können, wird mit der Zeit stetig abnehmen und die Organisation wird immer weniger Handlungsspielräume haben.

Die Maintenance ist per se nicht negativ, sie ist notwendig um das IT-System überhaupt am Leben zu erhalten und erfolgreiche und effektive Maintenance ist für die Endanwender praktisch nicht sichtbar, denn wenn ein System erfolgreich arbeitet, wird es für die Benutzer faktisch unsichtbar[62], zeigt es Fehler oder Unzulänglichkeiten, so steigt seine Sichtbarkeit drastisch an. Endbenutzer nehmen solche hochstabilen Systeme nicht mehr wahr, sie werden in der täglichen Aktivität absorbiert.

---

[61] Bei Entscheidungen werden nur sehr wenige Informationen tatsächlich genutzt (s. S. 55).

[62] Dies zeigt sich besonders deutlich bei der Netzwerkinfrastruktur. Diese ist mittlerweile so stabil und verbreitet, dass sie kaum noch getrennt wahrgenommen wird.

3

Kognitives Alignment

Macduff, this noble passion,
Child of integrity, hath from my soul
Wiped the black scruples, reconciled my thoughts
To thy good truth and honour. Devilish Macbeth
By many of these trains hath sought to win me
Into his power, and modest wisdom plucks me
From over-credulous haste: but God above
Deal between thee and me! for even now
I put myself to thy direction, and
Unspeak mine own detraction, here abjure
The taints and blames I laid upon myself,
For strangers to my nature. I am yet
Unknown to woman, never was forsworn,
Scarcely have coveted what was mine own,
At no time broke my faith, would not betray
The devil to his fellow and delight
No less in truth than life: my first false speaking
Was this upon myself: what I am truly,
Is thine and my poor country's to command:
Whither indeed, before thy here-approach,
Old Siward, with ten thousand warlike men,
Already at a point, was setting forth.
Now we'll together; and the chance of goodness
Be like our warranted quarrel! Why are you silent?

Macbeth
William Shakespeare
1564 – 1616

Das kognitive Alignment, sprich das gemeinsame Ausrichten des Gedanken-
guts zwischen der Geschäftswelt und der IT, ist ein Problem, welches auch
jenseits von Strategien, Technologien und Architekturen oder Geschäftsprozessen eine immense Bedeutung auf der Ebene der Psychologie hat. Wo immer
Menschen beteiligt sind, spielen ihre psychologischen und sozialen Eigenschaften eine wichtige Rolle.

Leider tendieren wir oft dazu Technik in den Vordergrund zu stellen, dabei
sollte doch der Mensch mit seinen Eigenschaften, Wünschen und Nöten im

Zentrum unserer Bemühungen stehen. Es sollte nicht vergessen werden, dass es in der IT eine Art Sprichwort gibt:

Projekte scheitern nicht an der Technik, sondern an den Menschen.

Tom DeMarco

Obwohl viele diese Tatsache kennen, wird sie doch von den meisten Projektleitern geflissentlich ignoriert. Die Projektleiter sehen sich in aller Regel als Verwaltungs- und nicht als Personalführungskräfte, schließlich ist es sehr anstrengend und frustrierend[1], mit Menschen zu arbeiten.

Hinter dem Begriff des kognitiven Alignments versteckt sich die Frage nach den Werten und Ideen, welche die Menschen in der Organisation bezüglich der IT und die IT-Mitarbeiter gegenüber der Organisation haben. Es ist daher sinnvoll, das kognitive Alignment aus zwei dualen Dimensionen heraus zu betrachten:

- intellektuelle Dimension
- soziale Dimension

Diese beiden Dimensionen sind nicht unbedingt orthogonal zueinander, sondern sie bedingen sich in gewisser Weise gegenseitig: Das soziale Umfeld hat Einfluss auf die intellektuelle Wahrnehmung und umgekehrt haben intellektuelle Ideen Einfluss auf das soziale Gefüge einer Organisation. Die intellektuelle Dimension beinhaltet die Methoden, die Techniken und die Sprache, um überhaupt eine Strategie oder Beobachtung formulieren zu können. Die soziale Dimension bezieht sich auf die Wahl der Handelnden, deren Beziehungen und Kommunikationsmethoden innerhalb eines Entscheidungsprozesses.

3.1 Soziale Identität

Es ist schon lange bekannt, dass die Natur der sozialen Beziehung zwischen den Endbenutzern[2] und den Mitgliedern der IT-Abteilung einen Einfluss auf die Einstellung der Endbenutzer zu neuen Systemen und deren Nutzung hat. Aber nicht nur bestehende oder zukünftige Endbenutzer sind Teil eines sozialen Geflechts, auch Entscheidungsträger können sich einer solchen sozialen Komponente nicht entziehen. Folglich ist ein Aspekt des kognitiven Alignments die Frage nach der sozialen Identität beziehungsweise sozialen Abgrenzung zwischen den Mitgliedern der IT und der restlichen Organisation. Dieser

---

[1] Zumindest für den „typischen" IT-Mitarbeiter, der introvertiert und technikzentriert ist; außerdem wird diese Kluft durch die mittlerweile häufig auftretende Matrixorganisation (s. Abschn. 7.6) noch verstärkt.

[2] Im Folgenden wird unter Endbenutzer die Person verstanden, welche die entsprechende Software direkt einsetzt und das IT-System aktiv nutzt und die Daten manipuliert. Der Begriff Nutzer wird in diesem Buch für die Endbenutzer und alle anderen verwandt, welche dem IT-System indirekt ausgesetzt sind.

soziale Aspekt wird indirekt einen großen Einfluss auf alle messbaren Größen des kognitiven Bereichs haben.

Soziale Identität ist die vom Individuum wahrgenommene Zugehörigkeit zu einer Menge von realen oder imaginären Gruppen, schließlich ist jeder Mensch Mitglied in diversen Gruppen. Das Individuum unterscheidet dann zwischen „Ingroups", das sind solche, denen es angehört, und „Outgroups", das sind Gruppen, denen es nicht angehört, welche aber von dem Individuum wahrgenommen werden können. Der Wille zur Zugehörigkeit zu einer Gruppe ist eine der stärksten Antriebsfedern[3,4] des Menschen. Dies gilt trotz des oft behaupteten Willens zur Individualität, der meist nur Ausdruck dafür ist, dass man sich in der Gruppe der „Normalen" nicht gehalten fühlt und deshalb zu einer klarer profilierten Gruppe von „Individualisten[5]" gehören will.

Ein Gruppengefühl kann nur entstehen, wenn auch der Platz außerhalb der Gruppe definiert ist. Daher braucht jede Gruppe eine Outgroup, um sich klar zu definieren, eine Gruppe also, welche die Eigenschaften verkörpert, die man nicht haben will. Wer zur Ingroup gehören will, steht also unter Druck, sich die verlangten Ingroup-Eigenschaften anzueignen.

Ein Mitglied der Ingroup fühlt sich aber in der Praxis oft als Teil einer anderen Gruppe. Im Alltag und in der Politik entsteht jetzt ein „Kampf", welche Gruppe sich mit ihren Normen bei der anderen durchsetzt. Eine Gruppe braucht sich zwar nicht vollständig durchzusetzen, sie muss aber im permanenten Kampf das eigene Gruppengefühl hochhalten, sonst zerfällt sie.

Damit überhaupt eine Ingroup entstehen kann, muss das zugehörige Individuum Werte und Vorstellungen der entsprechenden Ingroup übernehmen. Typischerweise werden alle Handlungen und Ansichten von Mitgliedern der eigenen Ingroup positiver wahrgenommen als gleiche Handlungen und Ansichten von Mitgliedern der Outgroups.

Zwei wichtige Prozesse sind bei der Schaffung einer sozialen Identität in Form der Ingroup-Zugehörigkeit beteiligt:

- Kategorisierung – Die Kategorisierung ist notwendig, um damit die Grenze zwischen In- und Outgroup überhaupt definieren zu können, quasi das Erschaffen des „Wir-Gefühls". Die Kategorisierung führt auch zur Findung der eigenen Identität innerhalb der Ingroup.
- Selbstwerterhöhung – Die Erhöhung des Selbstwertgefühls kommt durch die positive Rückmeldung der anderen Ingroup-Individuen, welche die gleichen Werte und Ansichten haben. Da Menschen stets den Drang haben

---

[3] Diese Tatsache machen sich die Werbefachleute in der kommerziellen Werbung und in der politischen Werbung zunutze, indem sie In- und Outgroups „künstlich" erzeugen.

[4] Politische und religiöse Organisationen nutzen dies oft bewusst aus. Speziell Jugendliche sind empfänglich für den Wunsch, zu einer klar definierten Gruppe zu gehören.

[5] Die Individualisten lassen sich oft an ihrer Kleidung, einer Art „Nonkonformistenuniform", erkennen.

ihr Selbstwertgefühl zu erhöhen, eignen sie sich recht schnell die Ansichten und Werte der Ingroup an. Die Selbstwerterhöhung findet auch statt, wenn ein Erfolg nicht vom Individuum selbst, sondern von einem anderen Gruppenmitglied erreicht wird.[6]

Innerhalb einer Organisation dienen beide Prozesse, die Kategorisierung und die Selbstwerterhöhung, zur Schaffung von In- und Outgroups als soziale Unterstrukturen der Organisation. Leider führt die Schaffung einer In-Outgroup-Grenze zur Stärkung der Ingroup-Identität, was wiederum die wahrgenommene Differenz zur Outgroup verstärkt. Diese Differenz macht sich in der Ausweitung der Grenze zwischen den beiden Gruppen bemerkbar. Es handelt sich um eine selbstverstärkende Spirale, welche in letzter Konsequenz zu einer völligen Entfremdung der beiden Gruppen führt. Diese Differenz lässt sich innerhalb einer Organisation zwischen Mitgliedern der IT und den Endbenutzern beobachten, da beide Gruppen nachweislich unterschiedliche Wertvorstellungen im Allgemeinen sowie bezüglich der eigenen Organisation im Besonderen haben. Das gleiche Phänomen lässt sich auch zwischen Mitgliedern des IT-Supports und den Softwareentwicklern beobachten; obwohl beide sehr IT-nah sind, bilden sich die Gruppen recht deutlich heraus.

Je stärker die In-Outgroup-Grenze zwischen IT und Endbenutzern innerhalb einer Organisation ausgeprägt ist, desto geringer fällt das kognitive Alignment aus! Jede Aktivität einer Outgroup wird a priori als schlechter eingestuft als wenn es sich um eine Aktivität einer Ingroup handeln würde. Da die Ingroup auf einem Framework von gemeinsamen Ideen, Werten, Anschauungen und Vorurteilen beruht, muss eine Unterstützung der IT als nicht adäquat beurteilt werden, wenn die In-Outgroup-Grenze prominent ist. Umgekehrt gilt jedoch: Je geringer die In-Outgroup-Grenze zwischen IT und Endbenutzern ausgeprägt ist, desto höher ist das kognitive Alignment der IT innerhalb der Organisation, da nun alle dieselben Werte teilen.

Eine vorhandene In-Outgroup-Grenze kann durch folgende Maßnahmen reduziert und damit implizit das kognitive Alignment erhöht werden:

- Schaffung gemeinsamer Werte – Werden zwischen Mitgliedern zweier Gruppen gemeinsame Werte gefunden, so sinkt die In-Outgroup-Grenze, da jetzt eine neue Ingroup entsteht. Eine perfide Methode zur Schaffung gemeinsamer Werte ist der Aufbau eines gemeinsamen „Feindes".
- Hervorhebung von Gemeinsamkeiten[7] – Werte und Ansichten einer Gruppe können rekategorisiert werden. Wenn von unterschiedlichen Gruppen die Gemeinsamkeiten beider Gruppen hervorgehoben werden, so sinkt die In-Outgroup-Grenze ab.
- Auflösung der Gruppe – Gruppenidentitäten funktionieren nur, solange der „Andere" kein Individuum ist. Kann ein Einzelner nicht auf das Stereotyp

---

[6] Fußballfans verhalten sich nach dem Sieg ihrer Mannschaft oft so, als hätten sie selbst den Erfolg erreicht.

[7] Das „Wir"-Gefühl.

der entsprechenden Outgroup reduziert werden, beispielsweise durch einen länger anhaltenden intensiven Kontakt, so wird er als Individuum wahrgenommen und nicht mehr als Outgroup-Mitglied. Dies funktioniert nur bei Personen mit einem gewissen Maß an Selbstwertgefühl. Wird durch das Outgroup-Mitglied die eigene Identität gefährdet, so reagieren die meisten Menschen mit Aggression.[8] Auf Dauer führt dies zu einer Absenkung der In-Outgroup-Grenze. Gemischte Teams sind ein Beispiel für eine Umsetzung einer solchen Strategie.

• Fehlinformationen – Das Auftreten von bewusst produzierter Falschinformation setzt voraus, dass der Produzent sich in den Empfänger hineinversetzen[9] kann. Dies setzt aber implizit eine Senkung der Grenze zwischen beiden Individuen voraus. Folglich zeigt das Auftreten von Fehlinformationen an, dass die Grenze zwischen beiden Gruppen, zumindest auf der Ebene der Individuen, abgesenkt werden kann.

Auch Individuen, die bereits in die Ingroup integriert wurden, beteiligen sich weiterhin an Statuswettbewerben innerhalb der Ingroup. Sie orientieren sich in ihrer Position an den mittel- und langfristigen Zielen der Ingroup und setzen alles daran, dass die Ingroup diese Ziele auch erreicht. Wenn ein Individuum einen scheinbaren Anteil an der Zielerreichung hat, festigt es implizit seinen eigenen Status in der Gruppe und hat die Möglichkeit, in der sozialen Gruppenhierarchie auch weiter aufzusteigen. Eine erfolgreiche Taktik ist in diesem Fall der Hinweis auf beziehungsweise der Einsatz der eigenen spezifischen Kompetenz zum Wohle der Gruppe. Die Gruppenmitglieder in mittlerer Position sind somit motiviert, dass andere Mitglieder der Gruppe ihre Einzigartigkeit wahrnehmen und anerkennen. In Gruppen mit klarer Aufgabenorientierung und genauen Zieldefinitionen sowie transparenten Beiträgen zur Zielerreichung dient die spezifische Kompetenz auch als Basis der Statusgenerierung. Individuen mit hoher Kompetenz, Probleme zu lösen, werden mit einem hohen Status in der Gruppe belohnt. In Gruppen mit unklarer Zieldefinition ist es leichter, die Wahrnehmung der Kompetenz durch andere Gruppenmitglieder mittels der individuellen rhetorischen Fähigkeiten zu manipulieren, beziehungsweise sich von Outgroups zu distanzieren.

Eine weitere Taktik, die Gruppenmitglieder auf die eigenen Kompetenzen aufmerksam zu machen, ist die Redefinition der Problemsituation[10]. Die Aufmerksamkeit der Gruppe wird hierbei auf Aspekte des Problems gelenkt, in denen das betreffende Gruppenmitglied die größte Kompetenz besitzt. Mit den entsprechenden Fachausdrücken weist das Gruppenmitglied auf Lösungsmöglichkeiten hin. Der Einsatz der technischen Sprache schließt alle Mitglieder von der Entscheidungsfindung aus, die den Fachjargon nicht kennen. Für außenstehende Beobachter erscheint der verstärkte Einsatz der Fachsprache als

---

[8] Dieses Verhaltensmuster stellt im Rahmen von Integrationsbestrebungen innerhalb einer Gesellschaft ein Problem dar.

[9] Ohne diese psychologische Annäherung ist ein Betrug überhaupt nicht möglich.

[10] shifting frame

Versuch der Gruppe, eine rationale Lösung auf hohem Niveau zu finden, dient aber in Wirklichkeit nur der Abgrenzung gegenüber der Outgroup.

Eine ähnliche Taktik ist der Einsatz von externen Referenzen[11], die darauf hinweisen sollen, dass das betreffende Gruppenmitglied über die geeigneten Kompetenzen verfügt. Diese Referenzen müssen nichts mit dem eigentlichen Problem zu tun haben, sie dienen einzig der Aufmerksamkeitsgewinnung.

Personen, welche an der Spitze der Hierarchie stehen, haben in die momentane Hierarchie die meiste Arbeit investiert und sind somit motiviert, diese Hierarchie auch weiterhin aufrechtzuerhalten.[12] Der Statuswettbewerb zwischen den Gruppenmitgliedern wird von ihnen definiert und kontrolliert. Insbesondere wird der Kommunikationsfluss zwischen den Gruppenmitgliedern initiiert oder verhindert. Wenn eine statushöhere Person einer anderen das Wort erteilt, wird damit auch signalisiert, dass dieses Individuum Mitglied der Gruppe ist und zumindest angehört wird. Die angesprochene Person kann dann nämlich auch eigene Handlungen präsentieren, um ihren Status zu erhöhen. Die ranghöhere Person hat die Möglichkeit, den Kommunikationsprozess zu stören und somit den Statuswettbewerb zu unterbinden.

Diese Auseinandersetzung geschieht aber nur innerhalb der Gruppe, gegenüber Outgroups ist ein solcher Statuswettbewerb nur bedingt sinnvoll, da diese ja a priori „anders" sind. Verschiedene Gruppen mit spezifischen Bezeichnungsnotwendigkeiten bilden jedoch ihre eigenen sprachlichen Formen heraus, die man als kommunikatives Erkennungsmerkmal einer Gruppe bezeichnen darf. Solche Erkennungsmerkmale äußern sich naturgemäß im differenzierten Wortschatz einer Gruppe. Die Gruppe versucht, ihre Wirklichkeit möglichst treffend wiederzugeben und dies möglichst ökonomisch[13] zu gestalten. Daher ist die Absicht für die Nutzung einer Fachsprache vorwiegend zweckbegründet und nicht sozialer Natur. Eine solche Fachsprache wird vorwiegend innerhalb einer Gruppe gebraucht. Ein Outgroup-Zuhörer hingegen, der an einer Ingroup-Kommunikation teilnimmt, erkennt sehr wohl eine soziale Komponente in einem solchen Gespräch; ihm gibt die verwendete Fachsprache Informationen über diejenigen, die sie verwenden. Somit führt also ebenfalls das Erfüllen reiner Bezeichnungsnotwendigkeiten zu sozialer Differenzierung auf sprachlicher Ebene, allerdings nur für das In-Outgroup-Problem. Folglich ist einer der Gründe für die Existenz und Ausprägung einer In-Outgroup-Grenze die unterschiedliche Sprache beziehungsweise Sprachverwendung. Die unterschiedliche Sprache innerhalb der IT und der Fachbereiche ist für jeden Beobachter evident.

---

[11] Nach dem Weizenbaumschen Gesetz gilt: ...
Nach der ISO-4711-Norm gilt aber:...
[12] Dies erklärt zu einem gewissen Grad die massiven Widerstände gegen Umstrukturierungen in Organisationen (s. Kap. 7).
[13] Was in der IT zu einem undurchdringlichen Wirrwarr von dreibuchstabigen Abkürzungen führt.

3.2 Gemeinsame Kognition

Das Modell der gemeinsamen Kognition geht auf die „Personal Construct Theory" zurück. Die Idee dieser Theorie ist, dass jedes Individuum seine eigenen Konstrukte benutzt um Ereignisse, die es wahrnimmt, zu verstehen und zu interpretieren. Ein Konstrukt ist ein Modell von den Ereignissen, die wahrgenommen werden. Diese Wahrnehmung und ihre Interpretation werden durch die Erfahrung des Individuums verändert beziehungsweise beeinflusst. Individuen verstehen die Welt, in der sie leben, durch den Aufbau eines persönlichen Systems von Interpretationen oder Konstrukten ihrer Erlebnisse.[14] Obwohl diese Konstrukte und Interpretationen sehr persönlich sind, können Individuen die Konstrukte anderer wahrnehmen und manchmal diese auch mit ihnen teilen. Sind bestimmte Interpretationen sehr ähnlich, so entsteht eine gemeinsame Kognition, beziehungsweise Individuen sind oft in der Lage, Interpretationen bei anderen Individuen wahrzunehmen ohne diese direkt zu teilen. Der Aufbau und gegebenenfalls der Austausch von Konstrukten ist durch eine Reihe von „Gesetzen", innerhalb der Personal Construct Theory „Corollaries" genannt, gegeben:

- Construction Corollary – Menschen benutzen ihre Interpretation früherer Ereignisse, um damit ihre Reaktion auf zukünftige Ereignisse vorherzusagen.
- Organization Corollary – Menschen reorganisieren ihre Konstrukte je nach der Situation.
- Dichotomy Corollary – Jedes Konstrukt hat bipolare Eigenschaften.
- Choice Corollary – Menschen versuchen die Anwendbarkeit ihrer Konstrukte zu erhöhen.
- Modulation Corollary – Neue Erfahrung wird nur langsam aufgenommen.
- Fragmentation Corollary – Widersprüche innerhalb der Konstrukte eines Individuums können auftreten.
- Sociality Corollary – Menschen können mit anderen gut interagieren, wenn sie die jeweils anderen Interpretationen verstehen.
- Commonality Corollary – Es gibt eine gewisse Wahrscheinlichkeit, dass zwei Menschen das gleiche Ereignis ähnlich interpretieren. Die These ist hierbei, dass ein ähnlicher Erfahrungsaufbau bei Individuen ähnliche psychologische Prozesse auslöst, wobei die Ähnlichkeit sowohl innerhalb der Erfahrung sowie beim konkreten Ereignis vorhanden sein muss. Oder anders ausgedrückt: Wenn zwei Menschen den gleichen Hintergrund haben und dasselbe Ereignis beobachten, so ziehen sie daraus ähnliche Schlüsse.
- Individuality Corollary – Trotz aller Gemeinsamkeiten ist die Interpretation eines Ereignisses durch zwei Menschen nie identisch und kann sich sehr stark unterscheiden. Es ist in der Personal Construct Theory sehr unwahrscheinlich, dass zwei Individuen die gleiche Interpretation eines gegebenen Ereignisses haben. Gerade diese Individualität der Interpretation

---

[14] s. Fußnote S. 15

macht die kognitive Übereinstimmung zwischen verschiedenen Menschen so schwer. Die hat zur Folge, dass es stets eine gewisse Differenz in der Interpretation, sogar bei Mitgliedern derselben Gruppe, gibt.

- Range Corollary – Die Konstrukte eines Menschen gehören stets zu einer gewissen Umgebung von Ereignissen. Jedes Konstrukt wird nur innerhalb eines gewissen Kontextes angewandt, welcher eine endliche Ausdehnung besitzt. Es gibt damit keine universellen Konstrukte. Die endliche Ausdehnung des Kontexts lässt sich schon an der unterschiedlichsten Namensgebung durch die verschiedenen Individuen ablesen.

- Experience Corollary – Menschen können ihr System von gewonnenen Konstrukten je nach Erfahrungen neu ordnen. Jede neue Erfahrung kann zur Änderung der bereits vorhandenen Konstrukte führen. Hierbei lernt nicht nur das Individuum anhand seiner Einzelerfahrung, auch die Beobachtung der Konstrukte anderer Menschen durch Kommunikation kann die eigenen Konstrukte verändern, was die Grundlage schulischen Lernens darstellt.

Angewandt auf das Problem des kognitiven Alignments bedeutet dies, dass jeder Mensch eine andere Wahrnehmung besitzt und nur in einem bestimmten Kontext operiert, aber dass die Ähnlichkeit von Konstrukten innerhalb einer Gruppe eine Ähnlichkeit in der Wahrnehmung in der Gruppe produziert.

3.2.1 Kognitives Kartieren

Das „cognitive mapping", beziehungsweise kognitives Kartieren, fasst all jene Fähigkeiten zusammen, welche eine Orientierung in einer Umgebung erst möglich machen. Dazu zählen beispielsweise das Sammeln, Systematisieren und Verarbeiten von Informationen über eine bestimmte Umgebung. Die für das kognitive Kartieren notwendigen Fähigkeiten sind nicht gleichbleibend stark ausgeprägt. Im Allgemeinen nehmen sie mit zunehmendem Alter und Entwicklungsgrad zu. Das kognitive Kartieren wird zusätzlich durch die Häufigkeit der Anwendung beeinflusst. Ein wiederholter Entwurf einer kognitiven Karte[15] von einem Gebiet wird von Mal zu Mal umfassender und genauer werden. Solche kognitiven Karten werden oft bei den Entscheidungsträgern in den Organisationen eingesetzt, da sie die strategische Ausrichtung der Organisation widerspiegeln. Dies tun sie, da auf Grund der Experience und Commonality Corollaries viele der Führungskräfte ähnliche Muster haben müssen; folglich müssen ihre Vorstellungen, zumindest partiell, in einer gemeinsamen Vorstellung münden. Diese kognitiven Karten werden in folgende Kategorien eingeteilt:

- Kategorisierungen
- Abhängigkeiten und Kausalitäten
- Aufmerksamkeit, Wichtigkeit von Konzepten

---

[15] Oft auch als „mental map" bezeichnet.

Je stärker die Übereinstimmung zwischen den kognitiven Karten der IT-Mitarbeiter und der Fachbereichsmitarbeiter ist, desto größer ist das kognitive Alignment innerhalb der Organisation. Kognitive Karten dienen aber nicht nur zum Vergleich zweier Gruppen untereinander. Auch die Varianz der kognitiven Karten innerhalb einer Gruppe kann als Indiz genommen werden; hierunter wird das Maß der Abweichung von Begriffen innerhalb einer Gruppe verstanden. Bisherige Untersuchungen haben übereinstimmend folgendes Bild ergeben: Bei allen Organisationen, welche ein niedriges Alignment der kognitiven Karten zwischen verschiedenen Gruppen aufweisen, hatten die einzelnen Gruppen stets eine hohe individuelle Varianz. Daraus lässt sich schließen, dass die Ursachen des mangelnden kognitiven Alignments nicht an der Grenze zwischen IT und Geschäftswelt liegen, sondern auf primäre unternehmenskulturelle Gründe zurückzuführen sind. Wenn das kognitive Alignment innerhalb der einzelnen Gruppen schon nicht gegeben ist, warum sollte es dann gruppenübergreifend überhaupt existieren? Oder anders ausgedrückt: Wenn schon der Fachbereich mit sich selbst uneins ist, dann kann er auch nicht mit der IT reden!

3.2.2 Gemeinsames Domänenwissen

Eine interessante Variante des Problems der gemeinsamen Kognition ist der Spezialfall des gemeinsamen Domänenwissens. Die Frage, welche sich stellt, ist: Wie beeinflusst das Vorhandensein von fachlichem Wissen bei IT-Mitarbeitern, beziehungsweise IT-Wissen bei Fachbereichsmitarbeitern, das kognitive Alignment?

Offensichtlich fördert ein gemeinsames Verständnis die Wahrscheinlichkeit, dass jeder ähnliche Konstrukte als Individuum bildet, auf der anderen Seite sollte gemeinsames Verständnis auch die In-Outgroup-Grenze verringern. Bisherige Untersuchungen zeigen hier ein differenziertes Bild. Das Vorhandensein von Domänenwissen hilft sehr stark bei der Teilnahme an informellen Diskussionen innerhalb der Fachbereiche. Ein IT-Mitarbeiter mit fundiertem Domänenwissen wird vom Fachbereich akzeptiert und in Diskussionen mit einbezogen. Das Umgekehrte findet de facto nicht statt: Die IT-Mitarbeiter werten IT-Know-how von Fachbereichsmitarbeitern ab!

Der positive Effekt des Domänenwissens auf das kognitive Alignment scheint nur im kurz- und mittelfristigen Bereich[16] vorhanden zu sein. In dem Fall eines längeren strategischen Zeitraums spielt das gemeinsame Domänenwissen keine nachweisbare Rolle, hier scheint die Durchsetzungsfähigkeit einzelner Visionäre wichtiger zu sein.

Gemeinsames Domänenwissen hat nur einen geringen Einfluss auf die Planungsaktivitäten, da diese in der Regel durch organisatorische Regeln bestimmt sind, weniger durch die direkte Kommunikation. Die Entscheidungsträger des Fachbereichs, die mit einem IT-Manager kommunizieren, welcher

---

[16] Maximal 2 Jahre.

ein hohes Domänenwissen besitzt, tendieren dazu, auch im Fall von IT-Desastern ein hohes Maß an Unterstützung zu gewähren; hieraus resultiert eine Art informelles kognitives Alignment. Dass die Fähigkeit zur Kommunikation zu den entscheidenden Schlüsselfähigkeiten eines Top-Managers gehört, ist eine allgemein anerkannte Forderung, allerdings ist zu beobachten, dass auf dem IT-Sektor Mitarbeiter zu Top-Managern, bis hin zum CIO[17], auf Grund ihrer technischen Kompetenzen gemacht werden. Im gegensätzlichen Fall wird von den Fachbereichen und der IT als erstes die Frage gestellt: Wer ist für den Fehler verantwortlich? Umgekehrt lässt sich nachweisen, dass durch jedes fehlgeschlagene IT-Projekt das Vertrauen in die IT nachlässt; mit der Folge, dass der Fachbereich in Zukunft risikoaverser entscheidet und langfristig gesehen das kognitive Alignment leidet. Dies ist ein weiterer Beweis für die Feststellung, dass kognitives Alignment nicht statisch bleibt, sondern sich sehr dynamisch verhält.

3.3 Eigentümerschaft

Eine der Methoden, stärker zu einem „Aufweichen" der starren Grenzlinie zwischen der Geschäftswelt und der IT zu kommen, ist die Idee der Eigentümerschaft[18]. Ein solches Vorgehen funktioniert über die Identifikation mit dem Besitz. Die Basisidee ist in Abb. 3.1 dargestellt.

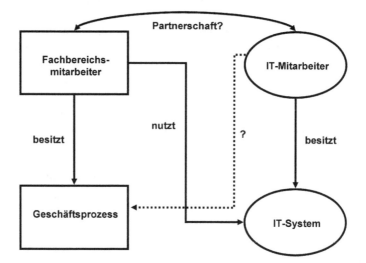

Abb. 3.1: Die Eigentumsverhältnisse der Fachbereiche und der IT

---

[17] Siehe auch Fußnote S.5
[18] Ownership

Historisch gesehen waren die meisten IT-Systeme zu Anfang eine Art „Elfenbeinturm". Es gab eine strikte Trennung zwischen der IT und den Fachbereichen. Die IT-Mitarbeiter „besaßen" die IT-Systeme, die Fachbereichsmitarbeiter die Geschäftsprozesse und die Fachbereichsmitarbeiter „nutzten" die IT-Systeme.[19] Mit der Zeit und dem stetig ansteigenden Kostendruck übernahmen die Fachbereichsmitarbeiter immer mehr die indirekte und zum Teil auch direkte Eigentümerschaft an den IT-Systemen. Diese Bewegung in den neunziger Jahren reduzierte die IT-Mitarbeiter de factor auf die Rolle von Befehlsempfängern. Als Gegenreaktion bauten die IT-Abteilungen eine Art Serviceprovidermodell auf, in dem sie die IT-Systeme als Services den Fachbereichen zur Verfügung stellten. Diese sind durch den Serviceschritt wieder zu reinen Endbenutzern geworden. Trotzdem empfinden sich viele Fachbereiche als „Eigentümer" oder zumindest als „Besitzer" der IT-Systeme.

Eine wichtige Relation steht allerdings in den meisten Organisationen noch aus: Die fehlende Querbeziehung zwischen IT-Mitarbeiter und den Geschäftsprozessen (s. Abb. 3.1). Als Voraussetzung für den Erfolg muss es zu einer stärkeren Verschmelzung von Geschäftsprozessen und IT-Systemen aus psychologischer Sicht kommen (s. Abb. 3.2). Die IT-Mitarbeiter müssen das Gefühl haben, die Geschäftsprozesse zu besitzen und die Fachbereichsmitarbeiter das Gefühl, die IT-Systeme zu besitzen. Erst diese Form des kollektiven und gegenseitigen Besitzes macht eine Überbrückung der psychologischen Grenze zwischen IT und Fachbereich bleibend möglich.

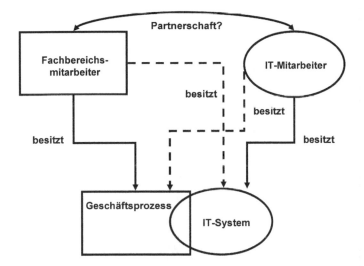

Abb. 3.2: Die Eigentumsverhältnisse der Fachbereiche und der IT

---

[19] Daher auch der Drang zu Minicomputern und PCs, um die Abhängigkeit zu senken (s. S. 4).

3.4 Activity Domain Theory

Alle bisherigen Ansätze lassen sich zu einem gemeinsamen Framework zusammenfassen, welches den De-facto-Rahmen für die soziologisch-psychologische Einbindung von Organisationen und ihrer IT darstellt: Die **A**ctivity **D**omain **T**heory (ADT). Die Activity Domain Theory ist auf jede Form der menschlichen Tätigkeit anwendbar, in historischer Perspektive geht sie auf Ansätze von Kant, Hegel, Marx und Engels zurück. Sie hat als Ziel, menschliche Tätigkeit analytisch zu beobachten, beziehungsweise auch neue Tätigkeitsmuster konstruktiv zu schaffen. Nach dieser Theorie wird jede Form der menschlichen Tätigkeit von Akteuren durchgeführt, bezieht sich auf ein Objekt und hat folgende Bestandteile:

- Intersubjektivität
- Kontextualismus
- Wertübergang[20]
- Erfahrungslernen
- Orientierung
- Zeitgebundenheit
- stabilisierender Kern
- Werkzeugnutzung[21]
- Motivation und Ergebnis

Die Beziehungen zwischen den Bestandteilen sind nie direkt, sondern nur mittelbar. Diese Bestandteile allein reichen aber nicht aus. Da wir an unsere Wahrnehmung gebunden sind, werden diese Bestandteile auf drei unterschiedlichen Ebenen wahrgenommen:

- linguistische Ebene – Jede Form der menschlichen Kommunikation ist durch Sprache geprägt; die Sprache ist ein Zeichensatz par excellence. Obwohl sie wahrgenommen werden kann, ist sie dennoch transindividuell. Aber jedes Individuum nimmt sie subjektiv anders wahr. Sprache ist zusätzlich noch abhängig vom Kontext, der so genannten kognitiven Semantik. Folglicherweise ist ein Informationsaustausch ohne die entsprechende gemeinsame konzeptionelle Ebene nicht möglich.
- konzeptionelle Ebene – Die Bedeutungsfindung linguistischer Ausdrücke findet im einzelnen Individuum statt; Bedeutungen sind Elemente der kognitiven Struktur in den Köpfen. Allerdings bedarf es eines linguistischen wie auch eines sozialen Kontextes, um überhaupt Bedeutung zu gewinnen. Typischerweise werden den Elementen in der Umgebung bestimmte Eigenschaften wie Größe, Gewicht, Topologie und andere zugeordnet.

---

[20] Domain Transition.

[21] Die Nutzung und Schaffung von Werkzeugen ist ein Charakteristikum von Menschen. Speziell die Schaffung von Werkzeugen ist typisch für den Homo sapiens. Die Nutzung von Werkzeugen kann aber auch bei anderen Hominiden sowie Ottern und Geiern beobachtet werden.

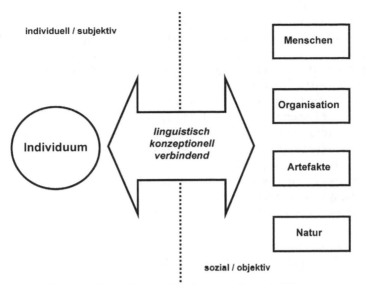

individuell / subjektiv

Individuum

linguistisch konzeptionell verbindend

Menschen

Organisation

Artefakte

Natur

sozial / objektiv

Abb. 3.3: Die Ebenen der Activity Domain Theory

- verbindende Ebene[22] – Die verbindende Ebene entsteht im Kopf des Individuums; hier werden Bedeutungen und Phänomene miteinander verknüpft, wobei diese spezielle Ebene in beide Richtungen agiert. Sie ermöglicht es, die Umgebung wahrzunehmen und sie zu verändern, aber gleichzeitig kann sie nur durch die konkrete Umgebung gebildet werden.

Diese drei Ebenen beschreiben die soziologischen Aspekte der menschlichen Tätigkeit und nutzen dabei die Sprache wie auch die individuelle Wahrnehmung; da der Einzelne nur mit Hilfe der linguistischen Ebene denken kann, bedarf es der Kenntnis einer anderen Sprache um die linguistische Ebene zu beschreiben. Neben diesen Bestandteilen und Ebenen basiert die Activity Domain Theory auf einer Reihe von Annahmen:

- Es existiert ein objektive Welt, welche unabhängig von den Menschen ist, aber in Beziehung zu ihnen steht.
- Die Entstehung des Wissens ist auf die Wechselwirkung des Menschen mit seiner Umgebung zurückzuführen. Das Wissen und die Fähigkeiten sind bei einzelnen Individuen angesiedelt, aber sie kommen in bestimmten Situationen in Form von Wechselwirkungen dieser Individuen mit ihrer Umgebung zum Vorschein.
- Die Wechselwirkung verknüpft die Wahrnehmung des Einzelnen zu Phänomenen seiner Umgebung.
- Die Sprache ist ein Ausdrucksmittel, welches sich aus der Wechselwirkung mit der Umgebung ergibt.

---

[22] Connectional

- Die organisierten Individuen haben ein Motiv für die gemeinsame Arbeit, dies ist der Grund, warum diese Aktivität überhaupt durchgeführt wird.
- Menschliche Aktivität ist kontext- und situationsgebunden. Dieser Kontext existiert, obwohl er sich durchaus zeitlich ändern kann. Wenn die Aktivität ihren Kontext verändert, ist ein Wertübergang notwendig.
- Jeder Kontext hat einen stabilisierenden Kern, welcher die notwendige Balance zwischen Chaos und Ordnung herstellt.
- Jeder Kontext hat eine Struktur, an der sich der Mensch orientieren kann; diese Struktur gibt an, wie der einzelne Mensch die Phänomene wahrnimmt und sie in Beziehung zueinander setzt.
- Jeder Kontext hat eine gewisse zeitliche Komponente, er verändert sich, beziehungsweise er wird verändert.
- Das Wissen der Einzelnen im Kontext wird durch den ständigen Wechsel zwischen Aktivität und Reflektion aufgebaut, denn Wandel ist endemisch und nicht die Ausnahme.
- Die Werkzeugnutzung ist ein integrierter Bestandteil der menschlichen Aktivität.
- Individuen agieren nie in Isolation, sondern immer zusammen mit anderen Individuen.

3.4.1 Intersubjektivität

Die Intersubjektivität ist eine Vorbedingung für gemeinsame Aktionen; ein spezieller Fall hiervon ist das kognitive Phänomen des gemeinsamen Domänenwissens. Die Intersubjektivität ist im Grunde ein Optimierungsproblem, da die Identität der Konzepte in allen Köpfen die optimale Lösung ist. Leider ist dies de facto nie der Fall. Die Intersubjektivität ist eine Vorbedingung für das Entstehen eines gemeinsamen Domänenwissens, ohne die Intersubjektivität ist ein solches gemeinsames Domänenwissen überhaupt nicht möglich. Da sich gemeinsames Domänenwissen aber nur sehr schwer analysieren und messen lässt, versuchen die meisten Entwicklungsmodelle, eine solche Messung a priori zu vermeiden, obwohl bekannt ist, dass ein gemeinsames Domänenwissen eine zentrale Vorbedingung für kognitives Alignment darstellt.

3.4.2 Kontextualismus

Alle Menschen haben die Fähigkeit, Kontexte zu verstehen und diese gegebenenfalls zu wechseln. In dem Moment, in dem der Kontext gewechselt wird, ändern sich meist auch die räumlichen und zeitlichen Strukturen mit der Folge, das neue Phänomene wahrgenommen werden können beziehungsweise bekannte verändert interpretiert werden. Jede Aktivität ist auf einen Kontext bezogen: Es existieren keine kontextfreien Aktivitäten! Unser Handeln wird durch unsere Erfahrung in – subjektiv als vergleichbar empfundenen – anderen Situationen geprägt.

Jede Spezifikation eines Systems bezieht sich auf einen Kontext, nur in diesem macht sie überhaupt Sinn. Eine Spezifikation kann nicht abstrakt aus ihrem Kontext gelöst werden und ist daher auch keine inhärente Eigenschaft des Systems. Auf organisatorischer Ebene kann dies durch das Conwaysche Gesetz (s. S. 232) beobachtet werden.

3.4.3 Wertübergang

Die uns bekannte Welt wird von uns stets als gegeben hingenommen. Damit wir aber in der Lage sind, Phänomene wahrzunehmen[23], müssen diese zuerst bewusst gemacht, reinterpretiert und übersetzt werden. Besonders markant werden die Konzepte, Eigenschaften und Beziehungen zur Umwelt, wenn der Kontext gewechselt wird. Häufig ist man erst dann dazu in der Lage, die Konzepte überhaupt zu formulieren. Die Menge aller Kontexte bildet ein Hintergrundwissen, welches auch „Tacit Knowledge" genannt wird, während der spezifische Kontext für den Einzelnen immer im Vordergrund steht. Wird nun der Kontext gewechselt, so wandert der alte Kontext in die Hintergrundmenge und der Fokus verschiebt sich auf den neuen Kontext. Dieser Wechsel wirft eine Reihe von Fragen auf:

*   Wie werden Kontexte strukturiert?
*   Welches Wissen wird für den aktuellen und die Menge der Hintergrundkontexte benötigt?
*   Wie funktioniert die Steuerung bei einem Kontextwechsel?

Aber noch etwas anderes zeigt sich bei der Betrachtung von Kontextwechseln: Der einzige Unterschied zwischen dem Koordinations- und dem Nutzungskontext für eine Domäne ist der Wechsel des Fokus. Umgekehrt betrachtet existiert zu jedem Nutzungskontext ein Koordinationskontext. Für die IT bedeutet dies, dass der Koordinationskontext der Entwicklung und der Nutzungskontext dem operativen Betrieb entsprichen. Diese Koppelung ist letztlich eine Fortsetzung der Co-Evolution (s. S. 236).

3.4.4 Erfahrungslernen

Alle höheren Lebewesen lernen aus ihren Erfahrungen. Menschliches Wissen und die daraus resultierenden Fertigkeiten werden durch eine fortdauernde Iteration zwischen Aktivität und Reflektion gewonnen. Lernen wird generell als ein Prozess gesehen, bei dem Konzepte abgeleitet und kontinuierlich gegenüber den beobachteten Phänomenen abgeglichen werden. Durch die erfolgreiche, aber auch weniger erfolgreiche Interaktion mit der Umgebung baut das Individuum eine innere Struktur der Realität auf. Folglicherweise ist Realität subjektiv – eine Beobachtung, die für Naturwissenschaftler und Ingenieure

---

[23] Beobachtungen durchzuführen.

problematisch ist, da diese Gebiete ein sehr breites Spektrum an gemeinsamem Domänenwissen besitzen, welches dazu führt, Realität als global anzusehen. Selbst Konzepte wie Protokolle oder „universelle Konstanten", welche uns losgelöst von ihrer Entstehung eine ewige Gültigkeit suggerieren, tragen in ihrem Inneren den Kontext und die Intention ihrer Entstehung[24] mit.

Die Beobachtung, dass die Evolution einer Software in aller Regel qualitativ besser ist als ein abrupter Systemwechsel, ist eine Konsequenz aus der Beobachtung des Erfahrungslernens. Bei evolutionärer Softwareentwicklung bleibt der Kontext größtenteils stabil und die gelernte Erfahrung kann explizit eingesetzt werden. Bei einem Wechsel, einer Softwarerevolution, wird der Kontext verändert und das erlernte Wissen zumindest teilweise entwertet. Innerhalb der Softwareentwicklung stellen Daily- und Weekly-Builds, bei denen die Applikation unabhängig vom Projektplan in rhythmischen Abständen unabhängig vom Projektplan und -verlauf gebaut wird, eine Form des Erfahrungslernens dar.

3.4.5 Orientierung und Zeitgebundenheit

Die Orientierung wird durch den Einzelnen mit Hilfe von Klassifikationen und Kategorisierungen gewonnen, wobei dieses Wissen im Laufe der Zeit aufgebaut wird. Die Nutzung von Ontologien und Taxonomien verhilft zur schnelleren Orientierung. Bezüglich temporaler Ereignisse sind Menschen gewohnt, die Welt um sich herum in Vergangenheit, Gegenwart und Zukunft einzuteilen. Da wir in der Lage sind, sowohl Veränderungen sowie einfache Kausalitäten wahrzunehmen, dient die Zeitgebundenheit auch als eine Quelle des Erfahrungslernens, wobei das kognitive Zeitmodell durchaus kulturell geprägt sein kann; westliche Kulturen empfinden Zeit meist als linear.[25].

---

[24] Beispielsweise die physikalische Einheit Volt:
Ein Volt ist gleich der elektrischen Spannung zwischen zwei Punkten eines homogenen, gleichmäßig temperierten Linienleiters, in dem bei einem stationären Strom von einem Ampere zwischen diesen beiden Punkten die Leistung ein Watt umgesetzt wird.
Folglich beinhaltet Volt noch immer die ursprüngliche Messvorschrift.

[25] Einige der modernen Philosophen erklären die Zeit für zirkulär:
Alle Wahrheit ist krumm, die Zeit selber ist ein Kreis.

Also Sprach Zarathustra
Friedrich Nietzsche
1844–1900

Das Zeitverständnis im Hellenismus und bei den noch heute existierenden Khmer ist nichtlinear. Für diese Völker bildete die Zeit einen ewigen Kreislauf.

3.4.6 Stabilisierender Kern

Stabile Strukturen in unserer Umgebung sind für jede Form der menschlichen Aktivität notwendig. Solche Strukturen erzeugen ein Gegengewicht zur Veränderung. Jede soziale Situation enthält simultan Ordnung und Unordnung; bei vollständiger Unordnung ist eine gezielte soziale Aktivität überhaupt nicht möglich, während es bei einer vollständigen Ordnung[26] zu einer Versteinerung kommt. Menschen wie auch Organisationen müssen immer einen Mittelweg zwischen diesen beiden Extremen finden. Für die Organisationen gibt es eine Dichotomie zwischen Kontinuität auf der einen Seite und Wandel auf der anderen. Wenn die Organisation zu sehr die Kontinuität in Form der Aufrechterhaltung bestehender Regeln und Wahrnehmungen im Blickfeld hat, wird sie zu langsam für Veränderungen auf Grund der sich wandelnden Umgebung sein. Wenn sie sich auf der anderen Seite zu schnell verändert, wird sie nicht in der Lage sein, Menschen eine „Heimat" zu bieten, beziehungsweise die Ressourcenallokation wird häufig nicht möglich sein.

Menschen benötigen für ihre Aktivitäten einen stabilisierenden Kern. Ohne diesen stabilisierenden Kern wird eine Aktivität selten ausgeführt und die Organisation zerfällt. Eine ähnliche Beobachtung lässt sich auch in den Naturwissenschaften machen; dort ist ein stabilisierender Kern in Form von allgemein gültigen Annahmen vorhanden. Wird dieser Kern in Frage gestellt[27], so tauchen massive Konflikte auf und oft werden ganze Forschungsprogramme eingestellt.

Eine Organisation schwankt bezüglich ihrer Suborganisationen zwischen denselben Extremen. Einen stabilisierenden Kern in Organisationen bilden Zentrale, Corporate Governance, Konzernstrategien gegenüber Suborganisationen mit zum Teil gegensätzlichen Strategien. Regeln und Strukturen an sich behindern nicht a priori die Anpassungsfähigkeit eines Unternehmens, im Gegenteil: Sie sind eine notwendige Vorbedingung, um das Gleichgewicht zwischen Ordnung und Chaos überhaupt wahren zu können. Eine detaillierte Theorie über organisatorische Stabilität ist das Viable Systems Model (s. Kap. 11).

3.4.7 Framework

Eine ADT kann auch aktiv eingesetzt werden um das kognitive Alignment näher zu beleuchten. Im Rahmen der Activity Domain Theory wurde von der schwedischen Firma *Ericsson* ein Framework bestehend aus sechs Teilen entwickelt:

---

[26] Der Traum der Anhänger von Hierarchien (s. Abschn. 7.3).

[27] Zu Beginn des 20. Jahrhunderts in der Physik durch die Relativitätstheorie und die Quantenmechanik. Innerhalb des Dritten Reiches galt die Relativitätstheorie als „jüdische" Physik...

- konzeptionelles Modell – Zeigt die Struktur der Koordinationsdomäne[28] durch die in ihr enthaltenen Objekte sowie deren Relationen auf. Hier werden die Anforderungen und ihre Verbindungen zum Design modelliert. Neben der Tatsache, dass das konzeptionelle Modell eine Struktur der Koordinationsdomäne widerspiegelt, zeigt es auch die Grenzen des Koordinationskontexts auf. Die Objekte, welche nicht Bestandteil der Modelle sind, werden von den Akteuren für irrelevant gehalten. Da die Entscheidung über die Relevanz gemeinsam getroffen wird, stellen die Objekte innerhalb der Domäne eine gewisse Menge an gemeinsamem Domänenwissen dar. Insofern hat das konzeptionelle Modell zwei Zielsetzungen:
  - Es ist eine gemeinsame Sprache der Akteure innerhalb der Koordinationsdomäne.
  - Es spezifiziert, was als Informationssystem zu implementieren ist.

  Die Nomenklatur kann sich je nach konzeptionellem Modell unterscheiden, wichtig ist aber, dass alle Akteure für ein konkretes konzeptionelles Modell nur genau eine Nomenklatur haben, da die Akteure das Modell so einfach wie möglich interpretieren können müssen. Aus einer abstrakten Perspektive heraus kann die Evolution der Modelle auch als eine Evolution des Organisationsgedächtnisses verstanden werden, daher zeigen die Modelle stets auch die Entwicklung der Organisation auf.
- Prozessmodell – Das Prozessmodell zeigt die Abhängigkeiten der Aktivitäten für die einzelnen Objekte des konzeptionellen Modells auf. Für ein Prozessmodell können verschiedene Nomenklaturen gewählt werden, rangierend von einem Ablaufmodell über ein „Information Flow Diagram[29]" bis hin zu einer „CRUD-Matrix[30]".
- Transitionsmodell – Das „Übergangsmodell" vermittelt die Koppelung zwischen der Koordinationsdomäne und den anderen Aktivitätsdomänen. Im Allgemeinen wird der Übergang von einer Domäne in eine andere eine Veränderung der Modelle, der Sprachen und Normen nach sich ziehen. Der Übergang ist zeitlich geregelt. Der Output der ersten Domäne wird zum Input der zweiten. Damit ein einzelnes Element den Übergang vollziehen kann, sind drei Vorgänge nötig:
  - Der Elementtyp, die Klasse, muss transformiert werden;
  - der Zustand des Elements muss transformiert werden;
  - das Regelwerk, wie der Elementtyp und der Zustand müssen transformiert werden.

  So werden beispielsweise beim Übergang von der Sourcecodekontrolle, aus den Elementen Revision, Branch, Baseline und so weiter in die Test-

---

[28] Zum größten Teil die Modellwelt.

[29] Teil der Unified Modeling Language (UML Version 2).

[30] Create, Read, Update, Delete, stammt aus der Structured Analysis (SA). Diese Matrix zeigt an, welche Form von Operation welche Aktivität auf den Objekten durchführt.

domäne, die Elemente Produkt und Version abgeleitet. Ein anderes Modell einer Transition ist die MDA (s. Abschn. 10.6).

- stabilisierender Kern – Der stabilisierende Kern, das ordnende Regelwerk, besteht aus Regeln, Normen und Standards, welche gemeinsam für die notwendige Stabilität der Domäne sorgen. Beispiele für Elemente des stabilisierenden Kerns sind:
  - Regeln für die Identifikation von Artefakten
  - Regeln für die Erzeugung von Versionen, Baselines, Branches und Revisions von Artefakten
  - Zugriffsrechte verschiedener Rollen auf die Artefakte
  - Verpflichtende Elemente in den Artefakten, beispielsweise Styleguides oder Programmierrichtlinien
- Domänenkonstruktionsstrategie – Diese Strategie wird durch laufende Anwendung und Reflektion[31] für die Implementierung eines Informationssystems aus der Koordinationsdomäne heraus bewerkstelligt. Ein wichtiger Aspekt der Konstruktionsstrategie ist die Zielsetzung, dass ein gemeinsames Domänenwissen als Ergebnis der Anwendung der Strategie resultieren sollte. Aus diesem Grund sind sowohl die Modelle sowie das Informationssystem als Zeichen[32] der Domäne zu sehen. Als solche ermöglichen sie ein Erfahrungslernen.
- Informationssystem – Die Modelle werden in aller Regel in Form eines Informationssystems implementiert; dieses entspricht einem Werkzeug. Das Informationssystem als Werkzeug ist eine Art Sammelbecken, da es in der Lage sein muss, das konzeptionelle Modell, das Transitionsmodell sowie den stabilisierenden Kern zu implementieren.

3.5 Phänomenologie

Die einfachste Methode, sich auf der qualitativen Ebene dem kognitiven Alignment zu nähern, ist es, phänomenologisch vorzugehen. Dabei muss sich der beobachtbaren und erfahrbaren Welt unvoreingenommen genähert werden um letztlich die Essenz und die versteckte Bedeutung der Begriffe zu ermitteln um diese abgleichen zu können. Besonders unterschiedlicher Sprachgebrauch und die In-Outgroup-Grenze macht dieses Unterfangen aufwändig. Selbst der Begriff der Information ist nicht eindeutig (s. Abb. 3.4), Information hat je nach Betrachter oder Verwendung eine unterschiedliche Bedeutung.

Ein solcher phänomenologischer Zugang besteht aus sechs Phasen (beispielhaft angewandt auf den Begriff IT[33]):

---

[31] Projektdebriefing
[32] Signs
[33] nach *Ilharco*

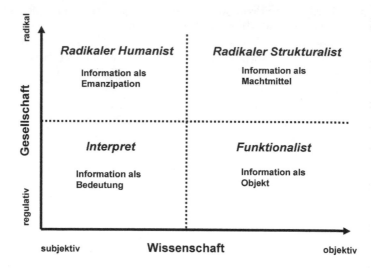

Abb. 3.4: Die vier Paradigmen des Begriffs Information

- Beschreibung des Phänomens – Zunächst muss das Phänomen beschrieben und abgrenzt werden, hierbei wird auch festgelegt, wo es auftaucht und wie es sich bemerkbar macht.

  Überall wo wir hinschauen gibt es IT. In unserem Beispiel der IT wäre das Phänomen merklich am Auftauchen von Computern, Fernsehen, Telephonen, Handys und Ähnlichem, aber auch durch Software und DVDs sichtbar. Alle diese „Devices" dienen nur dazu die Information zu repräsentieren oder sie zu speichern, und diese Information ist entweder Information über die Realität oder Information über Information. Speziell die Information über die Realität ersetzt für uns in letzter Zeit immer mehr die Realität.

- Etymologie – Im Rahmen der Etymologie wird die Wortherkunft des Phänomens untersucht. Dies dient zur Findung der Bedeutung des benutzten Begriffs.

  Der Begriff IT ist eine Abkürzung für *Information Technology* und taucht erst relativ spät[34] auf. Er setzt sich zusammen aus den beiden Begriffen Technologie und Information. Der Ausdruck Technologie leitet sich vom Griechischen aus τεχνε (Handwerk oder Kunst) und λογος (Wort oder Bedeutung) ab. Der Begriff Information stammt aus dem Lateinischen, von *in-formo* (etwas eine Form geben). Folglich ist im etymologischen Sinne die IT ein Handwerk um der „Realität eine Form" zu geben.

- Reduktion – Durch die phänomenologische Reduktion wird das Phänomen stärker eingeschränkt und die beiden ersten Phasen werden konsolidiert.

  Auf einer Ebene ist die IT gleichzeitig die Idee wie auch die Ansammlung von physischen „Devices"; durch ihre Nutzung werden wir informiert, aber

---

[34] Er findet erst in den neunziger Jahren Eingang in die Lexika.

die Nutzung ist so intensiv geworden, dass die IT in den Hintergrund unserer Betrachtungen gedrängt wird. Sie bildet damit eigene Kontexte und Realitäten aus. IT ist mittlerweile ein Teil unserer Welt geworden und unsere eigene Existenz in unserer Welt ist mit der IT untrennbar[35] verknüpft.

- Bestimmung der Essenz – Die Essenz, der eigentliche Kern des Phänomens wird (in den meisten Fällen postulativ) bestimmt.

  Im Sinne eines heideggerianischen „Gestells" bildet die IT primär einen Ersatz (Replacement). In dieser Betrachtungsweise ist die IT eine Ordnung (Technologie), welche sich auf die Bedeutung (Information) bezieht, insofern beschäftigt sich die IT mit der Bedeutungsgebung und Ordnung. Als solches Ordnungsinstrument ist die IT ein systematischer Weg um Bedeutung zu erzeugen und Sinn zu stiften. Somit schafft die IT eine eigene Realität und innerhalb der IT existiert kein Unterschied mehr zwischen der symbolischen Repräsentation und der Realität. Als Hintergrundsystem verändert die IT die Welt und schafft neue Realitäten. Daher ist die Essenz der IT der Ersatz der Realität durch eine IT-Realität.[36] Da die IT aber immer stärker in den Hintergrund rückt, ist es schwer sie zu fassen, trotzdem ist die IT neben dem Ersatz für die Realität auch ein Ersatz für die Anwesenheit eines spezifischen Menschen.

- Auftauchen der Essenz – Es wird aufgezeigt, wo die Essenz sich in der Beobachtung (Praxis) zeigt und dass die Beobachtung sich auf die Essenz reduzieren lässt.

  Dieser Ersatz der IT für die Realität lässt sich in virtuellen Räumen für den Einzelnen beobachten, aber auch die zunehmende Globalisierung ist ein Ergebnis der Essenz der IT als Ersatz. Denn Globalisierung ist kein Ergebnis von Wirtschaftlichkeit, sondern von der veränderten Realität, die durch die IT erst möglich gemacht wurde. Diese Globalisierung bildet nun einen Hintergrund, der wiederum die Dynamik in der IT erhöht, so dass menschliche Aktivität einen anderen Stellenwert erhält, sei es durch die Möglichkeit der Loslösung von einem konkreten Ort[37] oder durch Veränderung der Beziehung zwischen Produzenten und Konsumenten. Globalisierung und IT gehen Hand in Hand und sind in ihrer Essenz das gleiche Phänomen: Ersatz.

  Für einen Manager verspricht die IT, das, was wichtig für ihn ist, permanent verfügbar zu machen. Immaterielle Symbole ersetzen reale Ressourcen, Menschen und Materialien spielen nur noch eine Rolle in Form der Konsequenzen einer symbolischen Aktivität (so beispielsweise in *GANTT*-Diagrammen oder in Planungswerkzeugen, aber auch in Workflowsyste-

---

[35] ...ansonsten würde dieses Buch keinen Sinn ergeben ...

[36] Psychisch gestörte Online-Spieler sind mittlerweile nicht mehr in der Lage zwischen ihrer physischen Realität und der Online-Welt zu unterscheiden (s. auch Fußnote S. 14).

[37] Telearbeit, Offshoring.

men). Das Ziel ist die Loslösung von der physischen Existenz, Menschen und Dinge sind nur noch in Bezug auf ihre symbolische Repräsentanz wichtig. Moderne Applikationen gehen noch weiter, dort werden symbolische Repräsentation wiederum symbolisch repräsentiert (Metamodell, Datenbankmanagementsysteme).

- Versteckte Bedeutungen – Die versteckte Bedeutung ergibt sich erst in einer hermeneutischen Betrachtung; durch die erneute Analyse der Ergebnisse unter der Berücksichtigung, wer die Analyse durchführt, offenbart sich die versteckte Bedeutung, quasi der Grund für den Einsatz.

Die tiefere Bedeutung der Essenz der IT, der Ersatz, ist nicht der Ersatz an sich (als Surrogat), sondern die Bedeutung offenbart sich, wenn betrachtet wird, was ersetzt wird. Aktien und Geld sind nicht mehr konkret greifbar, sie werden durch Informationen ersetzt. Ein Flugsimulator ersetzt das Gefühl des Fliegens. Aber weitergehend: Informationen, losgelöst von einer vorherigen physischen Realität, verfügbar und zerstörbar gemacht durch Technologie, verlieren auf Dauer ihren Bezug zur physischen Realität und erzeugen ein Eigenleben[38], welches selbstständig propagiert. Die versteckte Bedeutung hinter der IT ist der Drang des Menschen nach Unsterblichkeit, der Versuch die eigene Existenz zu transzendieren. Insofern versuchen die Forscher auf dem Gebiet der künstlichen Intelligenz, ihre eigene Intelligenz von ihrer (durch den Tod bedrohten) Existenz zu lösen und auf ein anderes Medium zu übertragen.

Mit Hilfe einer phänomenologischen Analyse lassen sich die Begriffe und damit auch die kognitiven Bedeutungen der Begriffe für alle Beteiligten besser klären; mehr noch, durch die Offenlegung der versteckten Bedeutungen und der Essenz sind andere Lösungsräume geöffnet worden.

3.6 Messbarkeit

Nachdem die qualitative Ebene hinreichend genau beleuchtet wurde, kann der Versuch unternommen werden, quantitative Aussagen zu bekommen. Leider werden in den seltensten Fällen phänomenologische oder ADT-entlehnte Untersuchungen vorgenommen. Fast immer wird das kognitive Alignment implizit vorausgesetzt oder, im Fall einer offensichtlichen In-Outgroup-Grenze, als nicht vorhanden beklagt. Aber tatsächlich gemessen wird es fast nie. Einer der Gründe für diese „Blindheit" ist, dass kognitives Alignment in dem allgemeinen Hintergrundwissen aller Beteiligten angesiedelt ist und somit aus dem Fokus verschwindet.

Auf der quantitativen Ebene kann das kognitive Alignment mit Hilfe einer Befragung von IT und Fachbereichen bestimmt werden. Wenn der Versuch unternommen wird das kognitive Alignment zu messen, so geschieht dies durch

---

[38] Wie bei den Online-Spielern, welche die Realität des Spieles für stärker halten als ihre eigene Existenz.

den Einsatz von Fragebögen. Bei der Messung des kognitiven Alignments wird mit mehreren unterschiedlichen Fragebögen je nach Zielgruppe agiert. Diese Fragebögen messen entweder das wechselseitige Wissen über bestimmte Begriffe[39] beziehungsweise die aus diesem Wissen ableitbaren Einschätzungen oder sie beziehen sich auf Selbst- und Fremdeinschätzung einer Suborganisation oder eines einzelnen Probanden.

Das kognitive Alignment ist stets eine Voraussetzung für die „konkreteren" Formen des Alignments:

- architektonisches Alignment
- strategisches Alignment

Insofern wird es fast nie direkt gemessen, sondern nur als Abfallprodukt in Form eines Fehlalignments, meist des strategischen Alignments, diagnostiziert. Bei dem architektonischen Alignment kann die Informationsvollständigkeit (s. Abschn. 5.1.3) als ein Maß für kognitives Alignment gedeutet werden.

---

[39] Ähnlich einfachen Intelligenztests.

4

Architektur

*Ein Architekt wird der sein, ..., der gelernt hat,
mittels eines bestimmten und bewundernswerten
Planes und Weges sowohl in Gedanken und Gefühl zu
bestimmen, sowie in der Tat auszuführen, was unter
der Bewegung von Lasten und der Vereinigung und
Zusammenfügung von Körpern den hervorragendsten
menschlichen Bedürfnissen am ehesten entspricht und
dessen Erwerbung und Kenntnis unter allen wertvollen
und besten Sachen nötig ist. Derart wird also ein
Architekt sein.*

Leon Battista Alberti
1404 - 1472

Was ist eine Architektur[1]? Am klarsten hat den Begriff der Architektur der amerikanische Normenverband IEEE[2] definiert:

[Architecture is] ... *the fundamental organization of a system embodied in its components, their relationships to each other, and to the environment, and the principles guiding its design and evolution* ...

Nach dieser Definition besitzt jedes System eine Architektur. Auch wenn das System nicht explizit geplant wurde oder sehr alt ist oder sich chaotisch entwickelte. Es hat immer eine Architektur! Dieser Architekturbegriff nutzt intensiv die Systemtheorie (s. Anhang A und Abschn. 11.1). Auf der anderen Seite gibt es einen gewissen Unterschied zur „klassischen" Architektur, der Gebäudearchitektur, die sich sehr stark auf das Design und weniger auf die Beschreibung konzentriert. Außerdem werden komplexe Systeme wie Organisationen nie vollständig „entworfen", sondern sie wachsen und wandeln sich mehr oder minder harmonisch mit der Zeit, ganz im Gegensatz zu Gebäuden.

Eine Folge der Tatsache, dass komplexe Systeme nur beschreibbar und nicht a priori planbar sind, ist, dass es für die Organisationen keine eindeutige und einheitliche Architekturbeschreibung gibt. Jeder, der eine Organisation betrachtet, sieht andere Dinge in ihr, von daher machen auch Ausdrücke

---

[1] Aus dem Griechischen: $\alpha\rho\chi\iota\tau\epsilon\kappa\tau o\nu\iota\kappa\eta$, abgeleitet von Baumeister oder Gärtner. Der Begriff Architekt wird jedoch erst seit dem Ende der Renaissance im Bauwesen in seiner heutigen Form benutzt.

[2] Institute of **E**lectrical and **E**lectronics **E**ngineers, Incorporated

wie „eine fundamentale Architekturgrqq, in Bezug auf Organisationen, wenig Sinn.[3]

Unabhängig von der konkreten Ausprägung muss jede Architektur, welche im Grunde ein Modell darstellt, das den Anspruch hat, eine Organisation zu beschreiben, folgende Eigenschaften besitzen:

- wartbar – Eine Architektur muss als Modell der Organisation veränderbar sein. In dem Maße, wie die Organisation sich verändert, werden sich auch die beschreibenden Größen verändern, daher muss sich auch die Architekturbeschreibung verändern. Insofern muss ein wartbares Metamodell der Architektur existieren, damit die eigentliche Architektur sich überhaupt verändern kann.

- dynamisch – Die Architektur muss sich auch der Veränderung der IT anpassen können, das heißt auch, dass der jeweilige Status quo sofort abgebildet wird.

- erweiterbar – Wenn die Organisation neue Subsysteme oder Teilorganisationen erhält, muss die Architektur als Modell dies abbilden können.

- zerlegbar – Da die menschliche Auffassungsgabe limitiert ist, muss jedes Architekturmodell notwendigerweise unterschiedliche Detaillierungsgrade anbieten.

- konsistent – Eine Architektur muss konsistent mit den entsprechenden quantifizierbaren Größen der Organisation sein.

- datengetrieben – Die tatsächliche Modellinstanz der Architektur darf sich nur aus den Daten der Organisation ableiten lassen.

Eine Architektur bietet also die Möglichkeit, ein System aus diversen Ebenen und Blickwinkeln zu modellieren. Aber erst wenn die verschiedenen Blickwinkel gemeinsam betrachtet werden, lässt sich ein System, sei es eine Organisation oder die IT, beschreiben.

4.1 Architekturschulen

Architekturen existieren nur in einem Umfeld eines Metamodells beziehungsweise eines Frameworks zur Architekturentwicklung. Prinzipiell existieren zwei verschiedene Architekturschulen, welche sich bezüglich ihres Zugangs zur Architektur unterscheiden:

- IT-orientierte – Diese Architekturschule unterscheidet zwischen IT auf der einen Seite und dem gesamten Rest der Organisation auf der anderen Seite, quasi die Nicht-IT, dies ist die Geschäftswelt und somit ein Fall für die Businessarchitektur. Besonderes Ziel hinter diesem Vorgehen ist es, das IT-Alignment zu verbessern, wobei in aller Regel die Geschäftsstrategie als gegeben und unabänderlich vorausgesetzt wird (s. Abb. 6.9 und

---

[3] Selbst der Begriff Organisation ist nicht allgemeingültig geklärt (s. S. 1).

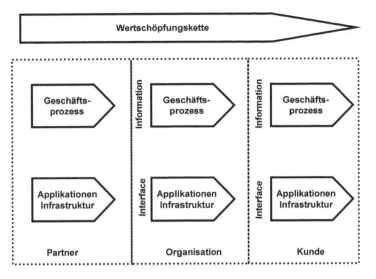

Abb. 4.1: Die Wertschöpfungskette

Abb. 6.10). Die Definition einer Geschäftsarchitektur ist in dieser Schule üblicherweise eine Kollektion von Sichten, welche die IT für notwendig hält. Unter „Geschäftswelt" wird alles verstanden, was nichts mit IT zu tun hat.

- Governance-orientierte – Der primäre Aspekt dieser Architekturschule ist: Wie wird Gewinn erzeugt? Typisch sind hier Betrachtungsweisen wie „Value Chain[4]" oder Mehrwerterzeugung (s. Abschn. 2.6.1). Die Konzentration auf die Wertschöpfungskette zeigt eine andere Architektur auf als die bloße Definition als nicht-IT. Der Aspekt der Wertschöpfung führt zu einem sehr stark prozessorientierten Denken.

Beide Architekturschulen haben unterschiedliche Quellen, zum einen die Ausdehnung der Softwarearchitektur und zum anderen die Geschäftsprozess- und Organisationsmodelle. Die unterschiedliche Herkunft der Architekturschulen hat zur Konsequenz, dass die Ergebnisse der beiden damit implizierten Vorgehensweisen und ihrer jeweiligen Ergebnisse nicht immer identisch sind.

4.2 Sichten

Eine Architektur ist stets ein Modell eines Systems. Da jede Organisation auch ein System ist (s. Anhang 4.9.4 und Kap. 7), lässt sich auch eine Architektur der Organisation finden. Organisationen sind leider hochkomplexe Systeme mit der Folge, das eine einzelnes Modell oder Bild zur Beschreibung

---

[4] Wertschöpfungskette (s. Abb. 4.1)

der Organisation nicht vollständig ausreicht. Von daher ist es notwendig, mehr als eine Sicht auf die Organisation zu haben.

Üblicherweise werden die verschiedenen Modelle nebeneinander, quasi ergänzend, begutachtet und als Architektursichten, kurz Sichten genannt, bezeichnet. Jede Organisation lässt sich aus fünf Architektursichten (s. Abb. 4.2) beschreiben, diese sind:

- Geschäftssicht – Diese Modellsicht versucht, die bestehende oder zukünftige Organisation zu modellieren.
- Informationssicht – Die Informationssicht gibt die Informationsarchitektur der Organisation wieder.
- Applikationssicht – Die Applikationssicht verknüpft die Geschäftssicht mit der Informationssicht und stellt damit die IT-gestützten Prozesse dar.
- Technologiesicht – Die Technologiesicht zeigt an, welche Technologie wo in der Organisation eingesetzt wird.
- Prozesssicht – Diese Sicht fasst alle Aktivitäten innerhalb der Organisation zusammen. Ziel hinter einem solchen Modell ist es, die Teile zu identifizieren, welche besonders durch die IT unterstützt werden können.

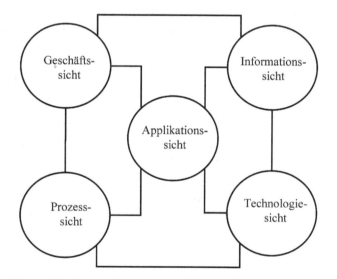

Abb. 4.2: Die fünf Architektursichten auf die Organisation

Die aus Sicht der IT bekannteste Betrachtungsweise ist eine Zerlegung der Geschäftssicht, beziehungsweise der Prozesssicht, in logische Serviceeinheiten[5] beziehungsweise logische Services. Traditionelle Modellierungen nutzen oft das ominöse Organigramm zur Modellierung der Organisation; dies

---

[5] LSU – **L**ogical **S**ervice **U**nit.

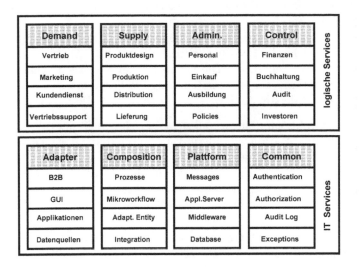

Abb. 4.3: IT- und logische Services

ist aber, streng genommen, hierarchisch strukturiert und beschreibt sehr viel stärker eine Aufbau- denn eine Ablauforganisation. Ein anderer Ansatz, welcher oft zu beobachten ist, versucht abteilungsbezogen eine Architektur zu finden. Solche abteilungsbezogenen Ansätze sind meist „aus der Not geboren", haben aber zur Folge, dass eventuelle Verwerfungen und Grenzen innerhalb der Organisation noch viel stärker zementiert werden, da keine der Architekturen eine übergreifende Sicht einnimmt. Außerdem bleibt das Problem von Inkonsistenzen, Überlappungen und Widersprüchen immanent vorhanden.

Insofern ist es sehr viel besser, sich die gesamte Organisation als eine Art von Netzwerk von logischen Serviceeinheiten vorzustellen. Die Gesamtheit der logischen Serviceeinheiten muss folgenden Kriterien genügen:

- Zerlegung – Ihre Gesamtmenge ist notwendig und hinreichend für eine funktionale Zerlegung der Organisation, das heißt die gesamte Organisation ist vollständig durch logische Services beschreibbar und jeder Service muss verwendet werden.

- Verantwortung – Jede einzelne Serviceeinheit besitzt klare und eindeutige Verantwortlichkeiten, welche ein definiertes Ergebnis zu bekannten Kosten und Aufwänden in einer messbaren Form produzieren.

- Komponentencharakter – Jede einzelne logische Serviceeinheit ist unabhängig von einer konkreten anderen Serviceeinheit und externen Partnern.

- Stabilität – Die Definition der Serviceeinheit ist stets unabhängig von der Organisationsstruktur, da eine Restrukturierung der Organisation nicht das Ziel der logischen Serviceeinheiten verändert.

- Lokalität – Die Definition der Serviceeinheiten ist stets unabhängig von dem Ort der Serviceleistungserbringung.
- Neutralität – Die Definition der Serviceeinheit ist unabhängig von den Personen, welche die Leistung erbringen.[6]
- Plattformunabhängigkeit – Die Definition der Serviceeinheit ist unabhängig von dem Grad der Automatisierung, da Services nicht nur durch Maschinen gewährleistet sind.

Solche Serviceeinheiten können und müssen sich gemäß der allgemeinen Entwicklung der Organisation verändern. Eine Ausdehnung der Idee der logischen Serviceeinheiten führt zu den Geschäftsdomänen[7]. Jede Geschäftsdomäne ist eine Kollektion von logischen Serviceeinheiten, welche zu genau einem Eigentümer gehört. Innerhalb der Organisation agieren diese Geschäftsdomänen bis zu einem gewissen Grad wie eigenständige Organisationen. Aber diese Domänen sind nicht trivial, genau wie ein komplexes System sind Domänen[8] zum größten Teil geschachtelt und haben eine Unterstruktur. Umgekehrt betrachtet tendieren die Geschäftsdomänen dazu, sich in größeren Strukturen, quasi symbiotisch, zusammenzuschließen.

Jede einzelne Geschäftsdomäne erzeugt einen Mehrwert durch ihre Leistung für die ganze Organisation. Vor diesem Hintergrund lässt sich die Geschäftsarchitektur wie folgt definieren:

> *Die Geschäftsarchitektur ist die fundamentale Organisation des Gesamtunternehmens, welches durch seine Geschäftsdomänen charakterisiert und implementiert wird. Zur Geschäftsarchitektur gehören alle Geschäftsdomänen, deren Relationen untereinander, deren Grenzen und Relationen nach außen sowie die Prinzipien, welche die Evolution und das Design der Geschäftsdomänen lenken.*

Der Vorteil dieser Definition liegt auf der Hand:

- Stabilität – Die Wertschöpfungskette als ein Kriterium ist in der Regel sehr viel stabiler und aussagekräftiger als die Organisationsstruktur.
- Autarkie – In Bezug auf die IT wird deren Fähigkeit zur Wertschöpfung explizit hervorgehoben. Da in diesem Modell die IT die Rolle einer Geschäftsdomäne mit dem Namen „IT" hat, verhält sich die IT in dieser Beschreibung wie ein Subunternehmen[9] innerhalb der Organisation.
- Investitionsschutz – Investitionen werden auf der Domänenebene abgehandelt, aus Sicht der IT entspricht dies einer Portfoliosteuerung (s. Abschn. 2.1).

---

[6] Speziell bei kleinen Organisationen ist dies oft nur schwer möglich, da hier nicht zwischen Rolle und Person unterschieden wird.

[7] Business Domains.

[8] Im Gegensatz zu den komplexen Systemen fehlt bei den Geschäftsdomänen die explizite Systemgrenze. Emergenz ist daher meist nur domänenübergreifend möglich.

[9] Oder auch wie ein Profitcenter.

Eine Konsequenz aus dieser Betrachtungsweise ist nun die Fähigkeit einer Organisation zum Outsourcing der entsprechenden Serviceeinheiten inklusive der IT, da die logischen Services per definitionem unabhängig von der durchführenden Person sind.

4.3 Frameworks, Standards und Techniken

Die Unterstützung der Systementwicklung durch Architekturen ist in den letzten Jahren immer wichtiger geworden. Einige Standards und Techniken wurden schon von diversen Quellen vorgeschlagen. Ein Architekturframework zerlegt die komplexe Aufgabe in mehrere Teilschichten, welche dann getrennt modelliert werden können. Jede dieser Teilschichten, Layers genannt, muss im Metamodell des Frameworks spezifiziert sein, damit sie überhaupt adressierbar ist. Die Geschichte der Architekturframeworks beginnt in den achtziger Jahren, als versucht wurde, die Anforderungen der Fachbereiche so genau wie möglich zu erfassen und zu modellieren. Ein Jahrzehnt später begannen die Organisationen immer stärker kundenzentriert zu werden, mit der Folge, dass die Architekturen offener und flexibler werden mussten; daher wurde die Nutzung von Architekturframeworks immer wichtiger.

Es ist, unabhängig vom konkreten Framework, immer sinnvoll, zwischen konzeptioneller und operationeller Sicht einer Architektur zu unterscheiden.

Die konzeptionelle Norm für IT-Architekturen ist der IEEE-Standard 1471. Dieser definiert eine theoretische Basis für die Definition, Analyse und Beschreibung einer Systemarchitektur, welche einen Teil der Architektur (s. S. 83) im engeren Sinne darstellt. Im Grunde beschreibt auch die IEEE-1471-Norm eine Reihe von Elementen und die Beziehungen, die diese Elemente untereinander haben.

Zusätzlich zur IEEE-1471-Norm existieren noch folgende drei Normen:

- CEN ENV 4003 – Das CIMOSA ist die Europanorm des *Comité Européen de Normalisation* für Systemarchitekturen.
- ISO 14258 – Beinhaltet die Konzepte und Regeln für das Modellieren von Organisationen mit dem Schwerpunkt auf den Geschäftsprozessen.
- ISO 15704 – Bildet die Voraussetzungen für Referenzarchitekturen und auch die entsprechenden Methodiken zur Entwicklung der jeweiligen Referenzarchitekturen.

Die beiden wohl bekanntesten Architekturframeworks für die Entwicklung von Architekturen sind:

- Zachman-Framework[10] – Framework for Enterprise Architecture, welches eine logische Struktur zur Beschreibung und Klassifikation sowie der Organisation von Darstellungen liefert, die für die Entwicklung einer Architektur wichtig sind.

---

[10] s. Abschn. 4.7

- ISO/ITU – Reference Model for Open Distributed Processing, auch RM-ODP genannt. Hier werden Hilfsmittel für die Schaffung eines großen verteilten Systems bereitgestellt.

Auf Seiten der Techniken gibt es eine Reihe von – meist werkzeuggebundenen – Beschreibungssprachen, die sich oft durch ein ausgeklügeltes Metamodell auszeichnen. Zu den Beschreibungssprachen im weiteren Sinne gehören:

- ADS – Der Architecture Description Standard wurde von *IBM* veröffentlicht und fasst eine Reihe von Best-Practices[11] und Erfahrungen innerhalb eines formalen Metamodells zusammen.
- MDA – Die Model Driven Architecture der OMG Object Management Group ist werkzeugunabhängig und benutzt hauptsächlich die UML, Unified Modeling Language (s. Abschn. 10.6).
- ISO 15704 – Der internationale Standard definiert eine Reihe von Anforderungen an Referenzarchitekturen und an Methodiken.
- TOGAF – The Open Group Architectural Framework ist ein werkzeugunabhängiges Framework, um technische Architekturen zu entwickeln.
- IAF – Das Integrated Architecture Framework von Cap Gemini stammt aus dem Bereich der Geschäftsprozessmodellierung und setzt die entsprechenden Schwerpunkte.

4.4 Enterprise-Architektur

Man spricht von einer Enterprise-Architektur, wenn die Summe aller Architekturen einer Organisation betrachtet wird. Eine Enterprise-Architektur lebt nicht im luftleeren Raum, sie ist kein Selbstzweck, sondern stets nur ein Mittel zum Zweck. Die Enterprise-Architektur ist immer eingebettet in eine Organisation, um dort die Geschäftsprozessarchitektur zu unterstützen. Erst das Zusammenspiel von beiden ergibt ein effektives Gesamtsystem, wobei einzelne Teile der Geschäftsprozessarchitektur nur Teile der Enterprise-Architektur benutzen und nie das gesamte Enterprise Architektursystem.

Der in der Figur Abb. 4.4 dargestellte Zusammenhang zwischen den verschiedenen Architekturen ist in dieser Form bei allen Organisationen anzutreffen. Bis in die achtziger Jahre des vergangenen Jahrhunderts wurde die Enterprise-Architektur stets durch Geschäftsprozessarchitekturen vorangetrieben, das heißt, Entwicklungen folgten stets den Geschäftsprozessen. In jüngerer Zeit lässt sich beobachten, dass es auch umgekehrte Einflüsse gibt, das heißt: Ein Geschäftsprozess wird durch die Enterprise-Architektur erst definiert und ermöglicht.

Dieser Wandel liegt darin begründet, dass zu Beginn des Informationstechnologie-Zeitalters Software zur Automatisierung bestehender manueller Prozesse eingesetzt wurde, man heute aber zusätzlich in der Lage ist, völlig neue Prozesse zu definieren, die kein manuelles Äquivalent mehr haben.

---

[11] s. S. 374

Geschäftsprozesse   Technische Architektur

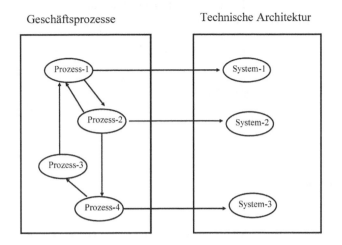

Abb. 4.4: Geschäftsprozessarchitektur und technische Architektur

Die wechselseitige Beeinflussung der beiden Architekturen wird noch dadurch verschärft, dass sich beide im Laufe der Zeit auch verändern und somit ihre jeweils treibende Rolle verändern können. Die Veränderung der Architekturen muss innerhalb einer Organisation durch einen wohldefinierten Prozess abgedeckt werden. Für diesen Prozess sind die Architekturframeworks notwendig.

4.5 SEAM

Ein Framework zur strukturellen Modellierung einer Enterprise-Architektur ähnlich dem Zachman Framework (s. Abschn. 4.7) ist die **S**ystemic **E**nterprise **A**rchitecture **M**ethodology (SEAM). Die beiden Hauptkonzepte hinter SEAM sind die funktionale und die organisatorische Ebene. Die funktionale Ebene repräsentiert die Verhaltenshierarchie und die organisatorische Ebene die Aufbauhierarchie in der Organisation. Da jedes komplexe System (s. Anhang A) eine Menge von miteinander wechselwirkenden Komponenten besitzt, beziehungsweise aus ihnen resultiert, stellt sich für die SEAM-Methodik eine Organisation als strukturierte Anordnung aus Ressourcen dar, welche einen oder mehrere Prozesse durchführen. Jede Organisation in ihrer Eigenschaft als komplexes System lebt nicht in einem Vakuum, sondern interagiert auch mit anderen komplexen Systemen, sprich den anderen Organisationen. Ein Charakteristikum der komplexen Systeme und damit auch der Organisationen ist ihre kontinuierliche Evolution, daher wird der SEAM-Prozess auch iterativ angelegt.

Jede organisatorische Ebene ist aus Objekten aufgebaut, welche gleichzeitig das System repräsentieren. Ein Teil dieser Objekte besteht aus Software, repräsentiert aber immer noch, zumindest als konkrete Implementierung, die einzelne Organisation.[12] Jedes dieser softwaretechnischen[13] Objekte hat zwei Ansichten:

- Information Viewpoint – Der Information Viewpoint beschreibt das jeweilige System als Ganzes.[14]
- Computational Viewpoint – Der Computational Viewpoint beschreibt, aus welchen Softwareteilen das System sich zusammensetzt.[15] Aus analytischer Sicht ist der Computational Viewpoint eine typisch mechanistische Zerlegung der Architektur in immer feinere Teile, um anschließend, im Sinne einer Synthese, daraus wieder das Gesamtsystem erstehen zu lassen. In dieser Komposition aus unterschiedlichen kleineren Komponenten wirken diese in Form einer Kollaboration zusammen. Wenn der Computational Viewpoint verfeinert wird, so wird er in kleinere Computational Viewpoints zerlegt mit der Folge, dass eine vollständige Hierarchie von Computational Viewpoints entsteht.

Die funktionale Ebene beschreibt das Verhalten der softwaretechnischen Objekte auf einer gegebenen Ebene. Der Information Viewpoint bestimmt das Verhalten der Objekte, ihre jeweiligen Funktionen und die Beziehungen der softwaretechnischen Objekte untereinander. Eine Verfeinerung des Information Viewpoints resultiert in einer ganzen Hierarchie von Information Viewpoints.

Innerhalb von SEAM wird unter dem architektonischen Alignment (s. Kap. 5) zwischen zwei Systemen der Zustand verstanden, bei dem alle Information Viewpoints einer Ebene der Spezifikation vollständig in der Summe der Computational-Views der nächsttieferen Ebene enthalten sind.

Ein Modellprozess, welcher den Aufbau der hierarchischen Viewpoints beschreibt, funktioniert wie folgt:

1. Ein Computational Viewpoint wird genommen und als Wurzel des zu beschreibenden Systems identifiziert.
2. Es werden die Information Viewpoints für die Subsysteme des im ersten Schritt definierten Systems spezifiziert. Diese Information Viewpoints müssen neben den nicht-funktionellen Anforderungen auch die Policies für die Systementwicklungen enthalten beziehungsweise befolgen. Solche nichtfunktionalen Anforderungen und Policies sind Annahmen über das System.

---

[12] Diese Repräsentanz wird bei der Einführung von COTS-Software oft problematisch (s. Kap. 9).
[13] computational
[14] Black-Box-Spezifikation
[15] White-Box-Spezifikation

3. Die funktionellen Anforderungen der jeweiligen interessierenden Subsysteme werden im Rahmen einer Information Viewpoint-Spezifikation für das jeweilige Subsystem festgelegt. Dabei transformiert der Information Viewpoint die Annahmen aus Schritt 2 und die funktionellen Anforderungen in eine Verhaltensbeschreibung.

4. Auf der Ebene der Subsysteme kann jetzt jedes Subsystem durch einen eigenen computational View beschrieben werden. Dieser muss mit genau einem Information Viewpoint korrespondieren.

5. Der Zyklus kann wieder neu beginnen.

Die so beschriebene Methodik hat den Vorteil, dass sie sich auf jeden beliebigen Detaillierungsgrad anwenden lässt und auch jede beliebige Verfeinerungsstufe erreichen kann. Insofern handelt es sich bei SEAM um die Anwendung einer „Divide-and-Conquer"-Strategie.

Leider hat die SEAM-Methodik auch etliche Nachteile, die auf den ersten Blick nicht direkt sichtbar sind. Innerhalb von SEAM existiert keine Emergenz (s. Anhang A), da SEAM rein tayloristisch das System bis auf seine „atomaren" Bestandteile zerlegt, beziehungsweise aus diesen wiederum synthetisiert. Die zweite große Beschränkung des SEAM-Frameworks ist die fehlende Dynamik. Eine Veränderung der Architektur kann in SEAM nur von außen geschehen. Das dritte Problem bei SEAM ist die stark mechanistische Philosophie: SEAM als „Vorgehensmodell" berücksichtigt keinerlei Phänomene aus dem Bereich der menschlichen Eigenarten und Unzulänglichkeiten, obwohl diese auf Dauer über Erfolg und Misserfolg entscheiden.

4.6 GRAAL

Die **G**uidelines **R**egarding **A**rchitecture **AL**ignment, kurz GRAAL genannt, stellen ein Framework zur Beurteilung von Softwarearchitekturen dar. Der Kern des Frameworks besteht aus einem Architekturstack (s. Abb. 4.5), welcher auch die Servicelayerdimension genannt wird. Jeder dieser einzelnen Servicelayer ist aus einer Reihe von Objekten aufgebaut:

- Physical Layer – Die physische Schicht ist aus den direkt greifbaren Dingen wie Computer, Hardware, Netzwerken, Gebäuden, Möbeln und so weiter aufgebaut. Ein Objekt wird dann als physisch bezeichnet, wenn man einfache physikalische Größen zu seiner Beschreibung benutzen kann. Durch Phänomene wie Sedimentation (s. S. 249) ist die Trennung zwischen der physischen Infrastruktur und der Softwareinfrastruktur oft nicht sehr einfach.

- Softwareinfrastruktur – Unter der Softwareinfrastruktur versteht man neben den Betriebssystemen die Netzwerksoftware, Middleware sowie Datenbanken. Eine Software zählt zu dieser Infrastrukturkategorie, wenn sie zur allgemeinen Verfügung steht und nicht ausschließlich spezielle fachliche Probleme löst.

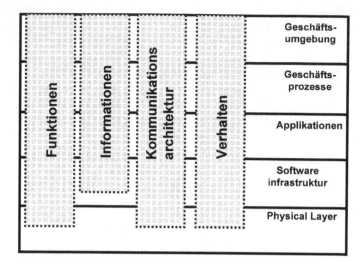

Abb. 4.5: Der GRAAL-Stack

- Applikationen – Die Applikation stellt die eigentliche fachliche Software dar. Obwohl man meistens Applikationen recht gut identifizieren kann, ist ihre Abgrenzung gegenüber der Softwareinfrastruktur oft schwierig[16] beziehungsweise es handelt sich um einen fließenden Übergang.
- Geschäftsprozesse – Die Geschäftsprozesse sind:
  - operationale Prozesse, welche auf zeitliche oder externe Ereignisse reagieren und dabei Produkte oder Dienstleistungen produzieren –
  - unterstützende Prozesse für die operationalen Prozesse –
  - strategische und taktische Managementprozesse –
- Umfeld der Organisation – Hierunter wird die Wertschöpfungskette verstanden, innerhalb der die Organisation operiert. Dieser Layer beinhaltet Kunden, Kundengruppen, Lieferanten, Konkurrenten[17], Regierungsbehörden, Vertriebs- und Kommunikationskanäle.

Neben diesen einzelnen Servicelayerdimensionen existieren innerhalb des Frameworks GRAAL noch die folgenden zusätzlichen Dimensionen:

- Lifecycle – Die Lifecycledimension beschreibt, in welcher Phase des Lebenszyklus sich die betrachtete Software befindet.[18] Die abstrakten Phasen sind:
  - Planung

---

[16] Eine Finanzbuchhaltung ist für den Hersteller oder Buchhalter eine Applikation, für ein ERP-System ist sie oft ein Infrastrukturteil.

[17] In der Marketingsprache werden Konkurrenten gerne als Mitbewerber auf dem Markt bezeichnet.

[18] Hier zeigt sich die Herkunft von GRAAL aus der Softwareentwicklung.

- Entwicklung
- Produktion
- Dekommisionierung[19]

Für das Studium des aktuellen architektonischen Alignments (s. Kap. 5) kann die Position in der Lifecycledimension faktisch als konstant angenommen werden. Es ist in den meisten Fällen günstiger, alle Parameter als konstant anzunehmen und so eine Messung des Alignments zu vereinfachen. Die zeitliche Veränderung des Alignments, das heißt die Evolution des Alignments (s. Kap. 12), stellt ein gesondertes Problem dar.

- Aspect – Das GRAAL-Framework unterteilt die Aspect-Dimension in fünf Kategorien:
  - Funktionalität
  - Verhalten
  - Kommunikation
  - Information
  - Qualität

  Die Beschreibung dieser Aspekte eines Systems auf den verschiedenen Layern der Services ermöglicht es, ein vollständiges Bild von der Software zu bekommen.

- Refinement – Da das GRAAL-Framework in seinem Ansatz ein Top-down-Framework ist[20], gibt die Refinementdimension an, wie detailliert das System schon zerlegt wurde.

- Aggregation – Die Komposition eines größeren Systems aus kleineren Systemen. Analog dem Refinement kann das System so synthetisch aus Teilen aufgebaut werden.

Das GRAAL-Framework lässt sich auch recht gut auf Phänomene aus dem Bereich des kognitiven Alignments (s. Kap. 3) anwenden, da der Physical Layer einer physikalischen Sichtweise, der Softwareinfrastruktur- und der Applikationslayer einer linguistischen Sichtweise und die Layers Geschäftsprozesse und Umfeld einer sozialen Sichtweise entsprechen. Insofern ist hier das kognitive Alignment als Problem zwischen den Geschäftsprozessen und den Applikationen transparent.

Eine Zerlegung eines Systems nach den GRAAL-Gesichtspunkten beinhaltet folgende prinzipiellen Vorgehensmöglichkeiten:

- Funktionale Dekomposition – Für jeden Service, der entwickelt werden soll, wird eine Komponente definiert. Diese funktionale Dekomposition muss nicht immer zu einer guten Modularisierung führen, aber sie entspricht dem mehr traditionellen Denken einer Structured Analysis (SA).
- Kommunikationsdekomposition – Für jede Kommunikation eines Objekts mit einer externen Einheit wird eine Komponente definiert. Dies kann auf drei unterschiedliche Arten bewerkstelligt werden:

---

[19] Interessanterweise wird immer stärker die Notwendigkeit zur Desintegration (s. S. 131) erkannt.

[20] Hierin ähnelt es SEAM (s. Abschn. 4.5).

- deviceorientiert – Je nach der externen Device oder dem Kanal wird eine Komponente spezifiziert, was zu einer hohen Techniklastigkeit mit geringem fachlichen Inhalt in den Komponenten führt.
- aktororientiert – Für jeden Aktor wird genau eine Komponente spezifiziert. Der Vorteil ist hierbei ein einfaches Rechtekonzept; es ist identisch mit den Komponentengrenzen, aber fachliche geteilte Objekte werden redundant implementiert.
- ereignisorientiert – Auf jedes Ereignis, auf welches das System reagieren muss, wird eine Komponente spezifiziert. Solche Komponenten eignen sich für ereignisorientierte Umgebungen wie moderne GUIs da sie sich nahtlos in deren Modell einfügen.
- Verhaltensdekomposition – Für jeden Geschäftsprozess innerhalb des Systems wird eine Komponente definiert. Für den Fall, dass alle Geschäftsprozesse disjunkt sind, erhält man pro Geschäftsprozess eine Komponente, allerdings bleibt die Wiederverwendung hier sehr fragwürdig.
- Subjektdekomposition – Für jedes Objekt, welches Daten verändert, wird eine Komponente produziert. Dies entspricht dem Versuch, Mechanismen aus der klassischen Datenmodellierung und damit auch Datenorientierung zu übertragen. Der Nachteil ist eine gering ausgeprägte Funktionsorientierung, da die Daten und damit implizit die Zustandsübergänge durch die Daten die zentrale Rolle spielen.

4.7 Zachman-Framework

Das Zachman-Framework ist eine generische Klassifikation für Designergebnisse. Die Zielsetzung hinter dem Zachman-Framework ist es, eine Richtlinie für den Anwender zu erstellen, so dass er sich nicht in der Komplexität einer vollständigen Gesamtsystemarchitektur verliert. Das Framework zerlegt die enorme Komplexität des Gesamtsystems in handhabbare Teilstücke (s. Tab. 4.1, Tab. 4.2, Tab. 4.3 sowie Abb. 4.7). Außerdem ermöglicht das Zachman-Framework die Isolation von diesen Teilstücken, damit eventuelle Fehler oder Störungen nicht weiter durch das Gesamtsystem propagieren können. Diese Isolation ist ein wichtiger Aspekt, da ein einzelner Mensch auf Grund der Komplexität nicht das Gesamtsystem in allen Abhängigkeiten und Details wahrnehmen kann.

Jede Zelle des Zachman-Frameworks repräsentiert einen speziellen Fokus und eine besondere Perspektive. Jeder Fokus, die Frage nach dem Was, Wie, Wo, Wer, Wann und Warum ist durch die jeweilige Spalte und die Perspektive, die eigentliche Sicht, durch die Zeile gegeben.

Die einzelnen Zeilen wirken wie Zwangsbedingungen aufeinander, wobei sie in ihrer Hierarchie von oben nach unten angeordnet sind, das heißt, die erste Zeile setzt die Rahmenbedingungen für die zweite Zeile, die zweite für die dritte, und so weiter. Folglich nimmt die Zahl der Bedingungen oder Entscheidungen von oben nach unten zu. Auf dem Weg von oben nach unten werden

Tab. 4.1: Zachman-Framework, Teil 1

	Daten Was?	Funktionen Wie?
Scope	Wichtige Daten	Kernprozesse
Konzept	Datenmodell	Geschäftsprozessmodell
Systemmodell	Klassenmodell	Systemarchitektur
Technisches Modell	physische Daten	technisches Design
Detaildarstellung	Datendefinition	Programm
Funktionen	benutzbare Daten	Modul

Tab. 4.2: Zachman-Framework, Teil 2

	Netzwerk Wo?	Personen Wer?
Scope	Orte	Organisationen
Konzept	Logistisches System	Workflowmodell
Systemmodell	Verteilungsarchitektur	Benutzerinterface
Technisches Modell	technische Architektur	Präsentation
Detaildarstellung	Netzwerkarchitektur	Sicherheitsarchitektur
Funktionen	physisches Netzwerk	Organisation

auch immer mehr Bedingungen aufgesammelt und so wird das System immer stärker eingeengt.

Entgegen diesem durchaus üblichen Weg des Flusses der Zwangsbedingungen können diese auch von unten nach oben fließen. Diese Gegenrichtung stellt sozusagen das technisch Machbare dar. In dieser Richtung sind die Zwangsbedingungen allerdings meist weniger restriktiv als die in der Gegenrichtung.

Die erste Spalte, die Spalte der Datenmodelle, ist die wohl am besten erforschte, da hier eine große Zahl von Modellierungstechniken existiert. Von oben nach unten rangiert die Spalte von einem ausgedehnten logischen Modell (oben) hin zu einer echten Datenbank (unten) (s. Tab. 4.1). Die zweite Spalte des Zachman-Frameworks wird meistens in Verbindung mit der Datenmodellierung genutzt: Die funktionale Modellierung, angefangen von Geschäftsprozessmodellen (oben) bis hin zu Modulen in einem Programm (unten) (s. Tab. 4.1). Die dritte Spalte zeigt die Verteilung von Organisationen (oben) bis hin zu einem konkreten Ethernet (unten) (s. Tab. 4.2) an. Die drei letzten Spalten sind nicht (Tab. 4.2 und Tab. 4.3), zumindest aus

Tab. 4.3: Zachman-Framework, Teil 3

	Zeit Wann?	Motivation Warum?
Scope	Ereignisse	Geschäftscode
Konzept	Masterplan	Business-Plan
Systemmodell	Prozessstruktur	Business-Rollen
Technisches Modell	Kontrollstruktur	Regelentwurf
Detaildarstellung	Timing	Regelspezifikation
Funktionen	Zeitplan	Arbeitsstrategie

technischer Sicht, so stark strukturiert. Hier stehen die organisatorischen und ablauforganisatorischen Strukturen im Vordergrund.

Hinter dem Zachman-Framework stecken 6 Fragen:

- Was ist für das Geschäft, in dem sich die Organisation befindet, wichtig? Die Antwort auf diese Frage liefert eine Liste von Objekten oder Gütern, mit welchen sich die Organisation intensiv beschäftigt oder beschäftigen muss.
- Was läuft innerhalb der Organisation ab? Dies ist auch die Frage: Wie funktioniert eigentlich die Organisation? Hier werden die Prozesse und Funktionen dargestellt.
- Wo wird die Organisation durchgeführt? Ergebnis dieser Frage ist eine Liste der geographischen Orte, an denen die Organisation operiert.
- Welche Organisationen sind wichtig? Bei dieser Fragestellung werden die Organisationsteile identifiziert, welche das Kerngeschäft unterstützen.
- Welche Ereignisse sind wichtig? Diese Frage zielt darauf ab, die zeitliche Entwicklung der Organisation beschreiben zu können. Diese Information besitzt eine immense Wichtigkeit bezüglich des Grads an Flexibilität, welche eine Organisation haben muss.
- Welche Ziele und Strategien gelten in dem entsprechenden Marktsegment?

Eine der ungelösten Fragen im Zachman-Framework ist die Koppelung zwischen der Strategieebene und den operativen Zellen. Die ersten Versionen des Zachman-Frameworks entstanden Ende der achtziger Jahre und man konzentrierte sich ausschließlich auf Daten, Funktionen und Netzwerke. Erst in den neunziger Jahren kamen die Dimensionen Personen, Zeit und Motivation hinzu, mit der Folge, dass diese Dimensionen nicht so weit entwickelt sind wie die ersten drei. Folglich ist das Zachman-Framework nur bedingt geeignet, das Alignment zwischen IT und Business zu beschreiben.

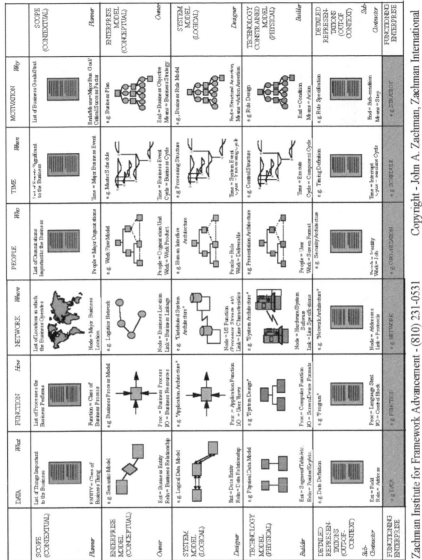

Abb. 4.6: Das Zachman-Framework

4.8 Architekturentwicklung

Wie schon in den letzten Abschnitten angesprochen, muss sowohl die Entwicklung sowie Weiterentwicklung der verschiedenen Architekturen ein gut geführter Prozess sein. Zur Unterstützung des Architekturentwicklungsprozesses ist es sinnvoll, ein Gesamtframework innerhalb der Organisation einzuführen, das diese Form der Entwicklung optimal unterstützt. Ein solches

Tab. 4.4: Stärken und Schwächen des Zachman-Frameworks

Stärken	Schwächen
Die Nutzung verschiedener Perspektiven ermöglicht es, die gesamte Organisation aus den diversen Blickwinkeln zu sehen.	Hinter dem Zachman-Framework steht keine anerkannte Methodologie.
Die verschiedenen Dimensionen liefern eine sehr breite Überdeckung.	Alignment wird weder explizit gefordert noch unterstützt.

Gesamtframework lässt sich am einfachsten als eine Pyramide (s. Abb. 4.7) darstellen.

Die einzelnen Teile dieses Framework sind:

- Architekturgovernanceframework
- Geschäftsprozessframework
- Enterprise Architekturframework
- Enterprise-Architektur mit den zwei Teilen
  - Geschäftsprozessarchitektur
  - Technische Architektur

Der Sinn und Zweck der Architekturgovernance ist es, die Entwicklungsprozesse zu steuern beziehungsweise zu initiieren, so dass die Geschäftsprozesse überhaupt mit der Enterprise-Architektur zusammenarbeiten können. Die Architekturgovernance bedeutet die Bereitstellung und Kontrolle von IT-Ressourcen und dem Risikomanagement von Technologieentwicklungen, welche die Enterprise-Architektur auf der technischen Seite und die Geschäftsprozessarchitektur auf der fachlichen Seite betreffen können. Die Architekturgovernance konzentriert sich auf die strategischen Ziele des Gesamtunternehmens.

Durch die Architekturgovernance werden Informationen aus unterschiedlichen Teilen der Architekturentwicklung gesammelt, ausgewertet und wieder als Grundlage für alle möglichen Nachfolgearchitekturen bereitgestellt. Im Gegensatz zu Gebäuden sind Architekturen innerhalb von Organisationen, seien sie technischer oder prozeduraler Natur, nicht statisch, sondern verändern sich permanent. Auch die „klassische" Architektur im Bauwesen ist veränderlich, aber die Zeitskala ist hierbei sehr lang, in der Größenordnung von Jahrzehnten und Jahrhunderten. Architekturen im Bereich der IT haben Lebensdauern in der Größenordnung von Jahren und die Lebensdauer von fachlichen Architekturen liegt bei mehreren Jahren bis Jahrzehnten. Diese permanente Veränderung lässt sich daran ablesen, dass der Zeitraum für die Einführung einer neuen Architektur in der gesamten Organisation größer ist als die Lebensdauern der Referenzarchitekturen. Trotzdem wird, der Einfachheit halber, die Abfolge

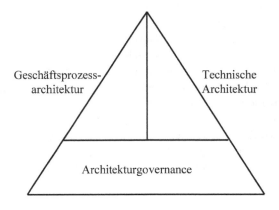

Abb. 4.7: Frameworkpyramide

der Architekturen nicht als ein Kontinuum verstanden, sondern als eine mehr oder minder wohldefinierte Folge unterschiedlicher diskreter Einzelarchitekturen. Eine solche Abfolge lässt sich einfacher veranschaulichen und außerdem lässt sich so eine Migration zwischen den verschiedenen Abfolgezuständen definieren.

Eine Architekturgovernance besteht aus mehreren unterschiedlichen Ebenen und Teilen:

- strategische Ebene
  - Organisationsziele
  - Mission Statements
  - Organisationsstrukturen
  - Budgets
  - Strategien und Ziele
    strategische Projekte
- prozedurale Ebene
  - Methoden und Verfahren
  - Policies und Prozeduren
  - Beschaffungsstrategien

Die Architekturgovernance beschäftigt sich also sehr intensiv mit der nachhaltigen, langfristigen Entwicklung der gesamten Organisation. Der eigentliche Prozess versucht, in Bezug auf die Architektur, den gesamten Lebenszyklus einer Architektur bewusst zu steuern. So leicht dies klingt, es ist relativ schwierig, da die Architektur in den meisten Fällen nicht geplant und gesteuert entstanden ist, sondern „irgendwie" implizit entsteht und sich sukzessiv verändert.

Ein stabiles und verlässliches Architekturframework muss existieren, damit die Entwicklung und der kontrollierte Wandel einer Enterprise-Architektur überhaupt möglich ist. Ziel eines solchen Frameworks muss es sein, aufzuzeigen, in welcher Art und Weise die Geschäftsentwicklungen sowie die Technologiesprünge auf die fachliche und technische Architektur und damit auf das gesamte IT-Portfolio, beziehungsweise die Geschäftsprozesse, umgesetzt werden können. Hierbei muss genügend Flexibilität vorhanden sein, um eine Reihe von parallelen wie auch zum Teil widersprüchlichen Technologien verwalten zu können.

Was sind die treibenden Kräfte hinter der Technologie?

Veränderungen in den eingesetzten Technologien, speziell bei den Informationstechnologien[21], lassen sich in drei Kategorien einteilen:

• Prinzipien –
• Best-Practices[22] –
• Technologietrends –

Interessanterweise findet eine Migration zwischen diesen treibenden Kräften statt. Jede dieser Kategorien hat eine Anzahl von Elementen, die ihrerseits wiederum einen Lebenszyklus haben. Die Standardevolution ist, dass sich aus einem Trend ein Element der Best-Practices und aus einer Best-Practice auf Dauer ein Prinzip ergibt. Allerdings verschwinden die Elemente auch wieder, das heißt Prinzipien oder Best-Practices werden obsolet, beziehungsweise Trends erweisen sich als nicht tragfähig.

Die Aufgabe eines Architekturframeworks ist es nun, solche Auswirkungen in den Griff zu bekommen und zu steuern, beziehungsweise zusammen mit der Architekturgovernance mögliche Trends auf ihre Übernahme in Best-Practices zu überprüfen.

4.9 Architekturzyklus

Eine geplante Architektur ist nie statisch, sie entwickelt sich beziehungsweise muss sich permanent weiterentwickeln. Diese Entwicklung muss aber auch einem Regelwerk unterliegen. Wie kann ein solches Regelwerk aussehen?

Der Entwicklungszyklus der Architektur besteht aus einem iterativen Prozess (s. Abb. 4.8). Die verschiedenen Phasen sind alle wohldefiniert und lassen sich wie folgt beschreiben und abgrenzen:

4.9.1 Prinzipien

In dieser Phase sind die klassischen Tätigkeiten wie in jeder Projektarbeit wichtig: Leistungsumfang, Teamgröße sowie Fokussierung des Teams. Die Entscheidung darüber, welches konkrete Architekturframework genommen wird

---

[21] Informationstechnologien sind hier besonders markant, da sie sich sehr rasch ändern (s. Kap. 1).

[22] s. S. 374

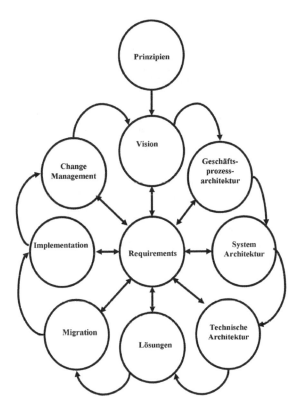

Abb. 4.8: Der Architekturzyklus

und welche Prinzipien für die Entwicklung der Architektur gelten sollen, wird an dieser Stelle gefällt. Der Effizienz des Gesamtprozesses ist es sehr zuträglich, wenn bestehende Prozessteile oder -ergebnisse aus früheren Zyklen wiederverwendet werden können. Von daher ist die Frage nach der Wiederverwendung von bestehenden Teilen aus früheren Prozessteilen eine der zentralen Aufgaben im Rahmen der Vorbereitung. Die Arbeit an der Architektur wird üblicherweise beeinflusst durch die Architektur- sowie die Geschäftsprozessprinzipien, wobei die Architekturprinzipien selbst wiederum auf den Geschäftsprozessprinzipien aufbauen. Die Definition der Geschäftsprozesse liegt normalerweise außerhalb der Architekturentwicklung, wenn allerdings innerhalb der

Organisation Geschäftsprozesse gut modelliert und strukturiert sind, kann es möglich sein, auch die technische Architektur beziehungsweise eine neue Informationstechnologie als treibende Kraft einzusetzen.

4.9.2 Vision

Im Rahmen der Vision werden der gesamte Leistungsumfang und die Grenzen der jeweiligen Architektur festgelegt. Eine der Voraussetzungen für den Beginn dieser Phase ist der Abschluss der Prinzipienphase. Die dort formulierten Prinzipien stellen die Rahmenbedingungen für den gesamten Prozess dar.

Eine Vision der Architektur muss stets sehr weitreichend sein, denn die Vision muss die Zielsetzung der gesamten Organisation überdecken können. Am einfachsten kann die Vision gegenüber den Zielsetzungen der Organisation anhand von Business-Szenarien überprüft werden.

Die Vision ist der verpflichtende Vertrag zwischen der Architektur auf der einen Seite und den Softwareentwicklern, Designern und Endkunden auf der anderen Seite. Während eines einzelnen Zyklus ist die Vision stets unveränderbar, verhält sich wie eine konstante Zwangsbedingung. Jede Veränderung der Vision muss derart drastische Risiken und Auswirkungen zur Folge haben, dass ein weiteres sinnvolles Arbeiten ohne eine grundlegende Revision nicht mehr möglich ist. Die Vision wird sich somit in allen nachgelagerten Phasen oder Tätigkeiten stets widerspiegeln.

4.9.3 Geschäftsprozessarchitektur

Die Geschäftsprozessarchitektur ist ein zentraler Bestandteil jeder Architekturentwicklung. Neben der Beschreibung der momentanen Situation der Geschäftsprozessarchitektur ist die Formulierung der zukünftigen Geschäftsprozessarchitektur eines der Ziele hinter diesem Schritt. Eine genaue Feststellung des Unterschieds zwischen dem jeweiligen Ist- und dem geplanten Sollzustand ist für alle nachfolgenden Phasen und deren Planungen immens wichtig. Außerdem wird an dieser Stelle das interne Marketing[23] zur Überzeugung der Auftraggeber, Investoren und Sponsoren gestartet.

Ein besonders tiefes Verständnis für die Geschäftsprozesse und die Organisation stellt einen kritischen Erfolgsfaktor für jedes Projekt und insbesondere für Architekturprojekte dar.

Die Modellierung von Geschäftsprozessen kann auf einen reichen Erfahrungsschatz an Techniken zurückgreifen (s. Anhang B). Zu den bekanntesten Verfahren gehören:

---

[23] Manchmal kann ein gutes Marketing über Erfolg oder Misserfolg eines ganzen Projekts entscheiden, indem es die Erwartungshaltung der Beteiligten wie auch der „Kunden" entsprechend prägt oder das Projektergebnis marketingtechnisch geschickt umdefiniert wird ...

- Activity-Modelle[24] – Diese Modelle beschreiben die Aktivitäten und all ihre Vor- und Nachbedingungen, welche die Organisation betreffen.
- Use-Case-Modelle[25] – Hier werden Vorfälle aus Sicht der jeweiligen Aktoren – in der Regel die Kunden – beschrieben, wobei die Implementierung der ablaufenden Prozesse zunächst irrelevant ist.
- Klassenmodelle – Ein Klassenmodell beschreibt die statischen Informationen und ihre Beziehungen, beziehungsweise das Verhalten der Informationen. Wichtig ist hier, dass nur eine abstrakte Darstellung notwendig ist.
- Node Connectivity Diagram – Dieses Knotenverbindungsdiagramm beschreibt die Verbindungen zwischen den verschiedenen Standorten der Organisation. Das Modell wird auf drei Ebenen beschrieben:
  - konzeptionelles Diagramm
  - logisches Diagramm
  - physisches Knotenverbindungsdiagramm
  Ein Knoten in diesem Modell kann viel bedeuten, angefangen vom IT-Vorstand über eine Organisationseinheit bis hin zu einer Filiale.
- Informationsaustauschmatrix – Diese spezielle Matrix dokumentiert die notwendigen Beziehungen zwischen den Knoten des Node Connectivity Diagrams.

4.9.4 Systemarchitektur

Die bis zu diesem Zeitpunkt im Ablauf erarbeiteten Ergebnistypen, wie Visionen und Geschäftsprozessmodelle beziehungsweise fachliche Architekturen, sind inhärent mehrdeutig, intuitiv und informell, was sie nicht weniger wichtig macht. Das Ergebnis des Gesamtprozesses sollte aber im Endeffekt im Rahmen einer MDA (s. Abschn. 10.6) eindeutig und automatisch von einem Computer verstanden und übersetzt werden können. Die Rolle der Systemarchitektur ist es, die Abbildung zwischen den informellen Teilen und den formalen Systemteilen vorzunehmen. An dieser Stelle im Gesamtprozess wird die bisherige informelle Spezifikation in einer formalen Sprache dargestellt.

Das Ziel ist es, im Rahmen der Systemarchitektur eine Zielarchitektur für Daten und Applikationen zu entwickeln. Obwohl es theoretisch möglich wäre, eine Applikationsarchitektur von einer Datenarchitektur zu trennen und zuerst die eine und dann die andere zu entwickeln, ist das Vorgehen in der Praxis nicht sinnvoll. Die meisten neueren Systeme, beispielsweise ERP[26] oder CRM[27] , machen nur Sinn, wenn Daten und Prozesse simultan berücksichtigt werden. Die Daten- wie auch die Applikationsarchitekturen sind letztlich die zentralen Bestandteile einer Enterprise-Architektur.

---

[24] auch Geschäftsprozessmodelle genannt
[25] auch Geschäftsvorfallsmodelle genannt
[26] Enterprise Resource Planning
[27] Customer Relationship Management System

Klassischerweise wird diese Architekturform auch horizontale Architektur genannt im Gegensatz zur Technologiearchitektur (s. Abschn. 4.9.5), welche in vielen Fällen als vertikale Architektur bezeichnet wird. Für das System ist meistens die Partitionierung in die verschiedenen horizontalen Bereiche wichtiger als die konkrete Implementierungstechnologie.

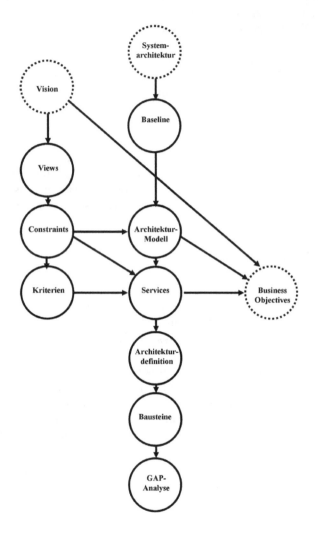

Abb. 4.9: Entwicklung der Technologiearchitektur

Aber welche Entwicklungstechniken stehen hinter der Systemarchitektur?

Obwohl diese Techniken schon seit langem in der regulären Softwareentwicklung bekannt sind, zeigt sich heute, dass es eine starke Koppelung zwischen ihnen und der Systemarchitektur gibt. Diese Techniken beinhalten:

- Abstraktion
- Information Hiding
- Kapselung
- Koppelung und Kohäsion
- Modularisierung
- Separation zwischen Implementierung und Interfaces
- Separation zwischen Policies und Implementierung
- Divide and Conquer

4.9.5 Technologiearchitektur

Der zweite große Block der Enterprise-Architektur ist die Technologiearchitektur. Aus der prozessorientierten Sicht ist diese spezielle Phase recht aufwändig (s. Abb. 4.9). Wie in jedem anderen Projekt auch ist das Anforderungsmanagement ein zentraler Bestandteil aller Phasen. Die einzelnen Elemente in der Phase Technologiearchitektur sind:

- Baseline – Das Ziel ist es hier, eine Beschreibung des existierenden Systems in Form von Services (s. Abb. 4.2) zu liefern, damit ein Abgleich mit der zukünftigen Struktur möglich ist. Dieser momentane Stand bildet die Baseline. Falls der Architekturentwicklungszyklus schon früher einmal durchlaufen worden ist, wird dieser Schritt relativ einfach zu bewerkstelligen sein, da vieles wiederverwendet werden kann.
- View – Die Geschäftsprozessarchitektur wird benutzt, um eine Sicht auf die Technologie bereitzustellen. Eine sinnvolle Menge an Sichten der Fachbereiche oder auch der Investoren und Sponsoren auf die neue Technologiearchitektur ist zu liefern. Ohne diese Menge von Sichten ist ein Einsatz einer neuen Architektur praktisch nicht zu legitimieren.
- Constraints – Die Menge aller Geschäftsprozesse impliziert eine Reihe von Zwangsbedingungen, Constraints genannt, auf das entstehende Gesamtsystem.
- Modell – Eine zu entwickelnde Beschreibung der Architektur in graphischer Form.
- Kriterien – Anhand der Zwangsbedingungen aus der Geschäftsprozessarchitektur werden die Kriterien für die Auswahl von Services abgeleitet. Wenn diese Kriterien auf die vorhandenen Services angewandt werden, entsteht ein Katalog für die Auswahl und Priorisierung der einzelnen Services.
- Services – Die vorhandenen Services werden aus der Menge der Bausteine identifiziert und die jeweils adäquaten Services für die Problemstellung ausgewählt, beziehungsweise neue Services werden definiert.

- Objectives – Im Rahmen der Objectives wird explizit überprüft, ob die neue Architektur noch zu den Geschäftszielen passt und ob sie zum langfristigen Erfolg der Organisation beitragen kann. Ein wichtiger Schritt, denn auch die technischen Architekturen unterliegen Modeströmungen[28], ohne dass sie dabei immer einen konkreten Mehrwert liefern.
- Architekturdefinition – Die vollständige Architektur wird hier definiert. Bedingt durch die Iterativität des Vorgehens sollte dieser sehr komplexe Schritt mehrmals durchlaufen werden, um eine Konvergenz sicherzustellen.
- Bausteine[29] – Eine Zerlegung der gesamten Technologiearchitektur in horizontale sowie vertikale Blöcke und Bausteine ist notwendig, um ein hochkompliziertes System beherrschbar zu machen. Die Bausteine haben durchaus unterschiedliche Granularität und Abstraktionsgrade, je nach Anforderung. Die Bausteine lassen sich aus Sicht des Betriebs und des Deployments in zwei Kategorien unterteilen:
  - produktbasiert – Die einzelnen Produkte lösen ganz spezifische Probleme mit Hilfe von Komponenten aus individuellen Teilsystemen. Diese Komponenten können zu einem Gesamtsystem integriert werden. Das resultierende System kann, es muss aber nicht, eine qualitativ hochwertige Architektur bilden.
  - assetbasiert – Hierbei werden Probleme, welche in verschiedenen Kontexten auftauchen, durch Komponenten gelöst, die schon von vorhergehenden Projekten der jetzigen Architekturentwicklung zur Verfügung gestellt wurden.
- Gap-Analyse – Die Gap-Analyse zeigt den Unterschied zwischen dem Soll- und dem Ist-System auf. Diese Analyse ist ein wichtiges Steuerungsinstrument für eine etwaige Wiederholung des Prozesses und für die nachfolgenden Phasen. Diese Lücke sollte pro Iteration in aller Regel kleiner werden.

4.9.6 Lösungen

In der Lösungenphase werden die Weichen für eine mögliche Implementierung gestellt. Typischerweise entstehen mehrere Technologiearchitekturen, in Form von unterschiedlichen Architekturoptionen, zwischen denen dann unterschieden werden kann. Sehr typisch für diesen Schritt ist auch die Evaluation und Entscheidung zwischen „make or buy"oder Outsourcing auf diversen Ebenen oder die Frage, bis zu welchem Grad eine Wiederverwendung von Teilen des bestehenden Systems möglich oder erfolgreich sein kann.

Auch die großen Blöcke, die für eine mögliche Implementierung gebildet werden müssen, stehen im Blickpunkt dieser Phase. Neben der Gesamtplanung mit Attributen wie Dauer, Aufwand und Kosten entstehen hier auch die ersten Migrationsstrategien sowie eine grobe Vorstellung über einen möglichen Implementierungsplan für die Architektur.

---

[28] s. Kap. 1
[29] Building Blocks

4.9.7 Implementierungsgovernance

Ziel der Implementierungsgovernance ist es, Richtlinien für alle Implementierungsprojekte zur Verfügung zu stellen sowie einen projektübergreifenden Architekturvertrag mit allen Beteiligten zu schließen. Neben dieser Vorbereitung muss im Rahmen der Implementierungsgovernance auch sichergestellt werden, dass alle Projekte eine Konformität in Bezug auf die Architektur aufweisen. Dies setzt notwendigerweise voraus, dass alle Beteiligten sich mit der neuen Enterprise-Architektur und deren Spezifikation besonders intensiv auseinander gesetzt haben.

Das Grundgerüst einer Enterprise-Architektur muss immer verteilungsunabhängig sein. Die Nichteinhaltung dieser Forderung nach Transparenz ist eine der Hauptursachen für eventuelle Schwierigkeiten bei der Implementierung der konkreten physischen Verteilung in einer heterogenen multi-organisatorischen Umgebung. Eine solche Transparenz verschiebt die Komplexität von der Systemdomäne in die unterstützende Infrastrukturdomäne, da hier sehr viel mehr Möglichkeiten existieren, um mit einer Intransparenz fertig zu werden.

4.9.8 Migration

Mit Hilfe der Migrationsplanung können die verschiedenen Implementierungsprojekte priorisiert und, wenn nötig, in eine Reihenfolge gebracht werden. Ohne diese Arbeit ist ein echtes Risikomanagement der Implementierung nicht möglich. Typische Fragen in dieser Phase sind:

- Welche Auswirkungen auf andere Projekte und Aktivitäten gibt es?
- Welche Abhängigkeiten in Bezug auf andere Projekte gibt es?
- Welche Produkte müssen eingekauft oder benutzt werden?
- Welche Teile müssen gebaut oder verändert werden?
- Sind genügend Ressourcen für die Entwicklung vorhanden?
- Welche Standards und Normen existieren?
- Wie sieht die Lebensdauer eines Produktes in Bezug auf Technologie und Unterstützung oder Weiterentwicklung durch den Hersteller aus?
- Wie hoch sind die Einführungskosten?
- Ist eine Migration überhaupt möglich oder sinnvoll?

In den meisten Fällen hat der Wechsel einer Architektur so hohe inhärente Risiken und drastische Auswirkungen, dass es unmöglich ist, den Wechsel in einem einzigen Schritt zu vollziehen. Von daher sind weiche Migrationsszenarien mit Fallback-Optionen die einzig wirkliche Möglichkeit für einen realistischen Übergang zu einer neuen Architektur.

Auf Grund dieser Situation hat es sich in der Praxis bewährt, sich auf kurzfristige Ziele mit großen Auswirkungen zu konzentrieren, damit genügend Druck für die ganze Organisation aufgebaut wird, der den vollständigen Übergang erst ermöglicht. Ein übliches Vorgehen ist es, zunächst Funktionen in der datenchronologischen Sequenz zu implementieren, das heißt zuerst die datenerzeugenden und zuletzt die archivierenden Systeme zu verändern.

4.9.9 Architektur-Change Management

Die Erfahrung zeigt, dass in jedem Projekt ein vernünftiges und explizites Change Management vorhanden sein muss, dies vor allen Dingen unter Berücksichtigung der Tatsache, dass sich in Projekten in der Regel etwa 30% bis 50% der Anforderungen im Laufe des Projekts stark verändern (s. Tab. 2.5). Umso wichtiger ist ein gutes Change Management, wenn ein so essentieller Teil der Organisation wie seine Architektur betroffen ist.

Die treibenden Kräfte hinter einem solchen Wandel sind meistens gut bekannt. Die wichtigsten vier auf der technologischen Seite sind:

- neue Technologien
- Kostenreduktion
- verschwindende Technologien
- neue Standards

Auf der Geschäftsprozessseite kommen noch hinzu:

- Innovationen oder neue Produkte
- strategische Zieländerungen

Alle klassischen Projektmechanismen greifen auch für das Change Management, das heißt es wird versucht, jede Änderung zu vereinfachen oder sie inkrementell zu gestalten. In der Praxis hat es sich jedoch gezeigt, dass in den allermeisten Fällen das größte Hindernis nicht technologischer Natur ist, im Gegenteil, die größte Hürde ist die Veränderung der Wahrnehmung[30] der Teilnehmer selbst.

4.10 Architektur und Lösungen

Der Architekturentwicklungsprozess lebt nicht für sich selbst, sondern existiert in einem Umfeld, nicht nur der eigenen Organisation, sondern auch einer Reihe von anderen Organisationen, meist kommerzielle Lösungsanbieter oder Softwarelieferanten, in seltenen Fällen auch Gremien oder Konsortien. Diese bieten Architekturen und Lösungen an, die in Folge adaptiert oder spezialisiert werden können.

Die einzelnen Teile wurden in Abb. 4.10 mit zunehmender Spezialisierung dargestellt. In der gleichen Art und Weise findet ein Übergang auf einigen anderen Ebenen statt. Dieser Übergang ist parallel zu dem in Abb. 4.10 dargestellten Architekturübergang. Die unterschiedlichen Ebenen sind, jeweils von rechts nach links:

- Von logisch nach physisch – Die Darstellung in Abb. 4.10 zeigt: Je weiter rechts ein Objekt sich im Bild befindet, desto konkreter ist die Implementierung.

---

[30] Eine Tatsache, die beim Projekterfolg sowie beim kognitiven Alignment (s. Kap. 3) eine wichtige Rolle spielt.

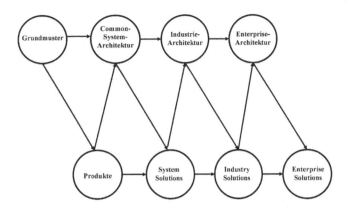

Abb. 4.10: Lösungen und Architekturen

- Von horizontal, das heißt technologiegetrieben, zu vertikal, das heißt geschäftsorientiert – In der Regel sind Produkte und Grundmuster technologiegetrieben; Enterprise Solutions beziehungsweise Enterprise Architekturen sind sehr viel stärker geschäftsprozessgetrieben.
- Von der Generalisierung zur Spezialisierung
- Von der Einfachheit zur Vollständigkeit

Die einzelnen Abstraktionsebenen sind:

- Grundmuster[31] – Die Grundmuster sind generische Architekturen, die alle Common-System-Architekturen unterstützen. Dazu gehört zum Beispiel das TOGAF Technical Reference Model der *The Open Group*. Diese Modelle sind so abstrakt, dass sie faktisch jede gängige Architektur beschreiben können. Aber umgekehrt betrachtet sind sie so abstrakt, dass ihre Aussagekraft in konkreten Fällen eher minimal ist.
- Common-System-Architektur – Die Common-System-Architektur ist etwas konkreter. Hier liegt der Fokus darauf, wiederverwendbare oder allgemein nutzbare Teile zu produzieren, daher auch der Name Common System. Typische Beispiele sind: Sicherheitsarchitektur, Managementarchitektur oder Netzwerkarchitektur. Jede dieser Architekturen adressiert alle Probleme, die in dem jeweiligen spezifischen Bereich auftauchen, vollständig. Allerdings sind die hier unterstützten Prozesse in der Regel nicht die Kernprozesse der Organisation.
- Industriearchitektur – Die Industriearchitektur zeigt auf, wie durch Zusammenstellung von Common-System-Architektur und industriespezifi-

---

[31] Foundation Architecture

schen Teilen eine Architektur entsteht, welche einen ganzen Zweig von Organisationen unterstützt. Ein Beispiel hierfür ist das *Petrotechnical Open Software Corporation* Model, POSC.

- Enterprise-Architektur – Diese wird von der Organisation selbst erstellt, beziehungsweise von anderen Organisationen kopiert.

Der Lösungsweg besteht aus vier Elementen und wird durch die Architekturen stark beeinflusst. Umgekehrt werden bestimmte Architekturen natürlich erst durch bestimmte Lösungen unterstützt.

- Produkte – Zu den Produkten zählen allgemein zugängliche Hardware, Betriebssystemsoftware, aber auch Dienstleistungen, welche eingekauft werden können, so zum Beispiel ein Call Center oder ein Help Desk.
- Systemlösungen – Die Systemlösungen sind meistens Systeme, welche komplett von einem Hersteller zusammen mit den vorher erwähnten Produkten erworben werden können und eine allgemein gültige Funktionalität besitzen. Ein Beispiel wäre hier ein Scalable Data Warehouse oder ein Security System. Oft sind die klassischen Hardwareanbieter auch Anbieter für Systemlösungen.
- Industrielösungen – Die Industrielösungen sind die Produkte und Dienstleistungen, welche für einen ganzen Industriezweig angeboten werden. Auf diesem Gebiet tummeln sich viele Standardsoftware- oder Service-Anbieter.
- Enterpriselösungen

Ein Test für die Nutzbarkeit der Enterprise-Architektur ist ihre Fähigkeit aufzuzeigen, wie gut sie auf die Gesamtorganisation ausgerichtet ist oder nicht. Einfacher gesagt, wenn Ziele und Maßnahmen bekannt sind, muss das Management in der Lage sein, jedes dieser Ziele und Maßnahmen in der Enterprise-Architektur wiederzufinden. Mit zunehmendem Detaillierungsgrad wird in der Enterprise-Architektur immer stärker aufgezeigt, wie die strategischen Ziele implementiert werden können.

4.11 Service Oriented Architecture

Eine **S**ervice **O**riented **A**rchitecture, kurz SOA genannt, modelliert die gesamte Organisation als eine Ansammlung von Services, welche über die Organisation verteilt und jedem zugänglich sind (s. Abb. 4.2). Dieser Gedanke stellt eine radikale Abkehr von den traditionellen stark voneinander separierten Softwarearchitekturen dar. Das große Interesse an den Service Oriented Architectures liegt primär darin begründet, dass das Konzept der Softwareentwicklung sich von einem unternehmensspezifischen Fokus, welcher spezielle Technologien und Nutzungen voraussetzt, zu einem Fokus auf Interoperabilität und offene Standards hin verschiebt.

Das W3C[32] definiert eine Service Oriented Architecture wie folgt:

Eine Service Oriented Architecture ist eine spezielle Form einer verteilten Architektur, die typischerweise durch folgende Eigenschaften charakterisiert ist:

- *Logical View – Der Service ist eine abstrakte logische Sicht auf ein tatsächliches Programm, Geschäftsprozess oder Modul, definiert durch das, was er durchführt.*

- *Message Orientation – Der Service wird formal durch die Menge an möglichen Nachrichten definiert, welche Provider[33] und Requestor[34] nutzen, und nicht durch die Eigenschaften des Services an sich. Die interne Struktur und Implementierung dürfen den Service nicht beeinflussen.*

- *Description Orientation – Ein Service wird durch ein maschinenlesbares Metaformat beschrieben. Diese Beschreibung unterstützt die Öffentlichkeit einer SOA. Die Semantik eines Services sollte direkt oder indirekt durch seine Beschreibung geliefert werden.*

- *Granularität – Die Services nutzen eine kleine Anzahl von Operationen mit relativ großen und komplexen Nachrichten.*

- *Network Orientation – Die Services müssen so konzipiert sein, dass sie über ein Netzwerk genutzt werden können.*

- *Plattformneutralität – Die ausgetauschten Nachrichten zwischen Provider und Requestor werden in einem plattformneutralen Format, bevorzugterweise XML, übermittelt.*

Um es nochmals ganz deutlich zu sagen, eine SOA ist an sich keine Technologie; es ist eine Art Vorgehensweise um eine Organisation aufzubauen, beziehungsweise eine bestehende zu verwandeln. Vor mehr als einer Generation lernten die Organisationen und die einzelnen Entwickler innerhalb der Softwareentwicklung, von der Hardware zu abstrahieren[35]; in dieser Tradition der zunehmenden Abstraktion ist eine SOA die Abstraktion von der Software, indem der Service und nicht die Software in den Mittelpunkt gerückt wird.

Große monolithische Systeme werden in kleinere Teilsysteme zerlegt. Diese Teilsysteme besitzen ihrerseits wiederum Komponentencharakter. Folglich sind sie in gewissem Sinne autark. Der Aufruf dieser Komponenten innerhalb der SOA geschieht ausschließlich über öffentlich bekannte Standardprotokolle. Eine der bisher am weitesten beachteten Implementierungsformen solcher Service Oriented Architectures sind die Webservices (s. Abschn. 4.12), andere mögliche Implementierungsformen sind Enterprise Java Beans oder auch CORBA, es existieren aber auch .NET-Implementierungen.

---

[32] **W**orld **W**ide **W**eb Consortium

[33] Ein Provider im Sinn der SOA stellt einen Service zur Verfügung, er wird manchmal auch als Producer bezeichnet.

[34] Ein Requestor im Sinn der SOA nutzt einen Service, er wird speziell bei Webservices (s. Abschn. 4.12) oft als Consumer bezeichnet.

[35] s. Kap. 1

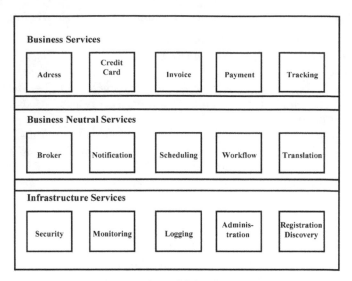

Abb. 4.11: Basis-SOA-Komponenten

Die allgemeine Service Oriented Architecture (s. Abb. 4.11) kann als eine 3-Tier-Architektur angesehen werden. In diesem Kontext werden die Schichten nicht als Schichten, sondern als Service Layers bezeichnet.

Neben diesen statischen Funktionalitäten haben Service Oriented Architectures ein zweites Charakteristikum, ihre Dynamik. Innerhalb der SOA werden alle Services nicht statisch, sondern ausschließlich dynamisch gebunden, die Folge hiervon ist die Notwendigkeit, folgende Konzepte zu etablieren:

- Publishing – Die Fähigkeiten und Existenz eines neuen Services, beziehungsweise die geänderten Eigenschaften eines bestehenden Services müssen der gesamten Organisation bekannt sein, damit sie überhaupt genutzt werden können. Diese Bekanntmachung bezeichnet man als Publishing.
- Finding oder Discovery – Wie wird ein bestehender Service gefunden? So einfach dies klingt, es ist recht komplex, da die Auffindung des „richtigen" Services eine hohe semantische Leistung darstellt.
- Binding – Der aufgefundene Service muss aufgerufen und sein Interface genutzt werden, diesen Vorgang nennt man Binding. Das Binden an den bestehenden Service ist vermutlich der einfachste Teil einer Service Oriented Architecture.

Da die meisten Unternehmen große Mengen an Legacysoftware im Einsatz haben und nicht „auf der grünen Wiese[36]" starten, lohnt es sich zu betrachten, wie die vorhandene Software auf dem Weg zu einer Service Oriented Architecture verändert werden kann. Eine SOA kann als eine Schicht von

---

[36] Auch als *Clean Slate Approach* bekannt.

Technologie und Applikationen angesehen werden, welche oberhalb der vorhandenen Legacysoftware existiert, diese aber intensiv nutzt. In den meisten Fällen sollten bestehende Applikationen „gewrapped" werden, um damit einer SOA zugänglich zu sein. Aber eine Service Oriented Architecture allein aus der IT heraus zu betrachten ist ein großer Fehler, da der Geschäftsprozessteil ein integraler Bestandteil bei der Definition einer jeden Service Oriented Architecture ist. Das eigentliche Ziel hinter einer SOA ist es, die Organisation so zu strukturieren, dass Visionen und Geschäftsprozesse zusammen mit der IT zu einem gemeinsamen Ziel gelangen können. Die Freilegung bestehender Legacysoftware innerhalb der Service Oriented Architecture ist dabei ein Mittel zum Zweck und kein Selbstzweck.

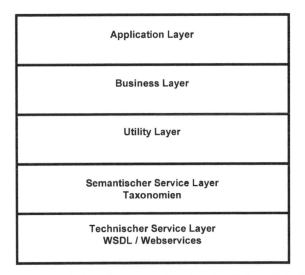

Abb. 4.12: Die zusätzlichen Layers in einer Service Oriented Architecture

Bei diesem Prozess der Umwandlung bestehender Systeme in eine Service Oriented Architecture erhält die typische „3-Tier"-Architektur eine neue Schicht, den so genannten Business Layer, welcher nur sehr wenig zur Komplexität beiträgt, da er primär der Koordination dient. Neben dem Business Layer ist meistens auch eine spezielle Form von Applikationen, ein Utility Layer, sowie eine zusätzliche semantische Schicht notwendig (s. Abb. 4.12).

4.12 Webservices

Eine spezielle Form der Service Oriented Architectures sind die Webservices. Da diese auf öffentlich verbreiteten und häufig genutzten Protokollen aufbauen, sind sie recht einfach und quasi universell zu integrieren, allerdings

stellt ihre Zustandslosigkeit oft ein Problem dar, speziell im Fall von „echten"
Geschäftsvorfällen. Auf der Implementierungsebene erweist sich die XML-
Transportschicht als problematisch, da XML zurzeit nur interpretiert werden
kann und dies erfahrungsgemäß, wie bei allen Interpretern, inperformant ist.
Neben dem interpretativen Charakter hat das „Late Binding" zur Folge, dass
die Datenstrukturen erst zum Ausführungszeitpunkt bekannt sind. Besonders
unangenehm ist dies in Sprachen, welche nicht dynamisch Speicherplatz al-
lokieren können, da jetzt eine maximale Größe der XML-Struktur a priori
vorgesehen werden muss. Im Zusammenhang mit Bussystemen, ein Grundlage vieler heute schon vorhandenen EAI-Implementierungen (s. Abschn. 4.13),
führt dies zum Transfer sehr großer, aber faktisch leerer Datenmengen. Bei
den Webservices handelt es sich um eine der möglichen Implementierungsformen einer SOA, jedoch sind auch andere Formen möglich. Umgekehrt gilt
dasselbe: Einige der heute existenten Webserviceimplementierungen sind im
Grunde keine SOA, sondern eine Form des RPCs[37].

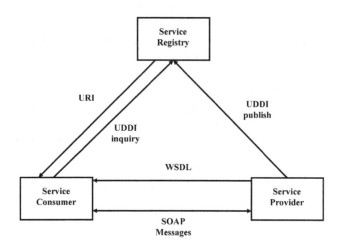

Abb. 4.13: Die drei Rollen bei den Webservices

4.12.1 Servicemodell

Eine Webservicearchitektur basiert wie jede andere Service Oriented Architecture auf den Wechselwirkungen zwischen drei verschiedenen Beteiligten, dem
Service Provider, auch Server genannt, dem Service Requestor, auch Client
oder Consumer genannt, und dem Service Registry (s. Abb. 4.13).

---

[37] Remote Procedure Call

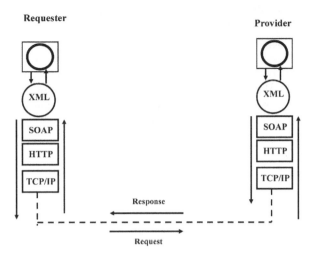

Abb. 4.14: Kommunikation der Webservices via SOAP

Der Service Provider stellt die einzelnen Webservices zur Verfügung und publiziert ihre Eigenschaften via UDDI (s. Abschn. 4.12.4) und WSDL (s. Abschn. 4.12.6) im Service Registry. Der Service Requestor wiederum findet seine gesuchten Services mit Hilfe der Sprache WSDL und der UDDI innerhalb des Service Registry und nutzt die dortigen Interfacedefinitionen, um sich gegen den Service Provider zu binden.

Die konkrete Nutzung der Webservices läuft dann transparent über das Netzwerk mit Hilfe von SOAP (s. Abschn. 4.12.3) zwischen dem Service Requestor und dem Service Provider (s. Abb. 4.14).

Im Rahmen von Legacysystemen ist eine der größten Herausforderungen, die Gemeinsamkeiten verschiedener Anforderungen auf der einen Seite und die Gemeinsamkeiten der jeweiligen vorhandenen Implementation auf der anderen Seite zu isolieren. So werden sukzessiv Funktionalitäten isoliert und dann, meistens per Wrapper, als Webservices allen zur Verfügung gestellt. So entsteht, langfristig gesehen, ein lose gekoppeltes System aus Webservices. Obwohl im Vergleich zum ursprünglichen Legacysystem der einzelne Webservice relativ klein ist, hat das Gesamtsystem eine recht hohe Komplexität.

Aber nicht nur die Software an sich wird davon betroffen sein, auch organisatorische Fragen werden durch die Webservices berührt:

- Wem gehören die Daten?
- Wem gehört der Code?
- Wer hat die Verantwortung für welchen Webservice?
- Wie funktionieren die Service Level Agreements?

Insgesamt betrachtet ist auch der technische Overhead zurzeit nicht besonders gering. Auf Grund der Eigenschaft, dass XML stets interpretiert werden muss, dürfte die Performanz etwa einen Faktor 10 bis 100 langsamer sein als eine vergleichbare direkte Koppelung[38], bei einem Transport über öffentliche Netze kommt noch ein zusätzlicher Overhead auf Grund der notwendigen Verschlüsselung hinzu.

Die Webservices alleine lösen nicht das Alignmentproblem, im Gegenteil, sie können es sogar noch verschlimmern, aber sie bieten einen möglichen Startpunkt, um damit alte Strukturen aufzulösen und neu zu erzeugen. Die unbedingt notwendige organisatorische Veränderung, der eigentlich schwere Teil, kann von den Webservices nicht geleistet werden.

4.12.2 Services

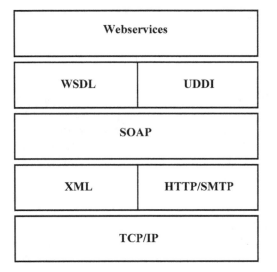

Abb. 4.15: Der Webservice-Protokollstack

Im Vergleich zu den mehr allgemein orientierten Komponenten sind die Webservices ein spezieller Fall, denn hierunter versteht man lose gekoppelte, ausführbare Applikationen, welche dynamisch über ein TCP/IP-Protokoll eingebunden werden. Aus einer anderen Perspektive beurteilt, sind Webservices eine mögliche Implementierungsform von einer Service Oriented Architecture (s. Abschn. 4.11). Um die Definition zu vervollständigen, beschränken sich die Webservices auf folgende Konstellation:

Ein Webservice ist eine Server-Applikation, die über das XML-Protokoll SOAP mit seinen Clients kommuniziert.

---

[38] Eine direkte Koppelung hat den Nachteil, dass sie sich nachträglich nur schwer ändern lässt.

Die offizielle Definition von Webservices ist laut dem World Wide Web Consortium[39]:

... software application identified by a URI, whose interfaces and binding are capable of being defined, described and discovered by XML artifacts and supports direct interactions with other software applications using XML based messages via Internet based protocols.

Webservices haben keine eigenen Benutzeroberflächen, mit der Folge, dass solche Benutzeroberflächen durch andere Mechanismen erst gebaut werden müssen. Daraus resultiert eine geringe Sichtbarkeit der Webservices für die Endbenutzer, da die Endbenutzer Software direkt nur durch die Benutzeroberflächen erleben[40].

Welche Voraussetzungen an Technik auf der Protokollebene sind für die Webservices notwendig?

Obwohl Webservices auf Standardprotokollen aufbauen, brauchen sie eine gewisse Menge von Voraussetzungen. Diese Voraussetzungen bauen systematisch aufeinander auf; dies ist der so genannte Webservice-Protokollstack (s. Abb. 4.15). Der Webservice-Protokollstack braucht, von unten nach oben betrachtet:

- TCP/IP – Diese logische Basisverbindung stellt das Rückgrat jeder Kommunikation im Webservice-Umfeld dar.
- XML – Die Protokollsprache XML dient zum Nachrichtenaustausch der einzelnen Webservice-Aufrufe.
- HTTP – Das HTTP nutzt das TCP/IP als darunter liegendes Transportprotokoll. Durch SOAP wird HTTP sowohl für den Aufruf sowie den Austausch der XML-Dateien beziehungsweise XML-Datenströme genutzt.
- SOAP – s. Abschn. 4.12.3.
- UDDI – s. Abschn. 4.12.4.
- WSDL – s. Abschn. 4.12.6.

Aufbauend auf diesem Protokollstack werden die einzelnen Webservices implementiert. Interessanterweise sind die Teile TCP/IP, HTTP, XML und SOAP so weit verbreitet, dass sie in vielen Bereichen den heutigen De-facto-Standard darstellen. Im Fall von TCP/IP ist der Übergang zur Hardware in Form von embedded Chips auf den Netzwerkkarten heute schon fließend[41].

Obwohl es in dem Bereich der komponentenbasierten Architekturen schon eine lange Erfahrung gibt, ist das wirklich Neue an den Webservices ihre lose Koppelung. Hierin unterscheiden sie sich drastisch von traditionellen Kom-

---

[39] s. Fußnote S. 177

[40] ...oder durch Fehlersituationen, welche von einer Benutzeroberfläche in einer mehr oder minder hilflosen Art vermittelt werden.

[41] Ein Phänomen, welches als Sedimentation bezeichnet wird (s. S. 249).

ponentenarchitekturen, wie beispielsweise CORBA[42]. Die zweite interessante Linie, die es zu betrachten lohnt, ist die der EAI (s. Abschn. 4.13). Diese ist im Vergleich zu Webservices nicht so erfolgreich, da die Investitionsvoraussetzungen für eine EAI sehr viel höher sind als für die Webservices. Aus technischer Sicht erzeugt eine EAI keine flexiblen generischen Interfaces, welche eine ideale Voraussetzung für Wiederverwendung darstellen. Mittelfristig wird es zu einer gewissen Koexistenz zwischen beiden Techniken kommen, mit der EAI innerhalb eines Subsystems und den Webservices innerhalb des Intra- und Internets.

Auch die großen monolithischen Legacysysteme können von den Webservices genutzt werden. In diesem Fall erhalten die Legacysysteme zusätzliche Interfaces neben ihren bestehenden Strukturen, die Teile ihrer monolithischen Funktionalität als Webservices zur Verfügung stellen. Dieses Vorgehen ist recht kostengünstig und schnell zu bewerkstelligen. Dieser Trend lässt sich gut daran ablesen, dass heute alle großen ERP- und CRM-Hersteller schon SOAP-Interfaces für ihre Software besitzen oder dies zumindest angekündigt haben.

Im obigen Sinne sind Webservices Geschäftsprozessimplementierungen, welche im Internet über wohldefinierte Interfaces sowie über standardisierte Internetprotokolle zur Verfügung stehen. Diese Webservices erlauben es einer Organisation, ihre Dienstleistungen einer großen Anzahl von Nutzern, nicht nur intern, sondern auch extern, zur Verfügung zu stellen. Durch die Nutzung von standardisierten Internetprotokollen geschieht dies in einer einfachen und recht effektiven Art und Weise.

Obwohl eine Reihe von verschiedenen Internetprotokollen existiert, hat sich XML als der De-facto-Standard für die Webservices herauskristallisiert. Das XML spielt die zentrale Rolle in den Bereichen der Definition, Implementierung und Ausführung der Webservices.

Historisch gesehen ist die Idee der Webservices nicht neu, da schon das ältere CORBA ähnliche Mechanismen unterstützt hat. Was aber bei den Webservices neu ist, ist die Einfachheit und Effektivität der Nutzung und der Gebrauch von standardisierten Internetprotokollen. Die Webservices basieren vollständig auf XML und dem plattformunabhängigen SOAP-Protokoll, Abschn. 4.12.3. Genauso wie HTML sind Webservices sehr einfach zu nutzen und hochflexibel. Sie sind einfach und gleichzeitig universell genug, damit sie von einer großen Gemeinde genutzt werden können. Diese Einfachheit hat sie so populär gemacht, dass sie schneller ein De-facto-Standard wurden als es ihrem eigentlichen Reifegrad entsprach. Zwar gelten Webservices als Standard, ihre Verbreitung, das heißt, die Zahl der tatsächlich implementierten Webservices, ist jedoch eher gering. Insofern sollte man zurzeit eher von einem Webser-

---

[42] Im Fall von dynamischem CORBA ist eine lose Koppelung möglich, allerdings wird in der Praxis dynamisches CORBA äußerst selten eingesetzt, zumindest nicht flächendeckend.

vicehype[43] sprechen (s. Abb. 4.16). Die bisher implementierten Webservices bieten keinerlei komplexe fachliche Funktionalitäten an. Sie stellen in den meisten Fällen eher eine Form der Machbarkeitsstudie dar.

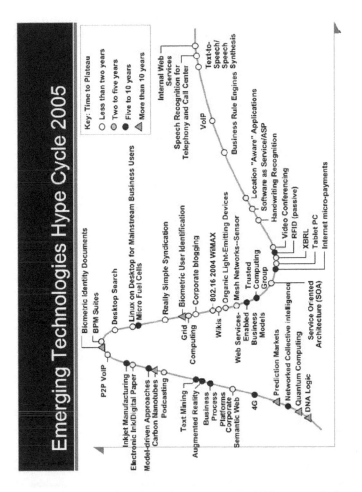

Abb. 4.16: Der Hypecycle für Technologien. Interne Webservices haben mehr den Charakter von RPC. ©GartnerGroup

Die Implementierung von Webservices folgt zwei verschiedenen Stilen:

• dokumentenbasiert – Bei dieser Variante der Implementierung steht der Austausch großer XML-Dokumente im Vordergrund. Starke Asynchronität

---

[43] Solche Hypecycles werden unter Softwareentwicklern auch „Schweinezyklen" genannt.

und ein hoher Anteil an statischer Information mit sehr großen Bytemengen pro Serviceaufruf kennzeichnen diesen Stil. Organisationen mit einer heute schon existierenden großen *Lotus-Notes*-Basis wählen gerne diese Variante.

- RPC-basiert – Der RPC-basierte Stil ist sehr ähnlich dem CORBA, DCOM und RMI. Hierbei ist die einzelne Bytemenge je Serviceaufruf im Vergleich zum dokumentenbasierten Stil eher gering und die Funktionalität steht im Vordergrund, was zu einer recht feinen Granularität bei den Webservices führt.

Ganze Bereiche der klassischen Softwaretechnologie, wie beispielsweise Transaktionssicherheit oder 2-Phase-Commit, sind heute noch, im Rahmen von Webservices, ungeklärt. Die Einführung von Transaktionen in Webservices hat spezielle Charakteristika. Die Webservices brauchen langlebige, zum Teil beliebig lang andauernde und komplexe Transaktionen. Die Ausführung einer Webservicetransaktion kann Tage, ja sogar Wochen dauern. Solche Typen von Transaktionen werden oft als Geschäftsprozesstransaktionen oder als Transactional Workflow bezeichnet. Das Ergebnis der Transaktion muss innerhalb eines Workflows nicht beendet sein, was den Service recht komplex macht. Im Bereich der Transaktionen zeigt sich die Reife von CORBA, da hier die einzelnen Infrastrukturteile schon vorhanden sind. Gleichzeitig wird aber der Nachteil der Proprietät[44] von CORBA offensichtlich. Im Vergleich zu den EAI-Systemen fehlen den heutigen Webservices sehr viele Funktionalitäten in den Infrastruktur- und Managementbereichen.

Die Einführung eines Webservice-Registers ermöglicht die rasche Nutzung jenseits eines simplen RPC-Services. Im Gegensatz zu Komponenten in einem Application Server sind die Webservices relativ grob-granular und selfcontained, das heißt, sie nutzen keine klassischen Interfaceerweiterungsmechanismen. In diesem Umfeld ist der Ablauf einer Sitzung relativ einfach:

1. Durchsuchen des Webservice-Registers
2. Einbinden des gesuchten Webservices
3. Aufruf des Webservices
4. Antwort des Webservices auswerten
5. Ende der Verbindung

Bei dieser einfachen Struktur ist es unwahrscheinlich, dass eine komplexe Clientapplikation einzig aus Webservices aufgebaut werden kann, obwohl es durchaus sinnvoll sein kann, innerhalb einer Applikation mehrere Webservices zu nutzen. Die recht lose Koppelung der Webservices untereinander behindert die Entwicklung völlig neuer Geschäftsprozesse auf Grundlage der

---

[44] Diese Proprietät ist auch der Grund, warum sich CORBA trotz seiner „hervorragenden" Eigenschaften nicht auf breiter Front durchsetzen konnte. Die einzelnen Hersteller für die CORBA-Infrastruktur hatten keinerlei Interesse an echter, das heißt übergreifender Kompatibilität.

Webservices, da die Prozesse in aller Regel stark zustandsbehaftete Webservices benötigen.

Heutige Webservices sind in aller Regel nichts anderes als die Wiederverwendung bestehender Komponenten, welche meist in Form von COR-BA, COM (C++) oder Java vorliegen. Die dafür existierenden Werkzeuge beschäftigen sich primär mit der Syntax des Webservices und kaum mit der Semantik.[45] Damit die Webservices aber sinnvoll genutzt werden können, müssen sie sehr viel grobgranularer werden oder anders formuliert: Die Webservices müssen aus vielen einfachen Funktionen zusammengebaut werden. Im Kontext einer Organisation muss aus dem Webservice ein „Computational Business Service", ein automatischer Geschäftsprozess, (s. Anhang B.1) werden, da er ansonsten recht wenig Sinn macht.

4.12.3 SOAP

Das Simple Object Access Protocol, kurz SOAP genannt, ist ein einfaches Protokoll für den Austausch von Informationen in einer dezentralisierten, verteilten Softwareumgebung. Das SOAP-Protokoll basiert auf XML und wurde vom W3C-Konsortium verabschiedet.

In der heutigen Praxis existieren noch einige Probleme:

- Teilimplementierungen – Viele SOAP-Toolkits implementieren nur eine gewisse Untermenge der SOAP-Spezifikation, beziehungsweise der XML-Spezifikation.
- Optionalitäten – Ein Teil der SOAP-Spezifikation ist optional, beispielsweise die Typeninformation für die encodierten Parameter. Dieser optionale Unterschied zwischen unterschiedlichen Implementierungen kann sich zu einer großen Inkompatibilität ausweiten.

Damit, speziell im heterogenen Umfeld, die Interoperabilität sichergestellt werden kann, ist für die Integration von einer Applikation zu einer anderen ein Protokoll nötig, welches Implementierungsdetails und Plattformabhängigkeiten negieren kann. Das zurzeit einfachste Protokoll für Integration und Interoperabilität ist SOAP. In der organisationsübergreifenden Kommunikation (B2B[46]) braucht jede Organisation nur eine Seite des SOAP-Channels, welcher die Verbindung aufrechterhält, zu implementieren. Eine typische SOAP-Kommunikation (s. Abb. 4.17) besteht aus folgenden Teilen:

- Webservice
- SOAP-Client – Der SOAP-Client ist eine Applikation, welche in der Lage ist, einen SOAP-Request an einen SOAP-Server via HTTP zu senden. Der SOAP-Request ist eine mögliche Form der Nachrichten, die andere Form, der SOAP-Response, wird vom SOAP-Server zurückgesandt.

---

[45] Wir befinden uns heute bei den Webservices in einem Zeitalter zwischen einer Art „Machine Centric"- und „Application Centric Computing"-Ära (s. S. 8).

[46] Business to Business

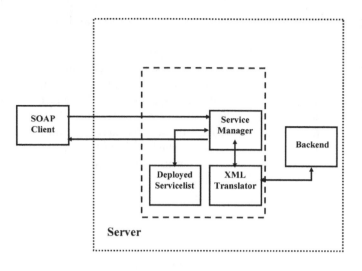

Abb. 4.17: Kommunikation mit SOAP

- SOAP-Server – Der SOAP-Server ist auch eine Applikation, welche in der Lage ist, auf einen Request zu reagieren. Auf den ursprünglichen Request schickt der Server den SOAP-Response. Der SOAP-Server braucht drei verschiedene Teile:
    - Service-Manager – Der Service-Manager ist verantwortlich für das Management der Services gegen die Requests. Er liest den Request und ermittelt, ob der Service bei ihm vorhanden ist. Hierzu wird die Deployed Service List benötigt. Falls der Service vom Server tatsächlich zur Verfügung gestellt wird, nutzt der Server den XML-Translator, um die Nachricht für die konkrete Applikation zugänglich zu machen. Die Antwort des Service wird wiederum vom XML-Translator gekapselt und im Rahmen einer SOAP-Response dem Client als XML-Dokument übermittelt.
    - Deployed Service List – Diese Liste enthält die momentanen Services, die zur Verfügung stehen.
    - XML-Translator

Obwohl dieses Protokoll relativ einfach strukturiert ist, ist es gerade diese Einfachheit, welche das SOAP so erfolgreich macht. SOAP als Protokoll hat noch eine zweite interessante Eigenschaft: Es lässt sich auch asynchron, so zum Beispiel via E-Mail, nutzen. Obwohl die Asynchronität zurzeit nur sehr selten genutzt wird, kann sie sich im Zusammenhang mit dem Einsatz von Legacysystemen und mobilen Applikationen als sehr nützlich erweisen.

Die Eigenschaft von SOAP, zustandslos zu sein, hat zur Konsequenz, dass es einfacher zu verwenden und schneller zu implementieren ist als ein vergleichbares zustandsbehaftetes Protokoll. Das weit verbreitete Vorurteil, dass

zustandslose Services besser skalieren als zustandsbehaftete Services, ist, wenn
überhaupt, nur für sehr einfache Services gültig. Services wie Time Server oder
ähnlich gelagerte, welche memoryresident ohne Plattenzugriff oder Transaktionen auskommen, sind skalierbar. Bei allen anderen Services, und das sind
im Allgemeinen die meisten geschäftsrelevanten Vorgänge, spielen komplexe
Algorithmen oder Datenbankzugriffe eine Rolle, so dass die vorgebliche Zustandslosigkeit der SOAP-Implementierung irrelevant geworden beziehungsweise die Skalierbarkeit aufgehoben, ist.[47] Aber aus dieser Zustandslosigkeit
erwachsen auch einige Nachteile. Auf Dauer ist ein zustandsloses Protokoll
sehr unpraktisch, da wichtige Elemente wie Transaktionsverhalten oder Parallelität nur sehr schwierig in einem zustandslosen Protokoll implementiert
werden können.

Die Aktualität und Zugkraft von SOAP lässt sich auch daraus ableiten, dass es mittlerweile einige Organisationen gibt, welche ihre CORBA-
Applikationen auf Webservices via SOAP abbilden. Dies ist relativ einfach,
da die dem CORBA zugrunde liegende IDL, die Interface Definition Language, sich recht gut nach WSDL abbilden lässt. Das so entstehende System
kanalisiert mit Hilfe eines Gateways die SOAP-Aufrufe in ein vorhandenes
CORBA-Legacysystem.

Die nahtlose dynamische Integration ist im Fall von Java leider nicht so
einfach möglich. Dies liegt darin begründet, dass heutige Webservices und
SOAP-Toolkits nicht in der Lage sind, beliebige komplexe Datentypen zu
handhaben. Hintergrund hierfür ist die Tatsache, dass SOAP nach dem Unmarshalling[48] eine einfache Zeichenkette (in Java ein Stringobjekt) darstellt,
welche in Java erst auf ein komplexes Objekt „gecastet" werden muss. Dies
ist allerdings nur dann möglich, wenn die zugehörige Klasse in Java das Se-
rializable Interface implementiert hat. Ironischerweise generieren die meisten
Toolkits genau diese Klassen für die statischen Aufrufe, was wiederum der
Idee der dynamischen Koppelung widerspricht.

4.12.4 UDDI

Die Abkürzung UDDI steht für **U**niversal **D**escription, **D**iscovery and **In**-
tegration. Das UDDI versucht, die Interoperabilität und Verfügbarkeit von
Webservices zu verstärken. Mit dem UDDI wird das spezifische Problem des
Auffindens von Services adressiert: Wie werden nämlich Services im Internet
gefunden und genutzt, wobei das konkrete Interface des jeweiligen Service
durchaus sehr unterschiedlich aussehen kann? Auf Grund des dynamischen
Charakters von UDDI werden die Webservices für alle Requestoren zum jeweiligen erwünschten Zeitpunkt zur Verfügung gestellt. Außerdem ermöglicht
UDDI die Vergleichbarkeit konkurrierender Webservices, beispielsweise in Bezug auf Preis und Leistungsfähigkeit.

---

[47] Mathematisch gesehen handelt es sich um eine m/m/1-Queue.
[48] Marshalling ist das „Einpacken", Unmarshalling das „Auspacken" von Daten.

Das UDDI basiert inhaltlich auf SOAP und XML. Genauer gesagt, baut UDDI auf einer Netzwerktransportschicht und einer SOAP-basierten XML-Nachrichtenschicht auf. Die Nutzung von WSDL als Interface-Definitionssprache für die einzelnen Webservices, welche mit Hilfe von UDDI publiziert werden, ermöglicht einen hohen Grad an Austauschbarkeit.

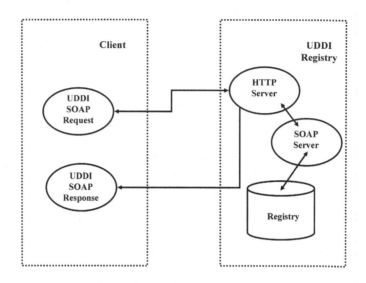

Abb. 4.18: Nachrichtenfluss in UDDI

Das UDDI ist eine Registry[49], welche die zugänglichen Definitionen von Serviceprovidern und den von ihnen angebotenen Webservices besitzt. Außerdem sind branchenspezifische Informationen in Form einer Taxonomie enthalten. Das zusätzliche Business Identification System macht die Auffindung der einzelnen Organisationen leichter. Das UDDI gibt ein Programmiermodell und Schema für die Kommunikation mit der Registry vor (s. Abb. 4.18). Alle Schnittstellen in der UDDI-Spezifikation wurden in XML definiert, welche in eine SOAP-Nachricht eingebettet ist und als Basistransportschicht das HTTP nutzt.

Bevor die UDDI-Registry von einzelnen Webservice-Providern programmatisch bestückt werden kann, muss sie mit den branchenspezifischen, technischen Modellen, den so genannten *tModels*, bestückt werden. Die tModels enthalten die branchenspezifische Semantik der Datenelemente und bilden jeweils eine Taxonomie. Wenn die tModels vorhanden sind, kann ein Webservice-Provider seine Organisation, die er vertritt, und die Webservices, welche von ihm angeboten werden, innerhalb eines technischen Modells registrieren lassen. Jeder Webservice erhält einen **U**nique **U**niversal **Id**entifier, UUID, wel-

---
[49] So ähnlich wie die Windows-Registry.

cher während der gesamten Lebenszeit des Webservices konstant bleibt. Die
Webservice-Clients durchsuchen nun die Registry nach bestimmten gewünschten Webservices. Jeder UDDI-Webservice-Eintrag enthält Informationen über:

- tModel – Technische Modelle, tModels, denen der Webservice zugeordnet
  ist.
- Provider – Den jeweiligen Provider mit Name, Adresse, Kontaktadresse
  und neutralen Merkmalen.
- Taxonomie – Die Webservices des jeweiligen Providers, die nach verschiedenen Taxonomien zugeordnet werden können, so beispielsweise ISO-3166-
  2 für geographische Taxonomien.
- Webservice-Bindings – Die Frage danach, wie der Webservice genutzt werden kann, das heißt, die technische Spezifikation zu Aufruf und Nutzung
  des Webservices inklusive der URL, die anzusteuern ist.

4.12.5 Taxonomie

Die durch die Webservices entstehenden Taxonomien bedürfen einer speziellen
Betrachtung, denn sie müssen gleichzeitig als Bindeglied zwischen Menschen
und den beteiligten IT-Systemen dienen. Diese neu entstehenden Taxonomi-
en müssen hierarchisch organisiert sein, da sie die großen Komplexitäten des
Geschäftslebens abbilden können müssen. Analog zu den biologischen Taxonomien werden sich hier in der Zukunft mehrere Taxonomien parallel ausbilden,
obwohl man anmerken muss, dass es bis heute noch keine einzige allgemein
anerkannte Webservicetaxonomie gibt. Idealerweise sind diese Taxonomien orthogonal zueinander. Diese unterschiedlichen Taxonomien werden verschiedene Aspekte des Service-Verhaltens klassifizieren. Die Folge dieses Konstrukts
ist, dass die einzelnen Webservices sich mehrfach an unterschiedlichen Stellen
registrieren lassen müssen, um ein hohes Maß an Aufrufbarkeit zu erreichen.
Zwar wird auf Dauer eine gewisse Konvergenz der Taxonomien entstehen,
aber da sich die Webservices selbst relativ rasch ändern dürften, existiert in
der Taxonomie beziehungsweise in jeder Registry eine permanente Fluktuation. Die mittlere Lebensdauer eines Webservice lässt sich heute noch schwer
einschätzen, aber als Richtwert kann eine Lebensdauer von wenigen Monaten
dienen. Nimmt man an, dass sich eine durchschnittliche Applikation in 10 -
100 Webservices zerlegen lässt und, dass eine solche Applikation eine Lebensdauer von 5 Jahren hat, so ergibt sich der Schätzwert von wenigen Monaten.
Diese kurze Lebensdauer kombiniert mit einer Gesamtanzahl von mehreren
1000 resultiert in einer hohen Fluktuation, ca. 30 Veränderungen pro Tag,
innerhalb der Registry wie auch den Taxonomien.

Solche Taxonomien sind nur dann sinnvoll verwendbar, wenn sie von einem
Menschen verwaltet und aufgesetzt werden, um den semantischen Kontext
der beteiligten Webservices reflektieren zu können. Jede entstehende Kategorie muss die Semantik ihrer enthaltenen Webservices definieren und jeder
Webservice innerhalb einer Kategorie muss dieselbe Semantik implementieren;
die Webservices werden sich letztlich nach folgenden Größen differenzieren:

- Geschwindigkeit
- Preis
- Zuverlässigkeit

Eine solche semantische Beschreibung muss für einen Menschen verständlich und gleichzeitig für einen softwaregestützten Parser syntaktisch interpretierbar sein. Die einzelnen Kategorien müssen ein einfaches oder multiples Vererbungsschema besitzen, welches wiederum ein Spiegelbild der Geschäftswelt ist. Die darin enthaltenen Services werden daher in aller Regel zu mehreren Kategorien gehören müssen.

4.12.6 WSDL

Die Web Services Definition Language, WSDL, ist eine Spezifikationssprache für die netzwerkbasierten XML-Services. Es existierte zwar auch einmal ein *Microsoft*-Vorschlag mit dem Namen **Disco**very of Web Services, DISCO, welcher aber nie an Gewicht außerhalb von *Microsoft* gewann und interessanterweise noch nicht einmal in die .NET-Strategie aufgenommen wurde. Die WSDL ist ein notwendiger Bestandteil für die Infrastruktur von Webservices. Sie ermöglicht es Webservice-Providern, ihre eigenen Webservices unabhängig von dem darunter liegenden Protokoll zu beschreiben. De facto handelt es sich aber bei dem Protokoll immer um SOAP. Die WSDL ist eines der Schlüsselelemente für das UDDI, da ohne eine klare Interface Definition Language Webservices nicht sinnvoll zu publizieren sind. Die WSDL benutzt selbst wiederum die Sprache XML, um ihre Definitionen des Webservices an potentielle Requestoren übertragen zu können. Neben dem Namen der Datentypen wird auch der Portname, das heißt der logische Port des Servers, an den Requestor übertragen.

4.12.7 Prozesstopologien

Wenn ein Geschäftsprozess mehr als zwei Organisationen betrifft, kann er durch einen oder mehrere Webservices abgebildet werden. Dabei werden die verschiedenen Webservices zu einem gemeinsamen Ablauf komponiert. In einer Peer-to-Peer-Struktur ist der zusammengesetzte Geschäftsprozess implizit durch die Flüsse der Teilprozesse und die Wechselwirkung der öffentlichen Schnittstellen der Beteiligten gegeben. Offensichtlich kann die Synchronisation zwischen den Beteiligten nur auf Grund einer Übereinkunft aller Beteiligten stattfinden. Eine solche Übereinkunft stellt ein Service Level Agreement dar. Eine solche Peer-to-Peer-Struktur eignet sich besonders gut für die Beschreibung dynamischer Kollaborationen wie in einem virtuellen Enterprise (s. S. 211), die potentiellen Partner definieren ihre jeweiligen Beiträge zum Gesamtprozess wie auch ihre Voraussetzungen, damit sie überhaupt ihre Services durchführen können. Die konkrete Ausführung wird dann von den jeweiligen Gegebenheiten bestimmt. In den meisten Fällen ist es jedoch besser,

den Geschäftsprozess als hierarchische Zerlegung in Teilprozesse und diese als
Instanzen von Webservices zu begreifen. Eine solche Ad-hoc-Hierarchie bedeutet nicht, dass der Geschäftsprozess tatsächlich einen Eigentümer hat, was
oftmals gar nicht entscheidbar ist.

4.12.8 Webservicemanagement

Damit man überhaupt in der Lage ist Webservices einzusetzen, müssen diese
Webservices auch administriert werden. Aber nicht nur die Fragen der Rollen und Rechte im Umfeld von Webservices erweisen sich als problematisch,
auch ihre Lebenszyklen und ihre jeweilige Evolution müssen gesteuert werden.
Das Management von Webservices wird auf Grund von folgenden Punkten erschwert:

- Dynamik – Die Webservices werden erst zur Laufzeit dynamisch eingebunden und aufgerufen. So gut dieses Prinzip auch ist, klassische Mechanismen
  wie beispielsweise ein Linkage Editor, um die Konsequenz des Interfaces
  im Vorfeld zu überprüfen, funktionieren hier nicht. Außerdem ist unklar,
  auf welcher Plattform der konkrete Webservice abläuft.
- Organisationsgrenze – Die Webservices können ohne Schwierigkeiten die
  engen Grenzen einer Organisation verlassen; ob nachfolgende Invokation
  oder Folgeverarbeitung dann noch möglich ist, kann nicht mehr organisatorisch erzwungen werden. Daher muss man in der Lage sein, das Management von Webservices auch von außen zu ermöglichen.
- Publishing – Die Veröffentlichung von Webservices muss bewusst gesteuert
  werden.
- Koppelung – Die lose Koppelung der Webservices erlaubt es, sie weit zu
  streuen und damit viele Abnehmer zu haben.

Das Management von Webservices muss daher, zumindest für den Einsatz,
folgende Punkte berücksichtigen:

- Service-Management-Interfaces – Das Interface für den Business-Service
  ist von dem Management-Interface getrennt. Damit dies möglich ist, sollte
  das Management Interface für den Webservice separat von dem Business-
  Service-Interface publiziert und eventuell gebunden werden. Die Existenz
  eines solchen separaten Interfaces erlaubt es Managementwerkzeugen, di-
  rekt die Webservices zu nutzen.
- Run-Time-Data-Collection – Der Webservice sammelt, während er läuft,
  Daten über das momentane Verhalten. Dazu gehören Daten wie:
  – Zahl der Aufrufe
  – Zahl und Güte der Ausnahmen und Fehler[50]
  – verbrauchte CPU-Zeit
  – Ereignisse im Lebenszyklus

---

[50] Ein Webservice muss sehr fehlertolerant sein, da er keine Annahmen über den
Nutzer machen kann.

- Event-Collection – Im Rahmen der Event-Collection werden Ereignisse der Webservices aufgesammelt, welche dann zu einem Collector-Webservice gesandt werden.

Neben solchen technisch orientierten Aspekten müssen Webservices beziehungsweise ihr Management auch organisatorisch eingebunden werden. Dies kann nicht spontan, quasi als Deus-ex-machina, geschehen, sondern durchläuft eine Form der Technologieadaption. Die Adaption von Webservices in einer Organisation durchläuft mehrere Stadien:

- initiales Stadium – Das initiale Stadium ist geprägt von dem Bedürfnis, Interfaces auf eine geschickte Art und Weise miteinander zu koppeln. Der EAI-Gedanke (s. Abschn. 4.13) steht hierbei im Vordergrund. Die Webservices ermöglichen ein einfaches standardisiertes Austauschprotokoll für genau diese Problemstellung der Verknüpfung proprietärer Schnittstellen. Außerdem können soft- wie auch hardwaretechnische Plattformspezifika hinter den Webservices versteckt werden.
- zweites Stadium – Im zweiten Stadium werden bestehende Applikationen, meistens Legacysoftwaresysteme, „webservice-enabled". Die Anforderungen der Applikationsintegration treiben den Einsatz der Webservices noch weiter. Aber auch bestehende browserbasierende Applikationen werden auf dieser technischen Basis eingebunden.
- drittes Stadium – Die Erzeugung allgemein zugänglicher Businessservices ist die Zielsetzung hinter diesem Stadium, es beginnt der Einsatz der Semantik, nachdem die grundlegende Technik in den vorhergehenden Stadien geklärt wurde. Die hier angesprochenen Services sind automatisierte Businessservices, welche die Organisation im Zweifelsfalle auch nach außen delegieren kann. Die Webservices in diesem Stadium – vermutlich werden diese hauptsächlich einfache Transaktionen ausführen – besitzen hauptsächlich programmatische Interfaces zu ihrer Nutzung.
- finales Stadium – Im Endstadium hat die Organisation den Zustand einer SOA erreicht mit der Folge, dass die meisten neuen Applikationen aus bestehenden Webservices zusammengebaut werden können.[51]

4.12.9 BPEL4WS

Die „**B**usiness **P**rocess **E**xecution **L**anguage **for** **W**eb **S**ervices[52]" ist eine Sprache, die es ermöglicht, Geschäftsprozesse durchzuführen und dabei eine Reihe von Webservices zu nutzen. BPEL4WS ist eine gemeinsame[53] Sprachdefinition von *BEA*, *IBM* und *Microsoft*. Vernünftig eingesetzt kann die BPEL4WS zugleich als eine Implementierungsprache für die ausführbaren Prozesse und als Definitionssprache für nichtausführbare Protokolle dienen. Die BPEL4WS definiert außer einem Modell auch eine Grammatik für

---

[51] Ein Spezialfall der Bricolage (s. S. 268).
[52] BPEL4WS
[53] s. S. 177

die Wechselwirkung verschiedener Webservices innerhalb eines Geschäftsprozesses unter Berücksichtigung der möglichen Zustände der Objekte sowie der erforderlichen Koordination zwischen den Services. Interaktionen zwischen den am Geschäftsprozess beteiligten Partnern geschehen mit Hilfe von Webserviceinterfaces, definiert in WSDL. Innerhalb der BPEL4WS lassen sich auch Ausnahmen und Ablauffehler behandeln. Das Ergebnis einer BPEL4WS-Modellierung eines Geschäftsprozesses ist ein zusammengesetzter Webservice, der wiederum als Webservice allen zur Verfügung steht.

4.13 Enterprise Application Integration

Die beiden Begriffe **E**nterprise **A**pplication **I**ntegration, EAI, und E-Business werden oft miteinander verwechselt, obwohl diese beiden nicht miteinander verwandt und im Grunde völlig unabhängig voneinander sind. Allerdings ist die EAI im elektronischen Handel sehr wichtig, da die Integration bestehender Applikationen im Vergleich zur Neuentwicklung die preisgünstigere Variante ist. Erst durch die Geschäftsprozessintegration auf fachlicher Ebene wird E-Business sinnvoll. Generell gilt, dass die EAI immer dann zum Einsatz kommt, wenn Legacysysteme integriert oder ausgeweitet werden müssen. Die Zielsetzung hinter der EAI ist es stets, die beteiligten Applikationen möglichst lose und idealerweise ohne gegenseitige Abhängigkeiten miteinander zu verbinden, außerdem wird stets versucht, alle „zentralen" Applikationen über die EAI miteinander zu verbinden. Als Werkzeug beschäftigt sich die EAI daher mit den Integrationsprozessen von Softwaresystemen. Diese sind oft sehr heterogen aufgebaut und es bedarf spezieller Techniken, gemeinsame Integration zu bewerkstelligen.

Das Problem der EAI lässt sich in drei Ebenen aufteilen:

- Syntax
- Semantik
- Geschäftsprozesse

Es sollte aber nicht verkannt werden, dass die syntaktische Integration nur eine notwendige, aber nicht immer eine hinreichende Bedingung für eine mögliche semantische EAI ist, diese wiederum auch nur eine notwendige, aber nicht eine hinreichende für eine geschäftsprozessurale EAI ist. Bei virtuellen Enterprises[54] kommt mittlerweile neben der Fähigkeit zur Integration verschiedenster Organisationen auch die notwendige Fähigkeit zu Desintegration hinzu. Eine Organisation in einem virtuellen Enterprise, welches seine Verbindungen zu anderen nicht lösen[55] kann, ist genauso gefährdet wie eine Organisation, die überhaupt keine Integration vornehmen kann. Aber auch innerorganisatorisch im Bezug auf die Fragestellung des Outsourcing ist die Problematik der

---

[54] s. S. 211
[55] Auch Disengagement genannt.

Fähigkeit zur Desintegration sehr wichtig; dies steht im Widerspruch zur traditionellen Ansicht, dass nur Unternehmen mit starken Geschäftsbindungen und einer perfekten Integration überlebensfähig sind. Eine mangelnde Fähigkeit, sich aus einem Verband zum Ende eines virtuellen Enterprises zu lösen, resultiert in einer permanenten Verbindung, mit der Folge, dass die Organisationen auf Gedeih und Verderb aneinander geknüpft sind.

Die meisten traditionellen Ansätze, wie zum Beispiel EDIFACT oder DTA, definieren nur die Syntax und die Datentypen. Während die Integration auf technischer und syntaktischer Ebene heute weitgehend durch allgemein akzeptierte Standards gelöst ist, zum Beispiel CORBA oder MQ-Series, ist die semantische[56] und geschäftsprozessurale[57] Integration zum Teil noch ungelöst. Die syntaktische Integrationsebene lässt sich noch in zwei unterschiedliche Subebenen zerlegen:

- Plattformintegration – Diese Ebene ist notwendig, um die verschiedenen Hard- und Softwaresysteme direkt untereinander integrieren zu können.
- Middlewareintegration – Bei der Middlewareintegration handelt es sich um das Problem, wie verschiedene Protokolle miteinander kommunizieren beziehungsweise wie eine Applikation sich an die Middleware andocken kann.

Diese beiden möglichen Integrationsebenen definieren wiederum drei verschiedene Formen der EAI:

- Data Integration – Unter Datenintegration wird sowohl die Verbindung von verschiedenen Applikationen durch Datenaustausch sowie die gemeinsame Nutzung von Datenbanken durch verschiedene Applikationen verstanden. Primär beschäftigt sich die Datenintegration mit den strukturierten Daten, die formalisiert erfasst, verwaltet und verarbeitet werden. Das Kernproblem einer Datenintegration besteht darin, unterschiedliche Datenmodelle für unterschiedliche Applikationen transparent zu machen; dabei können unterschiedliche Typsysteme oder Beschränkungen in den Datentypen sehr hinderlich sein.
- Business Object Integration – Eine Integration über Geschäftsobjekte ist zwar wesentlich aufwändiger als eine reine Datenintegration, dafür aber sehr viel effektiver. Die Geschäftsobjektintegration erzwingt die Definition einheitlicher Objektmodelle für einzelne Geschäftsobjekte auf fachlicher Ebene. Ein Geschäftsobjekt wird dabei durch die Klasse, Interfaces und Exceptions beschrieben. Die zugrunde liegende Kommunikation ist meist ein höherwertiges Protokoll, wie zum Beispiel CORBA oder IDOC von *SAP*. Aber auch die Einführung kompletter Softwarepakete (s. Kap. 9) speziell die ERP-Systeme sind ein beliebter Integrationsträger ermöglicht eine Integration.

---

[56] XML ist hier der erste Schritt in diese Richtung.

[57] Die Taxonomien der Webservices sind ein möglicher Ansatz für eine pragmatische Integration.

- Business Process Integration – Die Integration von Geschäftsprozessen gestaltet den Workflow auf Geschäftsprozessebene. Die Steuerung der übergeordneten Geschäftsprozesslogik ist hier ein integrativer Bestandteil. Durch die Business Process Integration werden völlig separate, heterogene Applikationen innerhalb eines konkreten Geschäftsprozesses integriert, in dem Geschäftsprozessregeln für die Abwicklung der Geschäftsprozesse definiert werden. Diese Form der Integration verspricht den höchsten Mehrwert, da jetzt völlig neue Geschäftsprozesse und Abläufe auf Basis der vorhandenen Prozesse möglich werden.

Die EAI-Systeme bieten eine große Zahl an Services an, welche komplementär zu den Middlewareprodukten sind. Diese Services sind, wenn sie individuell betrachtet werden, üblicherweise relativ einfache Services. Erst durch ihr „synergistisches" Zusammenspiel[58] entsteht die Mächtigkeit eines EAI-Systems. Zu diesen Services zählen:

- Interface Services – Die Interface Services werden in den EAI-Systemen durch vorgefertigte Adaptoren geliefert. Die Nutzung solcher Adaptoren kann die Kosten für die Realisierung einzelner Interfaces drastisch reduzieren. Die Adaptoren bilden die Interfaces der einzelnen zu integrierenden Applikationen in das EAI-System auf das generische Interface des EAI-Systems ab. Die Komplexität des Interfaces mit seinen Daten und z.T. auch Funktionen wird in einer eigenen Softwareschicht gekapselt.
- Transformation Services – Die Transformationsservices erleichtern die Entwicklung von Regeln zur Transformation von Interfaces und Datenformaten, basierend auf der Semantik, dabei wird die Semantik einer Applikation in die Syntax einer anderen Applikation umgeformt. Die Transformationsservices ermöglichen die Definition und das Mapping von Business Objects.
- Business Process Services – Die Business Process Services ermöglichen es, Schnittstellen und Daten unterschiedlicher Applikationen miteinander zu verbinden und dabei eventuell zu transformieren. Die Business Process Services stellen dabei stets sicher, dass der Geschäftsprozess in seiner Abwicklung den definierten Geschäftsprozessregeln folgt. Der klassische Workflow, der eine verwandte Funktionalität besitzt, wird in der Regel meistens für den Präsentationsbereich beziehungsweise für kleinere Funktionen eingesetzt, nicht jedoch für komplette Geschäftsprozesse.

Diese Integration lässt sich relativ einfach auf virtuelle Enterprises oder extended Enterprises ausdehnen, von daher ist die wichtige Rolle von EAI im Umfeld des B2B-Sektors verständlich.

- Integration Services – Die Integration Services ermöglichen es, zusammen mit den Interface Services eine Integration auf Daten- oder Interface-Ebene bereitzustellen. Dabei können die Schnittstelle oder Daten auf unterschiedlichsten Applikationen, Betriebssystemen oder Hardwareplattformen im-

---

[58] Dies ist ein technisches Beispiel für die Emergenz in Systemen (s. Anhang A).

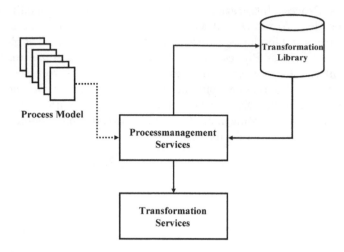

Abb. 4.19: Business Process Integration via Transformation

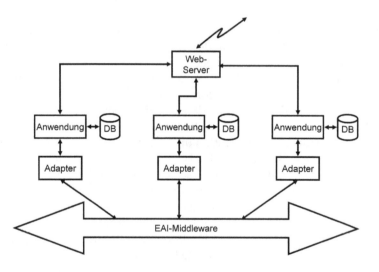

Abb. 4.20: Traditionelle EAI-Architektur

plementiert worden sein. Alle EAI-Systeme benutzen für solche Operationen die „klassischen" Middleware-Systeme, so zum Beispiel MQ-Series von *IBM* oder Tuxedo von *BEA*. Solche Integration Services stellen meist eine Reihe von Funktionalitäten zur Verfügung, die stark auf der technischen beziehungsweise infrastrukturellen Ebene angesiedelt sind.

- Interface Services – Die einzelnen Applikationen, unabhängig davon, ob es sich um Individual- oder Standardsoftware handelt, verwenden zur Kom-

munikation mit anderen Applikationen zumeist unterschiedliche Interface-
technologien.[59] Die Interface Services stellen ihrerseits eine Reihe von
Funktionen zur Verfügung, welche zur Lösung dieser Aufgabenstellung dienen.

- Transformation Services – Die Transformation Services sind der eigentliche
  Kern jedes EAI-Systems. Sie übernehmen die Daten von den Business Objects, transformieren sie auf andere Interfaces und rufen damit auch andere
  Business Objects auf. Für diese Transformation sind die Metadaten notwendig; diese werden von den Meta Data Services geliefert. Als langfristig
  besonders effektiv hat es sich herausgestellt, innerhalb des EAI-Systems
  ein kanonisches Format für die einzelnen Business Objects zu definieren.

Sowohl die bisher angesprochenen EAI-Systeme sowie die Webservices (s.
Abschn. 4.12) unterscheiden sich oberflächlich betrachtet zunächst kaum voneinander. Der Hauptunterschied liegt in dem Einsatz von Standardprotokollen
für die Kommunikation zwischen den einzelnen Applikationen im Falle der
Webservices gegenüber den proprietären Protokollen im EAI-Fall. Für den
praktischen Einsatz sind beide Ansätze jedoch nicht konkurrierender Natur,
im Gegenteil, sie ergänzen sich. Die EAI-Systeme decken mit ihrer Fähigkeit
zu Transaktionen und komplexen Objekt- beziehungsweise Prozesszuständen
die Anforderungen der internen Services sehr gut ab, während die Webservices sich auf Grund ihrer hohen Standardisierung und Flexibilität, wie auch
der Einfachheit ihrer Interfaces, für den überbetrieblichen Einsatz vorzüglich
eignen.

Die meisten Systeme, welche aus einem EAI-Ansatz heraus entstehen,
zeichnen sich durch eine sternförmige Topologie aus. Die Komplexität der
EAI-Systeme wird primär durch die Tatsache bestimmt, dass sie dazu dienen,
Legacysysteme zu integrieren.

Trotz aller technische Erfolge von EAI-Systemen: Der Nutzen lässt sich
noch verbessern. Beim Integrationsmanagement stehen nicht die technischen
Fragestellungen — welches Protokoll mit welchem Werkzeug auf welcher Datenbank –, sondern die Fragen der fachlichen Integration – wie sehen die
Domänenkonzepte aus und passen die Strategien zusammen – im Vordergrund. Hilfreich ist es hier, die EAI als Vehikel als eine Art „Enabler" zu
verstehen und entsprechend zu handeln. In seiner Funktion als Vehikel für
Veränderungen ist die EAI eine Vorläuferin der SOA.

4.14 Businesskomponenten

Das Pendant zu den logischen Serviceeinheiten (s. Abb. 4.2) auf der Softwa-
reseite sind die Businesskomponenten. Diese stellen softwaretechnisch wiederverwendbare Teile dar, welche auch in einem anderen Kontext als dem, in dem

---

[59] Die meisten COTS-Software-Hersteller wollen im Grunde nicht kompatibel (s.
Kap. 9) mit anderen Anbietern sein, da sie diese als Konkurrenz ansehen.

sie ursprünglich konzipiert wurden, ablauffähig sind. In der Vergangenheit sind alle Versuche, abstrakte Wiederverwendung domänen- und organisationsübergreifend zu nutzen, fast immer gescheitert, einzig die Einführung wiederverwendbarer technischer Klassenbibliotheken[60] auf dem niedrigsten Niveau hat sich als machbar erwiesen. Die Schwierigkeit scheint zu sein, dass die Distanz für erfolgreiche Wiederverwendung, wenn sie domänen- und organisationsübergreifend sein soll, einfach zu groß ist. Insofern sollte die Fähigkeit zur Wiederverwendung von Businesskomponenten „cum granum salis" gesehen werden.

Eine Businesskomponente ist eine Komponente, welche eine wohldefinierte Menge an Services in einer gegebenen Domäne zur Verfügung stellt.

Eine solche Businesskomponente braucht, damit sie einsatz- und wiederverwendungsfähig ist, sieben Dimensionen, innerhalb derer sie spezifiziert sein muss:

- Interface – Die Dimension Interface beschreibt auf technischer Ebene, wie die Businesskomponente aufgerufen werden kann. Dazu zählen, quasi auf der syntaktischen Ebene, neben der Signatur[61] der einzelnen Services auch die öffentlich sichtbaren Attribute und Konstanten, außerdem die möglichen Zustände und Fehlerzustände, die eine Instanz der Komponente produzieren kann. Neben diesen nutzbaren Teilen muss aber auch festgelegt werden, welche Services die spezifische Businesskomponente von anderen Komponenten nutzt und was sie von diesen anderen Services erwartet.
- Verhalten – In dieser Dimension wird das Verhalten aller Services, welche die Businesskomponente anbietet, beschrieben. Die Beschreibung des Verhaltens erhöht das Vertrauen in die Businesskomponente. Das Verhalten im Allgemeinen sowie im Fehlerfall wird hierbei eindeutig festgelegt. In gewisser Weise ist die Beschreibung des Verhaltens komplementär zur Beschreibung des Interfaces, da ein Verhalten ohne ein Interface nicht möglich ist. Außer dem Verhalten der Services, welche die Businesskomponente zur Verfügung stellt, muss auch das erwartete Verhalten der Services festgelegt werden, welche die spezifische Businesskomponente nutzt; es wird also auch festgelegt, was erwartet wird.
- Koordination – Nicht alle Komponenten werden wie die Webservices (s. Abschn. 4.12) zustandslos implementiert. Bei zustandsbehafteten Businesskomponenten müssen die einzelnen aufrufbaren Services in einer mehr oder minder definierten Reihenfolge aufgerufen werden. Die Beschreibung der Wechselwirkung zielt darauf ab, den Zusammenhang der einzelnen Services innerhalb einer Businesskomponente zu erläutern. Des Weiteren ermöglicht eine solche Beschreibung auch die komplexe Nutzung der Busi-

---

[60] So zum Beispiel die *Microsoft* Foundation Class, MFC, die *Roguewave*-Bibliotheken und die Java Foundation Class.

[61] Unter einer Signatur versteht man die Kombination aus dem Namen des Services und der Reihenfolge seiner Parameter, wobei nicht der Name des Parameters wichtig ist, sondern einzig sein Datentyp.

nesskomponente im Sinne einer Integration in andere, komplexere Businesskomponenten. Die Koordinationsbeschreibung gibt einen Teil der Information bezüglich des Verhaltens wieder, welches bei der Nutzung erwartet wird.

- Qualität – Die nichtfunktionalen Eigenschaften[62] der Komponente werden in der Qualitätsdimension festgehalten. Zu dieser Dimension gehören Größen wie:
  - Durchsatz
  - Latenzzeit
  - Error Recovery Time
  - Memoryfootprinting[63]
- Terminologie – Mit Hilfe der Terminologie wird jedes Domänenkonzept, welches durch die Businesskomponente implementiert, das heißt als Service angeboten wird, explizit definiert. Dieses Vorgehen erleichtert die Wiederverwendung auf fachlicher Ebene. Die produzierte Terminologie muss als Information letztlich in einer Taxonomie für die Services münden.
- Tätigkeit – Mit dieser Dimension wird beschrieben, in welchen Vorgängen innerhalb eines ganzen Geschäftsprozesses die Komponente einsetzbar ist. Im Gegensatz zu den technischen Spezifikationen ist dies eine Art fachliche Verwendung und überschneidet sich in gewisser Weise mit der Terminologiedimension.
- Marketing – Der Sinn der Marketingdimension ist die effektive Verwendung der Komponente durch mögliche Zielgruppen. eng verwandt hiermit ist das Phänomen des Softwaredarwinismus, denn wird die gesamte Software eines Unternehmens als ein Pool von potentiell wiederverwendbaren Softwareobjekten betrachtet, so lassen sich Betrachtungsweisen ähnlich den Evolutionsbetrachtungen von Darwin anstellen. Die Softwareentwickler müssen sich aus diesem Pool von Softwareobjekten einige zur Wiederverwendung aussuchen und andere dabei vernachlässigen. Ein so wiederverwendetes Softwareobjekt kann sich selbst „weitervererben" und damit seine Chancen auf zukünftige Wiederverwendung erhöhen. Die Folge dieses Softwaredarwinismus ist, dass Softwareobjekte, welche der Softwareentwickler nicht attraktiv findet, nicht genutzt werden und in der Versenkung verschwinden. Zu den treibenden Kräften hinter diesem Darwinismus gehören:
  - Verfügbarkeit – Ist ein Softwareobjekt nicht verfügbar, so wird es nie genutzt werden. Genutzte Softwareobjekte haben stets eine höhere Verfügbarkeit, weil sie offensichtlich vorhanden sind. Die mentale Verfügbarkeit, beziehungsweise die häufige Verwendung eines Softwareobjekts erhöht die Chancen, das Objekt wiederzufinden und damit auch die Chancen des Objekts, sich weiter im Gedächtnis zu erhalten.

---

[62] s. S. 238
[63] Größe der Komponente zur Laufzeit.

– Verständlichkeit – Ist ein Softwareobjekt unverständlich, so wird es auch nicht verwendet werden. Insofern ist Verständlichkeit eine stark treibende Kraft im Softwaredarwinismus.

Im Umkehrschluss aus dieser darwinistischen Betrachtung muss Wiederverwendung explizit den Softwaredarwinismus in Betracht ziehen. Die Softwareobjekte müssen so entwickelt werden, dass Softwareentwickler diese wiederverwenden wollen! Die Folge dieses Mechanismus ist, dass wiederverwendbare Softwareobjekte so konzipiert sein müssen, dass sie sofort und ohne Veränderung einsetzbar sind, auch „works out of the box" genannt. In Bezug auf Legacysoftware bedeutet dies, die enthaltenen Softwareobjekte leichter zugänglich zu machen.

4.15 Service Oriented Computing

Die Grundidee hinter den Webservices sowie jeder Service Oriented Architecture ist das Paradigma des **S**ervice **O**riented **C**omputing (SOC). Aus historischer Perspektive betrachtet ist es nach dem prozeduralen Paradigma[64] und dem objektorientierten Paradigma[65] das dritte Paradigma in den letzten 25 Jahren. Im Rahmen des SOC-Paradigmas erscheint alles[66] wie ein Service. In der Methodik wird jedes Softwaresystem in eine Kollektion von Services zerlegt, daher müssen alle Applikationen ihre Funktionen sowie ihre nichtfunktionalen Anforderungen und Fähigkeiten als einen Service in maschinenlesbarem Format anderen Services zur Verfügung stellen. Insofern sind es gerade diese Services, welche die Bausteine für Applikationen darstellen.

Als darunterliegende Plattform ist dann eine SOA (s. Abschn. 4.11) und für die Technologie sind die Webservices (s. Abschn. 4.12) nötig. Trotz aller Exkurse in Technologien wie Webservices oder SOAP oder UDDI – eine SOA ist primär fachlich getrieben und sekundär technisch implementiert. Die starke fachliche Prägung der Services macht es recht leicht, dies als einen Maßstab für architektonisches Alignment (s. Kap. 5) zu benutzen.

Eine Service Oriented Architecture, wenn sie denn vollständig verwirklicht wurde, stellt ein komplexes System aus multiplen Servicerequestoren und Serviceprovidern dar, welche alle versuchen, einen möglichst hohen „Profit" aus

---

[64] Das prozedurale Paradigma beinhaltet ein Operator-Operand-Modell und drückt sich in den unterstützenden Sprachen wie COBOL oder FORTRAN aus. Es konzentriert sich primär auf Algorithmik.

[65] Die Grundidee hinter der Objektorientierung ist die Zerlegung eines Softwaresystems in Objekte, welche Daten und Funktionen simultan kapseln ohne irgendeine klare Top-down-Hierarchie. Die einzelnen Objekte kommunizieren untereinander ausschließlich über Nachrichten. Die Kollektion von Objekten beschreibt in diesem Paradigma den Zustand des Gesamtsystems.

[66] Paradigmen reduzieren die Wahrnehmung des Menschen auf wenige Aspekte und machen Komplexität damit beherrschbar. Allerdings limitiert diese Reduktion auch: *To a man with a hammer, everything looks like a nail ...*

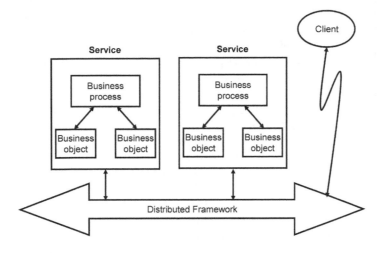

Abb. 4.21: SOA, analog zur EAI-Architektur (s. Abb. 4.20)

dem System zu gewinnen. Jeder der Beteiligten im System, auch Aktor genannt, sei es ein Provider oder ein Requestor, hat nur ein endliches Wissen
über das System als Ganzes. Außerdem ist die Kontrolle darüber, wann und
wie Objekte angelegt und zugänglich sind, nur lokal verankert. Aus dieser Ansammlung von lokal isolierten Strukturen muss ein Gesamtsystem entstehen,
ohne dass es eine zentrale Kontrollinstanz gibt. Zwar wäre es möglich, innerhalb einer geschlossenen Organisation eine zentrale Kontrollinstanz zu etablieren, allerdings entstehen ein großer Teil der Vorteile erst durch die Möglichkeiten, die konkurrierende Services innerhalb der SOA bieten. Von daher muss
eine SOA expandieren und Services von außerhalb der Organisation, im Sinne
eines virtuellen Enterprises, aufnehmen können. Innerhalb dieser geschlossenen und chaotischen Umgebung ist es wichtig, Mechanismen zur Verfügung
zu haben, welche die Serviceprovider und -requestoren steuern können. Ein
Weg dies zu tun ist es, Autonomic Computing zu betreiben (s. Abschn. 4.16).

Historisch gesehen steht hinter dem SOC die Idee, dass Software immer
eine Form eines Services ist. Die ersten, die dies auszunutzen suchten, waren
die ASP[67]-Unternehmen. Ein ASP ist ein Unternehmen, welches für andere Organisationen COTS-Software bereitstellt, pflegt und administriert. Im
Grunde war die ASP-Idee der Versuch eines Outsourcings. Diese Idee schlug
auf dem offenen Markt fehl, da in aller Regel die Applikation zu komplex und
die Kundenbedürfnisse – ein ASP muss mehrere bedienen, sonst kann er keine
Skaleneffekte nutzen – zu divers sind. In geschlossenen Organisationen kann
ein Rechenzentrum jedoch durchaus die Rolle eines ASPs übernehmen. Im
Rahmen einer losen Koppelung und einem dynamischen Verhalten schwen-

---

[67] **A**pplication **S**ervice **P**rovider

ken jetzt die ASP-Anbieter auf die Webservices um und versuchen so, auf diesem Sektor ihr Geschäftsmodell zu implementieren, mit der Konsequenz, dass es zu einer Austauschbarkeit zwischen ASP und Serviceprovidern kommt. Für eine SOA, die auf einer bestehenden EAI-Infrastruktur aufsetzt, hat sich die Bezeichnung Enterprise-Service-Bus eingebürgert. Viele COTS-Software-Hersteller statten ihre Software mittlerweile mit der Fähigkeit aus, sich in solche Enterprise-Service-Busse zu integrieren.

Eine mögliche weitere Stufe, jenseits der einfachen Webservices, ist es, die Services im Rahmen eines SOC in Form von Webserviceobjekten anzuordnen. Ein Webserviceobjekt hat eine definierte Menge an internen Zuständen während es sich verändert. Im objektorientierten Sinne sind die Services des Webserviceobjekts die Methoden eines Objekts, welches sich in einem bestimmten Zustand befindet, mit der Folge, dass die Services ihre Zustandslosigkeit verloren haben. Nachfolgende Serviceaufrufe können zu anderen Resultaten[68] führen. Daher kann der erneute Aufruf eines Objekts nicht mehr als sicher betrachtet werden. Ein solches Webserviceobjekt besteht aus einer Menge an Zuständen S und einer Menge an Methoden auf diesen Zuständen $\mathcal{F}$ sowie einer Menge an Metadaten $\mathcal{M}$, welche Auskunft über die aktuellen möglichen Zustände $\mathcal{Z} \subset S$ sowie die möglichen Methoden $\mathcal{M} \subset \mathcal{F}$ für die aktuellen Zustände $\mathcal{Z}$ gibt. Ein solches Webserviceobjekt ist im Grunde eine Kollektion von Services, insofern ist es ein Container für Webservices. Das Interface des Webserviceobjekts kann direkt aus der Menge $\mathcal{F}$ abgeleitet werden. Eleganter ist es natürlich, die Webservices nach ihrer semantischen Bedeutung zu Webserviceobjekten zusammenzufügen und so der Idee eines semantischen Servicenetzes näher zu kommen. Für den trivialen Fall $S = \emptyset$ ist das Webserviceobjekt zustandslos und bildet einfach die „alten" Webservices ab; insofern sind Webservices ein Spezialfall von Webserviceobjekten.

Die so definierten Webserviceobjekte können ihrerseits wiederum zu Webserviceobjectcollections gebündelt werden. Diese Collections sind in der Lage, große Teile einer Businessdomäne oder technischen Domäne abzudecken. Diese Strukturierung legt es nahe, im Rahmen eines Service-Oriented-Computing-Paradigmas folgende logische Schichtenarchitektur zu benutzen:

- Event-Tier – Events sind Vorfälle, die sich unabhängig voneinander ereignen können. Ein Event ist aber auch eine spezifische Fähigkeit, die ein Service ausführen kann. Eine solche Eventschicht besteht aus zwei logischen Teilen:
  - Eventgenerator – Der Eventgenerator erzeugt die Events auf Grund von anderen Events oder auf Grund von Zuständen eines Services.
  - Eventmonitor – Dieser Monitor registriert hereinkommende und ausgehende Events zwischen verschiedenen Teilen.

  Üblicherweise werden Events in die Kategorien Businessevents und Systemevents eingeteilt. Erstere sind fachliche Ereignisse, während Letztere durch die den Services zugrunde liegende Infrastruktur ausgelöst werden.

---

[68] Mathematisch gesehen wird keine Idempotenz mehr garantiert.

Typischerweise registrieren und deregistrieren sich Abnehmer eines Events bei einem Monitor und reagieren dann auf das Auftreten eines solchen Events.

- Access-Control-Tier – Da gegenseitiges Vertrauen bei den mehr oder minder anonymen Services eine der Grundvoraussetzung ist, besteht die Notwendigkeit einer expliziten Zugangs- und Nutzungskontrolle für die Services. Außer der Sicherheit der Kommunikation an sich muss der Access-Control-Tier auch exakte Reihenfolgen von Aufrufen beziehungsweise auch die Rechtmäßigkeit jedes einzelnen Aufrufs sicherstellen.

- Business-Process-Tier – Die Aufgabe der Prozessschicht ist es, vorgefertigte Abläufe oder Teilabläufe in semantisch korrektem Sinne zu Verfügung zu stellen. Diese wiederum bilden zusammengesetzte Services und können auch Events auslösen.

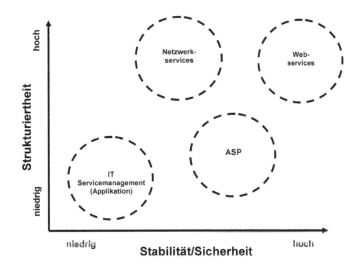

Abb. 4.22: Verschiedene Typen von Services in einem SOC-Paradigma

Die Entwicklung eines Services hat seine eigenen Problematiken, da die heutigen Techniken des Anforderungsmanagements sehr viel stärker Komponenten oder ganze Softwaresysteme als Zielsetzung haben und nicht darauf ausgelegt sind, Services zu modellieren. Die Anforderungen an einen Service sind oft ein Netz aus widersprüchlichen Anforderungen. Im Sinne des Serviceangebots ist ein reichhaltiger Satz an Optionen für einen Service sinnvoll, da er dadurch für eine größere Zahl an Requestoren attraktiv ist.[69] Aus Sicht der Entwicklung steigt aber sowohl die Komplexität als auch der Umfang mit

---

[69] Eine Anwendung des Softwaredarwinismus (s. S. 137).

der Zahl der Optionen drastisch an; dies gilt nicht nur für die anfängliche Erstellung, sondern auch für die späteren Phasen des Lebenszyklus (s. Kap. 8). Auch die Laufzeitumgebung wird bei komplexeren Services teurer sein als bei einfachen. Ein übliches Vorgehen ist es, den Service nur für bestimmte Requestorsegmente interessant zu machen und dadurch die Komplexität zu verringern, indem die Anforderungen dieser Zielkunden hohe Priorität genießen. Aber wenn ein Service einmal erfolgreich ist, werden zukünftige Requestoren eine stärkere Ausweitung des Services zu ihren Gunsten verlangen und ihn damit wieder komplexer werden lassen. Diese beiden Kräfte resultieren dann in einer Softwareevolution der einzelnen Services und ihrer Gesamtheit.

4.16 Autonomic Computing

Die Fehleranfälligkeit und Instabilität vieler großer und komplexer Softwaresysteme hat zur Vision des „Autonomic Computing" geführt. Hierbei wird versucht, die Eigenschaften von autonomen Nervensystemen eines komplexen Lebewesens, in aller Regel die eines Menschen, zu simulieren, damit die Software auch unter widrigen Umständen handlungsfähig bleibt. Wenn die Summe der Software in einer Organisation als System verstanden wird (s. Anhang A), so ist dieses hochkomplex und sehr fehleranfällig. Organismen müssen ähnliche Probleme lösen, da in ihnen viele Zellen und größere Teile ausfallen können und der Organismus trotzdem noch handlungsfähig bleiben muss. Was liegt also näher, als ein Softwaresystem ähnlich zu konzipieren. Dazu gehört unbedingt auch die Fähigkeit zum Selbstmanagement, welches Selbstkontrolle sowie Selbststeuerung beinhaltet. In einem solchen System würden die Benutzer letztlich nur noch Policies[70] spezifizieren und das System sich danach entsprechend selbst verwalten. Damit ein solches autonomes System überhaupt möglich ist, muss es, neben der Integration in ein Policymanagementsystem, folgende vier Eigenschaften besitzen:

- Selbstkonfiguration – Ein autonomes System muss in der Lage sein, sich allein auf Basis der jeweiligen Policies-Spezifikationen vollständig selbst zu konfigurieren. Dazu muss es über seine Fähigkeiten und die Fähigkeiten anderer Bescheid wissen. Dies setzt aber innerhalb des autonomen Systems folgende Services voraus:
  - Discovery Engine – um die Services anderer Systeme zu entdecken.
  - Negotiation Engine – um die entsprechenden Service Level Agreements auszuhandeln (aus der Spieltheorie sind entsprechende Algorithmen bekannt).
  - Cost Estimation Engine – um die Kosten intern wie extern für den Service zu schätzen und damit eine Wahl bei konkurrierenden Services treffen zu können.

---

[70] Die Herkunft aus dem Bereich der künstlichen Intelligenzforschung (AI) ist offensichtlich.

- Constraint Analyzer – Dieser Analyzer setzt die Rahmenbedingungen, wie sie aus den extern formulierten Policies entstehen, für die anderen Teile.
- Dynamic Binder – Die entdeckten Services werden dynamisch ein- und auch wieder ausgebunden. In hochkomplexen Systemen ist nicht nur die Einbindung neuer Services problematisch, sondern auch die Fähigkeit zur dynamischen Entkoppelung ist gefragt.

- Selbstheilung – Damit ein System sich überhaupt als autonom bezeichnen kann, muss es in der Lage sein, Fehler oder unvorhergesehene Ereignisse korrigieren zu können. Im Falle eines Ausfalls eines benutzten Services müssen, im Rahmen der Selbstheilung, Verhandlungen mit anderen Providern über einen temporären oder permanenten Ersatz vorgenommen werden. Schwieriger sind logische Ausnahmen, hier bleibt einzig die Möglichkeit, dass das System sich zwischen Alternativen entscheidet. Ein kostenbasierter Mechanismus scheint für fast alle Fälle am günstigsten zu sein.
- Selbstoptimierung – Durch eine permanente Rekonfiguration, im Rahmen der extern definierten Policies, versucht das System, ein zeitabhängiges Optimum zu finden und sich entsprechend zu konfigurieren.
- Self Awareness – Nicht nur Störungsbewusstsein, auch ein gewisses Maß an Wissen über sich selbst muss in dem System vorhanden sein, da sonst keine Rekonfiguration möglich ist. Daher muss das System sich auch permanent selbst beobachten und diese Beobachtungen entsprechend der Policies bewerten und zur Optimierung einsetzen.

Damit ein solches System aus autonomen Komponenten überhaupt agieren kann, muss es eine Reihe von stabilisierenden Kriterien geben. Denn in einem solchen System hat der einzelne Agent (die kleinste autonome Einheit) folgende Problemstellungen zu bewältigen:

- unvollständige Information – Der einzelne Agent kennt nicht das ganze System, er besitzt nur einen beschränkten Horizont.
- keine zentrale Kontrolle – Die Agenten sind a priori alle primus inter pares.
- dezentrale Daten – Da die Daten durch die Agenten zur Verfügung gestellt werden und diese dezentral sind, folgt auch, dass die Daten dezentral sind.
- Asynchronität – Durch die Unabhängigkeit der einzelnen Agenten müssen diese in der Lage sein asynchron zu agieren.

Die einzige steuernde Kraft eines solchen Systems liegt in der Einführung von „ökonomischen" Größen wie Preise und Geld, in diesem Fall als zentrale Verrechnungsressource der Services. Solche Größen sind notwendig, damit überhaupt eine Strategie und ein Lernprozess ablaufen können. Außerdem lernt das System als Ganzes evolutionär, indem es selbst bei einem nichtoptimalen Anfangszustand als System versucht, zu einem optimalen Zustand zu gelangen.

Als steuerndes Mittel dient dazu der „Preis" eines Services eines Agenten. Durch solche ökonomischen Steuerungsgrößen lassen sich Phänomene wie

Überausbeutung einer einzelnen Ressource oder auch chaotische Verhalten recht gut dämpfen beziehungsweise ausmerzen. Allerdings ist noch unklar, wie ein solches System auf „bösartige" Agenten, welche zum Beispiel lügen oder „Falschgeld" in Umlauf bringen, reagiert. So visionär dies alles klingt, die praktische Erfahrung mit P2P-Systemen wie BitTorrent, Kazaa und Gnutella zeigt[71], dass ein solches System durchaus entstehen kann. Der Erfolg dieser P2P-Programme ist so immens, dass sie heute ökonomische Probleme in der Unterhaltungsindustrie produzieren, ähnlich den Problemen der Filmindustrie bei der Einführung des Videorecorders (s. Fußnote S. 9), umgekehrt betrachtet aber neue soziale Phänomene wie eine i-Pod-Party erst möglich machen. Obwohl alle Beteiligten egoistische Ziele verfolgen, entsteht ein komplexes Gesamtgebilde, welches ein gemeinsames Verhalten zeigt. Da erstaunliche an diesem Gesamtgebilde ist die Tatsache, dass es keine steuernde zentrale Größe gibt sondern die lokalen Kräfte, in aller Regel die Egoismen und Bedürfnisse der Beteiligten, für die Entwicklung von Strukturen ausreichend sind. Es existieren zwei Ursachen für die Tendenz zur Entstehung von P2P-Strukturen in Organisationen:

- Pseudoservicing – Beim Pseudoservicing werden alle bestehenden Applikationen softwaretechnisch in Webservices verwandelt.[72] Diese Services dienen aber nicht zur Wiederverwendung sondern einzig und allein dazu eine „SOA" zu haben, mit der Folge, dass immer nur wenige Services miteinander Daten austauschen. Es entsteht eine P2P-Struktur ohne die Dynamik eines P2P-Umfelds zu haben.
- Spezialisierung – Die zunehmende Spezialisierung führt dazu, dass innerhalb einer Organisation der einzelne Mitarbeiter und auch die Software, die er einsetzt, eine immer höhere Spezialisierung in der Information aufweist, mit der Folge, dass er nur noch mit wenigen anderen kommunizieren kann.[73] Eine solche Tendenz begünstigt die Entstehung einer P2P-Struktur.

---

[71] Dies sind drei Beispiele für so genannte Fileshare-Programme, bei denen Endbenutzer Dateien mittels eines **P**eer-to-**P**eer-Programms (P2P) austauschen.

[72] Meist mit „hilfreicher" Unterstützung durch Unternehmensberater und Werkzeughersteller.

[73] *... Seht nur, ein Volk sind sie und eine Sprache haben sie alle. Und das ist erst der Anfang ihres Tuns. Jetzt wird ihnen nichts mehr unerreichbar sein, was sie sich auch vornehmen. Auf, steigen wir hinab und verwirren wir dort ihre Sprache, sodass keiner mehr die Sprache des anderen versteht. Der Herr zerstreute sie von dort aus über die ganze Erde und sie hörten auf, an der Stadt zu bauen. Darum nannte man die Stadt Babel, denn dort hat der Herr die Sprache aller Welt verwirrt, und von dort aus hat er die Menschen über die ganze Erde zerstreut.*

Genesis, 11 Vers. 6–10

5

Architektonisches Alignment

Nimble mischance, that art so light of foot,
Doth not thy embassage belong to me,
And am I last that knows it? O, thou think'st
To serve me last, that I may longest keep
Thy sorrow in my breast. Come, ladies, go,
To meet at London London's king in woe.
What, was I born to this, that my sad look
Should grace the triumph of great Bolingbroke?
Gardener, for telling me these news of woe,
Pray God the plants thou graft'st may never grow.

King Richard II
William Shakespeare
1564 – 1616

Das architektonische Alignment befasst sich damit, wie gut die Struktur
der Softwarearchitektur zur Geschäftsprozess- und Organisationsarchitektur
passt. Wenn diese beiden Strukturen keine Ähnlichkeiten aufweisen, ist zu vermuten, dass sie auch nicht zueinander passen.[1] Von daher ist das architektonische Alignment der Versuch, die Ähnlichkeit zwischen zwei unterschiedlichen
Strukturen zu messen.

Im Rahmen des Zachman-Frameworks (s. Abschn. 4.7) entspricht dies der
Verknüpfung zwischen der zweiten und der dritten Zeile. Auf der Nicht-IT-
Seite handelt es sich um zwei a priori unterschiedliche Strukturen, die mit der
IT zu vergleichen sind:

* Organisationsarchitektur
* Geschäftsprozessarchitektur – analog zum „Logical Service Unit"-Modell
  (s. Abb. 4.2)

Idealerweise vergleicht man beide Architekturen mit der Softwarearchitektur, aber es sollte in einigen Fällen ausreichen, nur die Geschäftsprozessarchitektur mit der Software zu vergleichen. Hinter dieser willkürlichen Beschränkung steht die Idee, dass eine Organisationsstruktur auf lange Sicht
der Geschäftsprozessarchitektur folgen muss, da eventuelle Verwerfungen zwischen diesen beiden Strukturen für die Organisation auf Dauer nicht tragbar

---

[1] Nach *Foucault* wird hier dem Epistem der Ähnlichkeit, entstanden in der Renaissance, gefolgt: Morphologische Ähnlichkeit impliziert funktionale Gleichheit.

sind. Folglich sollte sich eine der Geschäftsprozessarchitektur angepasste Organisationsarchitektur ausbilden. Auf alle Fälle sollte zunächst versucht werden, ein gutes Alignment zwischen der Geschäftsprozessarchitektur und der Softwarearchitektur herzustellen.

Bei der Betrachtung des architektonischen Alignments sollte nicht vergessen werden, dass die Nutzung von IT innerhalb einer größeren Organisation durchaus sehr heterogen sein kann. Nicht nur innerhalb einer Organisation, sondern auch im direkten Vergleich zwischen den Organisationen in einem Marktsegment sind große Unterschiede zu beobachten. Diese Tatsache sollte stets als „Kontext" bei Alignmentbetrachtungen berücksichtigt werden, insofern machen die von Unternehmensberatern gern genutzten „Benchmarks" in diesem Umfeld sehr wenig Sinn.

5.1 Geschäftsprozessarchitektur

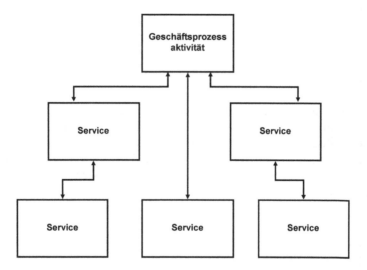

Abb. 5.1: Aufruf eines Services aus Sicht der einzelnen Geschäftsprozessaktivität

Im Rahmen des architektonischen Alignments werden die Überdeckung sowie der Grad und die Effizienz der IT-Unterstützung für die Geschäftsprozesse gemessen. Es wird versucht zu bestimmen, wie gut welcher Geschäftsprozess unterstützt wird. Damit dies quantifizierbar ist, wird zunächst die gesamte Applikationslandschaft in Services zerlegt (s. Abb. 5.1). Zwar hat eine bestehende Applikationslandschaft in den meisten Fällen keinen Servicecharakter, jedoch macht diese Form der Modellierung es einfacher, entsprechende Metriken zu benutzen.

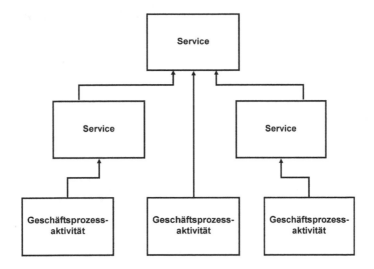

Abb. 5.2: Der Nutzungsbaum eines Services

Die Menge aller Geschäftsprozesse $\mathcal{M}_{GP}$ besteht aus einer Reihe von einzelnen Geschäftsprozessen und diese wiederum aus einer Menge von Geschäftsprozessschritten ξ_i. Wünschenswert wäre an dieser Stelle schon ein hoher Grad an Wiederverwendung, das heißt, der einzelne Schritt ξ_i wird in diversen Geschäftsprozessen genutzt. Der einzelne Geschäftsprozess $\varUpsilon_j \in \mathcal{M}_{GP}$ besteht aus einer Menge von Schritten:

$$\varUpsilon_j = \sum_i \varOmega_j^i \xi_i, \tag{5.1}$$

wobei die Matrix $\varOmega$ die Häufigkeit des einzelnen Geschäftsprozessschritts aufzeigt.

Für die einzelnen Geschäftsprozessschritte kann es eine oder mehrere IT-Implementierungen ϕ geben.

$$\xi_i \mapsto \mathcal{M}_R^{IT} \subseteq \mathcal{M}_{GP}$$

mit der Folge, dass mit jedem einzelnen Schritt ein ganzer Baum (s. Abb. 5.1) an Implementierungen, hier Services genannt, verknüpft werden kann. In dem Sonderfall, dass ein Geschäftsprozessschritt kein Implementierungsäquivalent besitzt, hat der entstehende Baum nur eine Wurzel. Diese speziellen Geschäftsprozessschritte werden mit ξ^0 gekennzeichnet. Den anderen ξ^1 kann eine Reihe von „Blattservices" zugeordnet werden mit

$$\xi_i^1 \mapsto \sum_{Blatt,j} T_i^j \phi_j. \tag{5.2}$$

Hieraus ergibt sich eine Reihe von messbaren Größen, da der Grad der IT-Unterstützung anhand dieses Modells direkt sichtbar wird. Zum einen kann die Gesamtzahl an Geschäftsprozessschritten gezählt werden und ergibt sich aus Gl. 5.1 zu:

$$N_{gesamt} = \sum_{ij} \Omega_j^i \delta_i^j \tag{5.3}$$

mit dem Kroneckersymbol δ_i^j, welches definiert ist durch:

$$\delta_i^j = \begin{cases} 1 & i = j \\ 0 & i \neq j. \end{cases}$$

Eine Maßzahl für die IT-Unterstützung der Geschäftsprozessarchitektur ist der Grad an Nichtüberdeckung i_{NC} und an Überdeckung i_C, auch Coverage genannt:

$$i_{NC} = \frac{1}{N_{gesamt}} \sum_{j,i \in \xi^0} \Omega_j^i \delta_i^j, \tag{5.4}$$

beziehungsweise

$$i_C = \frac{1}{N_{gesamt}} \sum_{j,i \notin \xi^0} \Omega_j^i \delta_i^j$$

$$= 1 - i_{NC}. \tag{5.5}$$

Die Zahl der IT-unterstützten Geschäftsprozessschritte ergibt sich nach Gl. 5.3 und Gl. 5.5 zu

$$N_C = N_{gesamt}\,(1 - i_{NC}) \tag{5.6}$$

$$= N_{gesamt} i_C.$$

Eine Organisation wird stets danach streben als Ziel einen Zustand mit $i_{NC} \approx 0$ und $i_C \approx 1$ zu erreichen. Allerdings sollte berücksichtigt werden, dass es sich oft überhaupt nicht lohnt, selten durchgeführte und wenig fehleranfällige Geschäftsprozessschritte tatsächlich IT-gestützt zu implementieren, da der ökonomische Nutzen in keiner Relation zur Investitionsleistung steht. Eine solche Abwägung lässt sich oft bei Migrationen beobachten. Eine Migration wird nicht sehr oft durchgeführt, von daher ist es manchmal „billiger", eine gewisse Datenmenge manuell nachträglich zu erfassen als ein hochkomplexes automatisches Migrationsprogramm für diese Daten zu entwickeln.

Die hier aufgezeigte Betrachtungsweise lässt sich auch auf ein eventuelles Outsourcing von Geschäftsprozessschritten anwenden, da es für die Organisation nur einen geringen Unterschied macht, ob die jeweilige Prozessaktivität durch andere oder durch eine Software abgearbeitet wird.

Aus dem Blickwinkel der direkt IT-gestützten Geschäftsprozessschritte ξ^1 lässt sich nun die Granularitätsmetrik bestimmen. Sie gibt an, wie „fein" die Schritte unterstützt werden.

Sie ist gegeben durch:

$$\rho = \frac{1}{N_C} N_{Service},$$ (5.7)

wobei sich die Zahl der Services $N_{Service}$ als die Zahl der Blätter aller Bäume aus Gl. 5.2 ergibt:

$$N_{Service} = \sum_{Blatt,ij} T_i^j \delta_j^i.$$ (5.8)

Je höher diese Zahl, desto mehr Blätter existieren pro einzelnem Geschäftsprozessschritt und desto feingranularer sind die Services aufgebaut; allerdings sind für den Grenzfall feingranularer Services ($\rho \gg 1$) sehr viele Services zu verwalten.

Das Verfahren zur Bestimmung der Granularität lässt sich auch umkehren (s. Abb. 5.2), indem betrachtet wird, wie viele Geschäftsprozessschritte durch einen einzelnen Service unterstützt werden. Eine so entstehende Metrik (Θ) misst den Grad an Wiederverwendung der Services und lässt sich durch die Inverse der Matrix T (Gl. 5.2) recht gut bestimmen:

$$\Theta = T^{-1}$$

Aus dieser Inversen lässt sich die (fachliche) Wiederverwendungsmetrik von IT-Services i_R bestimmen:

$$i_R = \frac{N_{IT}}{N_{GPS}}.$$ (5.9)

Hierbei stellt N_{IT} einfach die Gesamtzahl der IT-Services dar und die Zahl der unterstützten Geschäftsprozesse N_{GPS} ergibt sich aus:

$$N_{GPS} = \sum_{ij} \Theta_i^j \delta_j^i.$$ (5.10)

Die Granularitätsmetrik hat zwei Extremwerte:

- $\rho \mapsto 0$ – Für kleine Werte von ρ wird die Menge der Geschäftsprozesse durch einige wenige Services unterstützt. Ein solcher Grenzfall kann zwei Ursachen haben:
    - Fast vollständig manuelle Geschäftsprozesse, so beispielsweise in der Baubranche
    - Ein hohes Maß an Legacysoftware im Unternehmen – Im Fall von „klassischen" Legacysystemen, die aus wenigen Applikationen bestehen, wird ein kleines ρ erreicht. Bei solchen „Stove-Pipe"-Systemen kann man die Zahl der Services in etwa mit der Zahl der Applikationen gleichsetzen[2], was in einem kleinen ρ resultiert.

    Kleine Werte von ρ haben fast immer zur Folge, dass eine Wiederverwendung von Services nur sehr schwer möglich ist.

---

[2] Bei dieser Näherung steht die Flexibilität und Unabhängigkeit der Services und nicht ihre Funktionalität im Vordergrund.

- $\rho \mapsto \infty$ – Im feingranularen Grenzfall wird die Organisation mit einer großen Menge an Services überschwemmt. Theoretisch gesehen wäre jetzt eine ideale Wiederverwendungsmöglichkeit vorhanden, aber dieser Grenzfall weist ein massives Problem auf. Die entstehende Zahl an Services ist für einen einzelnen Menschen nicht mehr überschaubar. Außerdem haben die Services auf Grund ihres öffentlich bekannten Protokolls die Eigenart, dass sie allen jenen zugänglich sind, die über die entsprechende IP-Adresse verfügen. Unterstellt man die etwa 2000 möglichen Aufrufkandidaten, aus denen sich der Service-Consumer beliebige aussuchen kann und dies üblicherweise auch tun wird, so ist die Idee eines Mikrokosmos aus vagabundierenden Services geboren! Ein solcher Mikrokosmos ohne jede Kontrolle, ohne eine Idee für einen methodisch gestützten Lebenszyklus, ist für einen Betrieb oder eine Entwicklungsleitung ein blankes Horrorszenario.

5.1.1 Supportquotient

Oft wird anstelle der Überdeckung und der Granularität ein so genannter Supportquotient definiert. Der Supportquotient[3] $Q_S(\mathcal{P})$ definiert, wie sehr Geschäftsprozesse durch die IT unterstützt werden. Je höher der Quotient, desto stärker die Unterstützung. Ein niedriger Supportquotient bedeutet, dass die meisten Geschäftsprozesse manuell ausgeführt werden müssen. Er ist gegeben durch:

$$Q_S(\mathcal{P}) = \frac{n_A^{(S)}(\mathcal{P})}{n_A(\mathcal{P})}, \qquad (5.11)$$

wobei $n_A^{(S)}(\mathcal{P})$ die Anzahl an Geschäftsprozessschritten in einem Geschäftsprozess $\mathcal{P}$ ist, welche automatisch durch die IT erledigt werden und $n_A(\mathcal{P})$ die Gesamtzahl an Geschäftsprozessschritten im Geschäftsprozess $\mathcal{P}$. Bei dieser Darstellungsform wird der Baum, welcher die Zerlegung der Geschäftsprozessschritte in IT-Services modelliert, auf einen einzelnen Service reduziert. Der Supportquotient bezieht sich auf einen einzelnen Geschäftsprozess $\mathcal{P}$, während sich die vorher dargestellten Metriken auf die Summe der Geschäftsprozesse beziehen.

Existiert nur ein einziger Geschäftsprozess in einer Organisation, so fällt der Supportquotient trivialerweise mit der Coverage zusammen:

$$i_c = Q_S(\mathcal{P}).$$

Ansonsten ergibt sich die Coverage zu:

$$i_C = \frac{1}{\sum\limits_{\mathcal{P}} n_A^{(S)}(\mathcal{P})} \sum_{\mathcal{P}} n_A^{(S)}(\mathcal{P}) Q_S(\mathcal{P}). \qquad (5.12)$$

---

[3] support ratio

Oft ist die Berechnung der $Q_S(\mathcal{P})$ einfacher zu bewerkstelligen als die Coverage i_C zu bestimmen, da die Geschäftsprozesse $\mathcal{P}$ in einer Organisation sehr „weit" verteilt sein können und es daher keine zentrale Instanz zur Messung und Evaluation gibt.

5.1.2 Zielerreichungsquotient

Zur Bestimmung der Qualität der Zielerreichung in der IT wird der Zielerreichungsquotient genutzt:

$$Q_Z(\mathcal{P}) = \frac{n_Z^{(S)}(\mathcal{P})}{n_Z(\mathcal{P})}.$$

Hierbei wird berechnet, wie viele Ziele in einem Geschäftsprozess durch die IT unterstützt werden. Eine Zielerreichungsmetrik i_Z in der gesamten Organisation ergibt sich analog zu Gl. 5.12 aus den einzelnen Zielerreichungsquotienten zu:

$$i_Z = \frac{1}{\sum_{\mathcal{P}} n_Z^{(S)}(\mathcal{P})} \sum_{\mathcal{P}} n_Z^{(S)}(\mathcal{P}) Q_Z(\mathcal{P}). \tag{5.13}$$

Allerdings weist diese Metrik i_Z einige Schwächen auf, die ihren Einsatz nicht in allen Fällen als sinnvoll erscheinen lassen. Da viele Ziele einer Organisation durch mehr als einen Geschäftsprozess unterstützt werden, lassen sich in der Praxis Mehrfachzählungen und unterschiedliche Gewichtungen von Zielen nicht vermeiden. Diese Fehlerquellen lassen, außer in den beiden trivialen Extremfällen $i_Z \mapsto 0$ und $i_Z \mapsto 1$, nur wenige Schlüsse aus dem aktuellen Wert von i_Z für die ganze Organisation zu.

5.1.3 Informationsvollständigkeit

Die Menge an tatsächlich softwaregestützten Prozessen wird neben den Aktivitäten auch durch die Zahl der Objekte der jeweiligen Domäne definiert, die eine Repräsentation in der Software haben, der Quotient der Informationsvollständigkeit:

$$Q_C(\mathcal{P}) = \frac{n_C^{(S)}(\mathcal{P})}{n_C^{(B)}(\mathcal{P})}.$$

Dieser Quotient misst die Zahl der Geschäftsklassen im System und vergleicht sie mit der Anzahl aller fachlichen Klassen pro vorhandenem Geschäftsprozess $\mathcal{P}$. Die Messung der Informationsvollständigkeit ist ein Versuch das kognitive Alignment (s. Kap. 3) anhand von begrifflicher Gleichheit der jeweiligen Klassenbezeichnung (Domäne und IT-Implementierung) zu bestimmen.

5.1.4 Informationsgenauigkeit

Im Gegensatz zur Informationsvollständigkeit, welche bei einer einzelnen Klasse zu einer binären Aussage führt, ist oft auch die „Güte" der Information entscheidend. Hierzu wird bestimmt, welches Maß an Vielfältigkeit (s. Anhang A.3) der Domäne in der Software abgebildet wurde.

$$Q_A(\mathcal{P}) = \frac{n_S^{(S)}(\mathcal{P})}{n_S^{(B)}(\mathcal{P})}. \tag{5.14}$$

Dieser Quotient misst die Zahl der Zustände im System und vergleicht sie mit der Anzahl aller fachlichen Zustände pro Geschäftsprozess $\mathcal{P}$. Alternativ zu Gl. 5.14 lässt sich ein solcher Quotient auch durch Gl. 5.15 ausdrücken.

$$\begin{aligned} Q_A^V(\mathcal{P}) &= \frac{V(S)}{V(B)} \\ &= \frac{\log_2 n_S^{(S)}(\mathcal{P})}{\log_2 n_S^{(B)}(\mathcal{P})}. \end{aligned} \tag{5.15}$$

Die Informationsvollständigkeit sowie die -genauigkeit sind für die Softwareentwicklung wichtige Messzahlen, denn je mehr sich beide Quotienten der 1 nähern, desto vollständiger und exakter wird die fachliche Wirklichkeit eines Geschäftsprozesses in der Software abgebildet, was wiederum für ein hohes Maß an Alignment spricht.

Der häufigste Fall ist, dass für den Quotienten der Informationsgenauigkeit gilt:

$$Q_A^V(\mathcal{P}) < 1.$$

Ein solcher Wert entsteht durch eine Software, die nicht alle möglichen Zustände der Domäne abbildet. Folglich muss ein Teil der Domänenzustände manuell („an der Software vorbei", Workarounds ...) bearbeitet oder durch Reinterpretation vordefinierter Zustände in der Software verarbeitet werden. Die umgekehrte Situation:

$$Q_A^V(\mathcal{P}) > 1$$

ist praktisch nur beim Einsatz von COTS-Software (s. Kap. 9) zu beobachten. In einem solchen Fall ist die eingekaufte Software „überdimensioniert". Auf den ersten Blick mag dies positiv erscheinen, jedoch produziert unangemessene Software auf Dauer viele Probleme (s. Abschn. 9.4).

5.2 Ähnlichkeit von Services

Oft ist es notwendig, die schon implementierten Services näher zu begutachten, da hier große Redundanzen vorliegen können. In einer voll entwickelten

Service Oriented Architecture wird es eine große Anzahl von Services (vermutlich in den meisten Fällen Webservices) geben. Diese Services können ihre jeweilige Rolle als Requestor und Provider austauschen. Dies impliziert einen relativ großen Aufrufbaum, welcher entsteht, wenn alle Services explizit oder implizit im Rahmen einer Aktivität als Teil eines Geschäftsprozesses aufgerufen werden. Ein solch großes System aus Services kann und wird in aller Regel eine Menge an redundanten oder teilredundanten Services besitzen.

Die Redundanzen lassen sich anhand zweier Ähnlichkeitsmetriken identifizieren. Wenn die Menge aller Graphen, die möglich sind, angegeben wird, sei dies konstruktiv oder auch durch eine Beobachtung des Systems während einer hinreichend langen Laufzeit, so ergibt sich ein Graph, bei dem die Services die Konten und die Aufrufe die Kanten bilden. Es ist nicht notwendig, einen „gemeinsamen" Graphen über alles zu bilden, in den meisten Fällen sollte ein hinreichend großer Graph ausreichen.

Sei l_{ij} der kürzeste Weg zwischen zwei Knoten, definiert als die kleinste Anzahl von Kanten zwischen diesen beiden Knoten, so ist $l_{ij}^{(k)}$ der kürzeste Weg zwischen zwei Knoten, welcher nicht den Knoten k enthält. Dann ergibt sich für die Ähnlichkeit zweier Services als „Eltern":

$$\mathcal{S}_{ij}^{(P)} = \sum_{x \in \text{Eltern}} \frac{1}{2^{l_{xi}^{(j)}} + 2^{l_{xj}^{(i)}}} \tag{5.16}$$

und ihre Ähnlichkeit als „Kinder":

$$\mathcal{S}_{ij}^{(C)} = \sum_{x \in \text{Kinder}} \frac{1}{2^{l_{xi}^{(j)}} + 2^{l_{xj}^{(i)}}}. \tag{5.17}$$

Je größer die Zahl der gemeinsamen Kinder $\mathcal{S}^{(C)}$, desto wahrscheinlicher ist es, dass die beiden Services i und j redundant sind. Das Maß $\mathcal{S}_{ij}^{(P)}$ gibt an, ob sich vielleicht die Services i und j zu einem gemeinsamen zusammenfassen lassen, da sie ähnliche Eltern besitzen.

5.3 Kommunikationsstruktur

Würde man einen beliebigen Mitarbeiter einer Organisation danach fragen, welche Probleme ihn daran hindern, seine Arbeit optimal zu leisten, so wird er oft das Problem der mangelnden Kommunikation innerhalb der Organisation ansprechen. Obwohl die Entwicklung der Software sehr viele technische Innovationen mit allen daraus resultierenden „Spielzeugen" im Bereich der Kommunikation geschaffen hat, stellt die Informationsbeschaffung und -verteilung, beziehungsweise der Zugang zur Information, noch immer eine zentrale Herausforderung jeder Organisation dar (s. Abb. 5.3).

Es ist mittlerweile zu einer Art „intellektuellem Reflex" geworden, eine zeitnahe und umfassende Kommunikation aller Beteiligten zu fordern. Sobald ein Defizit oder Problem auftaucht, steht, wie ein Glaubensbekenntnis,

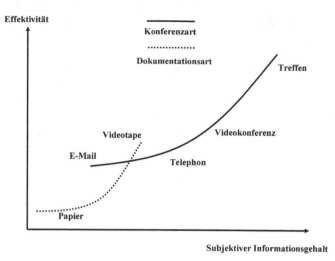

Abb. 5.3: Die Informationsdichte verschiedener Medien

die Forderung nach mehr Kommunikation im Raum. Dieser Lösungsvorschlag stellt eine Form der „political correctness" dar: Es kann nie verkehrt sein miteinander zu reden ...! Trotzdem löst eine Zunahme an Kommunikation in den seltensten Fällen Probleme, welche in einer Organisation auftauchen. Die Ursachen für Probleme stammen meist aus zwei Bereichen:

- Emotionalität – Oft resultieren Probleme einer Organisation aus darunterliegenden zwischenmenschlichen Problemen: Neid, Hass, Eifersucht, Ab- und Zuneigung. Leider ist es aber dem Einzelnen nicht erlaubt, mit diesen Emotionen zu argumentieren oder sie sozial akzeptabel zu zeigen. In der Folge hiervon werden dann jede Menge an inhaltlichen Gründen für Auseinandersetzungen gefunden, um diese Gefühlswelt ausleben zu können. Solche emotionalen Triebfedern sind bei In-Outgroup-Konflikten oft die Ursache für ein nachfolgendes, mangelndes kognitives Alignment (s. Kap. 3). Eine besonders interessante Kombination tritt bei den „Stellvertreterkämpfen" auf. Ein Stellvertreterkampf entsteht, wenn die Führer zweier sozialer Gruppen, in den meisten Fällen die IT auf der einen und ein Fachbereich auf der anderen Seite, einen emotionalen Konflikt haben und die Mitarbeiter der beiden Gruppen diesen Konflikt durch Auseinandersetzungen auf der fachlich-technischen Ebene austragen. Die Mitglieder tun dies, da sie sich hieraus einen sozialen Aufstieg innerhalb der Gruppe versprechen.
- Informationsschwemme – Der Einzelne „ertrinkt" in Informationen. Praktisch gesehen erhält heute jeder Mitarbeiter zu viele Informationen, mehr als er tatsächlich verarbeiten kann. Besonders bei der elektronisch gespeicherten Information führt deren einfache Vervielfältigbarkeit zu einer

großen Schwemme. Man schätzt, dass sich pro Jahr der Speicherbedarf für E-Mails in einer Organisation verdoppelt.[4] Wird diese Informationsmenge nochmals erhöht, um damit ein Problem zu lösen, so geht diese Zusatzinformation einfach unter. Sie wird aus Selbsterhaltungsgründen fast immer ignoriert.

Jede Organisation hat eine in- und externe Kommunikationsstruktur. Diese mag zum Teil hochgradig komplex und differenziert sein, aber diese Struktur lässt sich immer auf eine Reihe von Basismustern, auch Patterns genannt, der Kommunikation reduzieren. Da eine Organisation stets von der Kommunikation lebt, denn ohne einen Informationsaustausch ist eine Organisation faktisch nicht handlungsfähig, gilt es, diese Kommunikation möglichst effektiv und effizient zu unterstützen. In gewisser Weise ist dies ein Ausdruck des Conwayschen Gesetzes (s. S. 232). Besonders effizient ist die IT, wenn sie die Basismuster der Kommunikation unterstützt. Von daher muss ein Vergleich der Basismuster der Kommunikation mit der IT-Architektur (s. Kap. 4) möglich sein.

Interessanterweise entwickeln sich die APIs[5] sehr oft entlang diverser inner- oder außerorganisatorischer Grenzen. Dies liegt darin begründet, dass die Softwareentwicklungen, welche solche APIs schaffen, Teile der Organisation als Auftraggeber haben und damit auch die Notwendigkeit der Abgrenzung gegenüber anderen Teilorganisationen, beziehungsweise externen Größen haben. Diese Abgrenzung hat auch Auswirkungen auf komplexere Entwicklungsvorhaben; hierbei stellen die APIs die Trennlinien zwischen einzelnen Entwicklungsteams und damit zwischen Suborganisationen dar. Insofern verstärkt der Einsatz von APIs die schon vorhandene Entwicklungsstruktur, in dem sich die einzelnen Gruppen bezüglich ihres Wissens um die interne Struktur der Implementierung differenzieren und dieses als Herrschaftswissen auch bewusst einsetzen.

5.4 Flexibilität

In den meisten Fällen werden Geschäftsprozesse als statisch oder nur sehr langsam veränderlich betrachtet. So angenehm einfach eine solche Annahme ist, in der Praxis wird sie oft verletzt. In manchen Branchen haben einige Geschäftsprozesse nur eine kurze Konstanz, in der Größenordnung weniger Jahre. Wie lässt sich jedoch das architektonische Alignment beurteilen, wenn der Geschäftsprozess selbst recht unsicher ist? Oder wenn der Prozess ein hohes Maß an Variabilität besitzt? Man spricht von einer großen Variabilität, wenn sich die einzelnen Ausprägungen der konkreten Geschäftsprozessinstanzen stark voneinander unterscheiden. Ein seltener auftretendes Problem ist

---

[4] Der Autor erhält bis zu 1000 E-Mails pro Monat und ist hierbei kein Sonderfall!

[5] **A**pplication **P**rogramming **I**nterfaces, die Schnittstellen zu den einzelnen Applikationsprogrammen.

es, zeitkritische Geschäftsprozesse zu haben, deren Kritikalität in die Software durchschlägt. In aller Regel sind es jedoch die menschlichen Tätigkeiten, welche das „Bottleneck" bei den Geschäftsprozessen darstellen.

Auf solche speziellen Geschäftsprozesse muss die IT mit einer flexiblen Software antworten. Allerdings gilt stets die Regel:

Je flexibler die Software, desto teurer wird sie in ihrer Erstellung und Wartung sein, aber desto einfacher lässt sie sich in einer veränderten Umgebung einsetzen!

So einsichtig dieser Grundsatz ist, er wird nur sehr selten eingehalten. In den meisten Fällen wird die Flexibilität kurzfristigen Zielen geopfert: Ökonomische Unsicherheit und enge Budgets resultieren in unflexibler Software, während das „Jumping-the-Bandwagon[6]"-Phänomen mit der Konsequenz, jedem neuen Modetrend zu folgen, zu einer hochkomplexen Software führt, welche nur eine bedingte Flexibilität besitzt. Dieses Phänomen setzt sich innerhalb der Nutzung der Software fort. Ein extrem flexibles Softwaresystem kann, auf Grund seiner sehr hohen Komplexität und Flexibilität, für den unbedarften Endbenutzer oft völlig unverständlich erscheinen.

Aber wie lässt sich Flexibilität eigentlich festlegen?

Nur über ihre Nutzung!

Die Flexibilität von Software zerfällt, aus der Nutzung heraus betrachtet, in zwei Kategorien:

- Nutzungsflexibilität – Flexibilität der Nutzung ist definiert als die Menge der Möglichkeiten der Nutzung einer Software ohne die Software stark zu verändern. Der Nutzungsflexibilität sind Grenzen gesetzt: Wenn der Aufwand für den Endbenutzer in keiner Relation zu seiner Arbeit steht[7], ist eine Flexibilität überzogen und wird auch als überkomplex empfunden.
- Änderungsflexibilität – Diese ist definiert durch das Maß an Aufwand, welcher nötig ist, um eine Veränderung der bestehenden Implementierung zu bewerkstelligen.

Es ist stets kostenintensiver eine flexible Software zu bauen als eine unflexible; allerdings mag die Nutzung sehr flexibler Software manchmal zusätzliche unvorhergesehene Kosten herbeiführen. Für eine Organisation stellt sich die Frage, wo das Optimum für den Einsatz der Software liegt. Dazu ist der Geschäftsprozess zu betrachten, welcher die flexible Software benötigt. Auf Seiten des Geschäftsprozesses gibt es zwei Gründe für den Einsatz flexibler Software:

---

[6] Der Bandwagon ist in einer Parade der Wagen der Musikgruppe und führt den Zug an, daher bezeichnet dieser Ausdruck das Massenphänomen des Versuchs, auf der Siegerseite eines Trends zu sein.

[7] Dem Endbenutzer einen Assembler zu geben und ihm zu sagen: *„Der Rest ist Konfiguration..."*, ist zwar äußerst flexibel, aber nur extrem selten sinnvoll.

- Variabilität – Die Variabilität eines Geschäftsprozesses bezieht sich auf die möglichen Ausprägungen für eine spezifische Instanz des Geschäftsprozesses. So ist beispielsweise der Verkauf eines Päckchens Batterien und der eines überdimensionalen Wandschranks für ein Warenhaus als abstrakter Prozess identisch, jedoch werden für den konkreten Verkauf des Wandschranks Informationen über Farbe, Holzart, Anzahl Fächer, Lieferdatum, Rabatte und so weiter benötigt. Bei den Ressourcen ist für die Batterien nur ein Verkäufer nötig, im Gegensatz zum Wandschrank, welcher einen LKW sowie Transport- und Aufbaupersonal voraussetzt. Die Variabilität eines Geschäftsprozesses lässt sich als die Menge an Vielfältigkeit von Prozessanforderungen an einen Geschäftsprozess definieren.

- Unsicherheit – Die Unsicherheit eines Geschäftsprozesses bezieht sich auf die Schwierigkeit, die Tätigkeiten und Ressourcen für eine konkrete Instanz des Geschäftsprozesses vorauszusagen. Diese Unsicherheit kann nochmals in zwei Kategorien unterteilt werden:

  - Umgebungsunsicherheit – Die Umgebungsunsicherheit resultiert aus den Unsicherheiten exogener Variablen, das heißt außerhalb der Organisation, sprich: Die Umgebung, in der die Organisation existiert, ändert sich relativ schnell. Diese exogenen Variablen können bestimmen, welche Tätigkeiten tatsächlich notwendig sind, um den Geschäftsprozess abzuwickeln. Ein Beispiel für exogene Variablen sind Berichte an statistische Landesämter, oder Anfragen, ob ein bestimmtes Land für den Export des vorliegenden Guts gesperrt ist.

  - strukturelle Unsicherheit – Die strukturelle Unsicherheit gibt an, wie stark der Geschäftsprozess strukturiert und ab initio bekannt ist. Generell gilt: Je höher die Ebene des Managements, auf der dieser Geschäftsprozess angesiedelt ist, desto höher die strukturelle Unsicherheit des jeweiligen Geschäftsprozesses. Geschäftsprozesse auf der obersten Führungsebene einer Organisation sind selten strukturiert[8], sondern unterliegen in aller Regel nur einem losen Rahmen. Das Ergebnis hoher struktureller Unsicherheit ist, dass der Einzelne ein sehr hohes Maß an subjektiver Einschätzung einbringen muss, um den Geschäftsprozess bearbeiten zu können.

Für eine Organisation muss es ein Ziel sein, die Gesamtkosten zu minimieren. Hierzu ist es notwendig, die entsprechenden Größen quantifizierbar zu machen. Für die Variabilität empfiehlt es sich, Lorenzkurven (s. Abb. 5.4) der Form:

$$l(p) = p^\alpha \left(1 - (1 - p)^{1-\alpha}\right)$$

zu betrachten. Der Geschäftsprozess wird durch die beiden Größen q für die Unsicherheit und v für seine Variabilität beschrieben. Die Software hingegen

---

[8] Das erklärt die Beliebtheit von Tabellenkalkulation und Powerpoint bei Vorstandspräsentationen, beides sind hochflexible Werkzeuge, welche nur wenig Struktur vorgeben.

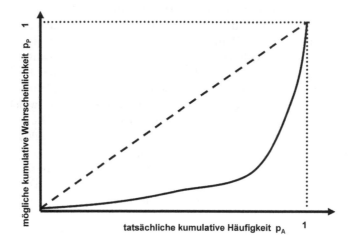

Abb. 5.4: Eine Lorenzkurve mit der Gegenüberstellung von tatsächlicher Häufigkeit gegenüber der möglichen Häufigkeit einer Ausprägung. Beide Achsen sind auf 1 normiert und die Darstellung ist kumulativ. Die gestrichelte Linie zeigt die Linie der perfekten Verteilung an, das heißt jede Ausprägung die möglich ist, kommt auch tatsächlich vor. Alle praktisch zu beobachtenden Kurven liegen unterhalb der Lorenzkurve.

lässt sich in diesem Fall auf die Größen f_U für Nutzungsflexibilität und f_C für Änderungsflexibilität sowie die Möglichkeit der Nichtnutzung f_N reduzieren. Das Ziel ist es, ein Kostenfunktional der Form:

$$TCO = \mathcal{C}\left(f_U\left(q,v\right), f_C\left(q,v\right), f_N\left(q,v\right)\right) \tag{5.18}$$

zu entwerfen und dieses bei gegebenem q, v zu minimieren. Die resultierenden Werte f_U, f_C und f_N ergeben gemeinsam die optimale Flexibilität für die Software.

Mit Hilfe einer einfachen Modellrechnung unter Annahme einer linearen Abhängigkeit in q und $l(p)$ zeigt sich folgendes Regelwerk:

- Unsicherheit:
  - niedrig – Geschäftsprozesse mit einer niedrigen Unsicherheit $0 < q \ll 1$ sollten durch ein System unterstützt werden, welches eine hohes Maß an Nutzungsflexibilität $0 \ll f_U < 1$ und eine niedrige Änderungsflexibilität $0 < f_C \ll 1$ besitzt. Durch die niedrige Unsicherheit ist der Geschäftsprozess sehr stabil, mit der Folge, dass der Endbenutzer die hohe Flexibilität in ausreichender Zeit auch erlernen kann.[9]

---

[9] Im Rahmen der Softwareentwicklung wäre ein Compiler ein Beispiel hierfür: Der „Geschäftsprozess" ist sehr stabil, aber der Compiler kann vieles produzieren.

- hoch – Geschäftsprozessen mit einem hohen Maß an Unsicherheit $0 \ll q < 1$ sollten mit einem Softwaresystem mit hoher Änderungsflexibilität $0 \ll f_C < 1$ und niedriger Nutzungsflexibilität $0 < f_U \ll 1$ begegnet werden. Diese Geschäftsprozesse sind so unsicher, dass die hohe Nutzungsflexibilität nicht lohnt, da sie durch strukturelle Änderungen überholt wird. Der Prozess verändert sich schneller als der Endbenutzer lernen kann, die entsprechende Flexibilität der Software einzusetzen.[10]

- Variabilität:
  - hoch – Geschäftsprozesse mit einer hohen Variabilität $0 \ll v < 1$ sollten, je nach dem Grad ihrer Unsicherheit, unterstützt werden, mit der Maßgabe, dass der Prozess und die Software eine hohe Kapazität für manuelle Operationen besitzen.
  - niedrig – Für den Fall von niedriger Variabilität $0 < v \ll 1$ kann sich auch an der Unsicherheit orientiert werden, nun allerdings mit der Maßgabe, dass nur eine geringe Kapazität für manuelle Operation im Prozess wie auch der Software vorgesehen werden sollte.

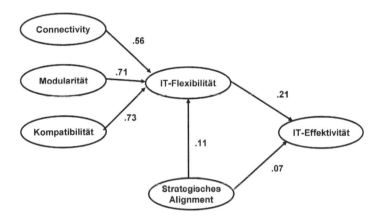

Abb. 5.5: Die Koppelung zwischen Flexibilität, strategischem Alignment (s. Kap. 6) und IT-Effektivität. Nach *Ness* (2005)

Die Messung der Flexibilität eines gesamten Portfolios und dessen Einfluss auf die Organisation ist zwar oft postuliert worden, aber es wurde nur selten gemessen. Damit Flexibilität auf Portfolioebene überhaupt messbar ist, wird

---

[10] Portale sind ein Beispiel für diese Strategie, da sie sich sehr schnell ändern lassen aber gleichzeitig ein konstantes Benutzerinterface bieten.

sie (analog zum kognitiven Alignment, s. Kap. 3) mit Hilfe des Structural Equation Modeling (s. Anhang C.9) gemessen (s. Abb. 5.5). Für die Operationalisierung der Messung der Flexibilität wurden von *Ness* drei einfachere Größen verwandt:

- Connectivity
- Modularität
- Kompatibilität

Die von *Ness* durchgeführte empirische Studie ergab nicht unbedingt einen zwingenden Zusammenhang zwischen dem strategischen Alignment und der Effektivität oder Flexibilität der IT, sehr wohl aber einen zwischen der Flexibilität und der Effektivität der IT.

6

Strategisches Alignment

I would not, Cassius; yet I love him well.
But wherefore do you hold me here so long?
What is it that you would impart to me?
If it be aught toward the general good,
Set honour in one eye and death i' the other,
And I will look on both indifferently,
For let the gods so speed me as I love
The name of honour more than I fear death.

Julius Caesar
William Shakespeare
1564 – 1616

Was ist eine Strategie? Der Ausdruck Strategie[1] bedeutet soviel wie ein zielorientiertes Vorgehen, einen langfristigen Plan zu haben und ihn umzusetzen. Woher kommt eine Strategie? Eine Strategie ist das Ergebnis von strategischem Denken; und dieses strategische Denken ist wiederum die Folge eines gedanklichen Prozesses. Dieser Prozess des strategischen Denkens kann nur von Individuen geleistet werden, insofern ist eine Strategie immer das Ergebnis einer intellektuellen Anstrengung. Vor Beginn des Informationszeitalters war das strategische Denken formal gesehen auf das Top-Management einer Organisation beschränkt, dieses entwickelte, verwaltete und verkündete die Strategie.[2]

Jede Organisation hat eine Strategie. Speziell bei kleineren Organisationen ist sie oft nicht formal niedergeschrieben, aber trotzdem stets vorhanden. Häufig wird eine Strategie in einer Organisation auch als Businessstrategie bezeichnet, eine solche Businessstrategie beschäftigt sich meistens mit der Positionierung der Organisation in ihrer Umgebung und weniger mit internen Fragestellungen. Der Rest der Organisation wird ausschließlich als ausführendes

---

[1] Aus dem Griechischen $\sigma\varrho\alpha\tau\eta\gamma\iota\alpha$, eine Kombination aus Armee und General.

[2] Mehr oder minder erfolgreich:
[Die meisten Unternehmen] ... *sind nicht wegen, sondern trotz ihrer Top-Manager erfolgreich.*

Nieten in Nadelstreifen
Günter Ogger

Organ angesehen. Die Entwicklung anderer Organisationsformen (s. Kap. 7) hat diesen quasi autokratischen Grundsatz in Frage gestellt. Neben einer gewissen Form des Zusammenbruchs von hierarchischen Organisationsformen und einer generell stärker verbreiteten Demokratisierung[3] ist eine der Quellen für das strategische Denken das Informationszeitalter. Die Strategien und das strategische Denken sind immer Antworten auf Konflikte. Wenn es keine Konflikte innerhalb einer Organisation oder zwischen einer Organisation und ihrer Umgebung gibt, dann reduziert sich die Organisation auf das Problem einer effizienten Verwaltung. Die Einführung der Informationsverarbeitung hat jedoch für jede Organisation eine Reihe von möglichen Konkurrenten[4] in sehr kurzer Zeit geschaffen, so dass es heute darum geht, möglichst schnell eine Strategieantwort auf einen Konflikt mit der Umgebung in Form eines Konkurrenten zu bekommen. Folglich ist jedes Mitglied einer Organisation in gewisser Weise auch für die Strategie der Organisation verantwortlich.

Eine Strategie kann nur dann entstehen, wenn strategisch gedacht wird. Strategisches Denken beinhaltet die Berücksichtigung von fünf Faktoren:

- Systemperspektive – Damit strategisch gedacht werden kann, ist der Gesamtüberblick und die Erfahrung über die Wertschaffung in der Organisation wichtig: Das mentale Modell des Systems muss neben der Organisation auch deren Kontext im Markt in Betracht ziehen.
- Intention – Jede Strategie hat auch ein Ziel (Intention), ohne die klare Formulierung dieser Intention existiert keine Strategie. Wenn ein solches Ziel vorhanden ist, haben die Mitarbeiter das Gefühl, es würde in „eine Richtung[5]" gehen.
- Opportunismus – Ein gewisses Maß an Opportunismus ermöglicht es Chancen, welche sich im Laufe der Implementierung der Strategie ergeben, wahrzunehmen.
- Zeit – Da jede Strategie lange braucht, bis sie vollständig implementiert ist, ist das Denken in langen Zeiträumen für die Entwicklung einer Strategie notwendig.
- Hypothesen – Jede Strategie basiert auf Hypothesen. In den meisten Fällen werden explizit oder implizit Hypothesen über die Entwicklung der Umgebung der jeweiligen Organisation aufgestellt.

Eine Businessstrategie besteht meistens aus der Definition eines möglichen Wegs, einer Reihe von Zielen sowie einer Anzahl von qualitativen und

---

[3] Heutige Organisationen geben sich gerne den Anschein von innerorganisatorischer Demokratie. Allerdings nur scheinbar, da die konkreten Machtverhältnisse eine andere Sprache sprechen. Dieser Widerspruch zwischen Anspruch und Wirklichkeit ist vergleichbar mit der Bezeichnung Volksdemokratien für die ehemaligen Ostblockstaaten.

[4] Diese Aussage gilt für das produzierende Gewerbe nicht in der Schärfe wie für Handel, Banken und Versicherungen.

[5] Oft wird hier die Metapher: „An einem Strang ziehen" oder „in einem Boot sitzen" benutzt.

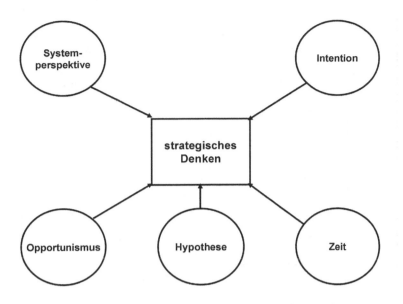

Abb. 6.1: Einflüsse auf das strategische Denken

quantitativen Größen, welche es zu erreichen gilt. Zusätzlich zur reinen Definition einer Strategie ist in aller Regel auch ein Transformationsplan nötig. Dieser Plan beschreibt, wie man vom bestehenden Zustand zum erwünschten Zielzustand gelangt. Zumindest in der Theorie. In der Praxis ist der aktuelle Zustand oft gar nicht bekannt. Manchmal nicht, weil es schwer ist, diesen Zustand tatsächlich zu ermitteln, sondern weil den aktuellen Zustand niemand wirklich wissen will!

Die Businessstrategie sollte alle Aspekte des Geschäftslebens behandeln, wobei jeder Bereich in der Organisation für bestimmte Ziele zuständig ist. Im traditionellen Verständnis ist die IT einer dieser Bereiche, aber die IT darf nicht isoliert betrachtet werden, da sie sich in aller Regel durch die gesamte Organisation zieht. Die Folge dieser durchdringenden Präsenz ist, dass es sich meistens als sinnvoll erweist, eine explizite IT-Strategie zu formulieren.

Das strategische Alignment versucht nun die beiden Strategieformen:

- IT-Strategie
- Businessstrategie

in Bezug auf ihre jeweiligen Richtungen zur Überdeckung zu bringen.[6] Eines der wichtigsten Ziele hinter dieser Ausrichtung ist, als Folge eines möglichst hohen Grades an strategischem Alignment, einen hohen Grad an architektonischem, kognitivem und temporalem Alignment für das „Tagesgeschäft"

---

[6] Die Idee des Business- und IT-Alignments auf strategischer Ebene wurde zuerst von *Morton* publiziert.

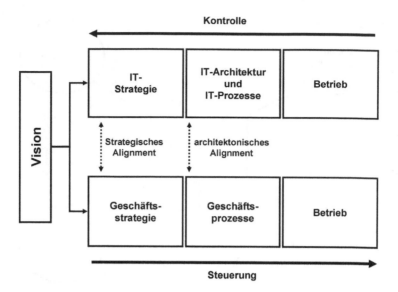

Abb. 6.2: Die Unterschiede zwischen strategischem und architektonischem Alignment

zu erreichen. Da sich Strategien a priori nur sehr schwer quantifizieren lassen, muss zur Messung von solchen Strategien ein Umweg über die kognitiven Größen[7] der jeweiligen Strategien gegangen werden. Hierbei werden die verschiedenen Strategien beziehungsweise deren Erfüllungsgrad durch eine subjektive Einschätzung quantifiziert. Im Idealfall geschieht dies durch eine größere Gruppe in anonymisierter Form, was erfahrungsgemäß zu weniger persönlich gefärbten und ehrlicheren Einschätzungen führt. Die Grundidee hinter der Fragestellung des strategischen Alignments ist in Abb. 6.3 dargestellt. Die implizite Idee hinter dem Modell des strategischen Alignments ist die Auffassung, dass Werte wie Performanz, Effizienz und Effektivität innerhalb einer Organisation um so höher werden, je enger die IT-Strategie mit der Businessstrategie zusammenarbeitet und beide aneinander ausgerichtet sind. Typische charakterisierende Größen, auf einer sehr hohen Ebene betrachtet, sind:

- Marktdurchdringung[8]
- Produkt
- Qualität
- Preis

---

[7] Nicht zu verwechseln mit dem kognitiven Alignment (s. Kap. 3), aber mit einer verwandten Problemstellung.

[8] Beziehungsweise die entsprechende Unterstützung einer zukünftigen Marktdurchdringung.

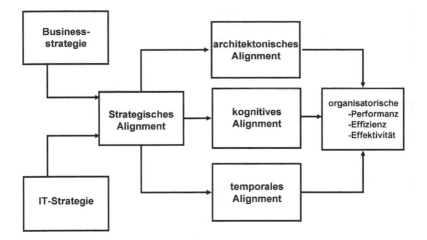

Abb. 6.3: Das Einflussmodell von IT-Strategie und Businessstrategie

- Regularien
- Lokation

Die oben aufgeführten Strategiegrößen sind jedoch in den meisten Fällen viel zu generisch, als dass man überhaupt eine sinnvolle Aussage über ihre Umsetzung ableiten könnte.[9] Damit man in der Lage ist, das Alignment zwischen IT-Strategie und Businessstrategie sinnvoll zu beurteilen, empfiehlt es sich, die Strategien stärker aus dem Blickwinkel des operativen Geschäfts heraus zu betrachten. Dies hat zwar den Nachteil, dass perspektivische Aussagen faktisch nicht gemacht werden können, auf der anderen Seite ist es aber sehr hilfreich, zunächst einmal Informationen über den aktuellen Status quo zu erhalten.

Für die mehr operativ interessanten Größen empfiehlt es sich, typische operative Messgrößen zu wählen, die in aller Regel nahe am Produkt oder dem Markt sind:

- Preis
- Produktqualität
- Produktdifferenzierung
- Produktdiversifikation
- Erschaffung neuer Produkte
- Erschließung neuer Märkte

---

[9] Oft entsprechen diese Strategiegrößen der Aussage: Ziel des Unternehmens ist es, besonders viel Gewinn nach Steuern zu machen.

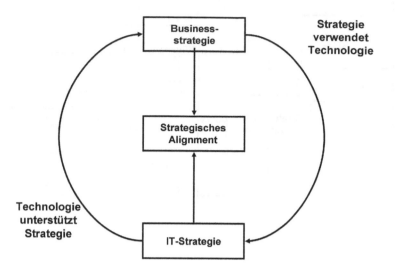

Abb. 6.4: Die Dimensionen des strategischen Alignments

- Servicequalität
- Marketingintensität
- Produktionseffizienz

Diese Strategien können in Bezug auf ihre Ausprägung innerhalb der Businessstrategie in einem Wertebereich von 0 bis 1 und in Bezug auf ihre IT-Unterstützung im selben Wertebereich beurteilt werden. Durch die Beurteilung dieser Größen entsteht ein Netzgraph (s. Abb. 6.5). In einem solchen Graphen lässt sich der Unterschied zwischen den beiden Strategien zumindest qualitativ gut ablesen. Es wird schnell transparent, in welcher Dimension es gravierende Unterschiede zwischen den beiden Strategien gibt, insofern kann eine solche Messung der Falsifikation einer Strategie dienen.

6.1 Informationsstrategie

Für viele Organisationen ist der Bedarf nach einer expliziten IT-Strategie aus der Notwendigkeit geboren, sich neben der Veränderung der konkurrierenden Organisationen auch auf die sich permanent verändernden Standards und Technologien einzustellen. Zwar haben sich Technologien schon immer verändert, allerdings liegen die Zeiträume üblicherweise in der Größenordnung von einem oder mehreren Jahrzehnten[10]; bei der IT liegen sie jedoch in

---

[10] Automobile verändern sich technologisch betrachtet nur sehr langsam. Die meisten heutigen Technologien haben ihre Wurzeln im 19. Jahrhundert: Autos, Tele-

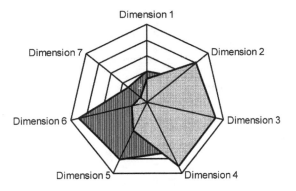

Abb. 6.5: Das strategische Alignment zwischen Business und IT schematisch dargestellt

der Größenordnung von wenigen Jahren. Diese kurze Veränderungszeit der IT gegenüber anderen Technologien führt bei Organisationen, welche ansonsten in einer stabilen Umgebung existieren, zum Gefühl des IT-Chaos. Diese rapide Veränderung bedarf der Einbettung in die langsameren Veränderungszyklen der Organisation. Eine gut gewählte IT-Strategie kann einer der Schlüsselfaktoren für das Überleben einer Organisation sein, eine schlecht gewählte führt dazu, dass die IT als die „Achillesferse" der Organisation empfunden wird.

Eine Informationsstrategie besteht aus zwei Teilen, zum einen der Informationsinfrastruktur- und zum anderen der Informationsfunktionsstrategie. Diese Teile werden üblicherweise mit der Geschäftsstrategie zu einer gemeinsamen „Corporate Strategy" verwoben (s. Abb. 6.7). Diese enge Verknüpfung erzeugt den Eindruck, dass es ein hohes Maß an strategischem Alignment gibt, was aber nicht notwendigerweise so sein muss. Erst eine konkrete Messung kann das Maß an Alignment wirklich quantifizieren.

Die Informationsinfrastrukturstrategie beschäftigt sich mit der Infrastruktur der Kommunikation und Informationsgewinnung beziehungsweise Informationsverarbeitung in der gesamten Organisation, oft auch über die Grenzen der eigentlichen Organisation hinaus und besteht aus mehreren Teilen:

---

phon, Fernsehen, Funk. Einzige Ausnahmen: Transistor und Laser sind Erfindungen des 20 Jahrhunderts. Die Grundidee des Computers wird bei Bool&Babbage im 18. Jahrhundert angesiedelt.

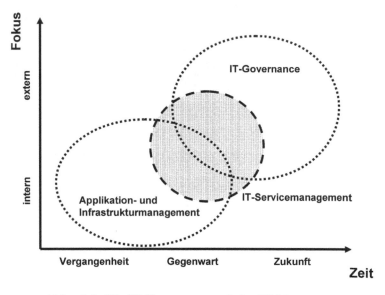

Abb. 6.6: Die IT-Governance und das IT-Management

- Infrastruktur – Die „eigentliche" Infrastruktur, welche aus der Hardware und der Basissoftware, wie zum Beispiel Betriebssysteme, besteht. Diese Infrastruktur ist nicht spezifisch bezüglich der Lösung von Problemen innerhalb der Geschäftsdomäne, im Gegenteil, sie ist in aller Regel sehr generisch.[11]
- Applikationen – Das sind die Informations- und Kommunikationssysteme, welche die vorhergehende Infrastruktur nutzen, aber spezifische Probleme der Geschäftsdomäne in Form von Applikationen lösen.
- Ressourcen – Die Ressourcen, welche die kulturellen, organisatorischen und professionellen Voraussetzungen darstellen, um die Informationssysteme überhaupt nutzen zu können.

Jede Strategie im Infrastrukturbereich zerfällt daher in mindestens drei Teilstrategien. Die einzelnen Teilstrategien entwickeln langfristig gesehen ein gewisses Maß an Eigendynamik. Allerdings bedingen sich die drei Teilstrategien gegenseitig und sollten nicht losgelöst voneinander betrachtet werden. Aber alle diese Strategien können nicht durchgeführt werden, wenn die Mitarbeiter und Services, welche notwendig zur Veränderung wie auch für den laufenden Betrieb sind, fehlen. Die Dienstleistungen, welche notwendig sind, um das IT-System am Laufen zu halten, zu warten und weiterzuentwickeln, bilden die Informationsfunktion. Damit die Informationsfunktion erfüllt werden kann, sind neben dem notwendigen qualifizierten Personal technische Werkzeuge wie Verwaltungssoftware und ähnliche Systeme notwendig. Eine Aufteilung in

---

[11] s. Abschn. 4.6

Tab. 6.1: Das Alignment zwischen dem Businessmanagement und dem IT-Investitionsmanagement

Business	IT-Investment			
	chaotisch	Funktions-auto-matisierung	Prozessauto-matisierung	strategisch
Gründer-mentalität	Überlebens-strategien	Versteinerung	Instabilität	Instabilität
funktional	schlechte Datenqualität	IT-Kosten-management	widersprüchli-che Anforde-rungen	widersprüchli-che Anforde-rungen
prozess-getrieben	ineffizienter Prozess	Redundanz von Daten und Funktionen	IT-Valuemana-gement und integrierte Geschäfts-prozesse	IT-Valuemana-gement und integrierte Geschäfts-prozesse
wert-schöpfend	wertzerstörend	Redundanz von Daten und Funktionen	IT-Valuemana-gement und integrierte Geschäfts-prozesse	strategisches IT- und Busi-nessmanage-ment

Tab. 6.2: Förderung und Widerstand beim Business-IT-Alignment

Förderung	Widerstand
Top-Management unterstützt IT	IT und Geschäftsbereiche verfeindet
IT an Strategieentwicklung beteiligt	IT priorisiert schlecht
IT versteht das „Geschäft"	IT verfehlt seine Commitments
Partnerschaft IT-Geschäft	IT versteht die Domäne nicht
IT priorisiert gut	Top-Management unterstützt IT nicht
IT zeigt Führerschaft	IT-Management ist führungslos

diese unterschiedlichen Größen hat zur Folge, dass die Informationsfunktion aus dem Blickwinkel des strategischen Alignments verschwindet, nicht jedoch aus dem Blick des temporalen (s. Kap. 10), des architektonischen (s. Kap. 5) und des kognitiven (s. Kap. 3) Alignments.

6.2 Assessmentframeworks

Bevor man jedoch in der Lage ist, eine „vernünftige" Strategie zu formulie-ren, ist es sinnvoll sich mit dem momentanen Istzustand zu beschäftigen. Zu

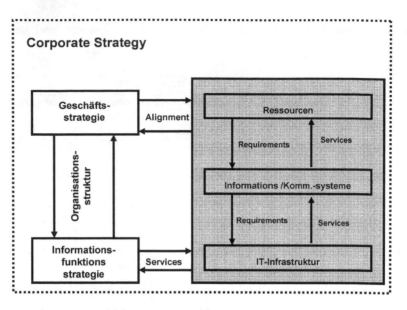

Abb. 6.7: Die Informationsstrategie

diesem Zweck dienen die Assessmentframeworks. Gemeinsam haben alle diese Assessmentframeworks die Eigenschaft, dass versucht wird ein gegebenes Phänomen, in der Regel eine konkrete Beobachtung, anhand einer Reihe von Bestandteilen einzuordnen und eine Klassifikation möglichst objektiv vorzunehmen. Hier wird der Idee eines komplexen Systems gefolgt (s. Anhang A), allerdings wird nicht versucht, das System als Ganzes (Phänomen) zu verstehen, sondern es wird in einfachere Subsysteme (Bestandteile) zerlegt, welche zur Kategorisierung genutzt werden, wobei die einzelnen Bestandteile Eigenschaften besitzen müssen, welche diese mess- oder zumindest vergleichbar[12] machen. Üblicherweise wird dieser Weg gegangen, weil sich die Eigenschaften der Bestandteile einfacher messen lassen als das Phänomen an sich. Ein Assessmentframework besteht daher aus einer Reihe von Regeln und Prinzipien, um diese „Untereigenschaften" des Phänomens miteinander zu kombinieren und vergleichen zu können. Das primäre Ziel eines solchen Frameworks ist es aber, letztlich eine Analyse des Phänomens durchzuführen.

Üblicherweise bauen Assessmentframeworks auf einer hierarchischen Zerlegung des Phänomens in immer konkreter werdende Bestandteile auf, um dann das Phänomen operationalisieren zu können. Insofern ist das Framework eine operationalisierte Theorie des Phänomens. Es lassen sich drei Arten von Theorien unterscheiden:

---

[12] Vergleichbarkeit bedeutet die Einführung einer Ordnungsrelation, so dass bezüglich eines Referenzpunkts die Einteilung wie besser-schlechter oder größer-kleiner vorgenommen werden kann.

- Solche, welche das Phänomen aus anderen konkreteren Phänomenen aufbauen.
- Solche, die Korrelation zwischen messbaren Größen als Erklärung für das Phänomen nutzen.
- Solche, welche eine kausale Relation zwischen dem Phänomen und Subphänomenen beschreiben.

6.3 Strategisches Alignmentmodell

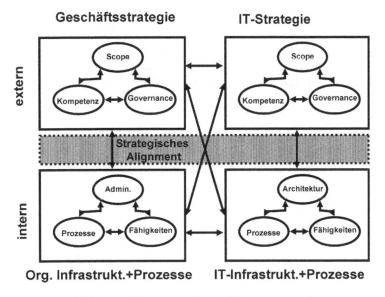

Abb. 6.8: Das strategische Alignmentmodell

Eines der bekanntesten Frameworks für die Bewertung[13] von strategischem Alignment ist das SAM[14]. Es versucht, das Phänomen des Alignments in zwei Dimensionen zu beschreiben (s. Abb. 6.8): zum einen im Unterschied zwischen der IT und der Geschäftswelt und zum anderen im Unterschied zwischen einem externen und internen Fokus. Der externe Fokus hat als Blickrichtung den Markt (die Umgebung der Organisation) und der interne Fokus die administrative Struktur der Organisation, oder anders formuliert: die Innen- und die Außensicht. Die entstehenden vier Bereiche müssen im Rahmen einer Entwicklung harmonisiert werden.

---

[13] Assessment
[14] Strategic Alignment Model

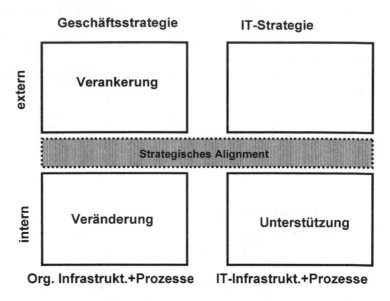

Abb. 6.9: Die Geschäftsstrategiesicht

Das strategische Alignmentmodell versucht das Alignment anhand von sechs Kriterien zu bestimmen, insofern ist es ein Assessmentframework:

1. Governance – der Grad, mit dem Vorgehensweisen zur Entscheidungsfindung, der Nutzung von Ressourcen und der Priorisierung unternehmensweit ähnlich gehandhabt werden. Die Sicherstellung eines formalen Verfahrens für die Prioritäten und Verwendung der IT-Ressourcen ist eine der zentralen Vorgehensweisen für Erreichung des Alignments.

2. Kommunikation – Hinter der Kommunikation steckt der Austausch von Ideen, Wissen und Informationen zwischen der IT und der Geschäftswelt, um beiden ein klares Verständnis des jeweils anderen zu ermöglichen. Ebenso muss ein gemeinsames Verständnis der Organisationsstrategie ermöglicht werden. Der effektive Austausch von Ideen und eine klare Vorstellung davon, was notwendig ist, um Strategien erfolgreich und konsequent umzusetzen, ist eine der Voraussetzungen, um Alignment zu erhalten. Oft geht das Defizit des mangelnden Wissens von Seiten der IT aus, sei es aus Überheblichkeit oder aus einer Form der Selbstüberschätzung, denn erstaunlich viele IT-Mitarbeiter tendieren dazu, die Fachbereiche als unwissend und unwichtig zu behandeln[15]. Aber in einer sich stetig

---

[15] Besonderer Beliebtheit unter den Softwareentwicklern erfreuen sich die Bastard-Operator-from-Hell-Geschichten, bei denen gezeigt wird, wie ein Systemoperator das Leben der Endbenutzer schwer machen kann. Diese modernen Märchen suggerieren dem „IT-Kundigen" ein Gefühl der Omnipotenz, indem er andere straffrei und nicht nachweisbar quälen kann.

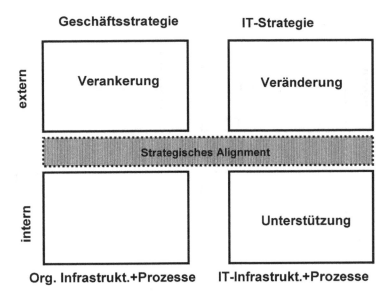

Abb. 6.10: Die Technologiepotentialsicht

wandelnden Welt ist ein permanenter Wissenstransfer unabdingbar. Diese Kommunikation findet allerdings im Rahmen der In-Outgroup-Grenzen-Problematik (s. Abschn. 3.1) statt und muss es schaffen, diese soziologischen Grenzen zu überwinden. Erfolgsversprechend zeigen sich hier die Ansätze der geteilten Kognition (s. Abschn. 3.2) beziehungsweise der Eigentümerschaft von Prozessen oder Systemen (s. Abschn. 3.3).

3. Kompetenz- und Wertmessung – Messungen sind der Versuch, den Beitrag der IT zur Erreichung der Geschäftsziele zu quantifizieren. Viele IT-Abteilungen sind jedoch nicht in der Lage, ihren eigentlichen Wert beziehungsweise ihre jeweiligen Beiträge zum Organisationserfolg der Fachabteilung gegenüber zu vermitteln. Die Betrachtungen über η_{EVA} beziehungsweise der Informationsproduktivität η_{IP} (s. Abschn. 2.6) können dem Management der Fachbereiche und speziell dem Controlling vermitteln, welche Werte die IT schafft oder schaffen könnte.

4. Partnerschaft – das Maß an Beziehung zwischen der Geschäftswelt und der IT auf der Entscheidungsebene (s. Abb. 3.2), in dem die Partnerschaft aus dem Blickwinkel der Eigentümerschaft in der Organisation beurteilt wird. Hier gelten ähnliche Betrachtungsweisen wie bei dem Punkt Kommunikation.

5. Scope und Architektur – Das Ausmaß, in dem die IT überhaupt Flexibilität und Geschäftsprozesse, beziehungsweise deren Veränderung ermöglicht.

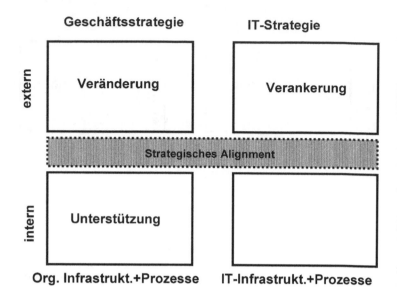

Abb. 6.11: Die Wettbewerbspotentialsicht

6. Fähigkeiten[16] – Die Förderung von Menschen zwecks Verbesserung ihrer Fähigkeiten und deren Beitrag zum Organisationserfolg.

Damit im Rahmen von SAM das strategische Alignment messbar wird, müssen einzelne Größen betrachtet werden. Die einzelnen Größen (s. Abb. 6.8) sind:

- Geschäftsstrategie
  - Scope – Der Scope beinhaltet:
    - Märkte
    - Produkte
    - Dienstleistungen
    - Kundengruppen oder -segmente
    - Standorte

    An diesen Punkten arbeitet eine Organisation beziehungsweise konkurriert mit anderen Organisationen. Auch potentielle Konkurrenten sollten hier berücksichtigt werden.
  - Kompetenz – Die kritischen Erfolgsfaktoren und Kernkompetenzen, welche es den Organisationen überhaupt möglich machen, sich am Markt gegenüber der Konkurrenz zu differenzieren. Dies beinhaltet üblicherweise:
    - Marken
    - Forschung
    - Produktentwicklung

---

[16] Skills

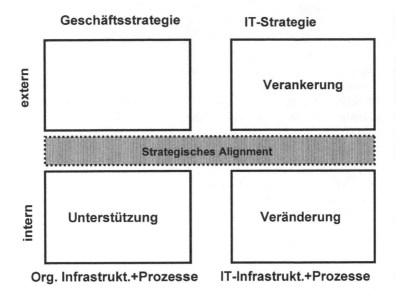

Abb. 6.12: Die Servicelevelsicht

    · Produktion
    · Kosten- und Preisstruktur
    · Verkaufs- und Verteilungskanäle
  − Governance – Die Art und Weise, wie die Organisation die Beziehungen zwischen den verschiedensten Gruppen organisiert und steuert. Zu diesen Gruppen zählen unter anderem auch:
    · Management
    · Aktionäre
    · Aufsichtsrat
  Die Governance enthält aber auch Angaben, wie die Organisation auf äußere Einflüsse und Veränderungen wie beispielsweise die Gesetzgebung, externe strategische Geschäftspartner oder Kunden- und Marktsegmente reagiert.
• IT-Strategie
  − Scope – Die Informationen über alle Anwendungen und eingesetzte Technologien.
  − Kompetenz – Die eigentlichen Fähigkeiten der IT, Zugang und Zugriff auf Informationen, deren Gewinnung und Verarbeitung.
  − Governance – Die Art und Weise, wie die IT-Governance bezüglich der Steuerung gelebt wird. Die zu steuernden Größen sind:
    · Konflikte
    · Prioritäten
    · Ressourcen

· Verantwortung
· Projektauswahl und -steuerung

Aber nicht nur die eigene IT, auch Serviceprovider und das IT-Management fallen hierunter.

- Organisationsinfrastruktur und Prozesse
  - Administrative Struktur – die Struktur der Aufbauorganisation – Effektive Allianzen, Akquisitionen und Outsourcing von Prozessen können die Struktur und Abläufe einer Organisation sehr schnell verändern.
  - Prozesse – die eigentlichen Geschäftsprozesse – Diese Prozesse können sehr dynamisch sein; so zeigt die permanente Segmentation der Firma *Dell*, welche sie vornimmt, um das aktuelle Kundenbedürfnis zu befriedigen, welche dynamischen Fähigkeiten Firmen haben können.
  - Fähigkeiten – Dies beinhaltet die Summe der Fähigkeiten aller Mitarbeiter, aber auch Regeln dafür, wie und wann Mitarbeiter eingestellt oder entlassen werden.[17]
- IT-Infrastruktur und Prozesse
  - Architektur – gemeint ist die IT-Architektur[18]
  - Prozesse – Diese beinhalten alle Aktivitäten und Vorgehensweisen, die zur Beschaffung, Entwicklung und Wartung der Applikationen sowie der Hardware dienen.
  - Fähigkeiten – Diese beinhalten die Summe der Fertigkeiten der IT-Mitarbeiter, aber auch die Regeln, wie und wann Mitarbeiter eingestellt oder entlassen werden.

Wird innerhalb dieses Modells das strategische Alignment bewertet, so kann man sich die Frage stellen: Welche Faktoren sind es, die das Alignment verbessern, beziehungsweise welche Faktoren behindern es? Die Faktoren, die Alignment verbessern und manchmal sogar erst ermöglichen, sind in der Reihenfolge ihrer Wichtigkeit:

1. Unterstützung des Top-Managements[19] für die IT[20]
2. Beteiligung der IT an der Entwicklung der Geschäftsstrategie[21]
3. Verständnis der IT für den Geschäftszweck der Organisation
4. Eine Geschäftswelt-IT-Partnerschaft
5. Gut priorisierte IT-Projekte
6. Führerschaft durch die IT

---

[17] Ein sehr tayloristischer Ansatz; der einzelne Mensch wird nicht mehr als Individuum wahrgenommen, sondern auf eine kleine Menge von Fertigkeiten reduziert.

[18] Durch die Trennung zwischen Organisation und IT verfolgt SAM als Framework nicht den Gedanken einer übergreifenden Enterprise Architektur.

[19] In den meisten Organisationen besteht das Top-Management aus Juristen und Betriebswirten.

[20] Die eigene IT muss als ein strategischer Partner angesehen werden.

[21] Wenn es eine hohe Kongruenz zwischen dem Organisationsziel beziehungsweise der Vision und der IT-Strategie gibt.

Die Faktoren, welche ein strategisches Alignment zwischen Geschäftswelt und IT verhindern sind, wiederum in der Reihenfolge der Wichtigkeit:

1. Zwischen IT und den Fachbereichen fehlt eine enge Verbindung[22]
2. Die IT betreibt kein sinnvolles Portfoliomanagement[23]
3. Die IT kann ihre Versprechen nicht einhalten[24]
4. Die IT versteht das eigentliche Geschäft der Organisation nicht
5. Fehlende Unterstützung des Top-Managements für die IT
6. Führerschaft durch die IT ist nicht vorhanden

Es reicht aber nicht aus, ausschließlich das Alignment zu messen; strategisches Alignment ist ein sich fortschreibender Prozess, der stetig aufrechterhalten werden muss. Ein solcher Prozess besteht aus sechs Schritten:

1. Teambildung und Zielsetzung – Neben dem Sponsoring durch das Top-Management ist ein gemeinsames Team[25] aus Fachbereich und IT zu bilden, welches die „richtigen" Repräsentanten aus den jeweiligen Bereichen enthält. Das Ziel dieses Teams ist es, den Reifegrad des Alignments zu ermitteln. Wurde dieser bestimmt, so können Mechanismen für die Verbesserung gefunden werden. Diese Teambildung ist der Versuch, zumindest selektiv, die kognitive Schlucht zwischen IT und dem Fachbereich zu überbrücken.

2. Analyse der Verbindung zwischen Fachbereich und IT – Das Team nutzt die Größen des strategischen Alignmentmodells, um die aktuelle Kopplung zwischen Geschäftswelt und IT zu bestimmen.

3. Analyse und Priorisierung der Lücken – Die unterschiedlichen Meinungen und Ansichten der Teilnehmer sind die Stellen, an denen es Chancen zur Verbesserung des Alignments gibt. Die Lücke zwischen dem beobachteten Ist- und dem gewünschten Sollzustand muss entsprechend priorisiert werden.

4. Festlegung der Aktionen und Konsequenzen – Ein üblicher Schritt im Rahmen des Projektmanagements. Spezifische Aufgaben mit klaren Zielsetzungen, Eigentümerschaft, Zeit- und Ressourcenrahmen, Risiken und Messverfahren für den Erfolg werden definiert.

---

[22] Die IT merkt dies daran, dass sie im Rahmen der Organisation als Kostenstelle angesehen wird und nicht als strategischer Partner.

[23] s. Abschn. 2.1

[24] In den meisten Fällen eine Folge eines inadäquaten Portfoliomanagements.

[25] Hier sollte eine gewisse Vorsicht walten, da bereichsübergreifende Projektteams die Tendenz zum Kompromiss, zum kleinsten gemeinsamen Nenner haben:
Einer der ärgsten Feinde des Menschen ist der auf Denkfaulheit und Ruhebedürfnis ausgerichtete Drang zum Kollektiv.

Reinhard Sprenger
Managementtrainer

5. Wahl und Bewertung der Erfolgsfaktoren – Nach der Umsetzung muss neu bewertet werden, ob das Gesamtziel des letzten Schrittes erreicht wurde.
6. Erhalt des Alignments – Die gefundene Verhaltensänderung muss positiv unterstützt werden. Verhaltensänderungen sind die am schwersten zu erreichenden Veränderungen.

Tab. 6.3: Strategische Ausrichtung

	Geschäfts-strategie	Technologie-potential	Wettbewerbs-potential	Servicelevel
Fixpunkt	Geschäfts-strategie	Geschäfts-strategie	IT-Strategie	IT-Strategie
Pivot	Geschäfts-infrastruktur	IT-Strategie	Geschäfts-strategie	IT-Infrastruktur
Wirkung	IT-Infrastruktur	IT-Infrastruktur	Geschäfts-infrastruktur	Geschäfts-infrastruktur

Bezüglich der Veränderung eines bestehenden Alignments gibt es de facto vier verschiedene Sichtweisen, welche den unterschiedlichen Vorgehensweisen entsprechen:

- Geschäftsstrategiesicht[26] – Dies ist die bekannteste, weil am meisten verbreitete Sicht, wenn Organisationen über Strategien nachdenken. Diese Sichtweise auf die Strategie versucht die Geschäftsstrategie in Form von Geschäftsprozessen umzusetzen; dabei dienen die IT-Prozesse als Unterstützung. Eventuell müssen Lücken auf der Seite der IT geschlossen werden, dies ist aber nicht der Fokus. Die Geschäftsstrategiesicht ist hilfreich, wenn die Geschäftsstrategie klar ist, aber Teile der Umsetzung fehlen oder neu arrangiert werden müssen.
- Technologiepotentialsicht[27] – Die Technologiepotentialsicht vergleicht die möglichen Technologien mit einer gegebenen Geschäftsstrategie. Hilfreich ist sie, um unsinnige Technologien[28] frühzeitig zu entdecken und diese zu eliminieren. Eventuelle Lücken auf der IT-Prozess- oder Applikationsebene können recht schnell geschlossen werden. Umgekehrt werden in der

---

[26] s. Abb. 6.9

[27] s. Abb. 6.10

[28] Es gibt Technologien, die den Eindruck vermitteln, dass ihre Anwendung fragwürdig ist. Solche Technologien haben oft sehr engagierte Visionäre, die sie unbedingt umsetzen wollen. Spötter bezeichnen solche Technologien als: *Eine Lösung auf der Suche nach dem Problem.*

Tab. 6.4: Stärken und Schwächen des Strategic Alignment Models

Stärken	Schwächen
Das Modell ist in einer Art und Weise strukturiert, die klar die Notwendigkeit für ein Alignment zwischen IT und der Organisation aufzeigt.	Das Modell zeigt keine direkten praktischen Auswirkungen, in gewisser Weise bleibt es auf einer abstrakten Ebene stehen.
Es wird aufgezeigt, wie externe Kräfte die unterschiedlichen Strategien beeinflussen und verändern.	Es werden keine Ziele hinter die einzelnen Aspekte verankert, weder auf der strategischen noch auf der infrastrukturellen Ebene.
Die innere Infrastruktur der Organisation wird durch die ausgerichteten Strategien getrieben, welche ihrerseits durch die externe Orientierung verändert werden.	Das Modell zeigt nicht auf, wie Unterstützung für Maßnahmen bereitgestellt werden können.
Es sind, je nach Domäne der Organisation, unterschiedliche dominante Perspektiven möglich.	
Die Strategieebene ist so konstruiert, dass die Formulierung zunächst unabhängig von der Implementierung ist, was der anschließenden Implementierung viel Handlungsspielraum gibt.	

Technologiepotentialsicht die Technologien, welche die Geschäftsstrategie unterstützen, deutlich erkannt. Die Technologiepotentialsicht versucht den Nutzen von Technologie innerhalb der Organisation zu maximieren.

- Wettbewerbspotentialsicht[29] – Die Wettbewerbspotentialsicht stellt die Frage: Wie kann sich die Geschäftsstrategie durch den Einsatz einer Technologie ändern? Die Anfänge von Internethändlern, Internettauschbörsen oder Online-Banken waren in der Vergangenheit spezifische Geschäftsstrategieantworten auf die Einführung und Verbreitung der Internettechnologie. Die Wettbewerbspotentialsicht zwingt die Organisation alle Marktpotentiale, welche durch eine Technologie erreichbar sind, zu erschließen. Oft müssen in diesem Rahmen auch die Geschäftsprozesse verändert werden.

- Servicelevelsicht[30] – Die Servicelevelsicht versucht die IT so auszurichten, dass sie den Geschäftsprozessen definierte Services anbietet, welche diese nutzen können. Dabei wird innerhalb einer Technologie geblieben; eventuell müssen die Geschäftsprozesse angepasst werden. Service Oriented

---

[29] s. Abb. 6.11
[30] s. Abb. 6.12

Architectures (s. Abschn. 4.11) wären eine Implementierungsform einer solchen Sichtweise.

6.4 CObIT

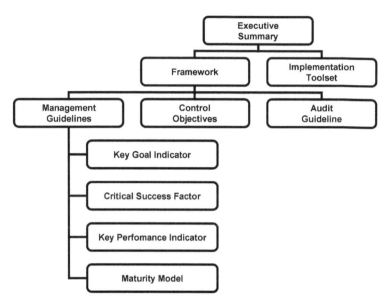

Abb. 6.13: Die Elemente von CObIT

Der weltweite Berufsverband der IT-Revisoren ISACA[31] veröffentlichte bereits 1996 die erste Ausgabe von CObIT (**C**ontrol **Ob**jectives for **I**nformation and related **T**echnology), das ein Kontrollsystem für die IT, aber auch für die Kommunikationstechnologie darstellt. CObIT ist ein Modell von generell anwendbaren und international akzeptierten prozessbezogenen Kontrollzielen[32] innerhalb der IT, die in einem Unternehmen beachtet und umgesetzt werden sollten, um eine verlässliche Anwendung der Informationstechnologie zu gewährleisten:

> *To research, develop, publicise and promote an authoritative, up-todate, international set of generally accepted information technology control objectives for day-to-day use by business managers and auditors.*

---

[31] Information **S**ystems **A**udit and **C**ontrol **A**ssociation
[32] Control Objectives

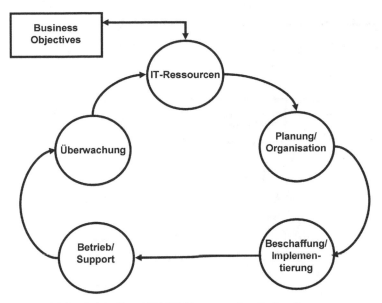

Abb. 6.14: Das CObIT-Framework mit den Prozessen

Im Mai 1998 erschien eine komplett überarbeitete und erweiterte Version mit 34 IT-Prozessen und 300 Kontrollzielen. Im Juli 2000 wurde das CObIT-Framework in der dritten Version im Wesentlichen um Aspekte der IT-Governance im Rahmen so genannter „Management Guidelines" erweitert. Es sind darin auch die Kernziele, die kritischen Erfolgsfaktoren sowie die messbaren Leistungsindikatoren aufgeführt, welche eine klare Überwachung der IT-Prozesse durch das Management ermöglichen. Das CObIT-Framework besteht aus verbreiteten, generell akzeptierten Praktiken (Best-Practices[33]), welche sicherstellen, dass die benutzte Informationstechnologie die Geschäftsziele abdeckt, dass die Ressourcen verantwortungsvoll eingesetzt und die Risiken entsprechend überwacht werden, was allgemein mit dem Begriff IT-Governance bezeichnet wird. CObIT ist die einzige allumfassende Methode zur Unterstützung von IT-Governance auf allen Ebenen. Ursprünglich war CObIT eine Sammlung von Kontrollzielen als Unterstützung im Rahmen von IT-Revisionen. Heute stellt CObIT eine Sammlung von Veröffentlichungen dar, die als allgemein akzeptierter Standard für IT-Sicherheit und IT-Kontrolle bezeichnet werden können und die ein Modell ergeben, das von Mitgliedern des Managements, Anwendern, Auditoren und Sicherheitsfachleuten angewandt werden kann. Zielgruppe sind somit alle betroffenen Stakeholder wie Direktoren, das obere Management, die Eigner von Prozessen, Anwender, IT-Lieferanten, Revisoren.

---

[33] s. S. 374.

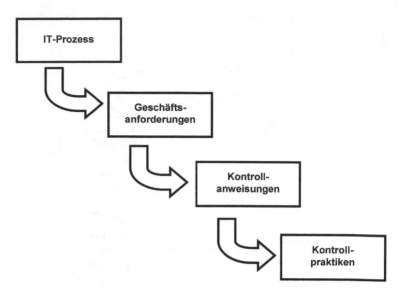

Abb. 6.15: Das CObIT-Wasserfallmodell

CObIT hat das Ziel, IT-Governance für alle betroffenen Ebenen in einer Organisation mit Hilfe einer Kollektion von Best-Practices zu unterstützen. Dies geschieht durch die Bereitstellung umfangreicher Dokumentationen, in denen, allerdings generisch, die notwendigen Aktivitäten zur Zielerreichung beschrieben werden. Entsprechend den unterschiedlichen Zielgruppen – wie Top-Management, IT-Management, Revisoren, IT-Personal, Anwender und so weiter – ist die CObIT-Dokumentation in mehreren Bänden mit unterschiedlichen Schwerpunkten und steigendem Detaillierungsgrad organisiert.

Das heutige CObIT besteht aus den Dokumenten:

- Executive Summary – Für die Zielgruppe Geschäftsleitung und Top-Management wird ausgehend vom Begriff der IT-Governance ein Überblick gegeben, der ein Verständnis der CObIT-Konzepte und -Prinzipien erlaubt. Für die Erreichung der Organisationsziele ist das effektive Management von Informationen und der damit verbundenen Informationstechnologie unerlässlich, daher die IT-Governance:

  IT-Governance is a structure of relationships and processes to direct and control the enterprise in order to achieve the enterprise's goals by adding value while balancing risk versus return over IT and its processes.

  Damit das Management seine Geschäftsziele erreichen kann, muss es die IT-Aktivitäten derart leiten und managen, dass ein effektiver Ausgleich zwischen der aktiven Steuerung von Risiken und dem erzielten Ertrag erreicht werden kann. Dazu müssen die wichtigsten Aktivitäten identifi-

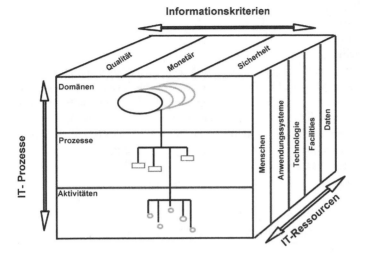

Abb. 6.16: Der CObIT-Kubus

ziert und ihr Erfolgsbeitrag zur Zielerreichung gemessen werden. Zusätzlich muss der Reifegrad[34] der Organisation mit den Best-Practices der Industrie und eventuell vorhandenen internationalen Standards verglichen werden. Daraus wird die Notwendigkeit eines durch IT-Governance unterstützenden Rahmenmodells, wie es CObIT bietet, abgeleitet. Speziell die Management-Guidelines mit der Beschreibung der kritischen Erfolgsfaktoren, den wesentlichen Kernzielen und Leistungsindikatoren und das Maturity Model für IT-Governance bieten die geeignete Unterstützung für das Management.

• Framework – Das Framework bildet den Kern des CObIT-Rahmenmodells. Ziel aller IT-Aktivitäten ist die Unterstützung der Geschäftsziele mit Hilfe der IT-Ressourcen. Um die Informationen bereitzustellen, welche die Organisation für die Zielerreichung benötigt, müssen die IT-Ressourcen durch eine Gruppe von Prozessen gesteuert werden. Das CObIT-Framework ist sehr prozessorientiert organisiert und definiert für jeden IT-Prozess sowohl die Geschäftsziele, welche durch diesen Prozess unterstützt werden sollen, als auch die Kontrollziele für den entsprechenden Prozess. Für die Formulierung der Kontrollziele werden sieben Arten von Geschäftsanforderungen, und damit auch Kriterien für Qualität, Sicherheit und Ordnungsmäßigkeit berücksichtigt:

– Vertraulichkeit

– Integrität

---

[34] Maturity

- Verfügbarkeit
- Effektivität
- Effizienz
- Compliance
- Zuverlässigkeit

Die Struktur der Kontrollziele lehnt sich stark an ein prozessorientiertes Geschäftsmodell an. Die Geschäftsprozesse basieren im Sinne von CObIT auf IT-Ressourcen, welche sich nach dem CObIT-Verständnis aus Daten, Anwendungen, Technologien, Anlagen und Personal zusammensetzen. Die für die Geschäftsprozesse benötigten Ressourcen müssen kontrolliert, geplant, entwickelt, implementiert, betrieben und überwacht werden. CObIT definiert dazu 34 kritische Prozesse, die innerhalb der IT identifiziert werden können. Diese Prozesse sind für das Management erfolgsbestimmend. Sie lassen sich in vier übergeordnete Domänen[35] gruppieren, welche einen geschlossenen Kreislauf bilden.

- Planung und Organisation – Die Domäne von Planung und Organisation umfasst die Strategie und Taktik und betrifft die Bestimmung der Art, wie die Informationstechnologie am besten zur Erreichung der Geschäftsziele beitragen kann. Weiterhin muss die Realisierung der strategischen Vision für unterschiedliche Aspekte geplant, kommuniziert und geleitet werden, schließlich muss eine geeignete Organisation wie auch eine technologische Infrastruktur bereitstehen.
- Beschaffung und Implementation – Damit das Ziel der IT-Strategie erreicht werden kann, müssen IT-Lösungen identifiziert, entwickelt oder beschafft und implementiert werden. Des Weiteren deckt die Domäne Beschaffung und Implementation die Veränderungen und die Wartung von bestehenden Systemen ab.
- Betrieb und Support – Die Domäne Betrieb und Support hat als Ziel die effektive Bereitstellung der gewünschten Dienstleistungen, welche vom traditionellen Betrieb über Sicherheits- und Kontinuitätsfragen bis zur Ausbildung reichen. Zum Betrieb von Dienstleistungen müssen die notwendigen Unterstützungsprozesse etabliert werden. Diese Domäne beinhaltet auch die Applikationen.
- Überwachung – Alle Prozesse in der IT müssen regelmäßig auf ihre Qualität und auf die Erreichung der Kontrollziele überprüft werden.

Ähnlich einem Wasserfallmodell, welches versucht eine Verbindung zwischen den Geschäftszielen und der IT herzustellen, legt CObIT für jeden Prozess generisch fest:

- Hauptkontrollziel[36]
- detaillierte Kontrollziele[37]

---

[35] IT Domains
[36] High Level Control Objective
[37] ca. 3–30

– Kontrollpraktiken[38],[39]

- Control Objectives – Der umfangreiche CObIT-Dokumentationsband Control Objectives erweitert das Framework um die Beschreibung aller detaillierten Kontrollziele je Prozess. In Summe werden 318 Kontrollziele in einer generischen Form beschrieben.

- Control Practices – Dieser CObIT-Dokumentationsband ist nicht Bestandteil des 6-teiligen Standardsets. Der Band Control Practices erweitert den CObIT-Dokumentationsband Control Objectives um die Kontrollpraktiken je Kontrollziel. Dies sind genauere Anweisungen auf einem tiefer liegenden Praxisniveau, durch welche die Tätigkeiten zur Erreichung des Kontrollziels abgesichert werden können. Die gelieferte Beschreibung ist jedoch noch immer technologieunabhängig.

- Management Guidelines – Die Management Guidelines richten sich an das Management auf oberster und mittlerer Ebene. Ausgehend vom CObIT-Framework und seinen Kontrollzielen wurden die Management Guidelines vom IT-Governance-Institute in Zusammenarbeit mit weltweiten Experten und Analysten speziell für die Aufgabenstellungen des Managements entwickelt. In Weiterführung der Ansätze aus dem Executive Summary bieten sie genau die Werkzeuge für die IT-Governance, mit denen kontrolliert und gemessen werden kann, ob und wie die interne IT die geforderten Ziele erfüllt und damit ihren Beitrag zur Erreichung der globalen Ziele der Organisation liefert.

Es wurden vier Komponenten entwickelt:

– Maturity Model – Ein Reifegradmodell für strategische Entscheidungen und Benchmark – Vergleiche, in Anlehnung an das CMM Modell – für Softwareentwicklung (s. Tab. 6.5)

– CSF[40] – Kritische Erfolgsfaktoren, um die IT-Prozesse unter Kontrolle zu bringen. Kritische Erfolgsfaktoren definieren die wichtigsten Probleme und Aktionen für das Management, um damit die Kontrolle über oder innerhalb eines IT-Prozesses zu erreichen.

– KGI[41] – Zielerreichungsindikatoren, um die Erreichung der Ziele für die IT-Prozesse zu messen. Die einzelnen Zielerreichungsindikatoren definieren Messzahlen, die dem Management im Nachhinein angeben, ob ein IT-Prozess seinen Anforderungen gerecht wurde, üblicherweise in Form folgender Informationskriterien:

  · Verfügbarkeit der Informationen, die für die Unterstützung der Geschäftsziele benötigt werden
  · Risiken bezüglich Datensicherheit und Datenintegrität
  · Kosteneffizienz der Prozesse und Operationen

---

[38] Control Practices
[39] ca. 5–7
[40] Critical Success Factors
[41] Key Goal Indicators

Tab. 6.5: Das CMM-Reifegradmodell

Reifegrad	Bezeichnung	Kommentar
0	Non existent	keine Management-Prozesse vorhanden
1	Initial	Prozesse sind ad hoc und unorganisiert
2	Repeatable	Prozesse folgen einem nicht formal definierten Muster
3	Defined	Prozesse sind standardisiert, dokumentiert und kommuniziert
4	Managed	Prozesse werden überwacht und gemessen
5	Optimised	Prozesse nach Best-Practices werden befolgt und sind automatisiert

· Zuverlässigkeit, Effektivität und Übereinstimmung mit den entsprechenden Anforderungen
Diese sind auf die Geschäftsanforderungen fokussiert und bieten üblicherweise Messzahlen, welche auch für die finanz- und kundenbezogenen Dimensionen einer Balanced Business Scorecard genutzt werden.
– KPI[42] – Leistungsindikatoren, um die Performance innerhalb eines jeden Prozesses zu messen. Die Leistungsindikatoren definieren Messzahlen, um zu bestimmen, wie gut der IT-Prozess das vorgegebene Ziel erreicht hat. Dies sind die wesentlichen Indikatoren dafür, ob ein Ziel wahrscheinlich erreicht wird oder nicht; außerdem sind es gute Indikatoren für die Fähigkeiten, die Verfahren und die Kompetenzen, welche sich innerhalb der Organisation befinden. Im Gegensatz zu den Zielerreichungsindikatoren sind die Key-Performance-Indikatoren auf die Ressourcen und die IT-Prozesse fokussiert und drücken die Qualität des Ressourcenmanagements und der Prozessperformance aus, dies immer mit dem Ziel, die Prozesse und deren Performance zu verbessern. Beispiele für derartige Indikatoren sind:
· Verfügbarkeit der Anwendungen
· Antwortzeiten
· Menge an ausgebildetem Personal
· Menge der fehlenden Ressourcen
Die Management Guidelines beschreiben die Kriterien für die Reifegradbestimmung, die kritischen Erfolgsfaktoren und die Zielerreichungs- und Leistungsindikatoren für unterschiedliche Ebenen:
– für einen generellen generischen IT-Prozess
– für den Prozess der gesamten IT-Governance

---
[42] **Key Performance Indicators**

– für jeden der 34 individuellen Prozesse aus dem Framework

Damit sind dem Management aussagekräftige und detaillierte Hilfsmittel an die Hand gegeben, um die IT-Governance sowohl auf der Ebene der Geschäftsleitung sowie auf der operativen Prozessebene durchzuführen und zu managen.

- Audit Guidelines – Diese CObIT-Dokumentation wendet sich speziell an Auditoren, Prüfer, Revisoren. Sie sollte in Abstimmung mit dem Teil Control Objectives eingesetzt werden. Die Audit Guidelines enthalten einen generischen Guideline und 34 prozessorientierte Guidelines. Der generische Teil der Guidelines beschreibt verschiedene, für jedes Kontrollziel durchzuführende Prüfungen, während die prozessorientierten Anleitungen für jedes Kontrollziel individuelle Hinweise geben, was konkret überprüft werden soll und wie der Test erfolgen kann. Die Audit Guidelines ermöglichen dem Prüfer, alle IT-Prozesse gegen die empfohlenen CObIT Control Objectives zu prüfen. Die Audit Guidelines stehen nicht nur in direktem Zusammenhang mit den Kontrollzielen, sondern berücksichtigen auch die Indikatoren der Management Guidelines. Der hohe Detaillierungsgrad der Audit Guidelines ist mit der Herkunft des CObIT-Frameworks im Rahmen von Audits zu erklären.
- Implementation Toolset – Dieses Toolset enthält Anleitungen für eine Einführung von CObIT, wie einen Aktionsplan, Hinweise zur Risikofeststellung und Audit-Planung.

Das CObIT-Framework hat inzwischen bereits einen beachtlichen Bekanntheitsgrad erreicht. In Deutschland kennt nach einer neueren Befragung ein Drittel der IT-Verantwortlichen den Begriff CObIT, aktiv mit CObIT befasst hat sich ein Viertel der IT-Manager. Werte über Einsatzzahlen liegen leider nicht vor, dürften aber eher gering sein, etwa ähnlich dem Einsatz von CMMI.

CObIT ist sicherlich bezüglich der Breite das umfassendste Rahmenwerk und Referenzmodell für die Einführung von IT-Governance in allen Bereichen einer Unternehmung. Die definierten IT-Prozesse und ihre Kontrollziele können als Best-Practice in diesem Bereich angesehen werden. Die Tiefe ist, obwohl keine technischen Details angegeben werden, als relativ groß anzusehen, da aus den Kontrollzielen die notwendigen Maßnahmen leicht abzuleiten sind.

Leider ist die CObIT-Dokumentation recht generisch, das heißt es wird auf keine speziellen Technologien eingegangen. Sie kann aber problemlos unterschiedlichen Ausgangslagen angepasst werden. Um die Problematik des ersten Einsatzes zu mildern, stehen viele Consultingunternehmen auch gerne „hilfreich" zur Seite. Es wurde mit CObIT ein Trend kreiert, welcher von den Unternehmensberatern forciert und ausgenutzt wird. Da die Revisoren CObIT bevorzugen und die Unternehmensberater es implementieren, zeigt sich an dieser Stelle wieder die „bekannte" Symbiose dieser beiden Berufsgruppen. Es kann auch mit der Implementierung von Teilen begonnen werden und das CObIT-Rahmenwerk dann als Leitfaden und Checkliste auf dem langen

Tab. 6.6: Stärken und Schwächen des CObIT-Frameworks

Stärken	Schwächen
Die explizite Nutzung der „Control Objectives" erzwingt die Einhaltung durch eine Abfolge von Zielen.	Die Zahl von 34 „Control Objectives" ist deutlich zu groß.
Die Gruppierung der „Control Objectives" in die vier Domänen macht es einfacher, diese bestimmten Institutionen zuzuordnen.	Die Frage nach der Sinnhaftigkeit willkürlicher Reifegrade muss gestellt werden.
Die „Control Objectives" können je nach ihrem Einfluss auf das Alignment unterschiedlich priorisiert und eingesetzt werden.	Es gibt im CObIT keine Angaben über die Skillprofile für die beteiligten Mitarbeiter.
	Die verschiedenen Reifegrade haben keine spezifischen „Control Objectives".

Weg zur perfekten IT-Governance verwendet werden. CObIT integriert insgesamt 41 nationale und internationale Standards aus den Bereichen Kontrolle, Sicherheit, Qualitätssicherung und IT. Trotzdem kann CObIT nicht alles abdecken, was viele andere Standards enthalten, vor allem nicht in deren Tiefe. Die hohe Anzahl von Prozessen innerhalb von CObIT führt dazu, dass dem einzelnen Mitarbeiter der Nutzen bestimmter Prozesse nicht offensichtlich ist. Dies führt wiederum dazu, dass der entsprechende Prozessverantwortliche sich einem permanenten Rechtfertigungsdruck ausgesetzt sieht. Dieser Rechtfertigungsdruck setzt sich bis in die Spitze der Organisation fort, da im Gegensatz zu „echten" Geschäftsprozessen der Nutzen der CObIT-Prozesse für die Organisation nicht sofort evident ist.

Das größte Risiko bei der Einführung von CObIT ist es, dass vor lauter CObIT-Prozessen das eigentliche Ziel, nämlich die Prozesse in der Organisation und der IT zu verbessern, oft aus den Augen verloren wird. Zwar sollten die CObIT-Prozesse als Richtlinien verstanden werden, die bei der Einführung einer gewissen Interpretation und Adaption bedürfen, jedoch entwickeln sie oft ein Eigenleben und werden zu einer *l'art pour l'art*.

6.5 Metriken

Für Strategien gibt es keine allgemein gültige Metrik, selbst innerhalb einer eng begrenzten Domäne sind keine publizierten Ansätze bekannt, eine solche

Metrik zu schaffen. Jede Organisation kann daher nur ihre eigenen Maßstäbe[43] definieren und diese konsequent anwenden.[44] Die Ausrichtung muss entlang mehrerer vorher gewählter Dimensionen vorgenommen werden. Hierdurch bilden die Businessstrategie sowie die IT-Strategie jeweils einen Punkt in einem N^{Dim}-dimensionalen Raum. Genauer gesagt befinden sie sich innerhalb einer N^{Dim}-dimensionalen Einheitskugel, da man eine endliche Dimension immer auf 1 normieren kann.[45]

$$\mathcal{R}_N \leq 1.$$

Zur konkreten Berechnung der Unterschiede zwischen der IT-Strategie und der Businessstrategie, welche jeweils einen Punkt darstellen, bieten sich drei unterschiedliche „Metriken" an:

- Polygonmetrik
- Differenzmetrik
- Moderationsmetrik

Alle drei Metriken haben unterschiedliche Gewichtungen und heben bestimmte Charakteristika in den Abweichungen hervor.

Bei der Polygonmetrik wird eine zweidimensionale Projektion des N^{Dim}-dimensionalen Raumes vorgenommen, so, dass alle Dimensionen gleichberechtigt bleiben. In einem entsprechenden Netzgraphen dargestellt entsteht so ein Polygon im zweidimensionalen Raum. Dieses Polygon wird einmal für die Geschäftsstrategie der Organisation und zum anderen für die dazugehörige IT-Welt konstruiert. Beide entstehenden Polygone sind in Abb. 6.5 dargestellt. Je deckungsgleicher die beiden Polygone, desto besser ist das strategische Alignment der beiden Bereiche. Am einfachsten lässt sich dies durch das Verhältnis zwischen der Schnittmenge der beiden Polygone $F_B \cap F_I$ im Verhältnis zur Vereinigungsmenge $F_B \cup F_I$ messen (s. Gl. 6.1).

Eine Quantifizierung kann einfach vorgenommen werden, wenn für beide Polygone eine Funktion $f(x, y)$ definiert wird mit der Eigenschaft:

$$f(x,y) = \begin{cases} 1 \text{ innerhalb} \\ 0 \text{ außerhalb.} \end{cases}$$

Dadurch reduziert sich die Schnitt- und Vereinigungsmenge aus Gl. 6.1 auf ein einfaches Flächenintegral Gl. 6.2 mit

$$I_{\text{strat. Align.}} = 2 \frac{F_B \cap F_I}{F_B \cup F_I}, \tag{6.1}$$

$$= \frac{1}{N} \int_0^1 f_B(x,y) f_I(x,y)\, dx dy, \tag{6.2}$$

---

[43] Insofern ist ein Benchmarking nur sehr schwer möglich (s. Anhang C.3).
[44] Aber dies sollte eine Organisation zumindest tun.
[45] Falls eine Dimension tatsächlich beliebig groß werden kann, so wird der Punkt ∞ isoliert und der verbleibende Rest kann kompaktifiziert werden.

wobei die Norm N gegeben ist durch:

$$N = \frac{1}{2} \int\limits_0^1 (f_B(x,y) + f_I(x,y))\, dxdy.$$

Für den Fall des perfekten Alignments ergibt sich

$$I_{\text{strat. Align.}} = 1.$$

Ist die Zahl der Dimensionen groß, das heißt

$$N^{Dim} \mapsto \infty$$

und beide Strategien folgen einer zufälligen Werteverteilung

$$f_{B,I} = \text{random}(),$$

so ergibt sich für die Schnittmenge:

$$\int\limits_0^1 f_B(x,y) f_I(x,y)\, dxdy \mapsto \frac{1}{6}$$

und für das Alignment

$$\lim_{random, N^{Dim} \mapsto \infty} I_{\text{strat. Align.}} = \frac{1}{2}.$$

Das zweite Maß ist die Differenzmetrik, hierbei ergibt sich die Metrik zu:

$$I_{\text{Differenz}} = \frac{1}{N^{Dim}} \sum_{j=1}^{N^{Dim}} |f_B(j) - f_I(j)|, \tag{6.3}$$

wobei die Funktionen $f_{B,I}$ jetzt die Werte pro Dimension darstellen mit $|f_{B,I}| \leq 1$. Eine solche Metrik reagiert sehr stark auf die Unterschiede. Für den Fall $N^{Dim} \mapsto \infty$ und einer zufälligen Werteverteilung für beide Strategien ergibt sich

$$\lim_{random, N^{Dim} \mapsto \infty} I_{\text{Differenz}} = \frac{1}{3}.$$

Die dritte Metrik ist die Moderationsmetrik. Sie ist definiert durch das Produkt der beiden N^{Dim}-dimensionalen Punkte:

$$I_{\text{Moderation}} = \frac{1}{N^{Dim}} \sum_{j=1}^{N^{Dim}} f_B(j) f_I(j). \tag{6.4}$$

Diese Metrik, Gl. 6.4, reagiert sehr viel besser als die Differenzmetrik, Gl. 6.3, auf die Teile der Businessstrategie, die dort für wichtig gehalten werden. Wichtig bedeutet in diesem Fall immer, dass gilt:

$$F_B \mapsto 1.$$

Im Grenzfall vieler Dimensionen und einer rein zufälligen Verteilung folgt:

$$\lim_{random, N^{Dim} \mapsto \infty} I_{\text{Moderation}} = \frac{1}{4}.$$

Die Moderationsmetrik betont stärker die Gemeinsamkeiten beider Strategien, während die Differenzmetrik die Unterschiede in den Vordergrund rückt und so Lücken offenbart.

6.6 Alignmentparadoxon

Obwohl es offensichtlich ist, dass ein mangelndes strategisches Alignment zwischen der IT und der Geschäftswelt für eine Organisation schädlich ist, gibt es auch den gegenteiligen Effekt: Ein zu starkes Alignment kann auch schädlich sein.[46] Denn ist die Koppelung zwischen IT und Geschäftsstrategie zu stark, so kann der Fall auftreten, dass die Organisation an der notwendigen Flexibilität verliert und sich damit ins Abseits manövriert. Diese Betrachtung ist analog der Flexibilitätsbetrachtung in der Architektur (s. Abschn. 5.4), allerdings schränkt jetzt die Software die mögliche Varianz und Flexibilität der Organisation ein. Zwischen diesen beiden Extremen, der völligen Willkürlichkeit des nichtexistenten Alignments und der starren Koppelung, muss es einen Punkt geben, bei dem der langfristige ökonomische Wert des Alignments „kippt". Obwohl es üblich ist, den Grad an Unterstützung der Geschäftsstrategie durch die IT zu messen, kann diese Betrachtung noch verfeinert werden, indem zwei andere Größen gemessen werden (s. Abb. 6.4):

- IT-Shortfall – Bei gegebener Geschäftsstrategie gibt diese Größe an, was an der IT fehlt, damit sie die Geschäftsstrategie unterstützt. Der IT-Shortfall ist die „übliche" Definition von IT-Alignment.
- IT-Underutilization – Die IT-Underutilization ist der umgekehrte Blickwinkel; hierbei nutzt die Geschäftsstrategie nicht alle Möglichkeiten der IT-Strategie aus. Ein solches Phänomen kann auftreten, wenn zuviel Geld für die IT ausgegeben wird oder die Leitung der Organisation nicht die

---

[46] *Sola dosis facit veneum.*
Alle Dinge sind Gift und nichts ist ohne Gift, allein die Dosis macht's, dass ein Ding kein Gift ist.

Paracelsus
1493 – 1541

Chancen und Möglichkeiten der IT versteht. Diese IT-Underutilization auf breiter Ebene ist einer der Hauptgründe für das ökonomische Computerparadoxon (s. Kap. 2.1).

Aus dem Blickwinkel der Investitionen betrachtet bedeutet dies: IT-Shortfall könnte durch zusätzliche Investitionen in die IT beseitigt werden, da nun die Chance besteht, dass die IT die Geschäftsstrategie besser unterstützt. Im Fall der IT-Underutilization erzeugt nur die Schaffung neuer Geschäftsaktivitäten eine zusätzliche Auslastung der brachliegenden IT-Ressourcen. Im Fall der IT-Underutilization wird ein zunehmendes Investment in die IT nur einen negativen Effekt produzieren.

Welche Faktoren beeinflussen nun den Punkt, an dem das Alignment kippt? Ein wichtiger Faktor ist das Maß, mit dem die Umgebung beziehungsweise der Markt sich verändert und damit den Zwang zur Flexibilität erzeugt. In einer turbulenten Umgebung, in der Organisationen diversen Herausforderungen ausgesetzt sind, kann eine flexible IT- und Geschäftsstrategie überlebenswichtig sein. Hochgradig ausgerichtete Organisationen, speziell solche mit großen Legacysystemen, können durch die sehr starre Koppelung schnell ins Hintertreffen geraten. In einer stabileren Umgebung hingegen wäre ein hochoptimiertes Legacysystem von immensem Vorteil. Folglich ist es wichtig, die Dynamik zu betrachten, der eine Organisation ausgesetzt ist. Wenn die Lebensdauer eines Produkts oder einer Dienstleistung kurz ist, so ist ein zu großes strategisches Alignment eher hinderlich. Kurz bedeutet hierbei weniger als 24 Monate, denn fast jedes ernstzunehmende IT-Projekt dauert länger als 2 Jahre (s. Abschn. 2.1). In einer solchen Umgebung würde die IT eventuell ein hochoptimiertes System liefern, die so entstehende Software käme jedoch erst für eine mittlerweile obsolete Umgebung zum Einsatz. Für solche Organisationen ist ein sehr hohes Alignment zwischen IT und Geschäftsstrategie kontraproduktiv, da die enge IT-Koppelung organisatorische und produkttechnische Veränderung massiv erschwert.

Eine Analogie aus der produzierenden Industrie ist, dass „Single-Purpose"-Maschinen effektiver und zu niedrigeren Kosten arbeiten als vergleichbare „Multi-Purpose"-Maschinen. Aber diese „Multi-Purpose"-Maschinen lassen sich auch in anderen Umgebungen einsetzen, im Gegensatz zu den „Single-Purpose"-Maschinen.[47] Interessanterweise sind IT-Systeme, welche zu flexibel oder zu restriktiv sind, hinderlich für den Endanwender. IT-Systeme mit zu hohem Grad an Flexibilität verwirren den Endanwender, da dieser nun mit einer sehr breiten Palette an Funktionalitäten konfrontiert wird. Zu starre Systeme lassen sich de facto nicht verändern, obwohl sie ein sehr hohes Maß an Alignment besitzen können.[48]

---

[47] Der Erfolg des Computers lässt sich zum Teil auf dieses Phänomen zurückführen: Computer sind quasi ideale „Multi-Purpose"-Maschinen, indem sie eine Menge an möglichen „virtuellen" Maschinen, sprich Software, ermöglichen.

[48] s. Abschn. 5.4

6.7 Portfoliozustände

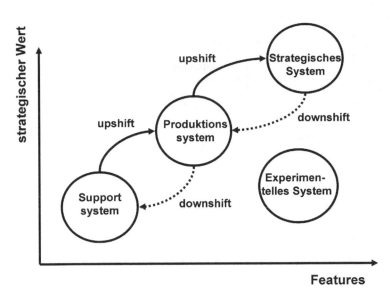

Abb. 6.17: Die verschiedenen Kategorien innerhalb eines IT-Portfolios

Tab. 6.7: Die Risiken und die Mächtigkeit der verschiedenen Kategorien

Kategorie	Features	Risiko	Kosten
Supportsysteme	gering	moderat	niedrig
Produktionssystem	normal	gering	moderat
Strategisches System	hoch	gering	hoch
Experimentelles System	?	hoch	moderat – hoch

Für die Beurteilung des strategischen Alignments im Rahmen eines IT-Portfolios ist es notwendig, sich das Portfolio getrennt vorzustellen, quasi als eine Einteilung in Kategorien, wobei diese Kategorien aus Sicht der Strategie der Organisation definiert sind:

- Supportsysteme – Systeme in dieser Kategorie verbessern die interne Effizienz der Organisation. Typischerweise sind dies Infrastruktursysteme, Mail, Kommunikation und Ähnliches. Der Hauptgrund für den Einsatz solcher Systeme ist ihre Kostenersparnis gegenüber anderen Alternativen.

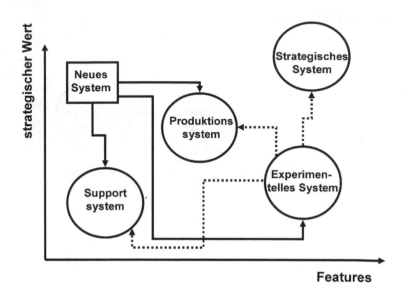

Abb. 6.18: Einführung neuer Systeme in ein bestehendes IT-Portfolio

Häufig werden diese Systeme wie Utilities betrieben, das heißt sie werden nicht an die Organisation adaptiert, sondern bestehen in ihrer Ursprungsform weiter; insofern macht der Einsatz von COTS-Software hier sehr viel Sinn. Für die Organisation stellen solche Systeme keinen Wettbewerbsvorteil dar und können relativ leicht ausgetauscht werden. Ein solcher Austausch kann durchaus mit hohen Kosten verbunden sein, er würde aber die Organisation langfristig weder umstrukturieren noch lahm legen.

- Produktionssystem – Die Verfügbarkeit dieser Systeme ist kritisch für die Zielerreichung der Organisation, daher werden sie oft als „Mission Critical" bezeichnet, beispielsweise eine Fakturierung, Finanzbuchhaltung oder ein Inkassosystem. Jeder Ausfall oder Fehler in einem Produktionssystem birgt das Risiko eines finanziellen Ausfalls, Verlusts von Kunden oder deren Markenloyalität. Das Hauptziel ist es stets, diese Systeme möglichst fehlerfrei, mit hoher Verfügbarkeit und hoher Datenintegrität laufen zu lassen. Ihr Ausfall würde zwar ein Problem darstellen, sie sind aber insgesamt betrachtet kein Differenzierungsmerkmal gegenüber der Konkurrenz.

- Strategisches System – Die so genannten strategischen Systeme sind der eigentliche Grund für den Erfolg der Organisation; sie produzieren den Wettbewerbsvorteil am Markt. Typischerweise haben diese Systeme die größte Aufmerksamkeit des Managements, verbrauchen die meisten Entwicklungskosten und sind in aller Regel Unikate[49]. Diese Systeme unterlie-

---

[49] In manchen Fällen wird COTS-Software so lange verändert und adaptiert, bis sie zu einem Unikat geworden ist.

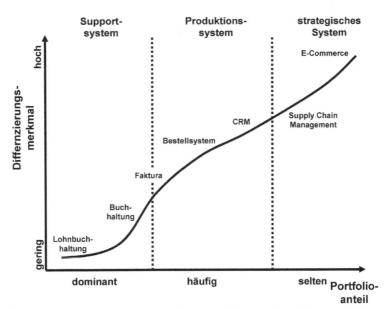

Abb. 6.19: Die relativen Anteile eines IT-Portfolios ©GartnerGroup

gen in aller Regel einer massiven Evolution (s. Kap. 8 und Kap. 7), da die Konkurrenz versucht, den entsprechenden Wettbewerbsvorteil einzuholen, so dass nur durch permanente Evolution ein System strategisch bleiben kann.

- Experimentelles System – Solche Systeme bilden typische Pilotstudien; viele von ihnen gelangen nie in die Produktion, trotzdem werden Erfahrungen und Techniken, die in ihnen gewonnen wurden, auf Systeme in den Kategorien Produktionssysteme und strategische Systeme angewandt.

Diese Kategorien unterliegen unterschiedlichen Klassifizierungen bezüglich ihres Risikos sowie der Anzahl ihrer fachlichen Features beziehungsweise Komplexität (s. Tab. 6.7). Auch Supportsysteme können sehr viele Features besitzen, so zum Beispiel Officepakete, die Organisation braucht aber nur einen geringen Teil hiervon daher der Begriff fachliche Features.

Strategische Systeme haben generell eine große Anzahl von Features, da sie sonst nicht als Unterscheidungsmerkmal dienen könnten. Die Supportsysteme werden nach ihren Kosten ausgesucht, folglich findet eine Selektion in der Art und Weise statt, dass am Ende nur noch kostengünstige Supportsysteme aktiv sind.

Innerhalb dieser Kategorisierung sind nun verschiedene Bewegungen möglich. Wenn ein neues System hinzukommt, so kann dieses sofort in eine der beiden Kategorien Supportsysteme oder Produktionssystem eingeteilt werden (s. Abb. 6.18). Typischerweise werden neue Systeme von extern als Support- oder Produktionssysteme hinzugefügt. Die Einführung eines strategischen Systems

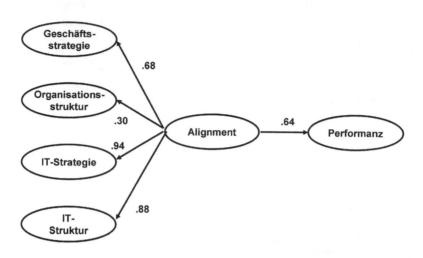

Abb. 6.20: Strukturelles Alignmentmodell. Die Werte stammen aus einer Untersuchung von *Bergeron et al.* 2002

von außen geschieht äußerst selten, da ein strategisches System einen Wettbewerbsvorteil darstellen soll, welcher beim Zukauf fast nie gegeben ist, denn wenn eine Organisation dieses Produkt einfach kaufen kann, dann kann es die Konkurrenz auf dem Markt auch, folglich ist das Produkt nicht mehr strategisch. Die meisten strategischen Systeme entstehen ursprünglich aus experimentellen Systemen, welche durchaus zugekauft sein können, aber anschließend „veredelt" werden. Für den Fall, dass aus den experimentellen Systemen die Kategorien Support- und Produktionssystem erzeugt werden, findet in vielen Fällen eine Reduktion der Zahl der Features statt.

Aber auch die Kategorien an sich sind aus der zeitlichen Perspektive betrachtet durchlässig. Im Rahmen eines Realignments werden Systeme auch wieder neuen Kategorien zugeordnet. Man spricht von „upshift" und „downshift" (s. Abb. 6.17). In solchen Fällen werden die Systeme häufig extensiver genutzt beziehungsweise nur ein Teil der ehemaligen Funktionalität wird weiterhin genutzt.

6.8 Messungen

Das Messen des strategischen IT-Alignments geschieht meist durch den Einsatz von Structural Equation Modeling (s. Anhang C.9). Das grundlegende Modell (s. Abb. 6.20) versucht bestimmte Größen mit der latenten Variablen

Alignment zu verknüpfen und daraus dann auch Rückschlüsse auf die Performanz der Organisation zu gewinnen.

Leider reichen die statistischen Datenmengen bei großen Unternehmen nicht aus, um allgemeingültige organisationsübergreifende Aussagen zu treffen, von daher ist es einfacher, kleine und mittelständische Unternehmen zu betrachten. Im Rahmen von Befragungen erhält man dann die Korrelationen (s. Abb. 6.20). Interessanterweise ist die Korrelation zur Organisationsstruktur recht gering $(0,30)$. Der Hintergrund für diese geringe Korrelation ist die inhärente organisatorische Flexibilität kleiner Unternehmen, beziehungsweise es gibt bei den Befragten eine Differenz zwischen ihrer de facto und ihrer gewünschten Struktur; die Betroffenen antworten sehr unterschiedlich, mal mit der de facto und mal mit der gewünschten Struktur.

Da es sehr schwer ist, ein komplexes Gebilde wie Strategie zu quantifizieren, existieren unterschiedliche Modelle auf dem Gebiet des strategischen Alignments. Die meisten dieser Modelle lassen sich nur sehr schwer operationalisieren und mit konkreten, das heißt permanent nachvollziehbaren, Werten verknüpfen. Von daher ist der hier eingeschlagene Weg, das strategische Alignment mit ähnlichen Methoden zu messen wie das kognitive Alignment (s. Kap. 3), der, der den meisten Erfolg verspricht.

7

Organisationsevolution

Against that time, if ever that time come,
When I shall see thee frown on my defects,
When as thy love hath cast his utmost sum,
Call'd to that audit by advised respects;
Against that time when thou shalt strangely pass
And scarcely greet me with that sun thine eye,
When love, converted from the thing it was,
Shall reasons find of settled gravity,–
Against that time do I ensconce me here
Within the knowledge of mine own desert,
And this my hand against myself uprear,
To guard the lawful reasons on thy part:
To leave poor me thou hast the strength of laws,
Since why to love I can allege no cause.
Sonnets XLIX
William Shakespeare
1564 – 1616

Im Rahmen des klassischen Denkens ist die Struktur einer Organisation der Versuch, das organisierte Verhalten der Beteiligten zu kontrollieren. Nach *Foucault* werden Organisationsstrukturen zur Disziplinierung und Normierung des individuellen Verhaltens entworfen. Bei diesem Entwurf wird festgelegt, was „korrektes" Verhalten ist und wie Abweichungen von dieser Norm sanktioniert werden. Stellenbeschreibungen sagen dem einzelnen Mitarbeiter, was er tun soll und Hierarchien sagen ihm, auf wen er hören soll, während Querverbindungen ihm aufzeigen, mit wem er zusammenarbeiten soll. Aber diese Struktur der Verhaltensnormierung und -sanktionierung ist inneren Widersprüchen und äußeren Zwängen ausgesetzt und reagiert daher auch auf diese. Alle Organisationen verändern sich; das müssen sie permanent tun, um zu überleben. In den letzten Jahren ist der Druck auf die Organisationen, sich zu verändern, aber noch stärker geworden. Jede Organisation ist heute mit der Frage konfrontiert: Wie lange kann ich noch profitabel auf dem Markt überleben? Obwohl dies allen Organisationen und ihren jeweiligen Führungskräften klar ist, haben die wenigsten explizite Strategien für die Evolution der Organisation als Ganzes formuliert. Das Fehlen einer solchen expliziten Strategie führt dazu, dass einer der beiden folgenden Wege eingeschlagen wird:

- „Höher, schneller, weiter"– Diese Strategie nimmt implizit an, dass ein härteres und schnelleres Arbeiten das Überleben sichert, es führt aber im Endeffekt zu einer Art „Burn-Out".
- „Deus ex machina[1]"– Die Hoffnung, dass von irgendwoher eine technische Lösung erscheint. Diese Hoffnung ist in den meisten Fällen falsch[2] und führt nur zu Desillusionierung.

Die Herausforderungen sind aber nicht, irgendeine beliebige Technik einzuführen, sondern:

- Zukunft – Organisationen müssen für das Morgen entwerfen und nicht eine Fortschreibung der bestehenden Prozesse zum Design erklären. Es stellt sich die Frage nach neuen Aktivitäten und neuen Prozessen.
- Zeitskala – Die Organisation muss sich auf drastisch veränderte Umgebungen einstellen können, vor allen Dingen auf sich ändernde Zeitskalen[3] in der Umgebung.
- Effektivität – Die Organisation muss in der Lage sein, rapide Veränderungen schnell und effektiv verkraften und umsetzen zu können.

Jede Form der Veränderung[4] in Organisationen trifft auf den Widerstand der Betroffenen. Einer der Gründe für den Widerstand liegt darin, dass mit der Umstrukturierung Illusionen bezüglich der Organisation und der Möglichkeiten der Betroffenen zerstört werden. Durch die Veränderung entsteht ein Widerspruch zwischen den Vorstellungen über die Funktion und die Aufgaben der Organisation, dabei wird die eigene Arbeit als mangelnd, im Sinne von veränderungsbedürftig, empfunden, was wiederum am Selbstwertgefühl nagt. Diesem Angriff auf das Selbstwertgefühl wird meist durch Verweigerung oder spezielle Formen der subversiven Tätigkeit entgegengehalten.[5] Ein anderer Grund für den massiven Widerstand gegen die Veränderung der Organisation ist, dass es in jeder Organisation eine Reihe von „Tabus" gibt. Diese „Tabus"

---

[1] Innerhalb der Softwareentwicklung auch als Silver Bullet bekannt.

[2] Technik löst keine organisatorischen Probleme, sondern schafft in aller Regel neue, unbekannte Probleme.

[3] Unglücklicherweise tendieren die Zeitskalen auf den Märkten zu immer kürzeren Zeiten hin.

[4] Die meisten Vorschläge an Aktivitäten für Veränderungen von Organisationen in der Literatur richten sich an das Top-Management. Dies ist eine Konsequenz der Dominanz der amerikanischen Unternehmensberater. Diese exportieren ihre Lösungsszenarien nach Deutschland. Allerdings funktionieren die vorgeschlagenen „Kochrezepte" bei den anderen rechtlichen und kulturellen Gegebenheiten in Deutschland nur bedingt und sind zum Teil sogar kontraproduktiv.

[5] Zwar werden Strategien und ihre Umsetzung konzeptioniert und geplant, doch leider ist die Realität eine andere. In der Praxis sind organisatorische Veränderungen von Chaos, Komplexität und Mehrdeutigkeiten bestimmt, was auch als Borodinotheorie, nach Tolstois Beschreibung der napoleonischen Schlacht von Borodino (7.9.1812) im russisch-französischen Krieg (1812/13) bezeichnet wird.

sind eigentlich Regeln und Beziehungen zwischen zwei Personen in der Organisation, über die nicht offen geredet wird. Meistens werden solche Regelungen implizit getroffen, um damit einen Konflikt einzufrieren, der ansonsten
von der Organisation nicht zu lösen wäre. Jede Restrukturierung gefährdet
beziehungsweise verletzt das „Tabu", so dass der latente Konflikt wieder aufbricht und oft exzessiv ausgelebt wird. Manche Organisationen setzen auf eine
perfide „biologische" Lösung: Sie warten einfach ab, bis einer der Betroffenen
die Organisation durch Tod oder Pensionierung verlässt. Eine andere mögliche
Strategie ist das „Wegloben" eines der Beteiligten.[6]

7.1 Entwicklungsstadien einer Organisationsstruktur

Alle Organisationen führen ein gewisses Eigenleben, so dass die Entwicklung –
inklusive Verfall – einer Organisation dem Lebenslauf eines biologischen Systems ähnelt.[7,8] Die Organisationen durchlaufen im Rahmen ihrer Entwicklung
zwei verschiedene Entwicklungsgeschwindigkeiten:

• Evolution – Hierunter werden die langen Wachstumsperioden verstanden,
  bei denen es zu keiner großen Veränderung innerhalb der Organisation
  kommt.
• Revolution – Bei einer Revolution kommt es in sehr kurzer Zeit zu einer drastischen Veränderung zumindest von Teilen der Organisation. Eine
  Fusion oder ein Buy-Out sind Beispiele für organisatorische Revolutionen.

Die nachfolgende Taxonomie[9] versucht, die unterschiedlichen Stadien in ihrer
chronologischen Erscheinung (s. Abb. 7.1) plakativ darzustellen. Die Evolution von Organisationen ist in aller Regel problemgetrieben, das heißt, es
wird so lange weitergemacht wie in der Vergangenheit, bis die nächste Kri

---

[6] Die Strategie des Weglobens wird auch für die Entfernung eines inkompetenten
    Mitarbeiters eingesetzt.
[7] Diese Analogie zu Organismen trägt noch weiter: Es sind spontane „Todesfälle"
    und auch Formen des langjährigen „Siechtums" bei Organisationen zu beobachten.
[8] Allerdings gibt es auch Unterschiede zwischen biologischen Systemen und Organisationen. Lebewesen extrahieren Energie aus hochwertigem Input (Nahrung)
    und transformieren diesen Input zu minderwertigem Output (Ausscheidungsprodukte). Im Gegensatz hierzu transformieren die meisten Unternehmen minderwertigen Input und erzeugen höherwertigen Output (Mehrwerterzeugung). Auch
    beim Wachstum unterscheiden sich Organismen und Organisationen: Im Gegensatz zum Anwachsen von Fettpolstern ist das Wachstum von Organisationen meist
    funktionaler Natur und im Gegensatz zu den Bäumen, welche ihr Laub verlieren,
    unterscheidet sich bei einer Organisation das, was abgestoßen wird, nicht fundamental von dem, was aufgebaut wird.
[9] nach *Greiner*

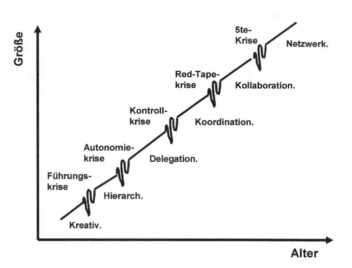

Abb. 7.1: Die Evolutionsstufen einer Organisation

se[10] eintritt. Die Lösungen der Krisen sind immer kontrollgetrieben: Zuerst werden Kontroll- und Steuerungsmechanismen implementiert, dann folgen die operationalen Aspekte. Nicht alle Organisationen passen exakt in dieses Schema, oft beinhalten die Organisationen Mischformen oder haben etwas andere Ausprägungen der verschiedenen Stadien, aber es ist hilfreich überzeichnete Stereotypen einzusetzen, damit der organisatorische Kontext überhaupt klar wird. Dieser Kontext sollte nie vergessen werden, da eine Größe wie Alignment nur innerhalb eines Kontextes beurteilt werden kann und zu diesem Kontext zählt naturgemäß das Entwicklungsstadium der Organisationsstruktur. Neben den unterschiedlichen Stadien ist bei den meisten Organisationen, langfristig gesehen, ein Größenwachstum zu beobachten. Üblicherweise korreliert die Größe mit dem Alter und der Führungsstil mit der Größe. Letzteres resultiert aus der Notwendigkeit einer effektiven Kommunikation und Steuerung von großen Organisationen. Im Folgenden wird von der „natürlichen" Entwicklung der Organisation ausgegangen, das heißt eine Organisation startet klein, mit wenigen Mitarbeitern, und wächst anschließend. Dabei durchläuft sie dann je nach Größe und Alter die unterschiedlichen Stadien. Falls eine Organisation anders startet, beispielsweise durch einen Buy-Out oder eine Fusion, so fängt sie in einem anderen Stadium an.

---

[10] Mitarbeiter merken in den meisten Fällen erst, dass es zu Problemen gekommen ist, wenn Entlassungswellen anstehen.

7.2 Kreativitätsstadium

Das erste Stadium einer Organisation ist immer das Kreativitätsstadium. Dieses ist dadurch charakterisiert, dass es eine kleine Zahl von Mitarbeitern gibt, welche in aller Regel sehr informell miteinander kommunizieren. Die ganze Organisation hat oft einen sehr „familiären" Charakter. Die Beziehung zwischen dem Markt und den Resultaten der Tätigkeit ist sehr direkt; jedermann spürt es sofort, wenn es Probleme im Vertrieb gibt. Interessanterweise ist meistens das Produkt direkt mit der Idee der Organisation verknüpft, von daher werden bei vertrieblichen Problemen die Verkaufsaktivitäten verstärkt und nicht die eigenen Produkte oder Services in Frage gestellt. Die Struktur der Organisation ist teammäßig und informell. Ein großer Teil der Organisation beruht auf der Fähigkeit zu improvisieren. Der Führungsstil solcher Organisationen ist oft patriarchalisch und fast immer individualistisch. Die Gründungsmitglieder haben de facto das Sagen, andere Mitarbeiter besitzen nur informelles Mitspracherecht. Das Ende des Kreativitätsstadiums wird bei erfolgreichen Organisationen durch eine „Führungskrise" ausgelöst. Die Organisation ist in gewisser Weise das Opfer ihres eigenen Erfolgs geworden: Das Team ist mittlerweile zu groß für die informellen Kommunikationswege geworden. Explizite Delegation, Substrukturen und der Aufbau von formalen Geschäftsprozessen führen aus dieser Krise heraus. Oft ist der eigentliche Organisationsinitiator aus emotionalen Gründen überhaupt nicht in der Lage, den Wechsel in das nächste Stadium zu begleiten, daher kommt es nicht selten zu einem Führungswechsel[11] in der Folge der Führungskrise. Innerhalb des Kreativitätsstadiums ist der Gründer quasi omnipotent und kann sehr spontan agieren, durch den Übergang in das nächste Stadium ist dies nicht mehr so einfach möglich, der Verlust dieser Spontaneität und scheinbaren Omnipotenz wird in aller Regel als Frustration empfunden. Wächst die Organisation über eine gewisse Größe hinaus, so wird das Managementmuster durch den Gründer meistens beibehalten, indem der Gründer versucht, alles wie gewohnt[12] zu kontrollieren. Aus IT-Sicht sind in diesem Stadium alle gleichberechtigt. Da es nur eine geringe Anzahl von Mitarbeitern gibt, wird die IT entweder von allen oder von einigen wenigen auf Teambasis gemacht. Typischerweise gehören kleinere Betriebe mit weniger als 20 Mitarbeitern zu den Organisationen, welche sich in diesem Stadium befinden.

7.3 Hierarchisierungsstadium

Als Resultat der Führungskrise aus dem Kreativitätsstadium verwandelt sich die Organisation in eine funktionale Organisation. Es bilden sich immer mehr

---

[11] Der Führungswechsel geschieht nicht selten mit sehr hässlichen Begleiterscheinungen ...

[12] Die anderen Mitarbeiter empfinden dies als „Mikromanagement". Da der Gründer häufig nicht für Kritik empfänglich ist, wird er als beratungsresistent bezeichnet.

Suborganisationen heraus, welche jeweils spezifische Aufgaben erledigen. Im Laufe der Zeit werden explizite Hierarchien[13] geformt. Die Suborganisationen beginnen oft als Abteilungen und werden im Laufe zunehmenden Wachstums als Einheiten ausgegründet. Charakteristisch ist ein hohes Maß an Machtasymmetrie innerhalb der Organisation. Organisationsintern werden definierte formale Kommunikationsstrukturen herausgeformt und Buchhaltung und Verwaltungseinheiten zeigen sich als Substrukturen. Auf Grund der Hierarchie werden alle Entscheidungen zentral gefällt. Der Fokus der Führung ist auf Effizienz der Operationen sowie auf einen hohen Grad an Professionalität innerhalb der Organisation gerichtet. Typischerweise berichtet die Führung jeder Abteilung direkt an die zentrale Führung, welche ihrerseits Weisungen an die Suborganisationsmanager zurückgibt, insofern ist nicht nur die Machtverteilung asymmetrisch, sondern auch die Kommunikation: Berichte gehen an die Zentrale und Direktiven von der Zentrale an die Suborganisationen. Die Zentrale[14] entscheidet und delegiert die Ausführung. Ein übliches Kontrollsystem ist es, „Organisationsstandards" und Budgets einzuführen. Die einzelnen Abteilungen fungieren hierbei als Kostenstellen. Das Geschäftsergebnis wird der gesamten Organisation und damit der Zentrale zugerechnet, die echte Entscheidungsbefugnis einzelner Suborganisationen ist sehr beschränkt.[15] Dieses Stadium kann aus IT-Sicht oft mit einer Form der IT-Monarchie identifiziert werden: Der IT-Bereich, entweder in gewisser Weise autonom oder häufig der Buchhaltung unterstellt, entscheidet in aller Regel selbstständig über das komplette IT-Portfolio. Alignment gegenüber der IT wird auf die Umsetzung der Strategie in IT-gestützte Funktionen reduziert. In einer solchen funktionalen Organisation finden sich alle IT-Fachleute im IT-Bereich wieder, folglich entscheidet jeder einzelne Bereich, was das „Beste" ist, da jeder Bereich die eigenen Fachleute konzentriert. Dies hat zur Folge, dass in aller Regel die Umsetzung recht schnell vonstatten geht. Ein üblicher Planungszyklus in diesem hierarchischen Organisationsstadium ist:

1. Der IT-Bereich erstellt einen Bericht über die technischen Möglichkeiten für die Zentrale als Entscheidungshilfe für die Geschäftsstrategie.
2. Die zentrale Führung entscheidet über die Geschäftsstrategie und verkündet diese an die Organisation.
3. Der IT-Bereich setzt diese Strategie innerhalb seines Portfolios um und führt sie aus.

---

[13] Aus dem Griechischen $\iota\epsilon\rho\alpha\rho\chi\iota\alpha$, setzt sich zusammen aus *Hieros* = heilig und *Archos* = herrschen. Ursprünglich bedeutete es in der orthodoxen Kirche die *Herrschaft durch den Priester*. Da die orthodoxe wie auch die römisch-katholische Kirche die entsprechenden internen Strukturen besaßen, wurde der Begriff auf Organisationen verallgemeinert.

[14] In manchen Organisationen ist die Zentrale sogar geographisch vom Rest der Organisation getrennt.

[15] Ein positives Ergebnis ist in der Außendarstellung fast immer ein Erfolg des Vorstandes, negative Ergebnisse sind immer das Versagen der restlichen Organisation: *Erfolge werden individualisiert und Misserfolge sozialisiert.*

4. Für den Fall, dass es zu Konflikten zwischen dem IT-Bereich und anderen Bereichen kommt, wird die Zentrale als Eskalationsstufe genutzt.

Solche Organisationen sind meist von Inkonsistenzen innerhalb der Applikationen, des Portfolios sowie von Differenzen zwischen der technischen Umsetzung und den eigentlichen Anforderungen geplagt. Die Entscheidungen im IT-Bereich finden primär auf Grund von IT-Argumenten statt. Eine Steuerung des IT-Bereichs wird allerdings über das Budget und die Kosten operationalisiert. Kennzeichnend ist, dass die IT die anderen Bereiche als „Anwender" und nicht als „Kunden" sieht, mit der Konsequenz eines mangelnden Servicegedankens. Mit zunehmendem Wachstum gerät auch diese Organisationsform in eine Krise: „die Autonomiekrise"! Die Organisation wird zu groß und zu komplex für eine zentrale Entscheidungsfindung. Zum einen dauern Entscheidungsprozesse zu lange, bis sie beendet werden, und zum anderen ist das tatsächliche Marktwissen nur noch in den unteren Ebenen der Organisation vorhanden. Charakteristisch ist ein hohes Maß an Selbstbezug und nicht mehr Marktbezug in der Organisation. Die langen Entscheidungswege führen auf Dauer zu einem Nachteil auf sich rasch ändernden Märkten.[16] Die Organisationsstruktur im Hierarchiestadium ähnelt einer Pyramide: Schmale Spitze und breite Basis. Der Vorteil hiervon ist, dass der Weg von der Entscheidung zur Durchführung recht kurz ist, aber diese Organisationsstruktur leidet unter Kommunikationsdefiziten, da das mittlere Management Information filtert. Die Filterung geschieht in beide Richtungen: Von der Basis zur Spitze und von der Spitze zu Basis. Kreativität wird nicht gefördert, da sie oft der Hierarchie widerspricht und eine Konzentration auf die Funktion kaum Kreativität freisetzt. Die gesamte Organisation ist nur so gut wie das schwächste Glied. Auf Grund der immer stärker werdenden Konflikte zwischen den Suborganisationen ist die Spitze nur noch mit dem Lösen der Konflikte beschäftigt und verliert den eigentlichen Kundenkontakt.[17] Alle Hierarchien teilen sich gemeinsame Eigenschaften beziehungsweise Ideen:

• Regularien – Vertrauen in die organisatorischen Regularien. Das Verhalten des Einzelnen in der Organisation ist durch die Regeln bestimmt, insofern wird durch den einzelnen Mitarbeiter angenommen, dass er sich innerhalb eines deterministischen Systems (s. Abschn. A.2) befindet. Das eigentliche Modell der Organisation ähnelt einer Maschine.

• Fehlverhalten – Abweichungen werden als Fehlverhalten[18] interpretiert. Es ist die Aufgabe der Kontrollorgane, dieses Fehlverhalten zu minimieren.

• Stabilität – Stabile Arbeitsbedingungen werden angenommen. Daraus resultieren gleiche Anforderungen zu allen Zeitpunkten mit dem Resultat, dass es keine Anforderungsevolution (s. Kap. 8) geben kann beziehungsweise diese sehr langsam ist.

---

[16] s. S. 283

[17] Diese Form des Realitätsverlusts bei Top-Managern wird von *Goeudevert* in seiner Autobiographie beschrieben.

[18] Dies erklärt auch die mangelnde Kreativität.

- Optimierung – Jede Form der Reorganisation zielt darauf ab, die innere Struktur der Organisation zu optimieren und nicht darauf, sich äußerem Druck zu stellen.
- Befehlskette – Befehl und Gehorsam sind klassische Muster in hierarchischen Organisationen.

Die Stagnation der Organisation am Markt führt zur nächsten Revolution mit dem Ziel, mehr Autonomie der Suborganisationen einzuführen. Ein Spezialfall der hierarchischen Organisation ist die Bürokratie, sie zeichnet sich dadurch aus, dass die Teilnehmer die Struktur der Organisation akzeptiert und verinnerlicht[19] haben und somit nicht mehr in Zweifel ziehen. In Extremfällen führt diese Verinnerlichung der Bürokratie zur Schaffung einer innerbürokratischen Realität, die für Außenstehende je nach Konfliktfall obskur[20], lächerlich[21] oder bedrohlich[22] wirkt. Bürokratien werden üblicherweise in zwei Klassen unterteilt:

- Maschinenbürokratie – Eine Maschinenbürokratie ist durch die Technologie bestimmt, deren Ablauf die Prozesse in der Organisation determiniert. In diesem Fall ist die Arbeit Routine und lebt von der Einfachheit und der Standardisierung. Fließbänder sind ein Beispiel dieser Form.
- Berufsbürokratie – Diese basiert auf der Standardisierung der Fertigkeiten[23] der Mitarbeiter und versucht darüber die Abläufe effizienter zu gestalten. Praktisch alle öffentliche Verwaltungen fallen in diese Klasse.

Die große Stabilität von Hierarchien erlangen diese durch ihre sehr straffe Kommunikationsform. Eine Hierarchie kann im einfachsten Fall durch zwei Parameter modelliert werden: Der Anzahl von Stufen n und der Spanne, das heißt der Zahl der Untergebenen, s. Die Anzahl der Mitarbeiter N in der hierarchischen Organisation ergibt sich dann zu:

$$N = \frac{s^n - 1}{s - 1} \tag{7.1}$$

Ein Netzwerk, welches jeden mit jedem verknüpft, hätte aber

$$N_{\text{Links}} = \binom{N}{2} = \frac{N!}{2!(N-2)!}$$

Verknüpfungen. Eine Zahl, die sehr schnell mit N ansteigt. Selbst einfache Kombinationen wie $n = 6$ und $s = 8$ mit einer resultierenden Gesamtzahl von $N = 335.923$ und $N_{\text{Links}} = 56.421.963.003$ werden nur von wenigen multinationalen Organisationen erreicht. Hierarchische Organisationen versuchen bei festem N immer ein Optimum aus n und s zu erreichen:

---

[19] Es ist genau diese Eigenschaft der Verinnerlichung der Organisationsstruktur, die einen Wandel in der Bürokratie der öffentlichen Hand so besonders schwer macht.
[20] *Uderzo&Goscinny:* Asterix erobert Rom: ... das Haus, das Verrückte macht ...
[21] ..."der Amtsschimmel" ...
[22] *Franz Kafka:* Der Prozeß
[23] Ausbildungs- und Karrierepfade sind Mittel einer Berufsbürokratie.

- Berichtsweg – Die Anzahl der Mitarbeiter, die an eine Führungskraft berichten, sollte klein sein; folglich muss n klein sein, was zu einer steilen Pyramide führt (s groß).
- Befehlskette – Kommunikation sollte so direkt wie möglich sein; s klein, ein flache Pyramide, was zu großen Werten von n führt, die eine Führungskraft nicht mehr bewältigen kann.

7.4 Delegationsstadium

Die Krise des Hierarchisierungsstadiums wurde durch die Delegation von Macht an die einzelnen Organisationsteile gemeistert, diese verselbstständigen sich und werden zu so genannten „Divisionen"[24]. Jede einzelne Division ist alleine für alle Operationen und Geschäftsergebnisse im Markt verantwortlich. Die Aufgabe des Top-Managements in einer solchen Organisation ist es primär, die langfristige Strategie sowie aktive Akquisitionen von neuen Divisionen zu betreiben. Nur die Führung der Division berichtet an das Top-Management. Intern sind die Divisionen meistens hierarchisch oder sogar in Subdivisionen organisiert. Auffallend ist die unregelmäßige Kommunikation des Top-Managements mit den einzelnen Divisionen. Jede einzelne Division ist innerhalb ihres Marktes auf Expansionskurs und versucht ein lokales Optimum bezüglich Profit und Marktanteilen zu erreichen, was in manchen Fällen zu einer innerorganisatorischen Konkurrenz führen kann. Meist folgt die Aufteilung in Divisionen geographischen oder markttechnischen[25] Gegebenheiten. Die Division muss nicht unbedingt auch juristisch getrennt sein, auch innerhalb einer Organisation resultieren Profitcenterstrukturen im Aufbau einer Divisionsorganisation. Diese Form der Organisationsstruktur versucht letztlich den Erfolg des vorherigen hierarchischen Stadiums auf verteilter Ebene zu wiederholen. Für die IT in dieser Organisationsform ist es typisch, dass jede Division ihre eigene IT besitzt und diese auch nur der eigenen Division gegenüber verantwortlich ist. Das Alignment wird hier üblicherweise auf Divisionsniveau angestrebt, insofern bilden sich analoge Strukturen zum Hierarchisierungsstadium, nun allerdings auf Divisionsniveau, heraus. Die Konsequenzen dieser Struktur sind:

- Redundanz – Redundante Implementierungen können entstehen, da die einzelnen Divisionen oft ähnliche Bedürfnisse haben.
- Inkompatibilität – Inselphänomene und Inkompatibilitäten auf Gesamtorganisationsebene sind zu beobachten. Oft ist das Auftauchen von inhomogenen Daten (s. S. 27) eine Konsequenz der Organisationsstruktur in diesem Stadium.

---

[24] Oft auch „Business Units" genannt
[25] Zu den markttechnischen Gegebenheiten zählen: Marken, Produkte...

- Isolationismus – Die einzelnen IT-Bereiche sind in aller Regel sehr reaktiv auf Veränderungen in „ihrer" Division, jedoch ignorant gegenüber Veränderungen in anderen Divisionen.
- Zersplitterung – Geringe Auswirkungen von technologischen Veränderungen auf der Gesamtorganisationsebene sind das Resultat einer zersplitterten IT.
- Misstrauen – Das Top-Management hat das Gefühl, keine Kontrolle über die IT zu haben und tendiert daher dazu, der IT grundsätzlich zu misstrauen.

Die nächste Revolution wird durch die „Kontrollkrise" eingeleitet: Da durch die Divisionierung das Top-Management die Kontrolle verliert, stellt sich auf Dauer die Gesamtorganisation suboptimal dar. Dieser Zustand wird auf organisationspolitischer Ebene dadurch verstärkt, dass die Divisionsmanager nach mehr Macht und mehr Autonomie streben und damit versuchen, die Macht der Zentrale zu untergraben. Der Konflikt setzt sich aber auch horizontal fort: Die einzelnen Divisionen konkurrieren miteinander und kooperieren äußerst selten. Auf technischer Ebene lassen sich Informationen nicht verlässlich aggregieren.[26] Die Divisionen untereinander betreiben zum Teil kannibalistische Tendenzen, das heißt sie konkurrieren um dieselben Kunden und Lieferanten. Außerdem werden die Ressourcen aus dem Blickwinkel der Gesamtorganisation nur unzureichend genutzt.

7.5 Koordinationsstadium

Die Kontrollkrise des Delegationsstadiums wird durch eine zentrale Koordination bewältigt. Es entsteht eine Struktur, welche dezentral in den Divisionen die Durchführung und die Verantwortung trägt, aber zentral plant und standardisiert. Es werden unternehmensweite Standards und formalisierte Planungsmechanismen eingeführt, aber die Divisionsstruktur bleibt faktisch vorhanden. Der Fokus des Top-Managements ist es, die einzelnen Divisionen zu Kooperationen zu bewegen und damit eine neue und wiederum „kohärente" Organisation zu erschaffen. Da die Zentrale nun wieder einige Aufgaben übernehmen muss, entstehen neben den Linienfunktionen in den einzelnen Divisionen zentrale Stabsstellen. Das Top-Management beschränkt sich darauf, eine Reihe von Regeln aufzustellen, lässt aber den einzelnen Divisionen genügend Raum innerhalb des Regelwerks, damit diese konkurrieren können. Innerhalb der Planung bestimmt die Zentrale, wie viel Geld sie den einzelnen Divisionen für Investitionen zur Verfügung stellt. In aller Regel ist die Budgetzuteilung das Machtregulativ, welches die Zentrale intensiv nutzen kann und auch nutzt. Für die IT bedeutet diese Organisationsform meistens die Schaffung eines „Duopoly": Es gibt jetzt eine zentrale IT sowie diverse

---

[26] Der Zweig der Konzernkonsolidierung lebt von dieser Unsicherheit.

Divisions-IT-Bereiche. Die Rolle der zentralen IT ist es, Innovationen innerhalb der Gesamtorganisation zu beschleunigen[27] sowie entsprechende organisationsweite Standards und Methoden zu entwickeln. Es gibt aber auch Abweichungen, manchmal werden die dezentralen IT-Bereiche zu einem zentralen
Bereich konsolidiert. Wenn eine solche Organisation weiter wächst, entsteht
die „Red-Tape[28]"-Krise. Immer mehr Policies, Prozeduren und Formalismen
werden eingeführt, der bekannte „Verwaltungswasserkopf" entsteht. Die Zentrale erhält über die Planungs- und Investitionskontrolle immer mehr Macht
und nutzt diese den Divisionen gegenüber auch aus. Es erfolgt ein zunehmender Vertrauensverlust[29] zwischen der Zentrale und den einzelnen Divisionen.
Dieser Vertrauensverlust führt zu dem Einsatz von noch mehr Kontrollbüro-
kratie[30], was zu einem negativen Feedback führt.

7.6 Kollaborationsstadium

Das nächste bekannte Stadium der Entwicklung ist das Kollaborationsstadium. Als Reaktion auf die Übermacht der Zentrale wird diese entmachtet und
die Gesamtorganisation erhält eine Matrixorganisation. Der Fokus des Top-
Managements liegt auf dem Lösen von Problemen und der Einführung von Innovationen in der Gesamtorganisation. Es kommt zu Teambildungen, welche
funktionsübergreifend organisiert werden. Die Gesamtorganisation benötigt
nur noch eine kleine Zentrale. Die aufwändigen formalen Systeme des letzten
Stadiums werden vereinfacht und zum Teil kombiniert. Funktionieren kann
eine Matrixorganisation allerdings nur dann, wenn innerhalb der Organisation ein hohes Maß an Verständnis und Kooperation vorhanden ist. Wenn
sich die Matrixorganisation verändern will, hat sie meist zwei Methoden zur
Verfügung, diese Veränderung zu bewerkstelligen:

• Projekte – Ein Projekt hat eine klare Zielsetzung und zeitliche Begrenzung.
• Programme – Ein Programm beinhaltet in der Regel mehrere Projekte
  und hat keine klare Zielsetzung, sondern eine Vision als Ziel.

Die IT organisiert sich innerhalb einer Matrixorganisation meist föderal; es
gibt mehrere divisionale und eine zentrale IT. Zur Koordinierung der verschiedenen ITs werden mehrere Komitees[31] eingesetzt:

---

[27] Die meisten Divisions-ITs empfinden die Zentrale jedoch als „Bremser" und Bal-
last. Die einzelnen Mitglieder werden auf Grund der inhärenten Machtasymmetrie
häufig als überheblich oder arrogant empfunden.

[28] Der Ausdruck „Red Tape" stammt aus dem 17ten Jahrhundert. Juristische Akten
wurden mit einer roten Schnur zusammengebunden, welche man durchschneiden
musste, damit der Inhalt lesbar wurde.

[29] Für die zentrale Stabsstelle *Methoden und Verfahren* haben die Softwareentwickler in den Divisionen oft den Ausdruck „Kasperltruppe".

[30] Die Macht der Controller nimmt spürbar zu ...

[31] s. Fußnote S. 177

- IT-Strategie-Komitee
- IT-Steering-Komitee
- IT-Architekturkreis
- Technologierat

Mittlerweile sind schon einige Organisationen in diesem Stadium angelangt und spüren die so genannte „5th-Crisis": Sehr hoher Stress, intensive Teamarbeit und die Schwierigkeit, sich zu verändern. Obwohl Vertrauen eine der Voraussetzungen einer Matrixorganisation ist, resultieren die meisten Matrixorganisationen in Misstrauen mit dem Resultat, dass der Einzelne sich immer mehr kontrolliert und eingezwängt fühlt. Der starke Einsatz von Kontroll- und Reglementierungsmechanismen ist typisch für Matrixorganisationen und der Ausdruck eines grundsätzlichen Misstrauens dem Einzelnen gegenüber. Zwar gibt es auch in hierarchischen Organisationen Kontrollmechanismen, in einer Matrixorganisation wird jedoch der Widerspruch aus Kontrolle und scheinbarer Selbstständigkeit evident. Eine mögliche Lösung dieser Krise ist die Einführung einer Netzwerkorganisation.

7.7 Netzwerkstadium

Üblicherweise werden unterschiedliche Organisationen stets als Konkurrenten auf einem gemeinsamen Markt betrachtet. Konkurrenz ist aber nur eine mögliche Beziehung zwischen zwei Organisationen, eine andere Form ist die der Kooperation. Solche Kooperationen sind im kommerziellen Sektor, obwohl vorhanden, in aller Regel nicht offensichtlich, im sozialen Sektor jedoch durchaus sehr üblich und einleuchtend.[32] Interessant ist es, sich die Geschichte des e-Business in der Dot-Com-Ära zu betrachten. Die meisten Unternehmen, welche damals gegründet wurden, sind mittlerweile bankrott. Die höchste Priorität dieser Unternehmen war es, möglichst schnell zu wachsen, sei es durch Preisdumping oder die Übernahme anderer Unternehmen. Hinter dieser Strategie steckte die Idee, dass in einem Netzwerk der „Erste", welcher erfolgreich ist, das gesamte Netzwerk beherrscht[33]. Wenn ein Netzwerk wächst, erreicht es irgendwann einmal eine kritische Masse. Dann zieht es neue Teilnehmer an, erzeugt einen hohen Mehrwert für alle Beteiligten und ist anschließend in der Lage, kleinere Netzwerke zu verdrängen. Diese Theorie funktioniert bei Auktionen[34], aber in anderen Bereichen ist sie nicht anwendbar. In dem Moment, wo die Wechselkosten für die Teilnehmer gering sind, können auch kleine Netzwerke sehr gut konkurrieren. Von den Dot-Com-Unternehmen sind, bedingt durch die im Internet niedrigen Wechselkosten, nur noch wenige heute am Markt aktiv. Innerhalb des Netzwerkstadiums besteht die Gesamtorganisation

---

[32] Spendenorganisationen kooperieren meist sehr intensiv bei den Hilfsmaßnahmen, aber konkurrieren bei der Spendenbeschaffung.

[33] Auch *winner takes all* genannt.

[34] So zum Beispiel eBay.

aus einem Netz von hochgradig autonomen Organisationen, welche eindeutige Dienste und Produkte mit einer klar umrissenen Funktionalität anbieten. Die Kooperation dieser einzelnen Teile geschieht auf einer Ad-hoc-Basis, um gemeinsam ein Ziel zu erreichen. Ein solches Netzwerk ist auch unter dem Begriff „Virtual Enterprise" bekannt. Ein virtuelles Enterprise[35,36] ist eine

Tab. 7.1: Verschiedene Netzwerkformen

Eigenschaft	Koalitionen	Konföderation	Föderation	Enterprise
gemeinsame Systeme	nein	wenige	einige	sehr viele
gemeinsamer Name	nein	manchmal	oft	oft
Franchising	nein	manchmal	manchmal	ja
Entscheidungen	jeder	schwaches Zentrum	starkes Zentrum	Zentralgewalt
globale Normen	keine	zentrale Mitglieder	Zentrale und Gremien	Zentrale und Gremien
Kontrolle	keine	Moral und limitierte Sanktionen	Sanktionen	Sanktionen und Incentives
Einkauf	Mitglieder	Mitglieder und Kooperation	Mitglieder und Kooperation	Zentrale und globale Akquise
Verteilung	Mitglieder	Mitglieder und Kooperation	Mitglieder und Kooperation	Zentrale

Organisationsform, welche unabhängige Partner vereint, um einen einmaligen Auftrag zu erfüllen, und danach wieder aufgelöst wird, beispielsweise die Arbeitsgemeinschaften beim Bau von Autobahnen. Ein virtuelles Enterprise wird für jede Teilaufgabe den bestmöglichen Anbieter einsetzen, dessen Kernkompetenz identisch mit der Aufgabe sein sollte. Die daraus abzuleitenden Problemstellungen tauchen praktisch immer wieder auf, dazu zählen effiziente und durchaus verletzbare Verbindungen zwischen den einzelnen Organisationen. Diese Verbindungen müssen in Bezug auf Flexibilität und Versatilität ein ungleich höheres Maß an Anforderungen erfüllen als das sonst, im Rahmen einer „normalen Organisation", notwendig ist. Als Organisationsform zerfallen diese virtuellen Enterprises in First- und Second-level-Organisationen. Zu den typischen First-level virtuellen Enterprises zählen Projekte innerhalb eines Konzerns (s. Abb. 7.2), während eine echtes virtuelles Enterprise zum Second-

---

[35] Aus dem lateinischen virtus (Tugend).
[36] Auch Virtual Corporation genannt.

level-Typus gehört. Im Gegensatz zu den extended Enterprises ist die zeitliche
Begrenzung der virtuellen Enterprises das Schlüsselelement. Der Grund hinter dem Bestreben, virtuelle Enterprises zu bilden, liegt in den entstehenden
Kosten. Folgt man der Transaktionstheorie, so lassen sich die Kosten für die
verschiedenen Organisationsformen recht leicht visualisieren (s. Abb. 7.3). Dabei wird klar, dass erst bei sehr speziellen Vorgängen die Transaktionskosten
innerhalb einer Organisation denen des freien Marktes überlegen sind. Diese
Vorgänge müssen so speziell sein, dass sie keiner Skalenökonomie unterliegen,
ansonsten kann auch eine hierarchische Organisation niedrige Transaktionskosten erzielen. Trotz der stark arbeitsteiligen Organisation eines virtuellen
Enterprises zeichnet sich dies stets durch ein einheitliches Auftreten gegenüber
Dritten aus. Der Unterschied zwischen einem extended Enterprise und einem
virtuellen Enterprise lässt sich anhand von drei Stereotypen beider Ausrichtungen aufzeigen:

- *Dell* – Dieses amerikanische Unternehmen produziert nichts selbst. Alle
  Produkte sowie der Zusammenbau innerhalb der Produktion werden durch
  Dritte gefertigt. *Dell* ist jedoch immer bestrebt, eine stabile Partnerschaft
  mit seinen Lieferanten einzugehen und sichert diese auch vertraglich ab.
  Bei diesem Stereotyp spricht man auch von einem permanenten virtuellen
  Enterprise, obwohl die Bezeichnung extended Enterprise angemessener ist.
- Filmproduktion – Ein anderes Beispiel für ein virtuelles Enterprise ist
  die Filmproduktion. Hier kommen verschiedene Schauspieler, Kameraleute, Regisseure und viele andere mehr, temporär für die Dauer der Filmproduktion als Team unter der Leitung des Produzenten zusammen. Am
  Ende zerfällt die Produktion wieder in die individuellen Freiberufler. Obwohl dies alles bewusst temporär angelegt ist, schafft es die Filmindustrie,
  Kinohits zu produzieren. Filmproduktionen sind das ideale Beispiel für
  temporäre virtuelle Enterprises.
- Open-Source-Projekte[37] – Die Open-Source-Projekte sind das Paradebeispiel für virtuelle Organisationen. Es handelt sich zwar um Non-Profit-Organisationen, trotzdem stellen sie, im Rahmen der obigen Definition,
  virtuelle Enterprises dar. Hier arbeiten projektbezogen eine Reihe von
  Softwareentwicklern auf zeitlich befristeter Basis zwecks eines gemeinsamen Ziels zusammen. Das Betriebssystem Linux ist durch ein solches virtuelles Enterprise entstanden. Open-Source-Projekte nehmen eine Zwischenrolle zwischen den permanenten und den temporären virtuellen Enterprises
  ein.

Obwohl die Diskussion bezüglich virtueller Enterprises und extended Enterprises in der Fachpresse intensiv geführt wird, stehen die meisten Organisationen vor der Herausforderung, zunächst einmal ein Real Time Enterprise,

---

[37] s. Abschn. 11.6

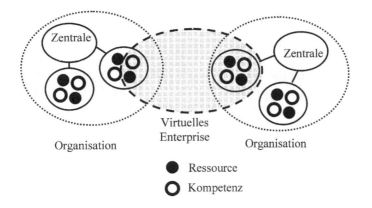

Abb. 7.2: Das virtuelle Enterprise

ein RTE, aufzubauen. Die mehr oder minder offizielle Definition eines Real Time Enterprise[38] stammt von der *Gartner Group*:

> *The RTE is fundamentally about squeezing lag time or „information float" out of core operational and managerial processes. Business has long understood that time is money and speed is a competitive advantage. However, „time" is taking on new meaning as access to markets and talent pools becomes global, and as innovation cycle times and product life cycles shrink. The ability to remove latency or lag times from key business processes, to extend processes globally to „follow the sun", and to access real-time financial, managerial and operating data will increasingly separate industry leaders from also-rans. In time, RTE capability will be a requirement for staying in business.*

Danach ist ein Real Time Enterprise ein Unternehmen, welches alle geschäftsprozessrelevanten Informationen in „Echtzeit" zur Verfügung stellen kann. Zwei Beispiele von aktuellen Real Time Enterprises sind:

- *Wal-Mart* – Obwohl noch nicht ganz in Echtzeit, ist Wal-Mart das bekannteste Handelsunternehmen, welches IT als strategisches Werkzeug einsetzt und sehr zeitnah Informationen über Produkte, Filialen und Kassen verarbeiten und analysieren kann.
- *H&M* – Hennes und Mauritz sind ein integrierter Textilanbieter. H&M kann Textilien in sehr viel kürzeren Zyklen auf den Markt werfen als ih-

---

[38] Ähnliche Konzepte werden von *IBM* mit dem Begriff „On-Demand Business" versehen. Oft findet sich auch der Ausdruck „Adaptive Enterprise".

re Konkurrenz. Hier ist das Real Time Enterprise im Produktionssektor, beziehungsweise in der Qualität der Lieferkette vorhanden.

Leider wird die heutige Diskussion um das Real Time Enterprise sehr auf technischer Ebene geführt, dies ist jedoch der falsche Ansatz, denn eine entsprechende Strategie kann nur aus dem Geschäftsprozess und dem Kundenverhalten, beispielsweise deren Wünschen, abgeleitet werden, denn eine Betrachtung aus rein technologischer Sicht führt in den seltensten Fällen zu einem echten Mehrwert. Im Rahmen von technikgetriebenen Strategien werden sehr oft Prozesse beschleunigt, die keine oder nur eine sehr geringe Kunden- oder Geschäftsprozessrelevanz besitzen. Die hinter all diesen Ansätzen stehende

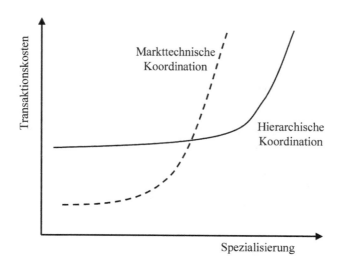

Abb. 7.3: Transaktionskosten als Funktion der Spezialisierung

Problematik der Organisationen liegt in einigen wenigen, dafür aber umso schmerzhafteren, Punkten begründet:

- Kundenkontakt – Die traditionelle, funktionsorientierte Organisation verhindert de facto eine ganzheitliche Kundenbetrachtung. Produkt- und funktionsorientierte Organisationen bilden für den Kunden ein oft verwirrendes Schema mit unterschiedlichen Aussagen aus derselben Organisation.
- Lieferantenkontakt – Hier herrscht in der Industrie noch immer der Bullwhip-Effekt[39] vor, der auf die nicht vorhandene Koppelung in Echtzeit

---

[39] Der Bullwhip-Effekt wurde ironischerweise bei einer Untersuchung über die Lagerhaltung von Wegwerfwindeln der Marke *Pampers* von *Procter & Gamble* intensiv beschrieben.

Tab. 7.2: Anforderungen an die IT-Systeme in einem Netzwerkstadium. Die einzelnen Phasen der Zusammenarbeit sind: (I) Interne Vorbereitung, (II) Partnervorbereitung, (III) Zusammenarbeit und (IV) Abschluss

Phase	Prozess	Band-breite	Gleich-zeitigkeit	Persistenz	Änderbar-keit	Feedback
I	Bedarf	gering	mittel–hoch	gering–mittel	gering	mittel
I	Selbst-analyse	gering	mittel	gering–mittel	gering	mittel
I	Ziel-definition	gering	gering	hoch	gering	gering
I	Partner-suche	mittel	mittel	gering	gering	mittel–hoch
I	Partner-wahl	gering–mittel	mittel–hoch	mittel	mittel	hoch
II	Kontakt-aufnahme	mittel–hoch	gering	gering	mittel–hoch	hoch
II	Wahl	gering–mittel	mittel–hoch	mittel	mittel	hoch
II	Detail-verhand-lung	hoch	mittel–hoch	hoch	hoch	hoch
III	Imple-mentie-rung	hoch	gering–mittel	gering	hoch	hoch
III	Koope-ration	mittel–hoch	gering	hoch	hoch	hoch
IV	Beendi-gung	mittel–hoch	gering–mittel	hoch	hoch	mittel–hoch
IV	Bewer-tung	mittel–hoch	mittel	mittel–hoch	mittel–hoch	mittel
IV	Weiter-führung	mittel	gering	gering–mittel	mittel	mittel

zurückzuführen ist. Der Bullwhip-Effekt beruht darauf, dass bei erhöhtem Bestellaufkommen der Lieferant nicht schnell genug reagiert und wenn er reagiert, die Nachfrage schon wieder gesunken ist. Traditionell wird dies durch den Aufbau von Lagerbeständen abgemildert. Allerdings sind die Lagerbestände in der Regel sehr kapitalintensiv, was eine große Ressourcenverschwendung darstellt.[40]

Das Netzwerkstadium einer Organisation lässt sich durch sechs Kriterien beschreiben:

---

[40] Bei der Just-in-Time-Produktion wird die Lagerhaltung auf den Lieferanten und das Verkehrsnetz ausgelagert.

- autonome Teile – Jeder Teil des Netzwerks trifft seine eigenen Entscheidungen, allerdings ist nicht das Ziel, möglichst unabhängig zu sein. Alle Beteiligten sind sich ihrer gegenseitigen Abhängigkeit bewusst.
- einzigartige Rolle – Die Einzigartigkeit eines Teils des Netzwerkes erklärt seine Existenz. Wenn die entsprechende Organisation nicht einzigartig[41] wäre, so würde diese schnell innerhalb des Netzwerks verdrängt werden.
- definierte Leistungen – Die Produkte und Dienstleistungen sind festgelegt und allen Mitarbeitern bekannt.
- Ad-hoc-Basis – Das Netzwerk arbeitet spontan zusammen, um ein gewisses Ziel zu erreichen. Nach der Erreichung des Ziels werden neue Verbindungen für neue Ziele geknüpft und alte gelöst.[42]
- Kooperation – Alle Teile des Netzes arbeiten auf freiwilliger Basis zusammen, allerdings mit bindenden Übereinkünften, welche die Erwartungen und Leistungen formalisiert beschreiben, meist in Form von Service Level Agreements.
- gemeinsames Ziel – Ein Ziel wird explizit und klar definiert. In aller Regel wird sich innerhalb des Netzwerks auf einen Weg zur Erreichung des Ziels und der notwendigen Arbeitsteilung geeinigt.

Aus Sicht der IT ist diese ein Teil des Netzwerks und damit eine Organisation unter vielen anderen. Folglich muss die IT auch Vertrieb und Marketing innerhalb des Netzwerks beherrschen sowie einen Mehrwert (s. Abschn. 2.6.1) produzieren und eine „Unique Selling Proposition" anbieten. Aus der Netzwerkverteilung resultiert, dass es in jedem anderen Teil des Netzwerks ein IT-Basis-Know-how geben muss, aber auch umgekehrt, dass innerhalb der IT Wissen über das Geschäft der anderen Netzwerkteile vorhanden sein muss. Eine der Schwierigkeiten hinter der Modellierung von virtuellen Enterprises besteht darin, dass es nicht „das" virtuelle Enterprise gibt. Diese Organisationen verändern sich viel zu schnell, daher ist man nicht in der Lage, sie generisch zu beschreiben. Es gibt jedoch ein Charakteristikum, welches in allen Erscheinungsformen vorkommt: Alle virtuellen Enterprises nutzen das Internet als Trägermedium für viele gemeinsame Prozesse. Innerhalb des Netzwerkstadiums tritt ein weiteres Problem auf: Das virtuelle Enterprise ist ohne eine verlässliche und verteilte IT-Infrastruktur nicht denkbar, aber es existiert kein singulärer Punkt, der Entscheidungen über die Infrastruktur sowie die Software oder die Systeme im Allgemeinen trifft. Folglich ist nicht nur eine verteilte Architektur beziehungsweise eine generische Architektur, welche ver-

---

[41] Verkaufstechnisch gesehen wird dies als USP (**U**nique **S**elling **P**roposition) bezeichnet.

[42] Im Bereich der Kriminalität lässt sich dies auch beobachten. Die Mafia oder die kolumbianischen Drogenkartelle waren hierarchische Organisationen (s. Abschn. 7.3), neuere Formen des Drogenhandels oder auch des Terrorismus bauen sich aus lose gekoppelten Zellen auf, welche kurzzeitig für ein gemeinsames Ziel zusammenarbeiten; wenn eine Zelle eliminiert wird, übernimmt eine andere deren „Markt".

schiedene Implementierungsformen verkraften kann, notwendig, sondern auch die Verteilung der Ressourcen und des Aufwands auf die unterschiedlichen Organisationen spielt eine Rolle. Da die beteiligten Organisationen sich innerhalb des virtuellen Enterprise über ihren Mehrwert definieren, muss der monetäre Wert einer gemeinsamen Architektur aufgezeigt werden. Dies ist bis heute noch nicht gelungen. Der durch entsprechende Software ermöglichte Informationsaustausch (s. Tab. 7.2) hält nicht das, was man sich von ihm verspricht. Dies liegt in der Natur des Mediums begründet. Ein elektronischer Informationsaustausch tendiert zu einer statusunabhängigen Kommunikation. Obwohl dies unserem demokratischen Menschenbild entspricht, ist es in der Praxis oft gefährlich: Die statusunabhängige Kommunikation verleitet zu einer Überschreitung von Kommunikationsnormen und einem ungehemmten Austausch, was im Endeffekt zu einer Redefinition der Arbeitsteilung im Netzwerk führt. Die Anonymität[43] des Mediums und der Verzicht auf Höflichkeitsformen[44] forciert eine sehr direkte Kommunikation, die von vielen als aggressiv und unhöflich empfunden wird. Ein Netzwerk beruht aber zum großen Teil auf gegenseitigem Vertrauen, was durch diese Form der Kommunikation abgeschwächt wird. Der Wegfall der direkten Kommunikation gefährdet das Netzwerk! Folglich muss zunächst durch direkte Gespräche ein Vertrauensverhältnis aufgebaut werden und erst dann kann eine elektronische Kommunikation funktionieren. E-Mail schwächt auch die Position des Senders ab, da E-Mail ein vermindertes[45] Eingehen auf den Empfänger, eine Überschätzung des eigenen Beitrags und eine Ablehnung der Verantwortung[46] für den Inhalt tendenziell zur Folge hat. Die Fixierung auf elektronischer Kommunikation kann zu einer ernsthaften Gefahr für ein Netzwerk werden. Ein zentrales Charakteristikum des virtuellen Enterprises ist seine opportunistische Natur von daher kann die einzelne Organisation ihre Teilnahme an einem virtuellen Enterprise auch nutzen, um besser und schneller auf Veränderungen der Umgebung reagieren zu können. Damit aber das Gesamtsystem virtueller Enterprises auch handlungsfähig bleibt, wenn eine der beteiligten Organisationen seine Kapazität nicht zur Verfügung stellen kann, muss das virtuelle Enterprise über ein hohes Maß an Redundanz verfügen – nicht nur Redundanz im Sinne von Ressourcen, auch Redundanz im Sinne von IT-Systemen. Die typische IT-Infrastruktur eines virtuellen Enterprises muss in der Lage sein, folgende Ereignisse reibungslos verkraften zu können:

- eine Organisation wird neu aufgenommen

---

[43] Besonders beliebt sind E-Mails zur Übermittlung von negativen Informationen, da der Sender sich nicht mit der emotionalen Reaktion des Empfängers konfrontiert sieht.

[44] Höflichkeitsformen sind soziale Rituale, welche statusbehaftete Kommunikation in akzeptabler Form ermöglichen.

[45] Die Rückkoppelung über Rhetorik, Mimik, Gestik und Körperhaltung fehlt.

[46] Häufig werden E-Mails einfach weitergeleitet, ohne dass dies als Zustimmung gewertet wird.

- eine Organisation verlässt das virtuelle Enterprise
- die Dienstleistungen oder Produkte des virtuellen Enterprises ändern sich spontan
- das virtuelle Enterprise verschmilzt mit einem anderen virtuellen Enterprise

Außerdem darf die Infrastruktur weder von der Zahl der beteiligten Unternehmen, noch von dem Vorhandensein einer einzelnen Teilnehmerorganisation abhängig sein. Da alle Teilnehmer autonom sind und es auch bleiben, muss die Infrastruktur aus autonomen Agenten (s. Abschn. 4.16) bestehen.

8

Softwareevolution

And they looked upon the software,
and saw it was good.
But they had just to add this one other feature ...
Frank McCormik

Die Evolution eines realen Systems im Allgemeinen ist eines der komplexesten Gebiete der Systemtheorie, welches nur bedingt erforscht worden ist, die meisten Ansätze in der Literatur sind kleine akademische Beispiele. Die Fragestellung des IT-Alignments beschäftigt sich mit der Organisation auf der einen und der Software (in diesem Kapitel bleibt die Hardware außen vor) auf der anderen Seite. Die Entwicklung von Organisationen wurde schon beschrieben (s. Kap. 7), aber auch die eingesetzte Software entwickelt sich permanent weiter.

Die Entwicklung der Software im Speziellen und der IT im Allgemeinen lässt sich analog zur Organisationsentwicklung beschreiben und in zwei grundlegende Veränderungsformen einteilen:

- Evolution – Unter dem Begriff der Evolution wird die kontinuierliche, quasi stetig und inkrementelle Veränderung der Software verstanden. Allerdings ändert sich Software im Rahmen der Evolution stets nur geringfügig und niemals fundamental.

- Revolution – Eine Revolution liegt dann vor, wenn die Veränderung die kontinuierlich und nicht durch einen stetigen Prozess wie Maintenance oder Weiterentwicklung auftritt. Eventuelle Revolutionen in dem Softwaresystem haben, in aller Regel, immer einen oder mehrere konkrete Auslöser. Die häufigsten Gründe für eine Softwarerevolution sind:

  - Paradigmenwechsel – Ein Paradigmenwechsel liegt vor, wenn sich die grundlegende Art und Weise, wie Software entwickelt wird, verändert. Paradigmenwechsel in der Vergangenheit führten von Structured Programming zu Structured Analysis und von der Structured Analysis zur Objektorientierung und in neuster Zeit von der Objektorientierung zum Service Oriented Computing (s. Abschn. 4.15).

  - Architekturrevolution – Da die Architektur einen Rahmen für die Software darstellt und umgekehrt auch die Struktur der Implementierung beschreibt, erzeugt ein Architekturwechsel implizit eine Softwarerevolution. Meist wird eine Änderung der Architektur durch eine neue

Hardware, neue Paradigmen oder neue Technologien ausgelöst. Der Wechsel der Architektur ist für die Software sehr drastisch, so dass sie normalerweise ihren Lebenszyklus beenden muss, wenn die Architektur sich ändert. Das heißt, eine neue Architektur erfordert in aller Regel auch eine neue Software. Die Architekturveränderungen in der Vergangenheit waren zum Beispiel der Übergang von Batchprogrammen zu Online-Transaktionsprogrammen weiter zu Client-Server. Von Client-Server ging es über die verteilten Anwendungen wie CORBA und webbasierten Programmen in jüngster Zeit zur Service Oriented Architecture.

– Marktwechsel – Für den Fall, dass ein Computerhersteller, zum Beispiel *DEC* oder *Nixdorf*, oder ein COTS-Software-Hersteller den Markt verlässt oder ihn neu betritt, kann dies auch eine Softwarerevolution auslösen.

– neue Technologien – Die Einführung einer neuen Technologie, speziell im Infrastruktursektor, weckt neue Bedürfnisse und zeigt neue Chancen auf, mit der Folge einer Architekturrevolution, die in einer Softwarerevolution mündet; so geschehen bei der massiven Verbreitung des Internets in den neunziger Jahren.

Die Softwarerevolutionen sind immer diskret und direkt wahrnehmbar. Schwieriger ist es, die Softwareevolution zu beobachten, da sie meist als ein schleichender Prozess abläuft, aber trotzdem drastische Konsequenzen zeigt.

Es gibt einen prinzipiellen Unterschied zwischen der Software- und der Organisationsevolution (s. Abb. 7.1). Die Organisationsevolution beinhaltet auch stets die Revolutionsphasen, auch Organisationskrisen genannt. Nicht so die Softwareevolution! Eine Software verliert ihre Identität, das, was die Software ausmacht, vollständig, wenn eine Revolution ansteht. Nach einer Softwarerevolution spricht man von einer völlig neuen Software.[1]

Unter Beibehaltung der Identität verläuft das „Leben" einer Software entlang des Softwarelebenszyklus (Lifecycle). Einführung einer neuen Software oder eines COTS-Pakets (s. Kap. 9) unterbricht den Lebenszyklus abrupt und erzeugt einen neuen Lebenszyklus mit einer neuen Softwareidentität.

8.1 Softwarelebenszyklus

Eine Software befindet sich immer in einem definierten Zustand; das heißt implizit, dass jede Software einen Lebenszyklus durchlebt. Dieser Lebenszyklus ist die definierte zeitliche Abfolge von Zuständen. Das Lebenszyklusmodell als Ganzes zeigt die möglichen Zustände auf, welche die Summe aller Soft-

---

[1] COTS-Software-Hersteller machen sich dies oft marketingtechnisch zu Nutze indem sie nur die Benutzerschnittstelle der Software verändern und trotzdem von einer völlig neuen Software sprechen.

waresysteme annehmen können; insofern ist der Lebenszyklus ein generisches, idealtypisches Modell der Veränderung von Software.

Grundlage des Lebenszyklusmodells der Software ist die Beobachtung, dass jede Veränderung der Software einen Übergang von einem Zustand der Software in einen anderen Zustand darstellt:

$$\hat{O}(t, t_0)\psi(t_0) \to \psi(t), \qquad (8.1)$$

wobei der zeitliche Unterschied $\delta t = |t - t_0|$ hinreichend klein sein sollte. Wenn die beiden Zustände $\psi(t_0)$ und $\psi(t)$ sehr nahe beieinander liegen, so gehören beide zum gleichen Zustand des Lebenszyklusmodells. Ein solches Vorgehen lässt aber die Vergleichbarkeit unterschiedlicher Softwaresysteme als sehr fragwürdig erscheinen. Aus diesem Grund werden die möglichen Zustände leider nicht nach den internen, quantifizierbaren Eigenschaften der Software eingeteilt, sondern nach den äußeren, mehr qualitativen Eigenschaften. Die Zustände werden üblicherweise nach der jeweiligen Form der Entwicklung klassifiziert; dies zu einem gewissen Grad willkürlich, es hat sich aber in der Praxis ein hohes Maß an Übereinstimmung über alle Softwaresysteme hinweg gezeigt. Diese Form der Einteilung ermöglicht es, eine system- und organisationsübergreifende Vergleichbarkeit sicherzustellen.

Relativ klar wird das Lebenszyklusmodell (s. Abb. 8.1), wenn es als ein Stufenmodell betrachtet wird, das sich zunächst nur in eine Richtung, das heißt entlang der Zeitachse, bewegen kann. Die so entstehenden Stufen sind:

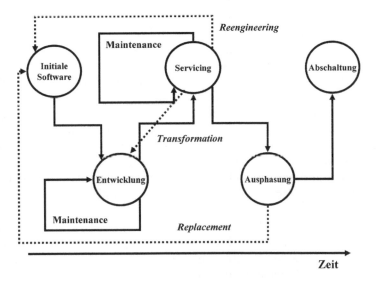

Abb. 8.1: Der einfache Lebenszyklus

- Initiale Software
- Entwicklung
- Servicing
- Ausphasung
- Abschaltung

Obwohl die Zustände Entwicklung und Servicing meistens länger andauern als die initiale Phase, gibt es auch Ausnahmen; bei sehr komplexen Systemen kann sich die Umgebung so schnell verändern, dass die Software schon sehr schnell nach der Einführung obsolet geworden ist (s. Kap. 2).

- Initialer Software-Zustand – Die initiale Software ist der Anfangszustand, welcher in Betrieb genommen wird. Hier fehlen typischerweise noch einige fachliche Funktionen. Eine Eigenschaft ist jedoch charakteristisch: Die initiale Software besitzt schon die Architektur der Software, welche während des gesamten Lebenszyklus erhalten[2] bleiben wird. Ein zweites Charakteristikum ist das Wissen, welches das Entwicklungsteam zur Erstellung der initialen Software aufgebaut hat. Dieses Wissen ist die notwendige Voraussetzung, um die späteren Phasen überhaupt erst zu ermöglichen, leider geht es oft in den späteren Phasen verloren.
- Entwicklung – Das Ziel der Entwicklungsstufe ist es, sich an die stetig verändernden Benutzeranforderungen sowie die Veränderungen der Umwelt anzupassen, beziehungsweise Defekte aus der initialen Stufe zu beheben. In der Entwicklungsstufe wird das zunehmend gesammelte Wissen der Endanwender über die Software sowie das Wissen der Softwareentwickler über die Domäne zur treibenden Kraft, um die Software selbst zu verändern. Das Domänenwissen und die Softwarearchitektur machen die Entwicklung erst möglich; beide gemeinsam sind notwendig für eine Veränderung der Software. Wenn eine dieser beiden Voraussetzungen verschwindet – das Wissen über die Domäne oder die Architekturintegrität – geht die Software in die nächste Stufe, das Servicing, über.
- Servicingzustand – Ist das Ende der Entwicklungsstufe erreicht, so tritt die Stufe des Servicing ein. In der Servicingstufe finden zwar auch noch Veränderungen statt, welche die Software durchaus beeinflussen können, aber diese lassen sie im Kern der Software unverändert. Typischerweise spricht man in dieser Phase bei Veränderungen von „Patches" und „Bugfixes". Diese Stufe in der Entwicklung wird auch als „Software Maturity" bezeichnet.
- Ausphasungszustand – Während der Ausphasung werden auch keine „Patches" mehr geliefert, wie noch im Zustand des Servicing; damit unterliegt die Software keinerlei Maintenance mehr. Eine solche Ausphasung kann unterschiedliche Gründe haben. Ein möglicher Grund ist die Ausphasung einer Software im Rahmen einer Migration; in diesem Fall lässt es sich für eine gewisse Zeit mit einer Reihe von Fehlern leben, ohne diese zu

---

[2] Aus diesem Grund zerstört eine Architekturrevolution die Softwareidentität.

beheben. Ein anderer möglicher Grund ist, dass der Hersteller die Entwicklung der Software eingestellt hat. Eine längerfristige Benutzung der Software in dieser Phase durch die Endbenutzer führt zu einer Anhäufung von „Work-Arounds". Auf Grund der Tatsache, dass die Software sich nicht mehr verändert, werden Teile in ihr semantisch reinterpretiert und anders benutzt als ursprünglich intendiert war. Solche „Work-Arounds" sind auch in früheren Stufen zu beobachten, nur werden sie dort durch die Geschwindigkeit, beziehungsweise durch die Nichtreaktion der jeweiligen Softwareentwicklung auf Kundenbedürfnisse ausgelöst und führen oft zu Konflikten. Mit der Einführung eines „Work-Arounds" verändert der Endanwender unbewusst das System, dadurch wird der „Work-Around" zu einer Quasifunktionalität[3] des Systems.

- Abschaltungszustand – Die Abschaltung der Software ist der finale, meist irreversible, Schritt. Die Software wird entfernt und steht nicht mehr zur Verfügung. In den meisten Fällen wird zwar versucht, die Daten zu retten, dies gelingt jedoch nicht immer. Häufig sind diese Daten nachträglich weder zugänglich noch sinnvoll interpretierbar.

Bisher wurde das Lebenszyklusmodell nur aus der „üblichen" Richtung betrachtet. Es sind jedoch auch andere Übergänge beobachtbar:

- Replacement – Das Replacement ist ein Ersatz für die Software; dabei macht ein Ersatz in der Regel erst dann Sinn, wenn mindestens die Servicingstufe erreicht ist.
- Reengineering – Ein groß angelegtes Reengineering ist der Versuch, aus einer Servicingstufe eine neue initiale Software zu erzeugen.
- Transformation – Die beste Möglichkeit, „gealteter" Software neues Leben zu geben, ist die Transformation. Hierdurch wird eine Software von der Stufe des Servicing auf die der Entwicklung zurückgesetzt, beziehungsweise verbleibt in der Entwicklungsstufe.

8.2 Evolutionsgesetze

Die so genannten „Softwareevolutionsgesetze" gehen auf *Lehman* zurück. Die sieben Gesetze der Softwareevolution sind:

  I *Kontinuierliche Veränderung*
 II *Wachsende Komplexität*
III *Selbstregulierung*
 IV *Erhaltung der organisatorischen Stabilität*
  V *Erhaltung der Ähnlichkeit*
 VI *Wachstum*
VII *Nachlassende Qualität*

---

[3] Dies kann so weit gehen, dass offensichtliche Fehler zu Features werden.

Diese sieben Gesetze zeigen auf, welche Größen der Software sich wie mit zunehmendem Lebensalter ändern:

8.2.1 Kontinuierliche Veränderung

I. Software, die genutzt wird, muss sich kontinuierlich anpassen, ansonsten wird sie sehr schnell nicht mehr nutzbar sein.

Dieses Gesetz formuliert eine universelle Erfahrung; unser gesamtes Leben wird von der Veränderung bestimmt. Im Fall der Software wird der Veränderungsdruck durch die Differenz zwischen den Anforderungen der Domäne und damit implizit den Anforderungen der Organisation und den implementierten Eigenschaften der Software ausgelöst. Je größer diese Differenz, desto höher ist der Druck, die Software zu verändern. Ein Teil des Veränderungsdrucks wird durch die Software selbst produziert: Jede neue Installation oder Version der Software ändert durch ihren Einsatz die Domäne ab und erzeugt damit implizit eine Differenz zwischen der Anforderung der Domäne und der Software selbst. Dieser Druck ist wichtig, damit sich Software überhaupt entwickelt. Fehlt dieser Druck, indem beispielsweise die Software „eingefroren" wird, so wird die Software rapide obsolet.

Dieses Gesetz resultiert daraus, dass Veränderungen der Domäne die einmal zu einem früheren Zeitpunkt getroffenen Annahmen ungültig machen. Die Endbenutzer verlangen nun eine Korrektur der aus ihrer Sichtweise „fehlerhaften" Software. Letztlich handelt es sich hierbei um die Auswirkungen des Feedbacks, welches erst durch den Einsatz der Software ausgelöst wird.

Bei einer COTS-Software muss die Angemessenheit der Software sowohl der Systemumgebung sowie den Domänenanforderungen gegenüber überprüft werden. Die Anforderungen werden spezifiziert und die entsprechenden Schnittstellen zu anderen Systemen werden festgelegt, genau wie bei jeder anderen Form der Softwareentwicklung. Es werden auch von dem Hersteller der COTS-Software implizite und explizite Annahmen über die Domänen gemacht.

Die Veränderungen der Umgebung, nach dem *I.* Gesetz der Softwareevolution, resultieren in der Notwendigkeit, die COTS-Software zu adaptieren. Die COTS-Software würde ansonsten, genau wie jede andere Software, schnell degradiert. Im Gegensatz zur Individualsoftware wird die Adaption vom COTS-Software-Hersteller vorgenommen. Damit diese Adaptionen erreicht werden können, gibt es folgende grundsätzliche Mechanismen:

- lokale Veränderung der COTS-Software;
- Veränderung der Systemumgebung, das heißt der Soft- und Hardware, in die das COTS-Software-System eingebettet ist – dies funktioniert nur in ganz speziellen Ausnahmefällen;
- den COTS-Software-Hersteller auffordern, die COTS-Software entsprechend zu verändern.

Die erste Variante, lokale Änderungen der COTS-Software, ist zwar möglich, hat jedoch langfristig zur Konsequenz, dass das Unternehmen selbst für die Maintenance verantwortlich wird. Diese Entkoppelung mag nicht sofort merkbar zu sein, aber einige Releases später können die Effekte immens werden. Eine Maintenancelawine droht! Diese hohen Maintenancekosten waren aber oft der Grund für den Wechsel zu einem COTS-Software-System. Eine solche Vorgehensweise führt den Einsatz von COTS-Software ad absurdum. Die einzige logisch konsequente Variante ist es, den Hersteller der COTS-Software aufzufordern, diese Änderung zu implementieren und im nächsten Release zur Verfügung zu stellen. Nur reagiert dieser nicht auf ein einzelnes Unternehmen, sondern auf die Anforderungen diverser Unternehmen, welche die COTS-Software einsetzen. Aber nach dem ersten und sechsten Gesetz ist dies für den COTS-Software-Hersteller zunehmend schwieriger, mit der Folge, dass die Einführung von COTS-Software den Maintenanceaufwand langfristig erhöhen und die Qualität des Gesamtsystems rapide degradieren lässt. Diese Erscheinung tritt auch dann ein, wenn am Anfang alle Anforderungen durch die COTS-Software exakt abgedeckt wurden. Oder anders formuliert: Auf Grund der sehr viel größeren Domäne und der erhöhten Zahl an Endbenutzern wächst die Unschärfe zwischen Domäne, implementierter Software und Applikationsmodell schneller an als bei anderen Formen der Software.

Alle diese Probleme gehen auf die sehr viel größere Unschärfe von COTS-Software zurück. Die Nutzung von COTS-Software, obwohl ursprünglich vorteilhaft, hat zur Folge, dass die Komplexitätsprobleme sich langfristig betrachtet noch verschärfen! Anders formuliert wird in das Gesamtsystem des Unternehmens eine Applikation eingekoppelt, die COTS-Software, welche die Komplexität und Entropie des Gesamtsystems erhöht.

8.2.2 Wachsende Komplexität

II. Die Komplexität einer Software wächst stetig an, außer es wird Arbeit investiert, um diese Komplexität zu reduzieren.[4]

Das Gesetz der wachsenden Komplexität lässt sich auch als philosophisches Prinzip verallgemeinern:

Evolution (eines Systems) ist ein Prozess, der im Laufe der Zeit die Komplexität erhöht.

Die wachsende Komplexität resultiert aus der stetig steigenden Zahl von Änderungen an der Software. Durch die Gesetze *I* und *VII* bedingt, müssen permanent Veränderungen an der Software vorgenommen werden, mit der Konsequenz, dass jede einzelne Änderung zu einer Erhöhung der Komplexität führt, da es immer eine nicht verschwindende Wahrscheinlichkeit für inkompatible und unstrukturierte Änderungen gibt.

---

[4] Diese Beobachtung entspricht dem zweiten Gesetz der Thermodynamik: Die Entropie eines geschlossenen Systems ist streng monoton wachsend.

Mit zunehmender Komplexität wird es immer schwerer, die einmal erreichte Komplexität auf dem Anfangsniveau zu halten. Die Änderung der Komplexität, sprich das Komplexitätswachstum einer Applikation beim Hinzufügen eines neuen Moduls, ist infinitesimal gegeben durch:

$$d\phi = \mathcal{K}(\phi)dn, \qquad (8.2)$$

wobei ϕ ein gegebenes Komplexitätsmaß ist. Hierbei ist $d\phi$ der Komplexitätszuwachs und $\mathcal{K}$ eine nichtverschwindende Funktion der Komplexität. Für kleine Systeme ergibt sich im Grenzfall:

$$\lim_{\phi \to 0} \mathcal{K}(\phi) = k_0 > 0,$$

so dass sich für kleine ϕ die Änderung des Komplexitätsmaßes zu

$$d\phi \approx k_0 dn$$

ergibt.

Auf der anderen Seite kann gezeigt werden, dass das Funktional $\mathcal{K}$ sich für große ϕ wie ein Potenzgesetz verhalten muss, das heißt

$$\mathcal{K}(\phi \gg 1) \sim \phi^{\nu} \qquad (8.3)$$

mit einer nichtnegativen Konstanten ν. Das Lehmansche Gesetz besagt nun, dass die Zahl der Quellmodule eines Softwarepakets einer einfachen Differentialgleichung genügt:

$$\frac{\partial \psi}{\partial t} = c_1 \psi + \frac{c_2}{\psi^2}. \qquad (8.4)$$

Diese Differentialgleichung korreliert die Zahl der Quellmodule ψ mit der Zeit. Näherungsweise lässt sich die Differentialgleichung durch

$$\lim_{t \to 0} \psi \approx \sqrt[3]{3c_2 t}, \qquad (8.5)$$

$$\lim_{t \to \infty} \psi \approx e^{c_1 t}, \qquad (8.6)$$

lösen, was auch als das Turski-Lehman'sche Wachstumsmodell bekannt ist.

Das Lehmansche Gesetz entspricht einer Pareto-Verteilung:

$$P(X > x) = \left(\frac{k}{x}\right)^{\alpha} \qquad (8.7)$$

mit $\alpha = 1/3$.

Ein interessantes Beispiel für wachsende Komplexität ist, obwohl es sich hier nicht um die Komplexitätsentwicklung eines einzelnen Produktes handelt, die Größe des Betriebssystems Windows(s. Tab. 8.1). Der Faktor an Codezeilen zwischen DOS und Windows XP liegt bei über 10.000. Zwischen Windows XP und NT 3.1 beträgt er immerhin noch 7,5!

---

[5] Im Fall von PC DOS handelt es sich um Assemblerzeilen.

Tab. 8.1: Das Wachstum von Windows

System	Lines of Code
PC DOS[5]1.0	4.000
NT 3.1	6.000.000
Windows 98	18.000.000
Windows 2000	35.000.000
Windows XP	45.000.000

Tab. 8.2: Das Anwachsen organisatorischer Anweisungen

Anweisung	Zahl der Wörter
Satz des Pythagoras	11
Satz des Thales	19
Zehn Gebote	142
amerikanische Unabhängigkeitserklärung	1.333
Grundgesetz der Bundesrepublik	12.104
EU-Verfassung	57.425

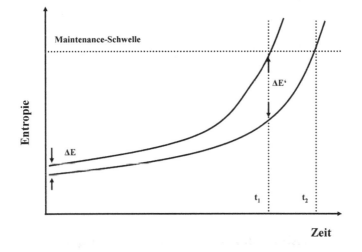

Abb. 8.2: Vereinfachtes Entropiemodell

Anstelle von allgemeinen Komplexitätsmaßen (s. Anhang C) lässt sich auch die Entropie (s. Abschn. C.7.1) betrachten. Entropie ist kein Maß für die Komplexität, sondern ein Maß für die Unordnung in der Software.

Da jede Änderung eine Steigerung der Entropie zur Folge hat und eine Änderung sich in erster Näherung in einem proportionalen Wechsel der Entropie niederschlägt, lässt sich die Entropieänderung (s. Gl. 8.2) durch

$$\Delta S \sim S$$

beschreiben. Die Folge ist, dass sich für die Entropie in erster Näherung eine Differentialgleichung der Form

$$\frac{\partial S}{\partial t} = \alpha S$$

ergibt – mit der Folge, dass in diesem vereinfachten Modell die zeitliche Entwicklung der Entropie als

$$S = S_0 e^{\alpha t} \tag{8.8}$$

formuliert werden kann.

Die Auswirkungen dieser einfachen Entropieentwicklung (s. Abb. 8.2) sind drastisch. Jeder noch so kleine Unterschied bei der Startentropie zum Zeitpunkt t_0 resultiert in einem noch größeren Unterschied in der Entropie zum Zeitpunkt t_1.

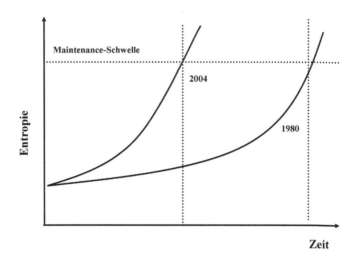

Abb. 8.3: Entwicklung der Entropiesteigerung

Das Entropieproblem hat sich zusätzlich noch im Laufe der Zeit verschärft, da heutige Applikationen sehr viel komplexer sind als frühere. Das heißt, dass heutige Applikationen sehr viel schneller „altern" als die Applikationen in früherer Zeit, da die rapide Veränderung der Geschäftswelt ihre direkten Spuren in der Software hinterlässt.

Die Folge der stetig ansteigenden Komplexität geht auch an der COTS-Software nicht spurlos vorbei, hier gelten dieselben Gesetzmäßigkeiten wie bei jeder anderen Form von Software. Allerdings produzieren sowohl das größere

Volumen der Software beziehungsweise ihre größere inhärente Komplexität, wie auch die erhöhte Anzahl von widersprüchlichen Anforderungen, bedingt durch die diversen Kunden, recht schnell eine hohe Steigerungsrate der Komplexität. Mathematisch gesehen ist die Komplexitätssteigerung $d\mathcal{K}$ proportional zur vorhandenen fachlichen Komplexität:

$$\frac{d\mathcal{K}}{dt} \sim \mathcal{K}.$$

Die entstehende Komplexitätskurve

$$\mathcal{K} \approx \mathcal{K}_0 e^{\alpha t}$$

wächst speziell bei der COTS-Software meistens sehr schnell. Das Anwachsen der Komplexität $\mathcal{K}$ ist damit ähnlich der Steigerung der Entropie (s. Gl. 8.8).

Zusammenfassend kann gesagt werden, dass COTS-Software zwar einen kurzfristigen Gewinn darstellen kann, langfristig aber zu einem Import an Komplexität mit all seinen Konsequenzen führt. Aus dem Blickwinkel der Entropie werden zwei Systeme gekoppelt, bei denen das COTS-Software-System die höhere Entropie besitzt und damit, implizit durch die Koppelung, das Gesamtsystem des Kunden in der Entropie erhöht.

Es ist wahrscheinlich, dass die COTS-Software sehr viel stärker durch die allgemeine Technologieentwicklung sowie die Marktnachfrage getrieben wird als durch Anforderungen von tatsächlichen Kunden. Dies hat zur Folge, dass die COTS-Software den mittlerweile sehr kurzen Technologiezyklen folgt, was sehr schnell zu einer degradierenden Software führt.

8.2.3 Selbstregulierung

III. Die Evolution von Software ist selbstregulierend mit Produkt- und Prozessmetriken, welche nahe an einer Normalverteilung liegen.

Eine große Zahl dieser Mechanismen wirken auf die Software als Treiber oder als stabilisierende Kräfte. Da die Zahl dieser einzelnen Kräfte relativ hoch ist, kann die Entwicklung der Software als ein Subsystem betrachtet werden, welches in ein großes System eingebettet ist. Dieses Gesamtsystem übt nun durch eine große Zahl von quasi unabhängigen Entscheidungen einen Druck auf das System aus, welcher einer Normalverteilung ähnlich ist. Wenn dieser Druck eine Zeit lang auf die Entwicklung und damit implizit auf die Software angewandt wird, ist die Eigendynamik so stark, dass sich das Subsystem ein Equilibrium sucht. Umgekehrt ändert sich ein System erst dann, wenn es weit von seinem Gleichgewichtspunkt entfernt wird. Wurde das System sehr weit von seinem ehemaligen Equilibriumszustand entfernt, kann es sich jetzt einen neuen Gleichgewichtszustand suchen und diesen einnehmen. Aus dieser Gesetzmäßigkeit lässt sich auch ableiten, dass der Wegfall oder die Addition eines einzelnen Mitarbeiters, inklusive des Projektleiters, langfristig betrachtet keine großen Auswirkungen auf die Software hat.

8.2.4 Erhaltung der organisatorischen Stabilität

IV. Die mittlere effektive Aktivitätsrate, welche für eine evolvierende Software angewandt wird, bleibt während der Lebensdauer der Software konstant.

Man ist geneigt anzunehmen, dass der Aufwand, welcher in Software investiert wird, primär ein Resultat von Managemententscheidungen ist. Dies ist in engen Grenzen auch so, allerdings sind die tatsächlichen Kostentreiber in Unternehmen meistens externer Natur: Verfügbarkeit von qualifiziertem Personal und Ähnliches. Auf der anderen Seite ist ein großer Teil des Aufwands durch das Gesetz *III* vorgegeben: Um die Trägheit des Equilibriumszustands zu überwinden, ist sehr viel Aufwand notwendig. Die Folge dieser hohen Trägheit ist eine quasi konstante effektive Aufwandsrate. Daher auch die Faustregel für das Verhältnis von Maintenanceaufwand zu Projektaufwand pro Zeiteinheit (Gl. 2.5):

$$\frac{s}{s^\dagger} \approx \frac{5}{1}.$$

Der Aufwand wird durch eine solche Vielzahl von Quellen beeinflusst, dass Managemententscheidungen kaum noch ins Gewicht fallen.

Eine praktische Folge dieses Gesetzes ist die Beobachtung, dass in schwierigen Projekten die Hinzunahme von zusätzlichen Projektmitarbeitern zu einer Reduktion der Produktivität führt, da der Equilibriumszustand verlassen wurde. In manchen Fällen ist daher eine explizite Reduktion der Anzahl der Projektmitarbeiter zu empfehlen.

8.2.5 Erhaltung der Ähnlichkeit

V. Die Inhalte von aufeinander folgenden Releases innerhalb einer Software sind statistisch konstant.

Einer der Faktoren bei der Veränderung von Software ist das Wissen aller Beteiligten über die Zielsetzung hinter der Software. Das Produktmanagement tendiert dazu, in jedem der einzelnen Versionen besonders viel an neuer Funktionalität unterzubringen, denn es möchte einen „Mehrwert" suggerieren. Die entgegengesetzte Kraft ist die Notwendigkeit, dass alle Beteiligten die große Menge auch verstehen und umsetzen müssen. Der Fortschritt und die Dauer ist auch beeinflusst durch die Menge an Information, welche gewonnen werden muss. Das Verhältnis zwischen Informationsmenge und Aufwand zur Gewinnung der Information ist nicht linear, sondern der Aufwand erhöht sich ab einer gewissen Größenordnung so drastisch – vermutlich wird in dieser Konstellation eine Verhaltensänderung ausgelöst –, dass von diesem Moment an die Gesamtmenge an zu gewinnender Information unüberwindbar erscheint. Die Folge dieser beiden auf jedes Release wirkenden Kräfte ist eine statistische Konstanz bezüglich der Inhaltsmenge pro Release.

8.2.6 Wachstum

VI. Die funktionalen Inhalte einer Software müssen stetig anwachsen, um der Endbenutzererwartung auf Dauer gerecht zu werden.

Wenn eine neue Software eingeführt wird, existiert immer eine Differenz zwischen der implementierten Funktionalität und der tatsächlich gewünschten. Mit zunehmender Dauer wird der Ruf nach der Implementierung dieser fehlenden Funktionalität stärker, was über die Feedbackmechanismen zur Erweiterung der vorhandenen Funktionalität führt. Mathematisch gesehen gilt:

$$\frac{dV}{dt} = \mathcal{M}(t), \tag{8.9}$$

wobei V das Volumen in einer geeigneten Form misst und $\mathcal{M}(t)$ eine positive, monoton steigende Funktion der Zeit ist. Das Volumen der Software ergibt sich dann als das Integral

$$V(t) = \int_0^t \mathcal{M}(\tau)\, d\tau,$$

mit der Eigenschaft: $V(t > t_0) \geq V(t_0)$.

Allgemein betrachtet lässt sich diese Beobachtung auf zwei Prinzipien aus der Biologie zurückführen:

- *Evolution in der Natur* (und damit auch in soziotechnischen Systemen) *geht immer in die Richtung der höheren Komplexität.*
- *Die Komplexität einer Umgebung steigt immer schneller an als die Komplexität eines Organismus* (soziotechnisches System).

8.2.7 Nachlassende Qualität

VII. Die Qualität der Software wird als nachlassend empfunden, solange keine massiven Anstrengungen zur Adaption vorgenommen werden.

Eine Software kann nie alle Anforderungen exakt treffen, dafür ist die Zahl der Anforderungen zu groß. Da die reale Welt sich permanent verändert, steigt die Unschärfe zwischen der möglichen Gesamtmenge von Anforderungen an, während die Zahl der implementierten Anforderungen auf Grund der Systemgrenzen praktisch konstant bleibt. Die Unschärfe wächst also! Der Endbenutzer empfindet die so anwachsende Unschärfe als einen Verlust an Qualität. Je größer diese Unschärfe wird, desto schwieriger ist es für den Endbenutzer, das Verhalten der Software erwartungskonform vorauszusagen. Im Umkehrschluss gilt: Eine aktive Behandlung und Reduktion dieser Unschärfe erhöht die wahrgenommene Qualität. Aus psychologischer Sicht ist das Phänomen recht einfach zu erklären: Die zunehmende Gewöhnung an eine vorhandene Funktionalität führt dazu, dass diese als gegeben angenommen wird mit der Folge, dass das Anspruchsdenken zunimmt. Da die Software diesen erhöhten Ansprüchen nicht mehr genügen kann, wird sie als qualitativ schlechter wahrgenommen.

Einer der Gründe für die nachlassende Qualität liegt in der Art und Weise verankert, wie Software heute gebaut wird, speziell der Bau von COTS-Software (s. Kap. 9). Der Designkontext und der Nutzungskontext sind fast immer disjunkt, das heißt die Designer haben eine andere Sicht und andere Bedürfnisse als die Endbenutzer. Besonders drastisch wird dies bei der COTS-Software, da hier eine offensichtliche raumzeitliche Distanz zu den Endbenutzern entsteht. Diese Lücke zwischen Design- und Nutzungskontext pflanzt sich im Laufe der Zeit fort. Ohne Maintenance würde der Nutzungskontext sich permanent verändern, während der Designkontext immobil bleibt. Aus diesem Blickwinkel betrachtet ist Maintenance der Versuch, die Lücke zwischen Nutzungs- und Designkontext zu schließen.

8.3 Conway's Law

Bereits 1968 wurde von *Conway* der Zusammenhang zwischen der Organisationsform eines Softwareentwicklungsprojekts und dem dabei entstehenden Softwareprodukt erkannt. Alle Entwurfsentscheidungen werden durch die vorherrschenden Organisationsstrukturen beeinflusst und somit nicht ausschließlich durch den individuellen Designer gefällt. Beim näheren Hinsehen erkennt man in den Strukturen des Softwaresystems die Struktur der jeweiligen Entwicklungsorganisation wieder. Die Software, welche eine Organisation erstellt, spiegelt auch immer die Kommunikationsstruktur des Unternehmens wider, die ihrerseits aus der Organisationsstruktur abgeleitet werden kann. Insofern handelt es sich bei Conway's Law um den mehr oder minder erfolgreichen Versuch, ein implizites Alignment zwischen Software und Entwicklungsorganisation durch die Entwicklung zu erreichen. Ist die Organisationsstruktur eines Unternehmens und seiner Projekte groß und unflexibel, wirkt sich dies nachteilig auf die Struktur und die Flexibilität der Softwareprodukte aus. Alteingesessene Firmen haben daher häufig nicht nur mit einem „übernatürlich aufgeblasenen" Management zu kämpfen, das sich krampfhaft selbst am Leben erhält, sondern auch mit Softwaresystemen, welche mit ähnlichen Problemen behaftet sind. Oder anders formuliert: Die Organisation ist reif für das nächste Stadium (s. Kap. 7), merklich an dem Gefühl des unangemessenen Managements, aber die Software verharrt noch im alten Stadium. Hier zeigt sich das Alignmentparadoxon (s. Abschn. 6.6) in seiner zeitabhängigen Gestalt, da die Software in der Vergangenheit gut zur Organisation „passte", dies nun aber nicht mehr der Fall ist. Die Software kann, genau wie Teile des alten Managements, der Veränderung nicht mehr folgen.

Dieses Phänomen zeigt sich gut innerhalb von Legacysystemen, da diese über die Jahre hinweg alle veränderten Organisationsformen abgebildet haben, beziehungsweise Korrekturen entsprechend vorgenommen wurden. Insofern kann das Legacysystem auch als eine Historie einer Organisation verstanden werden. Die Korrelation zwischen der Software und der Organisation zeigt sich noch an anderer Stelle: Zu einem gegebenen Zeitpunkt existierte eine klare Verantwortlichkeit für Daten und Funktionen innerhalb des Legacysystems. Mit zunehmender organisatorischer Entwicklung verschob sich dies, mit der Folge, dass es heute große Unsicherheiten bezüglich der Verantwortlichkeiten von Daten und Funktionen in der Software gibt. Die wichtige Erkenntnis, dass Kommunikationskanäle ein Schlüsselelement für die Entstehung von Software sind, welche sich auch in der Architektur der Software widerspiegeln, wird in kaum einer Entwicklungsmethodik, mit Ausnahme der agilen Methodiken, berücksichtigt.

Da nach Conway's Law eine Softwareentwicklung immer auch ein gewisses Abbild der Organisation darstellt, finden sich in der COTS-Software auch Spuren der COTS-Software-Herstellerorganisation wieder. Dies mag zunächst etwas absurd erscheinen, aber es lohnt, sich vor Augen zu führen, dass Softwareentwickler ein mentales Modell der Kommunikationsstruktur haben müssen, um die Arbeitsweise des Endanwenders reflektieren zu können. Was liegt also näher als das eigene Unternehmen, das COTS-Software-Unternehmen, als Vorbild für das innere Kommunikationsmodell des Softwareentwicklers zu machen? Folglich finden sich in der COTS-Software Spuren der Organisation des COTS-Software-Herstellers wieder.

Interessanterweise haben einige Unternehmen versucht, sich Conway's Law zu Nutze zu machen und ein ideales System mit dem höchsten Alignment zu produzieren. Dies sollte hypothetisch durch folgende Schritte machbar sein:

1 Definition der Mission der Organisation
2 Dokumentation des Wissens der Business-Owner
3 Reengineering des Prozesses um die Mission zu erfüllen
4 Restrukturierung der IT-Organisation, um den neuen Geschäftsprozess zu unterstützen

Dann sollte, wenn Conway's Law gilt, das Alignment zwischen der IT und dem Geschäftsprozess natürlich entstehen. Leider ist dies nicht der Fall! Die Probleme mit diesem Ansatz sind:

- Oft können die Business-Owner ihr Wissen nicht klar vermitteln.
- Die IT-Entscheider haben oft Lücken im Wissen über ihre Systeme.
- Conway's Law berücksichtigt auch die Kommunikationsstruktur.
- Der Prozess dauert viel zu lange in einer sich ändernden Umgebung.

Folglich sind viele solcher Versuche zum Scheitern verurteilt.

8.4 Evolutionsräume

Was sind jedoch im Rahmen des Alignmentproblems die Ursachen, neben den inhärenten Gesetzen, für die Softwareevolution?

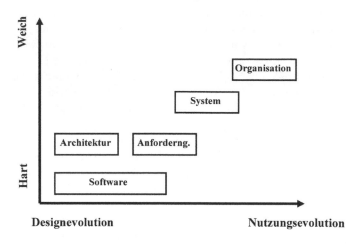

Abb. 8.4: Die Evolutionsräume

Am einfachsten ist es, zunächst die unterschiedlichen Evolutionsräume (s. Abb. 8.4), welche in Zusammenhang mit der Software auftauchen, zu betrachten. In dieser Darstellung ist die Evolution in zwei Dimensionen gruppiert. Die Horizontale bildet die zeitliche Achse, beginnend auf der linken Seite mit dem Design, bis hin zur rechten Seite, der Nutzung. Auf der Vertikalen ist der Ort innerhalb der Organisation aufgetragen, rangierend von „Hart", das heißt direkt in der Hardware oder auch in der Software bis hin zu „Weich", in den Köpfen der Mitarbeiter. Die verschiedenen Evolutionsräume lassen sich in fünf Bereiche einteilen:

- Softwareevolution – Dies ist die klassische Veränderung der Software, es ist genau diese Softwareevolution, welche direkt im Softwaresystem vorgenommen wird.
- Architekturevolution – Dieser Begriff bezeichnet die Veränderung der strukturellen Muster innerhalb des Softwaresystems. Diese Form der Evolution ist nur durch eine abstrakte Betrachtung sichtbar zu machen. Ihre indirekten Auswirkungen sind jedoch sehr schnell in Form der Softwareevolution merklich.
- Anforderungsevolution – Dieser Evolutionsraum beschreibt die Veränderung der fachlichen Anforderungen an das jeweilige Softwaresystem. Diese Veränderungen sind in den meisten Fällen die Auslöser für Reengineering, Maintenance und Migration. Hierunter kann auch eine Technologieadaption, im Sinne von technisch neuen Teilsystemen, Schnittstellen, und so weiter, fallen.

- Systemevolution – Hierunter wird die Veränderung des Gesamtsystems verstanden. Das Gesamtsystem besteht aus den Geschäftsprozessen und dem Softwaresystem.

- Organisationsevolution – Die Organisationsevolution steht für die Evolution der gesamten Organisation, für deren Aufbau und für deren Ablauforganisation (s. Kap. 7).

Es wurde schon öfters versucht, die Anforderungsevolution durch Projektmanagementmethoden in den Griff zu bekommen. Alle Versuche mit Hilfe einer so genannten „Frozen Zone" – das heißt, die Anforderungen werden während eines langen Zeitraumes „eingefroren" – haben sich als gescheitert herausgestellt. Es scheint besser zu sein, die Anforderungen zu kategorisieren, und zwar in die Kategorien stabil und instabil, und sich auf die Veränderungen der instabilen Teile einzustellen. Die Menge der Änderungen kann sehr hoch sein, bis zu 3,5% aller Anforderungen ändern sich pro Monat (s. Kap. 2). Eine solche Rate ist so hoch, dass Frozen-Zone-Ansätze immer zum Scheitern verurteilt sind. Häufig entsteht sogar Software, die formal korrekt[6] ist, aber nie eingesetzt werden kann. Da die beteiligten IT-Führungskräfte sich nicht gerne ihr Scheitern eingestehen, wird die Software als erfolgreich beendet deklariert, ohne dass sie je eingesetzt wurde. In einigen Vorgehensmodellen ist diese Veränderung ein regelrechter Bestandteil der Philosophie des Vorgehensmodells, so zum Beispiel bei den agilen Methodiken.

8.5 Co-Evolution

Dass sich Objekte innerhalb der Software direkt gegenseitig beeinflussen ist den meisten Menschen offensichtlich. Sehr viel schwieriger ist es jedoch, die Co-Evolution zu beschreiben (s. Abb. 8.5). Die Co-Evolution[7] besteht darin, dass sich ein „höherer" Evolutionsraum (s. Abb. 8.4) verändert mit der Folge, dass sich auch der nächsttiefere Evolutionsraum implizit mit verändert. Wenn der Evolutionsraum Ξ_n sich verändert, so folgt diesem auch immer eine Veränderung des niedrigeren Raumes Ξ_{n-1}, das heißt, es gilt:

$$\Xi_n \to \Xi_n^\dagger \qquad\qquad Evolution$$
$$\Xi_{n-1} \Rightarrow \Xi_{n-1}^\dagger \qquad\qquad Co-Evolution.$$

Dies hat zu Folge, dass regelrechte Co-Evolutionskaskaden mit der Form:

$$\Xi_n \to \Xi_n^\dagger \qquad\qquad Evolution$$
$$\Xi_{n-1} \Rightarrow \Xi_{n-1}^\dagger \qquad\qquad Co-Evolution$$
$$\Xi_{n-2} \Rightarrow \Xi_{n-2}^\dagger \qquad\qquad Co-Co-Evolution$$

$$\dots$$

---

[6] Formal im Sinne des Projekts, nicht im Sinne eines möglichen Endanwenders.

[7] Entdeckt wurde die Co-Evolution bei der Beobachtung der Beeinflussung der Evolution von Pflanzen und Schmetterlingen.

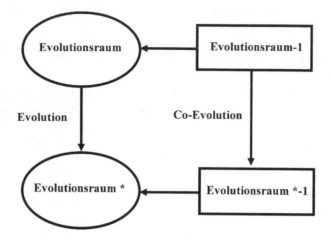

Abb. 8.5: Die Co-Evolution von Evolutionsräumen

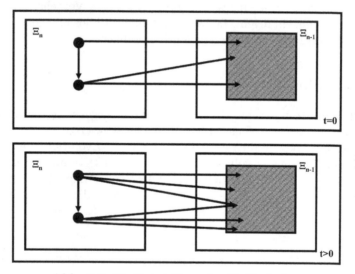

Abb. 8.6: Die Entwicklung der Co-Evolution

entstehen.

Hierbei sollte verfolgt werden, welche Änderungen der Anforderungen Veränderungen bei den tieferen Ebenen auslösen. Bei generativen Entwicklungssystemen ist das Propagationsmodell für Co-Evolution meist automatisch verfolgbar. Die Betrachtung der Co-Evolution ist immens wichtig, wenn man sich vor Augen führt, dass sich in großen Softwareprojekten mehr als 70% der Anforderungen während der Projektlaufzeit ändern.

Die Co-Evolution hat immense Auswirkungen auf den Veränderungsprozess eines Softwaresystems. Am einfachsten lässt sich dies an der Entwicklung der Entropie der Co-Evolution betrachten. Eine Komponente η_j^n im Evolutionsraum $\varXi_n$ ist mit einer Anzahl von Komponenten η_i^{n-1} im Evolutionsraum $\varXi_{n-1}$ verknüpft. Die Wahrscheinlichkeit der Co-Evolution lässt sich über die Evolutionsräume hinweg definieren:

$$p_j^{n \mapsto n-1} = \frac{\sum_i \varLambda_{ij}^{n \mapsto n-1}}{\sum_{ji} \varLambda_{ij}^{n \mapsto n-1}}. \tag{8.10}$$

Die so definierte Wahrscheinlichkeit verknüpft die Änderungen der Komponente j einer höheren Abstraktionsebene mit den Auswirkungen auf der niedrigeren Abstraktionsebene. Daraus lässt sich die Co-Evolutionsentropie definieren zu:

$$S = \sum_n S^{n \mapsto n-1} \tag{8.11}$$

$$= -\sum_{j,n} p_j^{n \mapsto n-1} \ln p_j^{n \mapsto n-1}. \tag{8.12}$$

Mit zunehmender Lebensdauer der Software steigt die Zahl der Verknüpfungen an, mit der Folge, dass $S(t) > S(0)$ (s. Abb. 8.6). Diese hier dargestellte Entropieentwicklung lässt sich im Sinne einer Co-Evolution anhand von Beispielen recht gut in die Praxis umsetzen.

Wenn der Evolutionsraum $\varXi_n$ das Analysemodell repräsentiert und parallel dazu das Designmodell $\varXi_{n-1}$ als eine tiefere Stufe betrachtet wird, so bildet p die Verknüpfungen zwischen dem Analyse- und dem Designmodell ab. Je adäquater nun die Designlösung, das heißt, je mehr das Designmodell der Analyse entspricht, desto geringer ist die Entropie. Je ausgefeilter das Design ist, damit ein spezifisches Problem gelöst werden kann, desto stärker unterscheidet sich das Designmodell vom Analysemodell und desto größer sind die Auswirkungen bei Änderungen, mit der Folge, dass die Entropie drastisch zunimmt.

Bedingt durch die Co-Evolution zeigt sich, dass jede Veränderung der Geschäftswelt eine oder mehrere Veränderungen in der IT-Welt nach sich ziehen muss. Die Menge an Anforderungen $\mathcal{M}_R = \{\psi_i\}$ ist eine Funktion der Zeit, da sich die einzelne Anforderung

$$\psi_i = \psi_i(t)$$

auch als Funktion der Zeit darstellt. Für die Untermenge $\mathcal{M}_R^{IT}$ der Anforderungen, welche IT-gestützt implementiert werden, gilt:

$$\mathcal{M}_R^{IT} \subseteq \mathcal{M}_R \subseteq \mathcal{M}_{GP}.$$

Für diese Menge an Anforderungen muss, per definitionem, eine Menge an IT-Implementierungen $\mathcal{M}_{IT} = \{\phi_j\}$ vorhanden sein. Die schon angesprochene Abbildung Λ mit

$$\psi_i = \sum_j \Lambda_i^j \phi_j \qquad (8.13)$$

gibt an, in welcher Weise die einzelne Anforderung ψ durch die IT-Implementierung ϕ erreicht wird.

Die Co-Evolution ist einer der Schlüssel für das temporale Alignment. Im Sinne der Co-Evolution stellt das Alignment die enge Verknüpfung zwischen der Evolution auf der höheren Ebene (Organisation und Domäne) mit der Evolution auf der unteren Ebene (Software) dar. Insofern kann die Co-Evolutionsentropie in gewisser Weise zur Messung von Alignment herangezogen werden.

Für die genauere Beurteilung des Zusammenhangs zwischen Co-Evolution und Alignment muss auch der Entropietransfer betrachtet werden. Je größer die Transferfunktion ist, desto mehr Entropie wird von dem höheren in das tiefere System transferiert. Auf den ersten Blick mag das Alignment „hoch" sein, das heißt, der tiefere Evolutionsraum folgt sofort, aber der starke Entropietransfer in den tieferen Evolutionsraum macht die dort entstehende Software schnell nicht nutzbar.

8.6 Qualitätsmerkmale

Die Betrachtung der Veränderung der Anforderungen zeigt ganz deutlich, wie stark Softwareentwicklung vom traditionellen Ingenieurwesen abweicht. Im klassischen Ingenieurwesen ist das Qualitätskonzept schon Bestandteil der Problemstellung des Auftraggebers. Beim Bau wird zum Beispiel die Tragfähigkeit oder der Windwiderstand festgelegt. In der Softwareentwicklung ist dies ganz anders, hier findet eine künstliche Trennung zwischen funktionalen und nichtfunktionalen Anforderungen statt. Die funktionalen Anforderungen stellen die Anforderungen dar, welche das System ohne jede Limitierung erfüllen muss, in der Regel die reinen Fachdomänanforderungen. Die nichtfunktionalen Anforderungen schränken nun die möglichen Lösungsräume ein, indem dort die Systemeigenschaften wie Umgebung, Performanz oder Mengen gefordert werden. Im Gegensatz zu den Ingenieurwissenschaften werden aber die Anforderungen und Randbedingungen in aller Regel nicht durch quantifizierbare Größen beschrieben. In den meisten Fällen sind solche Qualitätsangaben entweder implizit in der Problemstellung versteckt oder sie werden recht nebulös[8],[9] formuliert.

---

[8] ...das System soll anpassbar sein ... *Woran anpassbar?*

[9] ...das System soll hinreichend performant sein.... *Durchschnittliche Antwortzeit? Durchsatz? Latenzzeit?*

Weltweit eindeutige Qualitätsmerkmale wie im Bauwesen spielen anscheinend in der Softwareentwicklung keine große Rolle, da die Anforderungen in einer willkürlichen Repräsentation geliefert werden und diese während des Entwicklungsprozesses so weit verfeinert werden, bis letztlich die Software vorhanden ist. Insofern ist Softwareentwicklung ein inhärent evolutionärer Prozess. Auch Verfahren wie Objektorientierung ändern daran nichts, hier werden nur die Anforderungen in Form von Objekten spezifiziert, was am grundsätzlichen Vorgehen nur sehr wenig ändert. Zwar gibt es durchaus Versuche, grundsätzliche Qualitätskriterien wie Korrektheit, Robustheit, Verlässlichkeit, Anpassbarkeit, Erweiterbarkeit und Nutzbarkeit zu verwenden, aber solange diese nicht eindeutig quantifizierbar sind, wird sich an dem grundlegenden Problem wenig ändern.

Das Fehlen von Qualitätskriterien macht sich speziell beim Auftauchen von Fehlverhalten erkennbar. Besonders die Kombination aus komplexen verteilten Systemen und dem Einsatz von Software produziert hohe Risiken für Fehlerquellen. Allgemein bekannt werden diese, wenn es sich um softwarebedingte Unfälle in Raumfahrtprogrammen[10] handelt. Die bekanntesten sind zur Zeit:

- Ariane 501 – Auf dem Erstflug der Ariane 5 am 4. Juni 1996 musste die Rakete während des Starts gesprengt werden. Grund: Software für die Steuerung wurde von der Ariane 4 übernommen und einige obsolete Features aus Kompatibilitätsgründen beibehalten. Die Seiteneffekte dieser erhöhten Komplexität wurden im Vorfeld nicht bedacht.
- Mars Climate Orbiter – Der Orbiter zerschellte am 23. September 1999. Grund: Das Steuerungssystem benutzte metrische Daten, die Bremsraketen lieferten ihre Werte im amerikanischen Gallon-Foot-Pound-System.

Typisch für beide Typen von Fehlern sind überschüssige Komplexität, welche entweder ab initio vorhanden war oder per Entropietransfer in das System kam, beziehungsweise das Versagen an einer organisatorischen Grenze.

Das Versagen entlang der organisatorischen Grenzen ist erklärbar, wenn wieder die Co-Evolution betrachtet wird. In diesem Fall ist der Organisationsraum in mehrere Teile zergliedert, welche sich unabhängig voneinander verändern. Die Software auf der tieferen Ebene bekommt nun diverse Co-Evolutionsschübe zu den unterschiedlichsten Zeitpunkten mit zum Teil widersprüchlichen Inhalten. Das Auseinanderdriften ist quasi vorprogrammiert. Da sich die Software nach Conway's Law (s. S. 232) an der Entwicklungsorganisation orientiert, stellt die Modularisierung der Software ein Abbild dieser organisatorischen Fragmentierung dar, mit der Folge, dass die Auswirkungen der fehlerhaften Co-Evolution an diesen Nahtstellen sichtbar werden.

---

[10] Hier handelt es sich um Regierungsstellen, speziell bei der NASA und ESA, die zur Offenlegung verpflichtet sind. Innerhalb der Privatwirtschaft werden Unfälle nur nach langwierigen Gerichtsverfahren (so beispielsweise der Contergan-Prozess) zugegeben.

Dieses Versagen der systematischen Co-Evolution entlang organisatorischer Grenzen lässt es geschehen, dass Teile der Software in internationale akzeptierten Einheitensystemen[11] wie Meter pro Sekunde rechnen und andere in Meilen oder Yards beziehungsweise in Furlong[12] pro Fortnight[13], da jede Organisation „eigene" Standards nutzt, welche in aller Regel durch die Kulturgeschichte der jeweiligen Organisation bedingt sind.

---

[11] SI-Einheiten

[12] Ein Furlong hat 201,168 Meter, 8 Furlongs sind eine Meile und ein Furlong besteht aus 10 Chains ...

[13] Eine Fortnight hat 1209600 Sekunden (zwei Wochen). Immerhin kannte VMS als Betriebssystem die Einheit Microfortnights...

9
COTS-Software

A murderer and a villain;
A slave that is not twentieth part the tithe
Of your precedent lord; a vice of kings;
A cutpurse of the empire and the rule,
That from a shelf the precious diadem stole,
And put it in his pocket!

Hamlet
William Shakespeare
1564 – 1616

In der englischsprachigen Literatur wird die kommerzielle Software als COTS-Software, Commercial **O**ff **T**he **S**helf Software, bezeichnet. Dieser Begriff trifft die Situation besser als der übliche Ausdruck Standardsoftware. Bei dem Wort Standardsoftware stellt sich sofort die Frage: Welcher Standard und wer definiert ihn? Im Grunde definiert jeder Hersteller seinen eigenen Standard und benutzt sein Marketing, um dem potentiellen Käufer zu suggerieren, dieser sei universell. Das Gleiche gilt für das Thema Integration: Fast alle Hersteller behaupten, ihre Software würde eine Standardschnittstelle zur Integration nutzen. Bis auf wenige Ausnahmen haben die Hersteller kein wirkliches Interesse an Integration, da sich applikative Software in allen Marktsegmenten in einem Verdrängungswettbewerb befindet. Im Gegensatz dazu sagt der Begriff COTS-Software nur, dass der Hersteller die Software aus Gründen der Gewinnorientierung gebaut hat und sie möglichst teuer verkaufen möchte, dass er einen gewissen Rahmen vordefiniert hat und dass mehrere Kunden das Gleiche[1] erhalten.

Die COTS-Software wird üblicherweise definiert als eine Software, die den folgenden fünf Kriterien genügt:

1 kommerziell – Es handelt sich um ein kommerziell verfügbares Softwareprodukt, das heißt, es kann gekauft, geleast oder lizenziert werden.
2 sourcelos – Der Sourcecode steht nicht zur Verfügung, aber die Dokumentation ist ein Bestandteil des COTS-Software-Produktes.
3 releasebehaftet – Es gibt mehr oder minder periodische Releases mit neuen Funktionalitäten oder technischen Veränderungen.

---

[1] Bei vielen Softwareherstellern erscheint diese Forderung der Homologisierung in der Praxis eher zweifelhaft.

4 integer – Die COTS-Software ist nutzbar, ohne dass Interna der Software verändert werden müssen.

5 einsatzbereit – Die konkret vorliegende COTS-Software existiert in mehreren identischen Kopien auf dem Markt.

Die Software aus dem Open-Source-Bereich ist nach diesem Kriterienkatalog keine reine COTS-Software, für die allgemeine Diskussion über COTS-Software ist dies jedoch ohne größeren Belang, da die Open-Source-Community als Gemeinschaft oft wie ein Lieferant reagiert. Auch Produkte, welche nur von bestimmten Organisationen erworben werden können und auf dem freien Markt nicht verfügbar sind, wie beispielsweise JBF[2] der *Fiducia*, fallen unter den Begriff der COTS-Software im erweiterten Sinne.

Es gibt allerdings einen merklichen Unterschied zwischen Open-Source-Software und der Software von kommerziellen Anbietern: Erfolgreiche kommerzielle Software leidet unter einem *„feature bloating"*. Es werden zuviele Funktionalitäten in die Software eingebracht, obwohl der Endanwender diese überhaupt nicht braucht. Ein bekanntes Beispiel hierfür ist das starke Größen- und Featurewachstum von Microsoft Word. Die von einem durchschnittlichen Endanwender genutzte Funktionalität macht nur einen Bruchteil der in Word enthaltenen aus. Dieser Überfluss an Funktionalität soll beim Endanwender Abhängigkeit gegenüber dem Hersteller erzeugen, indem sie beim Endbenutzer diverse Handlungsmuster im Umgang mit der Software antrainiert, welche dieser nur sehr schwer ändern kann und folglich gar nicht wechseln will. Im Gegensatz dazu verzichten die Hersteller von Open-Source-Software meist bewusst auf unnötige Funktionalität.

Unter dem Begriff COTS-Software wird nicht nur die klassische Lizenzsoftware verstanden, wie beispielsweise Buchhaltungssysteme, sondern auch Software, welche stärker dem Infrastrukturbereich zuzuordnen ist, wie zum Beispiel ein Datawarehouse oder ein System zur Überwachung der Netzwerke. Für die Organisationen ist die Betrachtung dieser Software immanent wichtig, da mittlerweile ein hoher Prozentsatz des IT-Portfolios einer Organisation durch COTS-Software abgedeckt wird. Historisch gesehen geht die Existenz von COTS-Software auf einen Rechtsstreit zwischen *IBM* und dem amerikanischen Justizministerium zurück, welches Ende der sechziger Jahre *IBM* dazu zwang, die Software von ihrer Hardware getrennt zu verkaufen. Zuvor wurde Software praktisch als eine Hardwarezugabe geliefert. Bis in die siebziger Jahre war die Hardware auch im Mini- und Microcomputerbereich so teuer, dass Software stets als Zugabe empfunden wurde. Erst mit dem massiven Auftreten von PCs änderte sich dies. Heute ist Hardware so billig, dass sie teilweise eine kostenlose Beigabe ist, wenn bestimmte Software im Gegenzug lizenziert wird.

Bei den COTS-Systemen wird zwischen zwei verschiedenen Paradigmen unterschieden:

---

[2] **Java Banking Framework**

- kommerziellen Systemen – Die kommerziellen Systeme haben als Zielsetzung primär die Haushalte und die allgemeine Bevölkerung, so zum Beispiel Officepakete oder Internetbrowser. Sie dienen der Verbreitung von Technologie und haben die Einfachheit der Benutzung als Entwicklungsprämisse. In Bezug auf ihren Preis müssen sie für den Einzelnen erschwinglich bleiben. Bei klassischen Produkten würde man dies als den Massenmarkt bezeichnen.

- professionellen Systemen – Als Betriebsmittel eingesetzt stehen andere Anforderungen an die Software im Vordergrund: Zuverlässigkeit und ein kompletter Lebenszyklussupport[3] treten in den Vordergrund, der Preis wird sekundär. Allerdings befindet sich der größte Teil der COTS-Software im Servicingzustand.

Die Existenz dieser beiden Paradigmen ist den meisten Endbenutzern der Software nicht offensichtlich. Die Softwarenutzung und Softwareentwicklung erscheinen nun direkt zugänglich auf dem „Heimwerkerniveau[4]", ohne die Mühsal, es professionell zu machen. Funktionalität aus Sichtweise der meisten PC-Benutzer ist die Integration einer großen Menge von „shrink-wrapped[5]"-Software; dies hat bei vielen Endanwendern zu der irrigen Ansicht geführt, dass Software ein Konsumgut und nicht das Ergebnis einer aufwändigen Entwicklung ist. Da die COTS-Software, im Gegensatz zur Individualentwicklung, praktisch keine Endbenutzerbeteiligung hat, ändert sich auch die Sichtweise der Beteiligten in einer Organisation auf die Software, wenn diese Organisation die entsprechende Software einsetzt.

Die Einsatzgebiete von COTS-Software sind divers, sie rangieren von einem einzelnen COTS-Software-System bis hin zum Aufbau eines Gesamtsystems aus reinen COTS-Software-Teilen. Traditionell werden die COTS-Software-Produkte unterteilt in eine System- und eine Applikationssoftware (s. Abb. 9.1). Der applikative Teil wird zusätzlich noch in horizontale und vertikale Applikationen unterschieden. Horizontale Applikationen sind Softwaresysteme, welche branchenübergreifend eingesetzt werden können, wie zum Beispiel eine Finanzbuchhaltung oder eine Textverarbeitung. Unter der vertikalen Software wird die branchenspezifisch einsetzbare Software verstanden.

Unter einer Produktsuite oder auch einem Lösungssystem wird eine Kollektion von COTS-Software, die von einem Lieferanten gebündelt verkauft wird, verstanden. Das heißt nicht, dass dieser COTS-Software-Lieferant seine verkaufte Produktsuite auch vollständig selbst produziert hat. Auch in der Welt der COTS-Software-Hersteller wird stark arbeitsteilig vorgegangen und ein Teil der COTS-Software wird zugekauft. Besonders Klassenbibliotheken,

---

[3] s. Kap. 8

[4] Manchmal erhalten Entwicklungsabteilungen von einem Fachbereichsmitarbeiter den Vorschlag, die Software doch besser durch seinen Neffen bauen zu lassen: „...mein Neffe kennt sich mit Visual Basic aus und hat die Homepage seines Pferdezuchtvereins gebaut ... "

[5] Benannt nach dem Einschweißverfahren des Softwarepakets.

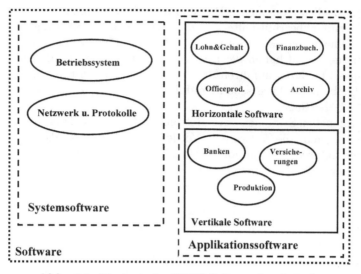

Abb. 9.1: Die typische COTS-Software-Landschaft

Reportingsysteme und Datenbankverbindungssoftware sind beliebte Zukauf-produkte.

Für den Einsatz dieser Produktsuiten ist ein signifikantes Maß an An-passung sowohl der COTS-Software sowie der Organisation des erwerben-den Unternehmens für einen Erfolg unabdingbar. Am meisten verbreitet ist COTS-Software in den Bereichen der Buchhaltung, Lohnabrechnung, Pro-duktionsplanung und -steuerung sowie Personalverwaltung. Die bekanntesten COTS-Software-Hersteller sind hier *SAP*, *PeopleSoft*, *Oracle* oder *Microsoft*.

Zu den üblichen Vorurteilen in Bezug auf die COTS-Software zählen:

- Einsparungen – „COTS-Software spart Geld" ist ein beliebtes Vorurteil. Speziell im Fall von Komponenten ist es manchmal günstiger, solche Kom-ponenten selbst zu bauen. Echte strategische Systeme können außerdem selten per COTS-Software erworben werden.
- Fehlerfreiheit – Da es COTS-Software ist, glauben viele, dass die Software nicht getestet werden muss. Ganz im Gegenteil! Neben den Fehlern, die in der Software selbst schlummern[6], entstehen eine Reihe von Probleme erst beim Zusammenspiel mit anderer Software. Viele Fehler in komplexen Systemen werden durch im Vorfeld unbekannte Seiteneffekte beim Einsatz mehrerer COTS-Systeme produziert.
- Architekturneutralität – Bei COTS-Software muss man sich nicht um die Architektur kümmern – so oder so ähnlich kann man Aussagen von Ver-triebsmitarbeitern interpretieren. Aber es existiert kein allgemein gültiger Standard für Architektur, mit der Folge, dass COTS-Software, je nach

---

[6] Als Kenngröße mag die Zahl der *Microsoft*-Patches dienen.

Hersteller, eine andere Architektur besitzt. Diese diversen Architekturen sind zum Teil nicht kompatibel.

- Maintenancefreiheit – Angeblich braucht COTS-Software keine Maintenance – im Gegenteil, sie verweigert sich der Maintenance, da bei der COTS-Software eine starke räumliche und zeitliche Trennung zwischen Endanwendern und Entwicklern vorhanden ist.

- Auswahlprozess – Viele Endanwender glauben, dass ihre COTS-Software nach einer intensiven Analyse- und Evalutionsphase ausgewählt worden ist. In den meisten Fällen werden jedoch viele Teile von COTS-Software nach schicken Demos oder einem kostenlosen Download und Ähnlichem ausgesucht.

- Dokumentation – COTS-Software ist angeblich wohldokumentiert. Im Gegenteil! Die Software verkauft sich über ihre Features und nicht über ihre Entwicklerdokumentation. Folglich können viele fachliche Features in der Dokumentation wiedergefunden werden, aber technische Details sind eher die Ausnahme und selten aktuell.

- Stabilität – Mit COTS-Software muss ich nichts mehr ändern, so lautet ein beliebtes Managervorurteil. Die maximale Halbwertszeit eines COTS-Produkts beträgt knapp zwei Jahre, danach kommt eine neue Version auf den Markt, mit der Folge, dass die alte Version obsolet wird. Folglich müssen auch neue Tests bezüglich der COTS-Software bei den Käufern durchgeführt werden. Verschärft wird dieses Problem noch durch die Tatsache, dass die durchschnittliche Lebensdauer einer COTS-Softwareexpertise unter einem Jahr liegt.

Nicht immer ist eine COTS-Software die beste Wahl, vor allen Dingen dann nicht, wenn eine solche Software eingesetzt wird, um die Kernprozesse der Organisation selbst zu unterstützen. In diesem Fall kann die normative Kraft der COTS-Software dazu führen, dass das Differenzierungsmerkmal der Organisation gegenüber möglichen Konkurrenten am Markt verloren geht. Der Verlust des Differenzierungsmerkmals kann für eine Organisation schnell fatale Folgen haben, da sie mit diesem Verlust auch einen Vorsprung gegenüber Konkurrenten am Markt verlieren kann.

Sich die passende COTS-Software auszusuchen, ohne eine explizite und intensive Anforderungsanalyse durchzuführen, ist ein Ding der Unmöglichkeit. Erstaunlicherweise geschieht dies trotzdem immer wieder! Die große Menge an Shelfware beweist ganz augenscheinlich, wie häufig COTS-Software erworben und dann nie eingesetzt wird. Shelfware ist Software, welche gekauft, aber nie eingesetzt wurde. Sie bleibt auf dem Regal stehen, daher der Name Shelfware. In gewisser Weise ist Shelfware der Traum eines jeden COTS-Software-Herstellers, da der Kunde Lizenzen bezahlt, ohne das Produkt je einzusetzen. Der Nichteinsatz führt zu einer hohen Stabilität des Produktes, da dies jetzt keinen Änderungen unterliegt.

Für den Verzicht auf eine intensive und vor allen Dingen fachlich getriebene Anforderungsevaluation lassen sich für die meisten Organisationen drei unterschiedliche Gründe ausmachen:

- Mangelnde Endbenutzerbeteiligung – Häufig sind in den Organisationen die IT-Abteilungen oder ein Zentraleinkauf Entscheidungsträger darüber, welche Software erworben wird. Beide Organisationsbereiche tendieren dazu, recht selbstherrlich zu glauben, dass sie besser als der jeweilige Fachbereich wüssten, was dieser an Software braucht. Der Grund für dieses Gedankengut und die nachfolgende, oft falsche, Kaufentscheidung ist unterschiedlich:

  - Zentraleinkauf – Für einen Zentraleinkauf sind alle Güter, auch die Software, die er einkauft, austauschbar. Zentrale Einkaufsabteilungen reagieren primär auf die Kostenfrage. Auf Grund der Idee der Austauschbarkeit wird dann der im Einkaufspreis günstigste Anbieter genommen. Austauschbarkeit ist zwar im Bereich von DIN-genormten Schrauben, Nägeln und Stahlträgern gegeben, nicht jedoch bei höchst komplexen Produkten wie Software oder speziellen Dienstleistungen. Mangelnde Fachkenntnisse auf Seiten des Zentraleinkaufs verschärfen noch die Differenz zwischen der Kaufentscheidung und dem eigentlich benötigten Produkt, mit der Folge, dass häufig Shelfware oder die falsche Dienstleistung gekauft wird. Ironischerweise ist dies langfristig gesehen sogar sehr viel teurer!

  - IT-Abteilung – Die IT-Abteilungen in den Organisationen sind primär technisch orientiert und entscheiden sich daher auch nach den entsprechenden Gesichtspunkten. Folglich werden die entsprechenden COTS-Software-Produkte primär aus technischen und erst sekundär aus vermeintlich fachlichen Gesichtspunkten betrachtet. Neben der mangelnden Fachlichkeit neigen die sehr technisch orientierten IT-Abteilungen dazu, relativ komplexe Produkte zu erwerben. Bei einem komplexen Produkt erhält der Käufer, subjektiv betrachtet, sehr viel mehr für sein Geld als bei einem weniger komplexen Produkt. Leider ist diese subjektive Einschätzung betriebswirtschaftlich falsch, da in den meisten Fällen ein Zuviel an Funktionalität zur Verwirrung der Endbenutzer beiträgt und diese dann die verwirrenden Produkte nicht weiter einsetzen. Eine weit verbreitete Differenz ist, dass Fachbereiche auf Grund der höheren Eingabegeschwindigkeiten einer Tastatur – bei erfahrenen Benutzern – Systeme bevorzugen, welche sich vollständig über die Tastatur steuern lassen, während IT-Abteilungen als unerfahrene Benutzer stets die Maus verwenden. Außerdem wird jede Software als die originäre Domäne der IT-Abteilung empfunden, daher betrachten sich die meisten IT-Abteilungen nicht als Dienstleister der Fachbereiche, sondern als Selbstzweck für Kauf, Programmierung und Betrieb von Software. Insofern sind Kaufentscheidungen von IT-Abteilungen auch bis zu einem gewissen Grad eine Machtdemonstration.

- „Vendor-Lock-In" – Viele heutige Softwareanbieter haben eine sehr breit aufgestellte Produktpalette. Oft besitzen die Verkäufer der Softwareanbieter gute Kontakte zum Management der kaufenden Organisation mit der Folge, dass Kaufentscheidungen stark über das tatsächliche oder auch vermeintliche Beziehungsgeflecht des Managements motiviert sind. Solche Beziehungsgeflechte[7] können so stark sein, dass Anforderungsanalysen komplett ignoriert werden. Bei der öffentlichen Hand, welche einen Teil ihrer COTS-Software-Einkäufe ausschreiben muss, funktionieren diese Netzwerke etwas subtiler. Hier werden manche Ausschreibungen so formuliert, dass nur der gewünschte Anbieter[8] sie auch erfüllen kann.
- Softwarebudgetierung – In großen Organisationen wird für den Erwerb von Software ein Budget zur Verfügung gestellt. Wird dieses nicht innerhalb eines vordefinierten Zeitraumes aufgebraucht, so verfällt es. Meistens ist dieses Budget zweckgebunden und kann nicht umgewidmet werden, mit der Folge, dass zum Ende des Budgetzeitraumes dieses, subjektiv gesehen, aufgebraucht werden muss, um COTS-Software zu erwerben. Die Nichtausschöpfung eines Budgets[9] bedeutet in den meisten Fällen, dass man dieses Geld anscheinend nicht braucht und daher das Folgebudget gekürzt werden kann. Als Konsequenz dieses Denkschemas wird jede Menge von nutzloser Software erworben.

Unabhängig von diesen Problemfällen muss die Anforderungsanalyse in derselben Art und Weise durchgeführt werden wie bei einem großen Individualsoftwareprojekt. Alle Organisationen mit einem hohen Softwareanteil tendieren dazu, Forderungen zu formulieren, die im Endeffekt bedeuten, dass sie eine identische Kopie des Softwaresystems haben möchten, obwohl es gerade diese Software ist, welche obsolet wurde und den Ruf nach neuer Software laut werden ließ. Eine solche Forderung kann jedoch nicht erfüllt werden, da die individuellen Merkmale der Software nur schwer reproduzierbar sind. Die Anforderungsanalyse muss daher auch weiter gehen und einen Teil der Implementierung der Geschäftsprozesse, welche für die spezifische Ausprägung der Software verantwortlich waren, in Frage stellen. Man sollte sich der Anforderungsanalyse nähern, ohne von Anfang an eine COTS-Software-Zensur im Kopf zu haben! Im Gegensatz zur Individualentwicklung hat die COTS-Software die Auswirkung, dass Anforderungen nun nicht mehr so sehr als sine qua non gesehen werden. Bei der Betrachtung von COTS-Software tendieren die meisten Organisationen dazu, sich „Trade-Off"-Fragen zu stellen: Ist diese Anforderung wirklich notwendig? Ganz im Gegensatz zur Individual-

---

[7] Auch „old boys' network" genannt.
[8] Es sind Fälle bekannt, bei denen der gewünschte Anbieter die Formulierung der Ausschreibung sogar „hilfreich" unterstützt hat.
[9] Der Vertrieb der Softwareanbieter ist in dieser Situation unterstützend tätig. Es werden problemlos Rechnungen und Lieferscheine ausgestellt, obwohl in dem entsprechenden Jahr die Software noch nicht zur Verfügung steht.

entwicklung; hier erscheint jede Anforderung, gleichgültig wie abstrus[10] oder unsinnig, als unverzichtbar.

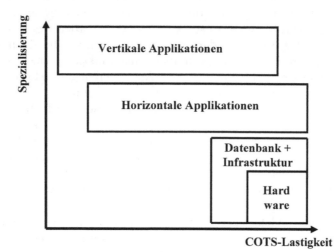

Abb. 9.2: Die unterschiedlichen Spezialisierungsgrade der COTS-Software

Ein weiteres Problem hinter der Standardsoftware offenbart sich aus systemtheoretischer Sicht (s. Anhang A): Komplexe Systeme wiederholen sich nur äußerst selten. Wenn die Software und die organisatorischen Prozesse simultan betrachtet werden, so entsteht ein hochkomplexes soziotechnisches System, welches sich nicht direkt von einer Organisation auf eine andere übertragen lässt. Selbst wenn die Software übertragen wird, entsteht praktisch nie dasselbe soziotechnische System. Aber es gibt noch eine andere Problemquelle: Die involvierte Zeitskala. Damit eine COTS-Software als vollständig bezeichnet werden kann, muss sie ein gewisses Alter haben. Dieses Alter ist aber immer größer als die momentanen Entwicklungszyklen in der Softwaretechnologie; damit sich die Software verkauft, wird der Organisation modernste Technologie suggeriert, zum Teil wird diese neue Technologie sogar symptomatisch, meist an der Oberfläche innerhalb des COTS-Produkts implementiert,

---

[10] Im Rahmen großer Projekte sind dem Autor schon folgende abstruse Anforderungen begegnet:

- Buchungsheftigkeitskennzeichen (Dem Autor ist immer noch völlig unklar, was dieses bewirken soll.)
- Ausstellung von Rechnungen ohne Positionen oder Beträge
- Rekursionen ohne definierte Abbruchkriterien
- Hierarchien ohne eine Wurzel

mit der Folge, dass die ursprünglichen Mechanismen nur bedingt greifen und daher selten das gewünschte soziotechnische System entsteht.

9.1 Softwareersatz

Der vollständige Ersatz eines bestehenden Softwaresystems durch eine COTS-Software verläuft ähnlich der Bewertung, die vorgenommen wird, wenn einzelne Teile der Software ersetzt werden sollen. Allerdings gibt es hier einige Besonderheiten. Zum einen werden nicht nur Teile des Softwaresystems betrachtet, sondern die Software in ihrer Funktionalität als Ganzes, und zum anderen werden auch andere Teile der applikativen Infrastruktur in Frage gestellt. Wenn der Ersatz der Software ins Auge gefasst wird, sollte das bestehende System in seine funktionalen Bausteine zerlegt werden und für jeden der einzelnen funktionalen Bausteine sollte versucht werden, einen praktikablen COTS-Software-Ersatz zu finden.

Häufig sind komplette funktionale Pakete, auch Produktsuiten genannt, besser für den Ersatz als der Versuch, ein System vollständig aus einzelnen Komponenten unterschiedlichster Lieferanten aufzubauen. Einzelne Komponenten tendieren dazu, ein höheres Maß an Inkompatibilität zu haben als ein Produktpaket eines Herstellers. Diese Aussage ist zwar in der Theorie korrekt, die Praxis lehrt aber etwas Vorsicht darin, diese Auffassung walten zu lassen. Auf Grund der zunehmenden Konzentration der Softwarehersteller sind einige von ihnen dazu übergegangen, vollständige Fremdsoftware, die wiederum COTS-Software ist, nun allerdings von einem anderen Hersteller, in ihre Produktsuiten aufzunehmen, ohne jedoch für eine reibungslose Integration der unterschiedlichen Komponenten zu sorgen. Die so entstehenden Produktpakete weisen oft eine Vielzahl von unterschiedlichen Architekturen auf, welche die Risiken von Fehlern erhöhen.

In den meisten Fällen ist der Komplettersatz jedoch erwägenswert, da die COTS-Software-Hersteller das Phänomen der Sedimentation ausnützen, um effektiver zu produzieren. Bei der Sedimentation bewegt sich ein Teil der Supportfunktionalität von der Applikation in die Middleware, von der Middleware in das Betriebssystem und von dort in die Hardware. Beispiele hierfür sind Netzwerkverbindungsprotokolle, die heute Bestandteile aller modernen Betriebssysteme sind. Aber auch Supportfunktionalität, wie beispielsweise ein Printspooler oder ein Jobscheduler, welche früher Bestandteil einer Software waren, sind heute oft in der Infrastruktur wiederzufinden. Ein besonders schönes Beispiel für Sedimentation ist Lastverteilung in Webservern; diese wanderte zunächst in die Betriebssysteme und ist heute sogar in der Netzwerkhardware implementiert.

Durch die Sedimentation kann der COTS-Software-Hersteller einen Teil seiner Funktionalität outsourcen; dies hat andererseits zur Folge, dass die COTS-Software-Hersteller sich in einem permanenten Migrationsprozess befinden.

Die effektivste Form des Softwareersatzes ist jedoch eine andere: Der Einkauf eines kompletten COTS-Software-Paketes als Ersatz für die Software und die vollständige Umstellung der Geschäftsprozesse und der Organisation auf das neue COTS-Software-Paket. Dies macht nur dann Sinn, wenn die Software nicht gerade den wettbewerbskritischen Vorsprung der jeweiligen Organisation gebildet hat. Die Widerstände gegen ein solches Unterfangen sind in der Regel immens. Obwohl hier der Fokus auf einer Reorganisation sowie dem Business Process Reengineering liegt, bleibt doch auch hier ein softwaretechnischer Teil zurück: Die Datenmigration! Eine solche Datenmigration kann zu einem sehr risikoreichen Prozess werden, speziell dann, wenn die Datenqualität nicht besonders hoch ist.

Erfahrungsgemäß handelt es sich bei einem COTS-Ersatz um ein sehr großes Unterfangen für jede Organisation. Die üblichen Laufzeiten eines solchen COTS-Software-Ersatzprojektes bis zum Ende der Migration betragen mehr als 2 Jahre. Es ist damit zu rechnen, dass in dieser Zeit ca. 1–4 Releases der originalen COTS-Software auf den Markt gekommen sind. Diese neuen Releases der Software müssen ihrerseits auch wieder in Betrieb genommen werden und sollten genauso intensiv geprüft werden wie der allererste Release. Die Prüfung stellt natürlich einen immensen Aufwand dar; wenn zusätzlich noch ein hoher Anteil an Anpassungen in der COTS-Software bei der Implementierung vorgenommen wurde, so können die langfristigen Kosten sehr hoch werden. Zum Teil übersteigen diese Kosten innerhalb weniger Jahre sogar die gesamten Lizenzkosten.

9.2 Adaption

Die Hersteller von COTS-Software haben das traditionelle Problem, dass sie sich genau zwischen der sich verändernden Geschäftswelt und der sich verändernden Technologie befinden. Die COTS-Software-Hersteller können aber nicht wie die Inhousesoftwareproduzenten einen Top-down-Ansatz zur Herstellung ihrer Software in Anspruch nehmen. Ein solcher Top-down-Ansatz verspricht in manchen Fällen die Möglichkeit der Erhöhung des IT-Alignments. Die COTS-Software-Hersteller müssen viel generischer vorgehen, da sie ja diverse Kunden in Form von Organisationen haben, welche ihre Produkte möglichst optimal einsetzen wollen. Umgekehrt kaufen viele COTS-Software-Hersteller mittlerweile auch Produkte von anderen Herstellern oder aus dem Bereich Open-Source zu, mit der Folge, dass ein Problem ähnlich des EAI[11] entsteht, allerdings nicht organisationsweit, sondern innerhalb des einzelnen COTS-Produkts.

Der COTS-Software-Hersteller muss diverse Organisationen für seine Software berücksichtigen, da die zukünftigen Kunden viel Flexibilität[12] verlangen. Entweder liefert der COTS-Software-Hersteller ein Abbild seiner eigenen

---

[11] s. Abschn. 4.13
[12] s. Abschn. 5.4

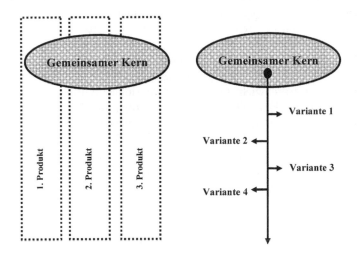

Abb. 9.3: Der gemeinsame Kern und die Varianten in den Produktlinien

Organisation in der Software, eine Folge von Conway's Law[13], oder er setzt eine Art Produktlinienstrategie ein. Zielsetzung bei der Einführung eines Produktlinienkonzepts ist es, eine begrenzte und klar definierte Menge an Kernfunktionalität zu identifizieren, welche eine produktübergreifende Gültigkeit besitzt. Diese Menge wird dann auch „Core Assets" genannt. Wird die Folge der Produkte als eine zeitliche Sequenz betrachtet, so sind die Core Assets die wiederverwendbaren Teile des Ursprungsprodukts, welche sich in allen abgeleiteten Produkten wiederfinden, beziehungsweise bei parallelen Produkten deren gemeinsame Schnittmenge. In der Praxis ist es jedoch nicht so einfach, da das „erste" Produkt nicht unter dem Konzept der Softwareproduktlinie geschaffen wurde, sondern fast immer zufällig entstand. Neben den Core Assets gibt es bei den Produktlinien den veränderbaren Teil: die Variationspunkte. Ein Variationspunkt ist eine gemeinsame Funktionalität der Produktlinie, die unterschiedlich implementiert werden kann oder wird. Der Variationspunkt selbst gehört zu allen Produkten, da er ja im gemeinsamen Kern liegt, aber jede Implementierung ist produktspezifisch (s. Abb. 9.3).

Durch diese Aufteilung lässt sich die COTS-Software bei ihrer Installation anpassen[14], indem die Variationspunkte verändert werden. Diese Form der geplanten Anpassung wird auch als Adaption bezeichnet. Die Adaption ist bei großen Systemen ein immens teurer Prozess, welcher bei ERP-Systemen die Lizenzkosten um Faktoren übersteigen kann. Solche Adaptionen werden besonders gerne von auf das jeweilige Produkt spezialisierten Unternehmensberatungen vorgenommen, welche ein quasi symbiotisches Verhältnis zum jewei-

---

[13] s. S. 232

[14] Wird die Software nicht angepasst, so spricht man von einer „Vanillainstallation".

ligen COTS-Software-Hersteller haben. Die COTS-Software-Hersteller schulen und zertifizieren die entsprechenden Unternehmensberatungen und empfehlen zukünftigen Kunden deren Unterstützung. Im Gegenzug forcieren die Beratungsunternehmen den exklusiven Einsatz der COTS-Software und vermitteln dem potentiellen Kunden das Gefühl eines breiten Markts.

Die meisten Adaptionsprojekte von großen COTS-Software-Systemen beginnen mit einer Beschwichtigung des potentiellen Kunden, wobei stets beteuert wird, dass die Eingriffe in das organisatorische Geschehen nur minimal seien und die Software alle erdenklichen Arbeitsweisen unterstützt. Nach der ersten Pilotinstallation in kleinen (harmlosen) Teilen der Organisation setzt eine Eigendynamik ein, welche auf Dauer die gesamte Organisation erfasst und dem Hersteller zusätzliche Lizenzeinkünfte und dem entsprechenden Beratungsunternehmen viele Umsätze ermöglicht.

9.3 Entwicklungsprozess der COTS-Software

Tab. 9.1: Vergleich zwischen den Entwicklungsformen: Individual, Open-Source und COTS

Eigenschaft	COTS-Software	Individualsoftware	Open-Source-Software
Druck	Time to market	Kostendruck	Anerkennung
Erfolgsmaß	Profit, Marktanteile, neue Märkte	Alignment, ROI, Endbenutzerzufriedenheit	Befriedigung
Endbenutzer	weit entfernt	nahe	direkt
Prozess	unreif	reif	spontan
Designkontrolle	Koordination	Konsens, Styleguides	Konsens
Kultur	individualistisch	weniger individualistisch	individualistisch
Team	gemeinsame Produktvision	formale Spezifikation	Diskurs

Im Gegensatz zur Individualentwicklung wird die Entwicklung von COTS-Software primär durch den Zeitdruck und erst sekundär durch die Kosten dominiert. Die meisten COTS-Software-Hersteller sind entweder sehr arm[15] oder immens reich[16], im ersten Fall war es in der Vergangenheit[17] üblich, Risikokapital anzuziehen. In beiden Fällen steht auf Grund des Marktdrucks

---

[15] Garagenfirmen
[16] *Microsoft*, *Oracle*, ...
[17] Vor dem Platzen der Dot-Com-Blase.

der Termin im Vordergrund. In den USA werden die meisten Firmen, die zwischen diesen beiden Polen stehen, praktisch aufgekauft.

Auch der „Erfolg" wird bei der COTS-Software anders gemessen. Während bei der Individualsoftware meist die Endbenutzerzufriedenheit, die Integrationsfähigkeit oder das Alignment im Vordergrund stehen, versuchen die COTS-Softwarehersteller, positive Beurteilungen in Zeitschriften und einen hohen Bekanntheitsgrad innerhalb des Zielpublikums zu erhalten. Diese Art von „Erfolg" auf dem „Markt" lässt sich auf zwei mögliche Weisen erreichen:

- Kundenbasis – Erfolg durch den Aufbau einer großen Kundenbasis. Mit der Folge, dass sich das Design auf Dauer stark einschränkt, da die bestehende Kundenbasis bei einem Upgrade „mitgenommen" werden muss.
- Markt – Erfolg durch den Aufbau eines neuen Markts. Hinter einem neuen Markt steckt die Idee der Entwicklung einer „Killer App", einer Applikation, die so erfolgreich ist, dass sie ein spontaner Erfolg wird. Internetbrowser sind eines der wenigen Beispiele für diese Strategie.

Die Distanz zwischen dem Entwickler beim Hersteller und dem Endbenutzer beim Kunden, im Gegensatz zur Individualentwicklung, führt dazu, dass es Gruppen von „Intermediaries", beispielsweise Helpdesk, Projektierer oder Berater gibt, welche eine Zwischenposition einnehmen. Diese führen in aller Regel auch die Implementierungen, das heißt die Anpassungen an die jeweiligen Kundenbedürfnisse, vor Ort durch. Insofern werden Rückmeldungen von Endbenutzern in Bezug auf die Software durch diese Zwischengruppen gefiltert. Eine Konsequenz aus dieser Entkoppelung ist die Konzentration der Softwareentwickler bei einem COTS-Software-Hersteller auf das Produkt und nicht auf den Prozess. Prozessurale Gedanken spielen im Vergleich zum Produkt eine sekundäre Rolle, im Gegensatz zur Individualsoftwareentwicklung, welche den Prozess in den Vordergrund stellt und das Produkt damit sekundär werden lässt.

9.4 ERP

Die heutigen ERP-Systeme erscheinen wie der Traum der sechziger Jahre von der Fähigkeit, ein Unternehmen vollständig und computergestützt zu steuern und damit auch zu beherrschen. Häufig versprechen die Hersteller dieser COTS-Systeme die nahtlose Integration von Softwareteilen, welche sich vorher als Inseln herausgestellt haben. Für eine Organisation, die sich lange Zeit mit solchen Insellösungen herumquälen musste, stellen ERP-Systeme eine echte Versuchung dar – mit der Einführung eines neuen Systems die ganze Organisation zu vereinheitlichen! Aber genau dies geschieht nicht. Die Nutzung der IT-Systeme ist oft eine andere als ursprünglich vom Hersteller aus intendiert war. Endbenutzer scheinen mit solchen Systemen so lange zu „spielen", bis sie mit diesem System etwas erreichen, das verschieden von dem ist, was von den ursprünglichen Designern geplant war. Dies geschieht ohne jede physische

Veränderung des Systems. Aus dieser Perspektive betrachtet stellt das Design eine Hypothese über den Endbenutzer dar. Leider werden diese Hypothesen in Form eines Designs oft falsifiziert. Die Designer, deren Hypothesen verworfen werden, tendieren dazu, den Endbenutzer als dumm[18] zu bezeichnen.

Die meisten COTS-ERP-Systeme entstanden ursprünglich im Bereich der Fertigungsindustrie, wurden dann auf andere Bereiche der Industrie, beispielsweise Pharmazeutik, Banken und Versicherungen, übertragen und erscheinen heute sogar im öffentlichen Sektor. Dieser Prozess der Generalisierung hat seine Konsequenzen in der zunehmenden Starrheit der ERP-Systeme. Ihr subjektiver Wert, produziert durch Vertrieb und Marketing, lässt sie als De-facto-Standards dastehen, ohne die eine Organisation nicht existent sein kann; folglich bieten sie sich als „ideale" Kandidaten für den Ersatz eines Legacysystems an. Die Generalisierung war notwendig um das ERP-System des COTS-Software-Herstellers für diverse Kunden interessant zu machen, die Konsequenz der Generalisierung ist jedoch, dass es mittlerweile einzelne ERP-Hersteller gibt, die ihre Anforderungen nicht mehr von den tatsächlichen Endbenutzern oder Fachbereichen beziehen, sondern sich aus akademischen Lehrbüchern Anforderungen entlehnen. Diese Lehrbücher werden später als „externe Autorität" zitiert, um den Anschein der Korrektheit zu erwecken.[19]

Die veränderte Sichtweise auf die ERP-Systeme macht sich auch im Sprachgebrauch bemerkbar, so werden ERP-Systeme konfiguriert und nicht programmiert, obwohl die konkrete Tätigkeit durchaus identisch sein kann. Außerdem werden eventuelle Fehler oder Inkonsistenzen im ERP-System nicht als technische Fehler gedeutet, sondern als organisatorisches Versagen interpretiert. Hier zeigt sich, dass im Fall von ERP-Systemen die Software und ihre Architektur gemeinsam mit der Interpretation der Endbenutzer die normative Kraft zur Definition der „richtigen" Funktionalität oder Nutzung hat.

Die Endbenutzer werden faktisch in ein endliches Universum aus Softwareartefakten geworfen und schaffen sich durch Bricolage (s. S. 268) ihre eigenen Applikationen. Anders als ein Designer oder Softwareentwickler haben die Endbenutzer weder die Fähigkeit noch die Mittel, die einzelnen Softwareartefakte intrinsisch abzuändern; sie müssen sich auf diese verlassen, sie so nutzen, wie sie vorgefunden werden. Einzig die Zusammenstellung der Artefakte und eine subsequente Reinterpretation ermöglicht ihnen, neue Applikationen zu schaffen. Interessanterweise ist dies genau dieselbe Technik, die heute für den Zusammenbau von Applikation aus Services vorgeschlagen wird (s. Abschn. 4.15). Die Folge dieser Bricolage ist das Driften der Informationssysteme; sie verlieren ihre intendierte Bedeutung und erlangen bei diesem Prozess eine neue, veränderte Bedeutung.

---

[18] Unter den Softwareentwicklern gibt es den Begriff des DAUs (dümmster anzunehmender User).

[19] Mittlerweile hat der Kreis sich geschlossen. Es existieren bekannte Lehrbücher im betriebswirtschaftlichen Umfeld, welche einen großen deutschen Softwarehersteller als den betriebswirtschaftlichen Standard zitieren.

Eine analoge Betrachtung kann auch für CRM-Systeme durchgeführt werden, da diese, zumindest bezüglich der Organisation, ähnliche Wirkungen haben.

Die Einführung eines ERP-Systems innerhalb einer Organisation ist nur bedingt vergleichbar mit einem großen Softwareentwicklungsprojekt innerhalb derselben Organisation (s. Tab. 9.1). Eine „übliche" Softwareentwicklung beschäftigt sich intensiv mit der Erfassung, Bewertung und der Umsetzung von Anforderungen, eine ERP-Einführung hingegen betrachtet stets die Fähigkeit bestehender organisatorischer Prozesse und Technologien. Nicht die Anforderungen, sondern die Adaptions- und Veränderungsmöglichkeiten der Organisation stehen im Vordergrund. Dies hat zu Folge, dass die Einführung eines ERP-Systems viele Charakteristika eines „Venture Capital"-Zugangs hat:

- stufenweiser Kapitalzufluss – Schließlich muss das Kapital, das einmal investiert wurde, erhalten bleiben.
- starkes Risikomanagement – Alle Beteiligten in der Organisation müssen das Risiko teilen.
- Change Management der Mitarbeiter – Die Einführung und Nutzung eines ERP-Systems ist kein technisches, sondern ein zutiefst soziales Problem.

Die Erfahrung großer ERP-Einführungsprojekte hat folgende Heuristiken gezeigt:

- Die ERP-Systeme müssen evolutionär wachsen – Sie können nicht plötzlich entstehen.
- Zwischenmenschliche Fähigkeiten dominieren über technischer Kompetenz bezüglich der Erreichung von Produktivität und Qualität.
- Die Zahl der Fehler in der Produktion ist proportional der Anzahl von Fehlern, die während des Tests gefunden werden.

$$N_{\text{Defekte}} \text{ (Produktion)} \gtrsim 0{,}5 N_{\text{Defekte}} \text{ (Test)}$$

- Die laufenden Kosten für die Fehlerbeseitigung steigen exponentiell mit der Anzahl der Einführungszyklen n.

$$C_F \sim e^n$$

- Die Kosten für die einzelne Fehlerbehebung bleiben in der Zeit konstant.

$$\frac{\partial c_F}{\partial t} \approx 0$$

9.5 Organisationswirkung

Die besprochenen ERP-Systeme sind ein Paradebeispiel für die Wirkung von COTS-Software auf Organisationen. Vor allen Dingen gibt es in dem ERP-Umfeld, nicht zuletzt durch weit beachtete *SAP*-Einführungen, eine große

Menge an industrieweiter Erfahrung. Was bei der Einführung von ERP-Systemen so beachtlich ist, ist ihre große Auswirkung auf die Organisation.

Die Wirkung der Einführung von ERP-Systemen beruht auf folgenden Beobachtungen:

- Institutionalisierung – Organisationen werden weniger leicht ersetzbar, das heißt, sie behalten ihre Identität, wenn sie einen Wert oder Sinn an sich haben. Im Zuge dieser Wert- und Sinnbildung wird versucht, die entstandene Struktur über die Zeit hinweg zu erhalten. Diesen Prozess bezeichnet man als Institutionalisierung. Am Ende dieses Prozesses wird das Vorhandensein der ERP-Software als gegeben angenommen und nicht mehr in Zweifel gezogen. Insofern können ERP-Systeme normative Kräfte entfalten, so dass sie innerhalb der sozialen Struktur Organisation eine eigenständige „soziale" Legitimität erhalten. Ein solcher Mechanismus funktioniert für jede Form der Technologie, die Einzug in eine Organisation erhält, mit der Konsequenz, dass die entstehende Eigendynamik[20] der Institutionalisierung nicht mehr aufzuhalten ist.

- Strukturierung – Innerhalb einer Organisation wird die Realität der Organisation für den Einzelnen durch die Struktur der Organisation beeinflusst und umgekehrt kann der Einzelne auch die Struktur der Organisation beeinflussen. Folglich sind die Strukturen in dem ERP-System auch nicht einfach extern, sondern werden durch die Strukturen in der Organisation über den einzelnen Mitarbeiter beeinflusst. Im Gegenzug beeinflusst auch der Mitarbeiter die Strukturen des ERP-Systems. Dieser Feedbackloop verstärkt eine Untermenge der möglichen Strukturen in beiden Systemen, mit der Folge, dass beide, ERP-System und Organisation, sich annähern.

- Interpretierung – Technologie und hierbei speziell die Software ist in hohem Maße formbar. Allerdings muss dabei beachtet werden, dass das Maß an Formbarkeit durch die interpretative Fähigkeit des Einzelnen in einer Organisation beeinflusst wird. Je stärker ein ERP-System mit der Organisation verflochten ist, desto weniger kann der Einzelne seine Interpretation des Systems verändern und desto weniger wird das ERP-System veränderbar sein, da eine Veränderung nicht mehr vorstellbar ist. Der Prozess der Interpretation erreicht einen Zustand der Stabilisierung, wenn unterschiedlichste Gruppen zu ähnlichen Interpretationen des Systems kommen und wird beendet, das heißt, es wird nicht mehr diskutiert und die Interpretation wird somit statisch, wenn das System als gegeben[21] hingenommen wird. Besonders problematisch ist dies bei der COTS-Software, da hier zwei Gruppen existieren: Die Entwickler und die Endbenutzer, welche räumlich und zeitlich voneinander getrennt sind. Folglich können sie auch nie zu einer Stabilisierung kommen, da sie das ERP-System stets aus

---

[20] Manche Unternehmen sind nicht in der Lage, neue Preismodelle auf den Markt zu bringen, weil ihre Fakturierungssysteme nicht in der Lage sind, korrekte Bepreisungen vorzunehmen.

[21] Dieser Zustand ist heute bei Netzwerken erreicht worden.

verschiedenen Blickwinkeln betrachten. Der Entwickler sieht das System als veränderlich (der Designstandpunkt), der Endanwender empfindet es als rigide (der Nutzungsstandpunkt).

Besonders stark werden die Auswirkungen von großen Softwaresystemen auf die Organisation, wenn diese Systeme immer mehr den Charakter einer Infrastruktur erhalten. Das System hat dann diverse „Stakeholder" – so viele, dass kein einzelner „Stakeholder" die zukünftige Ausrichtung steuern, ja noch nicht einmal kontrolliert beeinflussen kann. Zum anderen entstehen solche großen Softwaresysteme nicht spontan, sondern verändern sich, werden ergänzt und abgeändert. Diese Infrastruktur kann sich nur im Rahmen von Inkrementen verändern, mit der Folge, dass stets das „Neue" mit dem „Alten" zu verknüpfen ist. Diese Menge an vorhandener Funktionalität beeinflusst die zukünftige Entwicklung des Softwaresystems drastisch, mit der Folge, dass das System als Ganzes ein schwer kontrollierbares Eigenleben führt und, im Sinne der Aktor-Network-Theorie, zu einem eigenständigen Aktor wird.

Diese Form der Selbstverstärkung zeigt sich in drei Phänomenen:

- Pfadabhängigkeit – Die Vergangenheit, sprich die Erfahrung des Softwaresystems, hat große Auswirkungen auf die Zukunft. Irrelevante Kleinigkeiten können sich zu großen Effekten aufschaukeln.
- Lock-in – Einmal implementiert und eingesetzt, ist es unmöglich, Alternativen einzuschlagen.
- mögliche Ineffizienz – Nicht immer „gewinnt" die beste Lösung.

9.6 Stress

Jede Veränderung der Umgebung löst bei den betroffenen Menschen Stress aus, so auch die Einführung eines COTS-Software-Systems. Bei einer Eigenentwicklung tritt dies auch auf, da aber der Zeitraum für die Entwicklung länger ist und in aller Regel mehr Mitarbeiter der Organisation involviert sind, tritt dieser Stress bei Eigenentwicklung nicht ganz so stark zu Tage oder verteilt sich auf einen längeren Zeitraum.

Der Grund für diesen Stress ist, dass das Individuum seine bisher existierende Nische im „Ökosystem" Organisation verlassen muss und dies mentalen Stress auslöst. Dieser Stress kann durchaus nur temporär sein, trotzdem ist er oft ein großes Hindernis bei der Einführung von Software. Der Stresszuwachs ist niedriger für Endbenutzer, die aktiv an der Einführung des COTS-Software-Systems beteiligt waren und höher für die anderen. Die aktiv Beteiligten haben weniger Stress, weil sie die intendierte Bedeutung des Systems schon kennen, beziehungsweise sich damit aktiv auseinandergesetzt haben. Für solche beteiligten Endbenutzer ist der Stress reduziert auf die Differenz zwischen der intendierten Bedeutung und dem tatsächlichen Resultat der Einführung sowie der Veränderung, die in der Organisation als Ergebnis stattfindet. Der Stress ist für Individuen, welche sehr tief verankerte Routinen entwickelt haben, deutlich größer als für solche, die Veränderungen bevorzugen.

Neben der Veränderung der Abläufe und einzelner Unterstrukturen der Organisation impliziert die Einführung einer COTS-Software auch immer Auswirkungen auf organisationsinterne Bedeutungen, da durch die COTS-Software ein externer Satz an Bedeutungen importiert wird. Die Differenz zwischen diesem externen Satz an Bedeutungen und der bisherigen internen Bedeutung löst Stress aus. Einhergehend mit dieser Bedeutungsänderung kann auch die Veränderung des sozialen Status eines Teils der Betroffenen das Problem noch verschärfen. Manche Rollen werden wichtiger, auf andere kann plötzlich verzichtet werden. Ein weiterer Faktor kann sein, dass der Einzelne sich durch das neue System in seinen intellektuellen Fähigkeiten überfordert sieht.

Als Reaktion auf diesen Stress lässt sich bei Einführungen von Systemen eine Reihe von Reaktionen, in unterschiedlicher Ausprägung, beobachten. Diese Reaktionen rangieren von einem Boykott über eine bewusste Fehlbenutzung der Software bis hin zu echter Sabotage. Solche Reaktionen sind oft nicht nur auf Individuen beschränkt; im Gegenteil, ganz häufig werden sie von einer kompletten sozialen Gruppe ausgeübt.

9.7 COTS-Systeme

Die meisten Organisationen setzen zwar heute schon COTS-Software ein, in aller Regel jedoch ist diese nicht von einem einzelnen Hersteller, insofern wirken Organisationen wie Systemintegratoren. Solche Systeme, wenn sie denn einmal erfolgreich innerhalb der Organisation implementiert worden sind, entwickeln ein ganz eigentümliches Eigenleben.

Neue COTS-Softwareteile werden oft nicht eingeführt, weil sie noch nicht zur Verfügung stehen, oder weil sie nicht performant genug sind. Folglich wird der Versuch unternommen, die „alten" Systeme weiter zu pflegen. Auf diese Art und Weise entstehen eigenständige COTS-basierte Legacysysteme. Aber diese Phänomene tauchen oft sehr spontan auf und werden als „Stop Gap" Procurement bezeichnet. Plötzlich wird festgestellt, dass das Gesamtsystem nicht mehr adäquat ist. Die Gründe für eine solche Nichtadäquatheit sind divers:

- neue Zielsetzungen der Organisation – Übernimmt eine Organisation neue zentrale Zielsetzungen, dann übernimmt sie damit auch völlig neue Aufgaben, was wiederum eine Veränderung der Systeme erzwingt.
- neue Endbenutzer – Die Zuordnungen zu Endbenutzern in Organisationen können sich spontan ändern, mit der Folge, dass auch neue Anforderungen spontan entstehen.
- obsoletes Teilsystem – Oft wird ein komplettes COTS-Gesamtsystem obsolet, weil bestimmte Teil-COTS-Systeme nicht mehr den aktuellen Anforderungen genügen.

Als Reaktion auf diese so produzierte Nichtverfügbarkeit wird versucht, das COTS-Gesamtsystem rasch zu verändern. Dies ist manchmal nur bedingt möglich, da die COTS-Teile ja nicht veränderbar sind. Selbst wenn die Organisation Zugriff auf den Quellcode der COTS-Teile besitzt, so hat sie weder detailliertes Design-Know-how, noch genügend Erfahrung in der Maintenance und Weiterentwicklung. Außerdem sind häufig die Werkzeuge, mit denen die COTS-Software erstellt wurde, nicht mehr auf dem Markt erhältlich oder durch Einführung neuer Betriebssysteme nicht mehr ablauffähig.

10

Temporales Alignment

> *By no means, sir: Time travels in divers paces with*
> *divers persons. I'll tell you who Time ambles*
> *withal, who Time trots withal, who Time gallops*
> *withal and who he stands still withal.*
>
> As You Like It
> William Shakespeare
> 1564 – 1616

Ein gutes Alignment zwischen der Organisation und der Software zu erreichen
ist schon schwer genug, aber selbst wenn es gelungen ist, ein Softwaresystem
perfekt sowohl mit der Organisationsstrategie als auch der Architektur zur verknüpfen und eine „traumhafte" Übereinstimmung mit dem Geschäftsprozess
erzeugt zu haben, ist die Arbeit bezüglich des Alignments nicht vorbei. Die
Evolution der Organisation, ihrer Strategie sowie die Veränderung der Umgebung der Organisation verlangen eine permanente Überprüfung und, gegebenenfalls, Neuausrichtung des Alignments. Diese Phänomene der Veränderung
müssen genau wie die bisher betrachteten statischen Sichten berücksichtigt
werden. Noch völlig ungeklärt ist eine Beschreibung des Alignments in einer
Umgebung mit sehr unsicherer Evolution, speziell im Fall einer disruptiven
Umgebung[1], da klassische Verfahren fast immer die Extrapolation der Vergangenheit in der einen oder anderen Form nutzen, um daraus eine Prognose
für die Zukunft abzuleiten. Dies setzt, mathematisch gesehen, Kontinuität in
Form einer stetigen Funktion der Zeit voraus. Disruptive Umgebungen haben
diese Form der Stetigkeit nicht, hier ist es vermutlich besser, die Evolution
durch die Katastrophentheorie[2] zu beschreiben. Die starke Expansion des In-
ternetmarkts ist ein Beispiel für eine disruptive Umgebung. Zwar dauerte der
Prozess „Internetverbreitung" etwa 5 Jahre[3], ein Zeitraum, der aus Sicht der
Software lang, etwa eine Generation, aber aus Sicht einer organisatorischen
Veränderung eher kurz ist.
  Mit Hilfe des temporalen Alignments wird gemessen, wie gut und wie
schnell die Softwareentwicklung auf Veränderungen der Geschäftswelt reagie-

---

[1] Die Umgebung befindet sich in einer Revolution.

[2] Nach *R. Thom* lassen sich „Katastrophen" klassifizieren und als unterschiedliche
  Formen von Bifurkationen in Phasenräumen beschreiben.

[3] In Deutschland von Mitte bis Ende der neunziger Jahre.

ren kann. Eine Grundlage für die Berechnung des temporalen Alignments ist die Theorie der Evolutionsräume (s. Abb. 8.4).

Das Ziel des temporalen Alignments ist es, den Zeitversatz innerhalb dieser Koppelung zu messen. In den meisten Fällen wird sich die Implementierung nach der Veränderung der Anforderungen richten, das heißt zwischen den beiden existiert ein positiver Zeitunterschied. Theoretisch ist im Fall der antizipativen Evolution auch eine Änderung der Implementierung vor der Veränderung der Anforderungen möglich; dies kommt jedoch in der Praxis nur extrem selten[4] vor. Dass es manchmal so erscheint, als ob die Software ein latentes Bedürfnis vorwegnehmen könnte, liegt in den meisten Fällen an dem Phänomen der Adaption (s. Abschn. 9.2). Die Zeitdifferenz für die Anforderung ψ_j wird bestimmt durch die Differenz:

$$T_j = t_j^1 - t_j^0, \tag{10.1}$$

wobei t_j^0 als der Zeitpunkt definiert ist, an dem die Anforderung sich geändert hat, das heißt

$$\psi_j(t_j^0) \neq \psi_j(t < t_j^0)$$

und t_j^1 als der Zeitpunkt, an dem sich die dazugehörige Implementierung so weit verändert hat, dass nun die neue Anforderung $\psi_j(t > t_j^0)$ unterstützt werden kann. Da sich die Implementierung von ψ_j aus einer gewissen Menge von Softwarefunktionen ϕ_i zusammensetzt und alle diese Softwarefunktionen für die Implementierung notwendig sind, ergibt sich

$$t_j^1 = \max(\tau_i^1, \tau_\Lambda^1), \tag{10.2}$$

wobei τ_i^1 der Zeitpunkt ist, an dem sich die Implementierung der Funktion ϕ_i so weit verändert hat, dass sie nun die Anforderung ψ_j unterstützen kann. In den meisten Fällen gilt

$$\phi_i(\tau_i^1) \neq \phi(t < \tau_i^1).$$

Falls sich neben den einzelnen Implementierungen ϕ_i auch die Zuordnung Λ (s. Gl. 8.13) geändert hat, so hat auch diese einen gegebenen Zeitpunkt, an dem sich die Zuordnung bezüglich der Anforderungen nicht mehr verändert. Theoretisch gesehen kann auch das ϕ konstant bleiben und sich nur das Λ verändern; ein solcher Fall wäre ein ideales Beispiel für Bricolage (s. S. 268)

$$\Lambda(\tau_\Lambda) \neq \Lambda(t < \tau_\Lambda).$$

Bleibt diese Zuordnung unverändert, das heißt

$$\Lambda(\tau_\Lambda) = \Lambda(t < \tau_\Lambda),$$

so gilt

$$\tau_\Lambda = 0$$

---

[4] Die Zahl der erfolgreichen Hellseher ist sehr gering ...

und Gl. 10.2 vereinfacht sich zu

$$t_j^1 = \max(\tau_i^1).$$

In den meisten Fällen ist es praktisch nicht möglich, die Implementierungen der Anforderungen auf die notwendige stringente Form für diese Berechnung zurückzuverfolgen. Für den Fall der fehlenden Verknüpfung der einzelnen Artefakte bietet sich ein anderes Verfahren an, welches de facto auf der Technik der Fourieranalyse basiert.

Die Anzahl der Anforderungen Ψ, welche sich zu einem gegebenen Zeitpunkt ändert, ist eine Funktion der Zeit:

$$\Psi = \Psi(t)$$
$$= \sum_j \psi_j(t).$$

Für diese Funktion lässt sich eine Transformation der Form

$$\tilde{\Psi}(\omega) = \frac{1}{\pi} \int\limits_{-\infty}^{\infty} \Psi(t) e^{\iota \omega t} \, dt \tag{10.3}$$

einführen.

Die Menge der Implementierungen Φ und Zuordnungen Λ lässt sich auch als Funktion der Zeit darstellen:

$$\Phi = \Phi(t)$$
$$= \sum_j \phi_j(t)$$
$$\Lambda = \Lambda(t).$$

Wird nun Φ, Λ als Ausgabe auf das Eingabesignal Ψ verstanden, so erscheint die Reaktion von Φ zeitversetzt gegenüber dem Signal Ψ. Da im Allgemeinen eine Zeitverschiebung in einer Phasenverschiebung resultiert, das heißt

$$\Psi(t - t_0) \mapsto \tilde{\Psi}(\omega) e^{\iota \alpha},$$

lässt sich aus einer Phasenverschiebung im Frequenzraum eine zeitliche Differenz ermitteln.

Diese Phasenverschiebung kann nun im Vergleich von $\tilde{\Psi}$ mit $\tilde{\Phi}$ und $\tilde{\Lambda}$ genutzt werden, um die zeitliche Verzögerung gut zu bestimmen. Es gilt:

$$\alpha = \omega T.$$

Die so ermittelte Zeit T ist eine Funktion der Frequenz

$$T = T(\omega), \tag{10.4}$$

Tab. 10.1: Frequenzbereiche in Einheiten von inversen Tagen und ihre Bedeutung $(d^{-1} \approx 1,15 * 10^{-5} \text{Hz})$

ω	Frequenzwert	Region	T
groß	$2\pi \, d^{-1}$	hyperopportunistisch	Tage
mittel	$2\pi/90 \, d^{-1}$	opportunistisch	Monate
klein	$2\pi/500 \, d^{-1}$	strategisch	Jahre

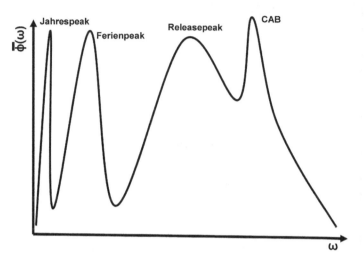

Abb. 10.1: Die Frequenzen der Entwicklung

jedoch reicht eine Klassifikation für große, mittlere und kleine Frequenzen aus, um die Eigenschaften der temporalen Koppelung innerhalb einer Organisation zu bestimmen (s. Tab. 10.1).

Eine solche Fourieranalyse zeigt zusätzlich auch Effekte, die nicht auf die eigentliche Evolution von Anforderungen zurückzuführen sind, sondern in der internen Organisation der Softwareentwicklung lokalisiert werden können. Eine solche Saisonkurve ist oft die Folge von ungeeigneter IT-Governance (s. S. 30). So lassen sich typischerweise folgende Frequenzen vorfinden:

- CAB[5] – Falls die Organisation ein CAB besitzt, welches monatlich tagt, findet sich eine entsprechende Frequenz bei

$$\omega_{CAB} \approx \frac{2\pi}{30} d^{-1}.$$

- Budget – Die jährliche Budgetbetrachtung zeigt sich durch das Auftauchen von Frequenzen im Bereich

---

[5] **C**hange **A**dvisory **B**oard. Ein CAB ist ein zentrales Gremium, welches gesamtheitlich über Veränderungen des laufenden Betriebs oder des Portfolios entscheidet.

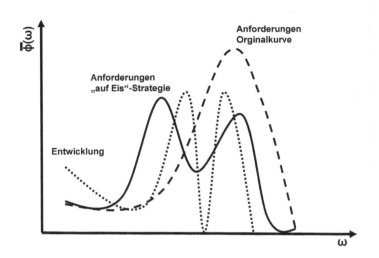

Abb. 10.2: Die „auf Eis"-Strategie

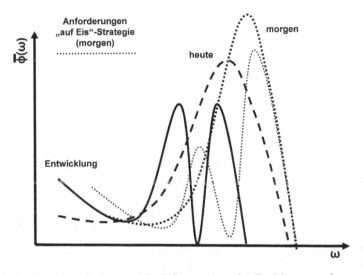

Abb. 10.3: Die Zukunft der „auf Eis"-Strategie – die Probleme werden verschärft.

$$\omega_{Budget} \approx \frac{2\pi}{360} d^{-1}.$$

- Urlaub – Die in deutschen Organisationen übliche Urlaubsplanung mit den klassischen Bereichen Weihnachts- und Sommerurlaub schlägt sich in der Frequenz

$$\omega_{Urlaub} \approx \frac{2\pi}{180} d^{-1}$$

nieder, wobei die Ausprägung für den Sommerurlaub in der Regel nicht so dominant sein sollte, dafür ist der Weihnachtsurlaub prägnanter, was zu einer zusätzlichen Frequenz bei

$$\omega_{Weihnachten} \approx \frac{2\pi}{360} d^{-1}$$

führt. Diese überlagert sich mit ω_{Budget} (s. Abb. 10.1).

- Releases – Wenn zusätzlich noch ein Releasemanagement vorhanden ist, so trägt es in seiner Frequenz mit zu den anderen Frequenzen bei. Üblicherweise streben die meisten Organisationen Halbjahres- oder Quartalsreleases an, welche mit einer Frequenz von

$$\omega_{Halbjahr} \approx \frac{2\pi}{180} d^{-1},$$

beziehungsweise

$$\omega_{Quartal} \approx \frac{2\pi}{90} d^{-1}$$

beitragen.

Werden diese Frequenzen betrachtet, so ergibt sich ein viel klareres Bild über das temporale Alignment zwischen Business und IT. Der Weg über die Fouriertransformation ist generell besser, als die Kurven $\Psi(t)$, $\Lambda(t)$ und $\Phi(t)$ direkt miteinander zu vergleichen, da sich die langsam verändernden Anforderungen bei kleinen Frequenzen ω und die schnelllebigen im hohen Spektrum befinden. Insofern können die unterschiedlichen Typen von Anforderungen mit unterschiedlichen Implementationstypen verglichen werden.

Es lassen sich anhand der Fourierspektren auch andere Dinge erkennen, wenn zum Beispiel $\tilde{\Psi}(\omega)$ Häufungen bei hohen Frequenzen hat, bedeutet dies, dass die Anforderungen nicht stabil sind. Dies kann auf ein Problem innerhalb des Fachbereichs und seines Fachwissens oder auf einen Streit zwischen den Fachbereichen[6] hindeuten. In diesem Fall ändern sich die Anforderungen sehr rasch und die Entwicklung befindet sich im hyperopportunistischen Bereich. Ist jedoch eine Häufung, außer den üblichen Frequenzen, bei kleinen ω zu beobachten, so ändern sich diese Anforderungen nur sehr langsam und bleiben somit auch stabil.

Bei einem guten Alignment sollte die Frequenzkurve für die Φ ihre Maxima bei höheren Frequenzen besitzen als die jeweiligen Maxima der Anforderungen Ψ, das heißt:

$$\omega_{max}(\tilde{\Lambda}) \geq \omega_{max}(\tilde{\Phi}) \tag{10.5}$$

$$\omega_{max}(\tilde{\Lambda}) \approx \omega_{max}(\tilde{\Phi}) \tag{10.6}$$

$$\omega_{max}(\tilde{\Phi}) > \omega_{max}(\tilde{\Psi}). \tag{10.7}$$

---

[6] Oft tritt dies zunächst als ein Phänomen der hohen Varianz im kognitiven Alignment innerhalb der Fachbereiche auf (s. S. 67).

Die erste Ungleichung (10.5) ist gültig für Organisationen, welche den größten Teil ihrer Applikationen aus schon vorhandenen Teilen[7] zusammensetzen, da es hier einfacher ist, die Verknüpfung zu verändern als die innere Funktionalität des einzelnen Bestandteils. Die zweite Gleichung (10.6) ist eher typisch für „klassische" Entwicklungsverfahren, bei denen die Funktionalität verändert wird, aber die strukturellen Verknüpfungen faktisch konstant bleiben.

Für den dritten Fall (Gl. 10.7) reagiert die Entwicklung schneller als die Anforderungen sich ändern, zumindest im hyperopportunistischen Bereich. Wenn aber umgekehrt betrachtet gilt:

$$\int_{\Omega}^{\infty} \tilde{\Phi}(\omega)\,\mathrm{d}\omega < \int_{\Omega}^{\infty} \tilde{\Psi}(\omega)\,\mathrm{d}\omega \tag{10.8}$$

$$\int_{\Omega}^{\infty} \tilde{\Lambda}(\omega)\,\mathrm{d}\omega < \int_{\Omega}^{\infty} \tilde{\Psi}(\omega)\,\mathrm{d}\omega, \tag{10.9}$$

so kommt es dennoch zu einem Applikation-Backlog, nun allerdings für die langsam veränderlichen Anforderungen $\tilde{\Psi}(\omega < \Omega)$. Die Änderungsgeschwindigkeit der Gesamtheit der Anforderungen ist deutlich höher, als es die Verarbeitungsgeschwindigkeit der Gesamtheit auf Seiten der Entwicklung ist, mit der Folge, dass die Software, zumindest aus dem Blickwinkel des Endbenutzers, stagniert. Eine solche Situation kann erreicht werden, wenn beispielsweise Oberflächengeneratoren schnelle Anpassungen ermöglichen, aber die eigentliche (fachliche) Funktionalität von einem schwer veränderbaren Legacysystem zur Verfügung gestellt wird.

Im Fall von hyperopportunistischen Frequenzen für Ψ ist es oft nicht möglich, überhaupt schnell genug zu reagieren, sprich die Änderungen zu implementieren. Hier empfiehlt es sich, einen Teil der Anforderungen bewusst „auf Eis" zu legen, so dass im Spektrum ein zweiter Peak entsteht, der zu kleineren Frequenzen hin verschoben ist und der erste Peak bei hohen Frequenzen (hyperopportunistischer Bereich) seine Höhe (s. Abb. 10.2) verringert. Eine solche Frequenzverteilung kann auf der IT-Seite durch zwei, mehr oder minder parallele, Vorgehensweisen abgedeckt werden: Die Anforderungen der hohen Frequenzen werden durch ein Verfahren, welches schnell reagieren kann, zum Beispiel Improvisation (aber auch Rapid Prototyping und eXtreme Programming), abgedeckt, während die kleineren Frequenzen durch mehr „traditionelle" Verfahren (Wasserfall, Rational Unified Process, V-Modell) bearbeitet werden.

Leider steht zu befürchten, dass in der Zukunft die Änderungsgeschwindigkeit der Anforderungen $\Psi(\omega)$ noch stärker zunimmt (s. Abb. 10.3). Dies hat zur Folge, dass die langsamen Entwicklungsmethodiken immer stärker ins Hintertreffen geraten. Die einzigen sinnvollen Alternativen, dieser starken Be-

---

[7] Bricolage, s. S. 268

schleunigung entgegenzutreten, sind: Improvisation, agile Methoden (eXtreme Programming) und MDA.

10.1 Improvisation

Wir sind es gewohnt, einen Softwareentwicklungsprozess stets als einen wohl-geordneten und geplanten Prozess mit Projektcharakter zu sehen: in wohlde-finierter Zeit, festen Kriterien, geordneter Art und Weise, mit Planungsschrit-ten, Koordination, Qualitätsprüfungen und Meilensteinen. Diese Sicht jedoch kann möglicherweise auch sehr hinderlich sein. Heutige IT-Systeme sind nicht mehr einzelstehend und völlig isoliert; sie sind eingebettet in eine hochkomple-xe Umgebung aus Hard- und Software. Die „Standardsicht" auf die Entwick-lung von Software ist geprägt von einer beinahe perfekten Austauschbarkeit der beiden Begriffe Softwareentwicklung und Softwareentwicklungsmethodik. Sogar in der Literatur werden beide Begriffe oft quasi synonym benutzt. Dies führt dazu, dass wir bei der Softwareentwicklung nur noch in den Kategorien der Methodik denken und damit, quasi in Form einer geistigen Zensur, nicht-methodische Aspekte einfach nicht mehr wahrnehmen können. Menschliche Aktivitäten, die nicht mehr in das vorgefasste Schema passen, werden subjek-tiv an den Rand gedrängt und sind damit für uns nicht mehr sichtbar. Zwar sind dann diese Phänomene unsichtbar, aber sie hinterlassen das Gefühl, dass etwas fehlt. Bemerkbar machen sie sich erst dann, wenn Fehler auftreten. Die Beobachtung der Fehler kann eine der wichtigsten Techniken zur Beschreibung eines Systems sein, da erst die Fehler die Wirklichkeit von Informationsflüssen und Abläufen sichtbar zu Tage treten lassen.

Wie sieht jedoch die Realität aus? Softwareentwicklung lässt sich weder organisatorisch noch technisch isoliert betrachten. Das Ergebnis der Software-entwicklung wie auch die konkrete Tätigkeit im Rahmen des Entwicklungspro-zesses sind stets Bestandteile eines hochkomplexen Systems und somit nicht isoliert und „geordnet" durchführbar. Vielmehr steht permanente Improvi-sation, wie zum Beispiel bei den agilen Softwareentwicklungsmethodiken (s. S. 282), auf der Tagesordnung und verspricht letztlich auch erfolgreicher zu sein als jedes tayloristische Vorgehen. Innerhalb einer Organisation mag es zunächst etwas chaotisch klingen, Softwareentwicklung durch Improvisation zu bewerkstelligen, aber Improvisation ist eine zielgerichtete, keine chaotische Aktivität, welche die momentan vorhandenen Ressourcen und Gegebenheiten optimal zu nutzen versucht:

- Zielgerichtetheit – Improvisation ist zielgerichtet, sie tritt nicht spontan auf, sondern ist das Ergebnis einer bewussten Entscheidung der Orga-nisation. In der angelsächsischen Literatur wird dieses Vorgehen auch als „Bricolage" bezeichnet. Der Begriff Bricolage stammt aus dem Französi-schen und beschreibt die innovative Neuzusammensetzung aus bekanntem Material: *Neue Systeme werden oft mit und aus den Ruinen alter Syste-me gebaut.* Wobei der Bricoleur noch weitergeht: Er kombiniert nicht nur vorhandene Objekte zu neuen, sondern er begibt sich aktiv auf die Suche nach Objekten.

- Unvorhersagbarkeit – Improvisation beschäftigt sich mit dem Unvorhergesehenen, was in einem komplexen System[8] wohl eher die Regel als die Ausnahme darstellt.

- Spontaneität – Improvisation taucht während der Tätigkeit mehr oder minder spontan auf und ist die Reaktion auf eine Veränderung der Tätigkeit oder der Umgebung. Die Beteiligten warten nicht ab oder erzeugen einen neuen Plan, sie reagieren einfach. Diese Reaktivität bedeutet, dass sich auf Dauer die Funktionen $\tilde{\Phi}$, $\tilde{\Lambda}$ und $\tilde{\Psi}$ annähern, denn die Frequenz der Anforderungen (sprich der Änderungen) „taktet" die Frequenz der Softwareentwicklung.

- Ressourcenbasis – Improvisation impliziert das Vorhandensein einer gewissen Menge an Ressourcen, auf denen Variationen geschaffen werden können. Insofern funktioniert Improvisation nur bei bestehenden Systemen.

Die „klassische" nichtimprovisierende Softwareentwicklung hat eine Reihe von Problemen bei dem Einsatz der jeweiligen Methodik produziert:

- Gleichzeitigkeit – Praktische Beobachtungen zeigen, dass innerhalb der üblichen Softwareentwicklung faktisch alle Prozesse gleichzeitig stattfinden und nicht unbedingt in einer wohlgeordneten Reihenfolge erscheinen. Aber klassische Methodiken gehen von einer strikten Einhaltung der Reihenfolge aus. Zyklische Modelle sind Versuche, diese strikte Abfolge etwas zu verändern.

- gedankliche Armut – Fast alle Methodiken reduzieren Softwareentwicklung auf eine technische, beziehungsweise ingenieurwissenschaftliche, Fragestellung. Die Basisidee ist immer, dass die Entwickler detailliertes Wissen über die Problemstellung erlangen können. Es ist die Annahme, dass es immer genau eine „wahre" Spezifikation gibt. Bei vielen Fragestellungen, speziell wenn es um das Verhalten und die Wünsche der Endbenutzer geht, ist dies fragwürdig, da es Grenzen gibt, was man wissen kann und wissen soll. Außerdem existiert nicht die „Wahrheit".

- Zielverschiebung – Manche Organisationen treiben einen solchen „Kult[9]" um ihre Entwicklungsmethodik, dass das eigentliche Ziel, Software zu entwickeln, sekundär wird. Nur noch der Prozess und die Methodik sind wichtig geworden, das Ergebnis des Prozesses (eine lauffähige Software) steht nicht mehr im Fokus. Da Softwareentwicklung ein komplexes und stressbehaftetes Phänomen ist, schaffen Methodiken für den Einzelnen das Gefühl der Sicherheit und der Methodenkult wird zu einer Art Placebo für eine „echte" Softwareentwicklung.

---

[8] s. Anhang A
[9] Softwaremethodiker und religiöse Fanatiker weisen manchmal ähnliche Verhaltensmuster auf.

- Annahme der Universalität – Alle westlichen Kulturen haben die Tendenz, rationale Prozesse besser als nichtrationale Prozesse zu bewerten und sie für universell einsetzbar zu halten. Dies muss nicht unbedingt so sein.[10]

- Negation der Individualität – Jede Form der rationalen Methodik muss die Individualität des einzelnen Entwicklers negieren, da dieser die Übertrag- sowie die implizite Wiederholbarkeit ad absurdum führt. Der einzelne Entwickler wird aus dem Prozess als Individuum entfernt.[11,12]

- Negation der Domänenlernkurve – Klassische Methoden sehen nicht den Effekt vor, der durch die zunehmende Durchdringung der Problemdomäne im Rahmen der Entwicklung beim Einzelnen erzielt wird. Die Erfahrung zeigt: Je geringer das kognitive Fehlalignment, desto schneller und besser die Entwicklung.

- Modularisierung[13] – Die klassische Technik der Modularisierung wird benutzt, um ein großes System in (kontrollierbare) kleine Teile zu zerlegen. Aber Modularität setzt immer implizit voraus, dass das System aus der Summe der Teile (Module) besteht und auch vollständig beschrieben werden kann. Bei komplexen Systemen (s. Anhang A) ist dies per definitionem nicht mehr möglich.

- Abstraktion[13]– Sie vereinfacht die Beschreibung oder Spezifikation eines Systems, in dem die Zahl der Variablen reduziert wird. Aber genau wie die Modularisierung nimmt die Abstraktion implizit an, dass Änderungen in einem Teil des Systems keinen Einfluss auf andere Teile haben.

Der Einsatz von Improvisation bedeutet, dass sehr viel stärker Aufmerksamkeit und Interpretation denn Intention und Entscheidungsfindung im Rahmen der Softwareentwicklung eingesetzt werden, insofern handelt es sich bei einer solchen Vorgehensweise um die Interpretation des Gegebenen, die Prozessbeteiligten improvisieren, um Sinnhaftigkeit angesichts unerwarteter Möglichkeiten und Risiken sowie plötzlich erscheinender Zwangsbedingungen zu produzieren. Dabei ist niemand je in vollständiger Kontrolle[14] des Entwicklungsprozesses, sondern jeder wird andauernd mit unvorhergesehenen Effekten konfrontiert.[15] Eine Konsequenz aus dieser Tatsache ist die permanente Revision

---

[10] Mittlerweile sieht man die Fähigkeiten von traditioneller asiatischer Medizin (Akupunktur) oder von den Medizinmännern der Naturstämme bei bestimmten Erkrankungen als genauso gut an wie die der westlichen Medizin, obwohl die Wirkung dieser Verfahren im rationalen Epistem der westlichen Medizin nicht erklärbar ist. Klassische Mediziner tendieren dazu, alle Heilverfahren, die nicht in ihr Weltbild passen, in die Sphäre der Psychosomatik zu verbannen.

[11] Der Einzelne hat nur noch eine Rolle.

[12] In gewisser Weise das Endziel der Model Driven Architecture (s. Abschn. 10.6).

[13] Modularisierung und Abstraktion sind im Grunde der Versuch, eine hierarchische Zerlegung eines Problems, analog einer hierarchischen funktionalen Organisation, vorzunehmen.

[14] Es scheint diese Form des Kontrollverlusts zu sein, die es vielen Managern und IT-Mitarbeitern so schwer macht, eine solche Vorgehensweise zu akzeptieren.

[15] De facto geschieht dies in jeder Form der Softwareentwicklung.

der Interpretation, das heißt die Beteiligten verändern andauernd ihre Ansicht darüber, was geschieht und was machbar ist. Diese revidierte Interpretation ist das, was die Entscheidungen beeinflusst, nicht die initiale Entscheidung, eine Entwicklung zu starten. Da die einzigen Dinge, die wir spüren können, Vorgänge und Ereignisse darstellen, die schon geschehen sind, ist die Aufmerksamkeit eine stärkere Kraft als die Intention im Rahmen des Improvisationsprozesses.

Psychologisch betrachtet kann bei der Improvisation die Interpretation durch die vorangegangenen Aktionen verändert werden. Sinngebung erscheint bei der Improvisation als eine Art der Manipulation, da durch die Manipulation Menschen in die Lage versetzt werden, zu verstehen und zu steuern. Insofern erzeugt diese Form der Manipulation ein klareres Ergebnis in einer verwirrenden Welt und das Ergebnis macht es wieder einfacher, die verwirrende Welt zu verstehen.

Historisch gesehen stand die Bricolage schon einmal als Entwicklungsmethodik zur Verfügung: Das World Wide Web wie auch das SABRE-System der American Airlines[16] sind durch die Veränderungen der Endbenutzer entstanden, ohne dass eine tiefgreifende Methodik vonnöten gewesen wäre. Aber Bricolage an bestehenden Systemen ist nicht ohne Risiken, da durch diverse Änderungen die Entropie des Systems explosionsartig anwachsen kann (s. Abschn. 8.2.2). Ein solcher Schritt kann durchaus eine bestehende Architektur derart verwässern, dass sie nicht mehr erkennbar ist. Die einzige Möglichkeit, dieser rasanten Entropiesteigerung entgegenzuwirken, ist die Vermittlung einer Vision über die Architektur an alle „Bricoleure". Aber die „Bricoleure" brauchen neben einer einheitlichen Vision eine gewisse Menge an Freiheiten bezüglich der gewählten Technologie und einen Grad an organisatorischer Freiheit. Diese organisatorische Freiheit gestattet die Selbstorganisation der „Bricoleure" mit der Konsequenz, dass viele der schwachen Lösungen schon durch den „Peer-Pressure" vernichtet werden.

Aus dem Blickwinkel der Frequenzen betrachtet hat Bricolage ein charakteristisches Muster, denn es muss bei der Bricolage sinnvollerweise gelten:

$$\omega_{max}(\tilde{\Lambda}) \gtrless \omega_{max}(\tilde{\Psi}) \tag{10.10}$$

$$\omega_{max}(\tilde{\Phi}) \gtrless 0 \tag{10.11}$$

$$\omega_{max}(\tilde{\Phi}) \ll \omega_{max}(\tilde{\Psi}). \tag{10.12}$$

Die erste Gleichung besagt, dass durch die Bricolage die Verknüpfungen der einzelnen Softwarefunktionen ϕ schneller gelöst werden können als das sich die Anforderungen ändern, da hinter der Basisidee der Bricolage die permanente Rekonfiguration bestehender Softwareelemente steht. Die Frequenz der Veränderung der Gesamtmenge an Softwareelementen $\omega_{max}(\tilde{\Phi})$ spielt in

---

[16] Warum SABRE so erfolgreich war, ist noch immer unklar. Interessanterweise war das Folgeprojekt der American Airlines (ein touristisches Buchungssystem) ein Desaster, es wurde nach $3\frac{1}{2}$ Jahren und 125 Millionen $ eingestellt.

diesem Zustand nur eine untergeordnete Rolle. Obwohl die einzelnen Softwarefunktionen sich auch verändern können, wird dennoch die Hauptlast der Veränderung durch die Veränderung der Verknüpfungen Λ getragen.

Eine Unterart der Improvisation ist die Intervention. Bei einem Interventionsansatz wird nicht das Problem als gegeben angenommen (sozusagen außerhalb des Scopes), sondern es wird als veränder- und verhandelbar angesehen. Die Softwareentwicklung wird als ein integraler Bestandteil der Organisation verstanden und jedes entwickelte Softwaresystem somit als ein integraler Bestandteil der Organisation[17] verstanden. Folglich trägt der einzelne Softwareentwickler neben der Verantwortung für die Software auch die Verantwortung für ihren Einsatz. Dies führt wiederum zur Herausforderung, die vorhandenen organisatorischen Wege und Beziehungen zu verstehen oder gegebenenfalls zu verändern. Hierzu muss der Softwareentwickler unterscheiden können zwischen dem, was der Fachbereich sagt, was er will und dem, was er tatsächlich macht. Im Hinblick auf Alignment als Verknüpfung und Ausrichtung zwischen Software und Organisation kann so eine sehr enge Verzahnung gewährleistet werden.

10.2 Maintenance

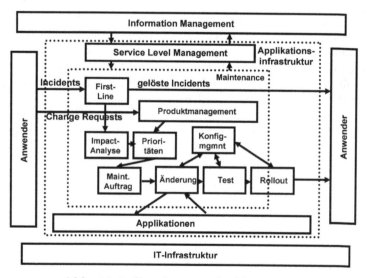

Abb. 10.4: Grundprozesse der Maintenance

---

[17] In gewisser Weise ist dies die Rückkehr des „klassischen" Organisationsprogrammierers.

Eine spezielle Form der Improvisation ist die Maintenance. Im Gegensatz zur Bricolage wird bei der Maintenance verstärkt das einzelne Softwareelement verändert. Die Softwaremaintenance[18] ist die wohl limitierendste Größe in der gesamten Softwareentwicklung. Die Hauptziele hinter der Softwaremaintenance sind:

- Funktionskontrolle – die Kontrolle über die täglichen Funktionen der Software zu erhalten und sie somit auch den Endanwendern weiter zur Verfügung stellen zu können.
- Veränderungskontrolle – die Kontrolle über die Veränderung der Software zu behalten. Hierin ist sie als eine spezielle Form der Improvisation zu erkennen.
- Funktionalitätserhaltung – die aktuell benutzte fachliche und technische Funktionalität zu erhalten, mit der Folge, dass die Software sich Veränderungen in der Geschäftswelt oder der Organisation anpassen muss.
- Konservierung – eine zukünftige Verschlechterung des Systems zu verhindern. Die Verschlechterung zu verhindern ist eines der schwierigsten Unterfangen, da man sich der Entropiesteigerung entgegenstellen muss und fast jede Veränderung die Entropie erhöht (s. Abb. 8.2).

Die Softwaremaintenance wird offiziell nach dem IEEE Standard 1219 definiert durch:

The modification of a software product after delivery to correct faults, to improve performance or other attributes, or to adapt the product to a modified environment.

Aber Maintenance existiert nicht im luftleeren Raum. Die Software wird durch drei Basisfaktoren beeinflusst:

- Umgebung – Die Software lebt in einer technischen und organisatorischen Umgebung, welche sich permanent verändert und damit auch Druck auf eine Änderung der Software auslöst. Hier ist Software in Organisationen als soziotechnisches System erkennbar.
- Endbenutzer – Damit eine Software weiterhin eingesetzt wird, muss sie die sich ändernden Bedürfnisse der Endbenutzer erfüllen. Diese sind nicht unbedingt immer funktionaler Natur, auch in den Erwartungen der Endbenutzer gibt es Modeströmungen.[19]
- Maintenancepersonal – Dieses beinhaltet alle Softwareentwickler, welche die Software verändern. Sie sind auch einer der beeinflussenden Faktoren für die Maintenance.

Ein wichtiger Aspekt der Maintenance ist die Unzufriedenheit der Endbenutzer der Software mit der Maintenance selbst. Die Endbenutzer haben sehr

---

[18] *Maintenance* aus dem Lateinischen: manu tenere – in der Hand halten.

[19] Endbenutzer fordern oft „moderne" Software und meinen damit, dass die Software die gleiche Oberfläche haben sollte wie das momentan aktuelle *Microsoft*-Windows-System.

oft das Gefühl, für ihr Geld nichts Adäquates zu erhalten, da die Ergebnisse der Maintenance meist nicht aktiv kommuniziert werden. Im Fall der Fehlerbeseitigung sehen die Endbenutzer es als eine Selbstverständlichkeit[20] an, dass Differenzen, die sie als Fehler ansehen, beseitigt werden.

Konkrete Zahlen für Softwaremaintenance zu nennen ist relativ schwierig, da viele Organisationen keinerlei Interesse an der Publikation solcher Zahlen haben.[21] Die verlässlichsten Angaben über Softwaremaintenance – zumindest lassen sie sich in diesen Fällen einfach verifizieren – stammen aus dem Bereich der Open-Source-Software. Selbst konservative Schätzungen gehen davon aus, dass über 80% der Lebensdauer eines Softwareprodukts auf die Softwaremaintenance entfällt.

Die Maintenance ist sehr eng mit der Softwareevolution verknüpft (s. Kap. 8). Die Softwaresysteme im Allgemeinen unterliegen einem kontinuierlichen Wandel, ähnlich dem von Lebewesen, und genau wie diese gibt es Überlebende und Fossilien als Resultat des Selektionsdrucks.

Idealerweise sollte für die Maintenance gelten:

$$\omega_{max}(\tilde{\Phi}) \gtrless \omega_{max}(\tilde{\Psi}) \tag{10.13}$$

$$\omega_{max}(\tilde{\Lambda}) \not\gtrless \omega_{max}(\tilde{\Psi}), \tag{10.14}$$

da die traditionelle Maintenance dazu tendiert, zuerst die Softwareelemente zu verändern und erst langfristig ihre Verknüpfungen. Einer der Gründe für dieses Verhalten liegt darin, dass die meisten Legacysysteme, aber auch diverse COTS-Software-Systeme, gar keine anderen Optionen bieten, als so zu agieren.

Leider werden Gl. 10.13 und 10.14 sehr häufig überhaupt nicht eingehalten. In den meisten Fällen gilt:

$$\omega_{max}(\tilde{\Phi}) < \omega_{max}(\tilde{\Psi}) \tag{10.15}$$

$$\omega_{max}(\tilde{\Lambda}) \ll \omega_{max}(\tilde{\Psi}). \tag{10.16}$$

Die Gl. 10.16 beruht darauf, dass für die meisten Legacysysteme die Veränderung des Λ eine massive strukturelle Veränderung mit allen Konsequenzen darstellt und in einem sehr alten System lassen sich strukturelle Veränderungen nur noch sehr mühsam, wenn überhaupt, bewerkstelligen. Die Gleichung für das Φ entsteht durch das zweite Gesetz der Softwareevolution (s. Abschn. 8.2.2), das Gesetz der zunehmenden Komplexität. Selbst wenn zu Beginn des Lebenszyklus der Software einmal die Bedingung geherrscht hätte:

$$\omega_{max}(\tilde{\Phi}) \gtrless \omega_{max}(\tilde{\Psi}),$$

so wird durch das rasante Komplexitätswachstum eine Veränderung der einzelnen Softwareelemente immer aufwändiger. Da eine Organisation nur endliche

---

[20] Hier übertragen die meisten Endbenutzer ihre Lebenserfahrung im Umgang mit Handwerkern auf die Maintenance der Software.
[21] s. Fußnote S. 54

Ressourcen besitzt, sinkt im Laufe des Lebenszyklus der Software die Anzahl der Teile, die überhaupt verändert werden können. Folglich sinkt auch die Frequenz ab:

$$\omega_{max}(\tilde{\Phi}(t)) \ll \omega_{max}(\tilde{\Phi}(0)).$$

10.3 Wasserfallmodell

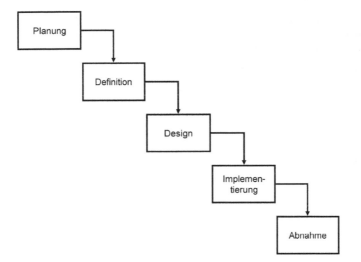

Abb. 10.5: Das Wasserfallmodell

Das einfachste Modell der Softwareentwicklung ist das Wasserfallmodell, in dem die Entwicklungsphasen linear angeordnet sind. Am Ende jeder einzelnen Phase ist ein Teilprodukt fertiggestellt, welches der Nachfolgephase zur Weiterverarbeitung übergeben wird. Aus der Sicht einer Phase übernimmt diese daher von der Vorgängerphase Teilprodukte und gibt erstellte oder weiterbearbeitete Teilprodukte an die nächste Phase weiter. Dies bedeutet, dass man bei einem Projekt in linearer Weise die Anforderungen in immer konkretere Lösungen überführt (s. Abb. 10.5). Durch die Linearität des Entwicklungsprozesses ergeben sich beträchtliche Einschränkungen des Modells:

- Feedback – Das Wasserfallmodell erlaubt keine Rückkoppelungen während des Entwicklungsprozesses, das heißt, es setzt voraus, dass sich die Softwareanforderungen nicht ändern, bevor die Definitionsphase beginnt. Dies ist nur für bereits bestehende Systeme möglich, die man durch den Einsatz von Computern automatisieren möchte. Für neu zu entwickelnde Systeme

sind die Anforderungen jedoch im Allgemeinen am Anfang des Entwicklungsprozesses noch nicht vollständig bekannt. Fehler, die man in späteren
Phasen entdeckt, lassen sich nur mit hohem Aufwand beheben. Insbesondere Fehler in der Definitions- und Entwurfsphase sind später nur sehr
teuer zu beseitigen.

- Zeitrahmen – Ein großes Softwaresystem braucht teilweise Jahre, bis es
endgültig fertiggestellt, getestet und installiert ist. Wurde die Hardware in
der Planungsphase mit festgelegt, so kann es, in Anbetracht der rasanten
Hardwareentwicklung, vorkommen, dass die angefertigte Software nun ein
veraltetes Hardwaresystem benutzt.

Das Wasserfallmodell hat als Strategie, die Anforderungen durch eine sequentielle Abfolge von Analyse- und Designphase für die Implementierung
einzufrieren. Da sich die Fachlichkeit aber weiterhin ändert, entsteht ein Verhalten der Form:

$$\omega_{max}(\tilde{\Phi}) \ll \omega_{max}(\tilde{\Psi}) \tag{10.17}$$

$$\omega_{max}(\tilde{\Lambda}) \approx \omega_{max}(\tilde{\Phi}). \tag{10.18}$$

Dies wird von den Anwendern des Wasserfallmodells aber so nicht gesehen.
Diese sehen:

$$\omega_{max}(\tilde{\Lambda}) \approx \omega_{max}(\tilde{\Phi}) \approx \omega_{max}(\tilde{\Psi}_{freeze}).$$

Durch die Vorgehensweise des Wasserfallmodells werden nur noch die ein-
gefrorenen Anforderungen für ein Projekt sichtbar und die innere Logik lässt
nur eine geringe Anzahl von Change Requests zu, so dass sich der Frequenz-
peak der Anforderungen, die implementiert werden, nur minimal verschiebt,
jedoch die Unschärfe der Software nach dem *VII*-ten Softwareevolutionsgesetz
(s. Abschn. 8.2.7) rasant zunimmt.

10.4 Rational Unified Process

Der **R**ational **U**nified **P**rocess, RUP (s. Abb. 10.6), ist ein zyklisches Vorgehensmodell, welches als Diagrammsprache UML[22] benutzt. Ursprünglich von
der Firma Rational entwickelt, wurde er rasch bekannt und ist heute sehr
weit verbreitet. Seit mehr als einem Jahrzehnt ist er das Vorzeigevorgehens-
modell in der IT-Industrie. Die Prozessdefinitionen basieren auf der UML,
welche wiederum ein anerkannter Standard ist und de facto die heutige Mo-
dellierungssprache für objektorientierte beziehungsweise komponentenbasierte
Systeme darstellt. Der Rational Unified Process ist adaptierbar auf eine große
Zahl von Umgebungen und Projekt- beziehungsweise Problemgrößen, daher
ist sein heute weitverbreiteter Einsatz nicht verwunderlich.

Der Rational Unified Process basiert auf drei Prinzipien:

---

[22] **U**nified **M**odeling **L**anguage

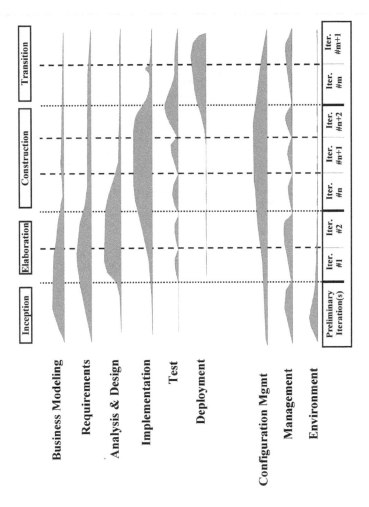

Abb. 10.6: Der Rational Unified Process. ©Rational

- Geschäftsvorfälle – Use Cases genannt, sind die steuernden Elemente. Diese bilden die Grundlage für das Systemdesign sowie für die Implementierung. Ein Geschäftsvorfall ist eine eindeutige und unzweifelhafte Festlegung der fachlichen Anforderung an das zu bauende System. Wichtig für die Bestimmung der Anforderungen ist es, alle zukünftigen Nutzer des Systems zu kennen. Der Einfachheit halber werden nur die Nutzer der Schnittstellen betrachtet. Korrekterweise wird der Nutzer von der zukünftigen Implementierung entkoppelt, das heißt, er „sieht" nur die Interfaces des Systems und spezifiziert auch nur diese. Die daraus entstehenden Anforderungen sind dann die Use Cases. Diese und nur diese leiten die weitere

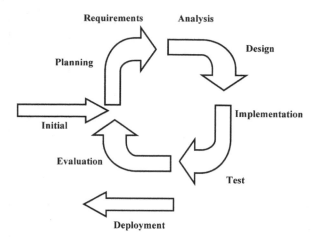

Abb. 10.7: Die Zyklen innerhalb des Rational Unified Process

Systementwicklung. Alle weiteren Schritte, sogar das Testen, dienen der Implementierung der so formulierten Use Cases.

- Iterationen – Der Rational Unified Process ist ein iterativer und inkrementeller Prozess (s. Abb. 10.7). Die klassischen wasserfallbasierten Modelle hatten stets das Problem der „Big Bang"-Integration am Ende des Entwicklungsprozesses. Mit dem Spiralmodell kam zum ersten Mal das Risikomanagement als Bestandteil eines Entwicklungsprozesses auf. Der Rational Unified Process übernahm diese iterative, inkrementelle risikogesteuerte Vorgehensweise vom Spiralmodell. Während der einzelnen Iterationen werden Eichungen am Verfahren zwecks besserer Schätzung sowie Verbesserungen am Produkt und dessen Eigenschaften vorgenommen. Innerhalb der einzelnen Iteration erfolgt das Arbeiten aber dann sequentiell.[23]
Der Sinn und Zweck hinter dieser Art des Vorgehens ist es, Fehler und Defizite in regelmäßigen Abständen zu erkennen und korrigierend eingreifen zu können; insofern gibt es eine Risikoorientierung. Je früher ein Defekt gefunden wird, desto einfacher ist er zu korrigieren.

- Architektur – Der Rational Unified Process gilt als architekturzentriert.[24] Das Zielsystem wird in seinen funktionalen sowie seinen nichtfunktionalen Anforderungen spezifiziert. Die wichtigsten Use Cases dienen zur Festlegung der Architektur und die Entwicklung der Architektur läuft parallel zur Entwicklung des Gesamtsystems, das heißt, in den gleichen Phasen

---

[23] Dies ist nicht ganz korrekt, da es prinzipiell möglich ist, die einzelnen Teilphasen in einer Iteration über ihre jeweiligen Endbedingungen zu koppeln.

[24] Dies wird zwar von den Verfechtern des RUP immer wieder behauptet, es ist aber nur scheinbar so, da die Architekturgovernance nicht explizit auftaucht.

und Zyklen. Auf Grund der risikoorientierten zyklischen Vorgehensweise können Fehler in der Softwareentwicklung in den frühen Zyklen erkannt und korrigiert werden.

Zusätzlich zu den drei Prinzipien beinhaltet der Rational Unified Process eine Reihe von Tätigkeiten, auch Disziplinen genannt. Diese einzelnen Disziplinen (s. Abb. 10.6) sind:

- Business Modeling – In der Geschäftsprozessmodellierung werden die fachlichen Anforderungen erfasst. Neben den inneren Vorgängen einer Organisation erweist es sich als sinnvoll, das System aus Sicht des Fachbereichs zu spezifizieren. Für die Spezifikation stehen diverse UML-Modelle zur Verfügung. Eines der meistgenutzten ist das Activity-Diagramm. Die Geschäftsprozessmodellierung spezifiziert auch die Interfaces des Systems zu anderen Systemen, in denen die neue Software eingebettet wird.
- Requirements – Hier werden die Anforderungen an das zu bauende System festgelegt. Ein primäres Mittel dazu sind die Geschäftsvorfallsbeschreibungen, die Use Cases, welche in ihrer Gesamtheit alle möglichen Geschäftsvorfälle innerhalb der Software durch die so genannten Aktoren – das sind Personen oder andere Systeme, welche mit dem zu spezifierenden System wechselwirken – zu beschreiben suchen. Da die Use Cases das treibende Element der Entwicklung im RUP-Sinne sind, können nur Use Cases implementiert werden. Jeder einzelne Use Case beinhaltet ein Standard-Szenario und ein oder mehrere Alternativ-Szenarien. Die Szenarien bilden die Beispiele ab. Sie dienen später als Vorlage für die Testfälle.[25] In den meisten Fällen werden die Use Cases von den jeweiligen Benutzern oder Fachbereichen erstellt.
- Analysis & Design – Im Rahmen der Analyse wird ein UML-Klassendiagramm erstellt und später durch das Design für die Implementation entworfen.
- Implementation – Diese Disziplin beinhaltet die Umsetzung der durch die Analyse und das Design entworfenen Teile in Code. Die Programmierer können hier wieder die Use Cases zu Hilfe nehmen, da in diesen das gewünschte Verhalten und die gewünschte Funktionalität der Software beschrieben wird.[26]
- Test – Nach jeder Iteration muss das gesamte System auf die Funktionalität und Fehler getestet werden. Dabei dienen die Use Cases und ihre Szenarien als Testcasevorlagen.
- Deployment – Das Deployment beschäftigt sich mit der Installation des Gesamtsystems für den späteren Betrieb. Dabei wird sichergestellt, dass alle nötigen Softwareteile vorhanden sind, um die Software fehlerfrei installieren zu können.

---

[25] Häufig werden die Szenarien auch als Grundlage für die Benutzerdokumentation genommen.

[26] Im Rahmen eines MDA-Ansatzes (s. Abschn. 10.6) wäre die Implementierung ein rein generativer Vorgang.

- Configuration & Change Management – Aufgabe des Change Managements ist es, eine Infrastruktur und Prozesse zur Verfügung zu stellen, welche die systematische Erfassung der sich ändernden Anforderungen erlaubt. Diese sind:
  - neue Anforderungen
  - Bugfixes
  - Verbesserungen
  - nichtfunktionale Änderungen

  Das Configuration Management hat als Aufgabe die Versionierung des Systems und den korrekten Einsatz der Softwarereleases.
- Project Management – Der Projektmanager kümmert sich um die Planung und das Controlling der einzelnen Phasen und Iterationen. Die einzelnen Disziplinen sind jedoch selbst dafür verantwortlich, die in der Iteration geplanten Artefakte fristgerecht abzuliefern oder Probleme zu melden.
- Environment – Die Environment-Disziplin beschäftigt sich mit der Entwicklungsumgebung, welche den Programmierern zur Verfügung steht. So sollten z.B. alle Mitarbeiter mit den gleichen Tools und Versionen von Tools und Frameworks arbeiten. Faktisch gesehen muss hier die Entwicklungsinfrastruktur gemanagt werden.

Obwohl der Rational Unified Process der heutige De-facto-Standard ist, ist er nicht unumstritten. Er hat nämlich einige schwerwiegende Defizite:

- UML – Das erste Defizit ist seine intensive Nutzung der UML. Diese wiederum ist für die Modellierung von Komponenten und objektorientierten Systemen konzipiert, mit der Folge, dass der Rational Unified Process eine starke Tendenz zu solchen Systemen hat. Organisationen, welche einen hohen Anteil an Legacysoftware haben oder mit einer Koexistenz verschiedenster Systeme leben, tun sich schwer, diese nicht objektorientierten Systeme mit dem Rational Unified Process zu verändern.
- Lücken – Das zweite Defizit ist, dass der Rational Unified Process nicht alle Phasen des Lebenszyklus von Software abdeckt. Die späteren Phasen, Maintenance und Retirement, werden fast gar nicht angesprochen.
- Phasen – Das dritte Defizit ist ein Erbe des Wasserfallmodells. Die expliziten Phasenorientierungen des Rational Unified Process mit den entsprechenden Meilensteinen sind zwar relativ leicht planbar, erweisen sich jedoch als Hemmschwelle. Der Rational Unified Process impliziert, dass innerhalb des Projekts phasensynchron gearbeitet werden muss. Der Prozess kann Parallelität und verschiedene Entwicklungszustände in den einzelnen parallelen Phasen nicht gut verkraften.
- Prozess – Das vierte Defizit ist die Bindung des Rational Unified Process an Phasen, nicht an die Ergebnisse der Phasen; das heißt, die Iterationen definieren sich durch die Wiederholung der Tätigkeiten und nicht durch die Verbesserung der Produkte der Tätigkeiten. Dies ist bei großen Projekten sehr bedenklich, da diese generell über Teilprojekte kontrollierbar gemacht werden. Teilprojekte müssen aber ihre Produkte auf das jeweils

andere Teilprojekt abstimmen beziehungsweise ihre Planung auf die Fertigstellung von Zulieferprodukten ausrichten; dies ist im Rational Unified Process sehr schwierig. Außerdem erscheint die Trennung zwischen Geschäftsprozessmodellierung und Geschäftsvorfallsmodellierung reichlich willkürlich und nur schwer nachvollziehbar.

- Architektur – Die angesprochene Architekturzentrierung ist de facto nicht vorhanden. Keine der Phasen behandelt Architektur beziehungsweise deren spezifische Probleme. Ein echt architekturzentriertes Vorgehensmodell müsste die Architektur mit ihren Bausteinen sichtbar machen und an die Ergebnisse ankoppeln können.

- Rekursion – Das sechste und vielleicht schwerwiegendste Defizit ist die mangelnde Fähigkeit zur Rekursion und Hierarchie. Große Systeme sind sehr komplex und diese Komplexität lässt sich nur durch Hierarchie beherrschen. Der Rational Unified Process bietet hier jedoch keinerlei Mittel an, komplexe Probleme in kontrollierbarer Art und Weise zu lösen, obwohl es sowohl in der Systemtheorie als auch der klassischen Informatik Strategien gibt, solche hochkomplexen Systeme zu beherrschen.[27]

In Bezug auf ihr Frequenzverhalten unterscheiden sich der Rational Unified Process und eigentlich alle zyklischen Vorgehensmodelle dadurch, dass sie zu kürzeren Frequenzen tendieren. Dies wird primär durch die Zerlegung der gesamten Anforderungen in zeitlich gestaffelte Zeitabschnitte, die so genannten Iterationen oder manchmal auch Releases, hervorgerufen. Zu Beginn der neuen Iteration werden wieder Anforderungen in ihrem aktuellen Zustand zugelassen. Dies führt dazu, dass gilt:

$$\omega_{max}(\tilde{\Phi}) \ll \omega_{max}(\tilde{\Psi}) \tag{10.19}$$

$$\omega_{max}(\tilde{\Lambda}) \approx \omega_{max}(\tilde{\Phi}). \tag{10.20}$$

Allerdings sollte berücksichtigt werden, dass die Frequenzkurve einen deutlichen Peak bei den Iterationen besitzen müsste, mit der Folge, dass sie im Vergleich zu dem Peak des Wasserfallmodells bei einer sehr deutlich höheren Frequenz liegen sollte (etwa 2–8 fach). In den meisten Organisationen lässt sich jedoch beobachten, dass die Frequenz des Wasserfallmodells sowie die des Rational Unified Process etwa gleich sind. Dies liegt darin begründet, dass oft gar keine sinnvollen Iterationen gebildet werden oder die Iterationsdauer sehr lang[28] ist. Im Grenzfall einer Iteration nähern sich dann die Werte von RUP und Wasserfall an. So betrachtet ist ein Rational Unified Process mit sehr langen Iterationsdauern eine andere Form der Releaseplanung mit einem darunterliegenden Wasserfallmodell, welches die UML nutzt.

---

[27] Am einfachsten ist in den meisten Fällen eine Divide-and-Conquer-Strategie.

[28] Der Autor hat eine RUP-Iteration mit einer Laufzeit von 18 Monaten in einem deutschen Unternehmen entdeckt. Eine solches Vorgehen führt die Basisidee des RUP ad absurdum.

10.5 Agile Prozesse

Im Frühjahr des Jahres 2001 trafen sich in Utah eine Reihe von Experten mit Erfahrung im Bereich eXtreme Programming. In der damaligen Diskussion stand die Frage, wie sich eXtreme Programming mit anderen so genannten Lightweight-[29]Prozessen vergleicht und was alle gemeinsam haben. Die Bezeichnung lightweight verführt zur Annahme eines unstrukturierten oder disziplinlosen Prozesses. Diese Annahme ist von Grund auf falsch. Alle Lightweight-Prozesse, und besonders eXtreme Programming verlangen ein sehr hohes Maß an Disziplin.

Die agilen Prozesse sind in ihren Grundzügen die konsequente Abwendung von der klassischen strukturierten Analyse mit einem sehr dokumentenlastigen Vorgehensmodell. Ein weiterer Punkt ist der Wechsel von der Werkzeuggläubigkeit hin zu der Fähigkeit des Individuums, komplexe Probleme zu lösen. Die agilen Prozesse sind stark von den Ideen selbstregulierender und selbstorganisierender Systeme beeinflusst, deshalb hat das Management in ihnen nur eine Moderatorfunktion.

Die Zukunft ist von starker Unsicherheit geprägt, wodurch eine Planung prinzipiell nur geringen Wert hat. Entwickler sind selbstverantwortlich und wollen möglichst gute Ergebnisse abliefern, deshalb ist eine aufwändige Qualitätssicherung nicht notwendig.

Die Hintergründe für die Wertformulierungen der agilen Prozesse sind relativ leicht zu sehen:

- Individuum – Die meisten Projekte scheitern an Individuen, nicht an der eingesetzten Technik. Wenn man berücksichtigt, dass nur 20% aller IT-Projekte mehr oder minder erfolgreich abgeschlossen werden, liegt hier ein breiter Erfahrungsschatz vor, der diese Beobachtung empirisch stützt. Dies erklärt den Fokus auf Menschen und Kommunikation und nicht auf Prozesse und Technik. Umgekehrt betrachtet: Die erfolgreichste Softwareentwicklung des letzten Jahrzehnts, Linux[30], beruhte weder auf einem gemeinsamen „postulierten" Prozess noch auf dem Einsatz von Werkzeugen außerhalb der Linuxplattform, sondern auf der intensiven Kooperation vieler anonymer individueller Softwareentwickler.
- Dokumentation – Sehr ausführliche und formal korrekte Dokumentation nimmt bei größeren Softwareprojekten leicht mehrere tausend Seiten ein. Eine Größe, die kein Einzelner mehr liest oder komplett versteht. Die Sinnhaftigkeit solcher Dokumentationen wird zu Recht bezweifelt daher der

---

[29] Das Gegenteil der Lightweight-Prozesse sind die Heavyweight-Prozesse. Hierunter werden stark dokumentenbasierte Vorgehensmodelle wie V-Modell, RUP, aber auch MDA verstanden. Der Ausdruck heavyweight bezieht sich auf die Gewichtsmenge an bedrucktem Papier, welches während des Prozesses entsteht.

[30] Im Grunde ist die Aufregung, welche das Betriebssystem Linux hervorruft, erstaunlich; schließlich handelt es sich bei Linux um nichts anderes als die Kopie eines Betriebssystems (Unix), welches schon über 30 Jahre alt ist.

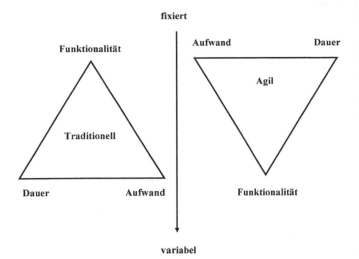

Abb. 10.8: Traditionelle gegenüber agilen Methoden

Fokus auf das Produkt, weniger auf die Dokumentation. Obwohl dieser Standpunkt einigen DIN- und ISO-Normen widerspricht, findet er doch regen Zuspruch unter Softwareentwicklern. Diese behandeln Dokumentation traditionell sehr stiefmütterlich, da sie deren Sinnhaftigkeit anzweifeln.

- Spezifikation – Die meisten Spezifikationen sind nicht so eindeutig,[31] wie es für eine Umsetzung günstig wäre. Eine eindeutige, vollständige Spezifikation wäre via Parser dann automatisch umsetzbar, was eine der Zielvorstellungen hinter der Model Driven Architecture ist (s. Abschn. 10.6). In der Praxis gibt es jedoch zwei Gründe, die solche exakten Spezifikationen des Fachbereichs problematisch machen, zum einen kann der Fachbereich völlig neue Prozesse und Software nicht wirklich spezifizieren, da er meist mental in seinem aktuellen Status quo gefangen ist, und zum anderen ändern sich die Anforderungen relativ rasch. Um diesen Tatsachen Rechnung zu tragen, wird die Zusammenarbeit mit dem Fachbereich und die Veränderung von Plänen als wichtiger Wert an sich angenommen.

- Laufzeit – Sehr große Projekte haben oft Laufzeiten über 2 Jahre. Dieser Zeithorizont ist jedoch oft größer als die Halbwertszeit einer eingesetzten Technologie, folglich führt ein starres Festhalten an einem einmal gefassten Plan zur Schaffung eines obsoleten Produktes. In der heutigen Ökonomie kann man dies auch anders formulieren:

  „Nicht die Großen werden die Kleinen fressen, sondern die Schnellen die Langsamen“.

---

[31] Diese Tatsache stellt auch ein Problem für das Offshoring dar, da hier in der Regel noch kulturelle Unterschiede hinzukommen, welche das „tacit knowledge gap" vergrößern.

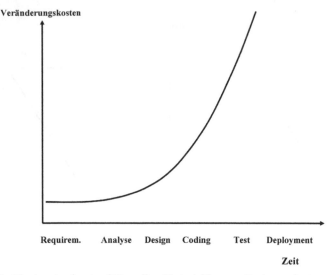

Abb. 10.9: Kosten in der traditionellen Entwicklung mit einem fast exponentiellen Verlauf

Heinz Peter Halek

Auch die einzelnen Prinzipien der agilen Prozesse weisen eine langjährige praktische Erfahrung im Umgang mit Softwareentwicklung auf:

- Mehrwert – Die traditionelle Projektmanagersicht ist, dass der Mehrwert des Fachbereichs sich von selbst aus dem Projekterfolg ergibt. Dieser wiederum ist, in traditioneller Sicht, das Ergebnis der Planeinhaltung[32] Leider ändern sich die Umwelt und die Einflüsse auf ein Projekt heute so rapide, dass der entstehende Mehrwert für den Fachbereich öfters neu berechnet werden muss. Insofern steht der Customer Value schon alleine aus Legitimationsgründen im Vordergrund. In Zeiten der engen Budgets müssen, im Gegensatz zur Vergangenheit, auch IT-Projekte den Mehrwert für die Organisationen legitimieren.

- Veränderung – Der Wandel ist in der traditionellen Methodik ein sehr problematisches Gebiet, da die sorgfältig erstellte Planung durch die anfallenden Änderungen stark gestört wird; von daher würden die meisten Projekte am liebsten eine Art „Frozen Zone" für sich selbst einrichten, um nicht mit dem Phänomen des Wandels konfrontiert zu werden.[33] Aber die Praxis zeigt, dass sich 20–60% der Anforderungen an eine Software im

---

[32] In gewisser Weise erinnert diese Argumentation an die berühmten Fünfjahrespläne in den ehemaligen kommunistischen Ostblockstaaten.

[33] Ironischerweise fordern Projekte, welche die stärksten Veränderungen in der Organisation und den Abläufen der Fachbereiche produzieren, am häufigsten die Einfrierung von Anforderungen für ihre gesamte Projektlaufzeit.

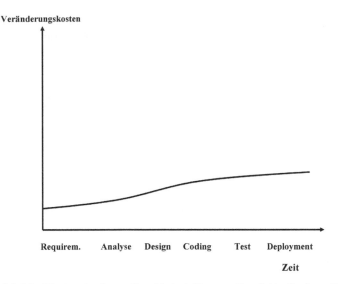

Abb. 10.10: Kosten in der agilen Entwicklung mit relativ flachem Verlauf

Laufe des Projekts verändern, das heißt: Softwareprojekte befinden sich im permanenten Wandel und Stasis ist in diesem Gebiet die große Ausnahme. Daher ist es sinnvoll, sich ab initio auf den Wandel einzustellen (s. Abb. 10.9 und 10.10).

- Zyklen – Obwohl iterativ-inkrementelle Vorgehensmodelle schon sehr lange im Einsatz sind und alle diese Vorgehensmodelle kurze Zyklen präferieren, leiden die meisten heutigen Projekte an dem Phänomen, nur wenige Zyklen auszuführen. Dafür sind diese Zyklen aber sehr lang. Diese langen Zykluszeiten ihrerseits produzieren die hohen Kosten (s. Abb. 10.9) und führen zu einem Stau an Änderungen. Im Gegensatz hierzu senken kurze Zyklen sowohl die Risiken als auch die Kosten (s. Abb. 10.10).
- Standardisierung – Da Software zurzeit noch nicht den Standardisierungsgrad, der wünschenswert wäre, erreicht hat, ist die direkte und permanente Rückmeldung durch den Fachbereich unabdingbar.
- Tools – Projekte scheitern nicht an Werkzeugen, sondern an Menschen. Motivation ist in Softwareprojekten der Schlüssel zum Erfolg. Von daher ist es wichtig, dass Menschen wieder stärker in den Mittelpunkt der Entwicklung gerückt werden.
- Kommunikation – Ein großer Teil der Kommunikation findet auf nichtverbaler Ebene statt, das heißt, für diesen Teil der Kommunikation sind Dokumente wenig geeignet. Diese Beobachtung geht einher mit der Beobachtung über das Scheitern von Projekten. Ein anderer Punkt ist das Vorhandensein von Tacit Knowledge. Dabei handelt es sich um stillschweigendes beziehungsweise implizites Wissen. Ein solches Wissen lässt sich leider nicht dokumentieren, es ist aber für jedes Entwicklungsvorhaben

extrem wichtig. Ein Teil der Organisationskultur basiert auf dieser Form des Wissens. Offensichtlich gibt es in jeder Organisation so genannte ungeschriebene Gesetze, welche zur Tacit Knowledge gehören (s. Abb. 5.3). Besonders effektiv hat sich die Tacit Knowledge bei terroristischen Vereinigungen erwiesen. Diese kommunizieren heute über das Internet und übermitteln dabei Nachrichten, die für Outgroup-Mitglieder keinerlei Bedeutung haben, da diese die entsprechende Tacit Knowledge nicht besitzen.[34]

- Dokumentation – Viele Entwicklungen produzieren eine große Menge an Dokumentation, ohne tatsächlich etwas Lauffähiges vorweisen zu können. Je früher Defekte oder Fehlannahmen entdeckt werden, desto risikoärmer ist das ganze Vorgehen.
- Timeboxing – Aus dem eXtreme Programming wurde das zeitlimitierte Modell übernommen. Die Softwareentwicklung ist primär eine intellektuelle Leistung und kann nicht durch bloße Anwesenheit erzwungen werden. Bei allen Menschen ist die Zeit, in der sie kreativ sein können, sehr limitiert, von daher macht es wenig Sinn, lange Nächte zu investieren.[35]
- Verbesserung – Im Gegensatz zum traditionellen Rapid Prototyping, welches den Schwerpunkt stärker auf das Rapid legt und damit qualitativ minderwertige Prototypen erstellt, liegt bei den agilen Prozessen der Schwerpunkt auf qualitativ hochwertigem Design zusammen mit einem Up-to-date-Wissen über aktuelle Technik. Die Basisidee ist hierbei, das gewählte Design kontinuierlich zu verbessern.
- Minimalismus – Der Minimalismus ist beim eXtreme Programming eine der Maßgaben, um übertriebene Funktionalität zu verhindern.
- Motivation – Die Erfahrung zeigt, dass Teams ohne allzu große Restriktionen und mit einer hohen Motivation sehr gute Ergebnisse produzieren können.
- Optimierung – Die Optimierung kann nur vom Team selbst ausgehen, damit es effektiv ist.

Alle Ansätze der agilen Prozesse folgen einem reichen Erfahrungsschatz und einer, zumindest empirisch, nachweisbaren Systematik. Mit den agilen Prozessen wurde ein strategisches Programm für die zukünftige Entwicklung von IT-Projekten formuliert.

Die starke Orientierung hin zum Menschen und weg von der Technik ist eine zentrale Eigenschaft aller agilen Methodiken. Die Orientierung am Individuum Mensch zeigt sich auf verschiedene Weise in agilen Prozessen. Die Verschiebung der Perspektive auf den Menschen ist auch an der Art und Weise, wie geplant wird, merklich. In einer traditionellen Umgebung wird anhand

---

[34] Terroristische Netzwerke sind generell stabil gegenüber der Elimination einzelner Netzwerkknoten (Verhaftung oder Tötung eines Mitglieds), jedoch anfälliger als hierarchische Organisationen gegenüber der Verteilung von Falschinformationen.

[35] Dies ist auch ein Abschied vom Mythos des Heroic Programmings, bei dem ein Einzelner durch nächtelange Arbeit ein Projekt rettet.

der Erfahrung über ähnliche Projekte geplant und dabei wird implizit die gleiche Personal- und Fähigkeitsstruktur vorausgesetzt. In den agilen Methoden wird jedoch die Geschwindigkeit des vorhandenen Teams, basierend auf den Erfahrungen des Teams, zur Planungsgrundlage.

Eines der Schlüsselelemente ist, dass der Prozess angenommen und nicht aufgezwungen wird. In klassischer Umgebung werden Softwareprozesse oft vom Management oder einer Stabsstelle, z.B. Methoden & Verfahren, der Softwareentwicklungsmannschaft aufgedrängt. Diese Machtasymmetrie weckt sehr oft den Widerstand, besonders dann, wenn die Beteiligten des Managements sehr weit vom Entwicklungsteam weg sind oder das Verfahren sehr abstrakt ist. Solche Versuche scheitern in der Regel, da der einzelne Mitarbeiter einen großen Teil seiner Energie darauf verwendet nachzuweisen, dass der Prozess so nicht funktionieren kann. Damit ein neuer Prozess angenommen werden kann, ist die aktive Teilnahme aller Beteiligten notwendig, sonst existiert kein Commitment bei allen Beteiligten.

In letzter Konsequenz bedeutet dies, dass nur die Entwickler selbst die nötige Entscheidung treffen können, einer adaptiven Methodik zu folgen. Das trifft in besonderem Maße auf eXtreme Programming zu, welches ein sehr hohes Maß an Disziplin bei der Durchführung erfordert. Wichtig für alle agilen Prozesse ist, dass die Entwickler in der Lage sein müssen, alle technischen Entscheidungen zu treffen. Das eXtreme Programming folgt dieser Argumentation, indem es in seinem Planungsprozess festlegt, dass nur die Entwickler schätzen dürfen, wie lange sie für eine bestimmte Arbeit brauchen. Dieses „technische" Management ist eine Veränderung in großen Organisationen, die in der Regel die Entscheidungskompetenz nicht nach „unten" delegieren. Dieser Ansatz erfordert folglich die Teilung der Verantwortlichkeit, wobei Entwickler und Management eine gleiche Stellung in der Leitung des Projekts haben; die technische Expertise der Entwicklung wird anerkannt. Hintergrund für diese Argumentation ist die Geschwindigkeit der technologischen Veränderung in der IT-Branche. Von allen agilen Prozessen ist das eXtreme Programming mit Sicherheit der älteste und bekannteste. Die Wurzeln von eXtreme Programming liegen im Smalltalk, insbesondere in der engen Zusammenarbeit von Kent Beck und Ward Cunningham in den späten 80ern. Beide verfeinerten ihre Praktiken in vielen Projekten in den frühen 90ern und bauten ihre Ideen eines Softwareentwicklungsansatzes aus, der sowohl adaptiv sowie menschenorientiert ist. Der Sprung von informellen Vorgehensweisen zu einer eigenen Methodik geschah im Frühling 1996. Ein Review eines Abrechnungsprojekts bei Chrysler gilt, historisch gesehen als das erste offizielle eXtreme-Programming-Projekt. EXtreme Programming besitzt vier unverzichtbare Grundwerte:

- Kommunikation
- Feedback
- Einfachheit
- Mut

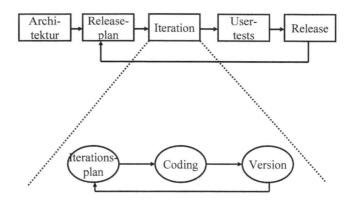

Abb. 10.11: Der eXtreme-Programming-Projektverlauf

Der Rest ist eine Ansammlung von meist bekannten und mehrfach verwendeten Praktiken, die sich nach Ansicht von Kent Beck besonders eignen.

> *...none of the ideas in XP are new. Most are as old as programming. There is a sense in which XP is conservative – all its techniques have been proven...*

EXtreme Programming baut auf ein Dutzend Praktiken auf, welche alle eXtreme-Programming-Projekte befolgen sollten. Viele dieser Praktiken sind alte, bewährte und getestete Techniken, die jedoch von vielen oft vergessen werden. Auch werden sie in den meisten Vorgehensmodellen und den aus diesen resultierenden Prozessen nicht wiedergefunden. EXtreme Programming lässt einerseits diese erprobten Techniken wieder aufleben und verknüpft sie andererseits zu einem neuen Ganzen, wobei sich diese Techniken im Sinne einer Emergenz (s. Anhang A) teilweise gegenseitig verstärken.

Eine der herausragendsten Praktiken ist die starke Betonung des Testens. Während alle Vorgehensmodelle das Testen erwähnen, leben es die meisten mit ziemlich geringer Priorität. EXtreme Programming jedoch erhebt das Testen zum Fundament der Entwicklung, wobei jeder Programmierer während des Schreibens des Programms Tests schreibt. Die Tests werden in einen kontinuierlichen Integrations- und Erstellungsprozess einbezogen, was eine sehr stabile Basis für zukünftige Entwicklung hervorbringt.

Auf dieser Basis baut eXtreme Programming einen iterativen Entwurfsprozess auf, der darauf beruht, ein einfaches Basissystem mit jeder Iteration zu refaktorisieren. Das ganze Design konzentriert sich auf die aktuelle Iteration, wobei kein Design für vorweggenommene zukünftige Bedürfnisse gemacht wird. Das Ergebnis ist ein Designprozess, der diszipliniert, aber aufregend ist, indem er Disziplin und Adaptivität auf eine solche Weise kombiniert, die ihn wahrscheinlich zur am besten entwickelten aller agilen Methodiken macht.

Die agilen Prozesse haben die gleichen Charakteristika wie die Kombination aus Maintenance und Bricolage. Durch die sehr kurzen Zyklen ergibt sich ein Frequenzspektrum der Form:

$$\omega_{max}(\tilde{\Lambda}) \approx \omega_{max}(\tilde{\Psi}) \qquad (10.21)$$

$$\omega_{max}(\tilde{\Phi}) \approx \omega_{max}(\tilde{\Psi}). \qquad (10.22)$$

Neben den sehr kurzen Zeiten führt das permanente Refaktoring der agilen Prozesse dazu, dass Λ zu den hohen Frequenzen hin verschoben wird. Hier zeigt sich die hohe Reaktivität der agilen Prozesse. Speziell beim eXtreme Programming kommt noch ein Sonderfall hinzu. Durch die Anwesenheit des „Fachbereichs als Kunde" im Projektteam verschiebt sich auch die Frequenz der Anforderungen zu höheren ω. In manchen Fällen kann es sogar soweit kommen, dass die Summe der Basisfrequenzen der Entwicklung die Anforderungen taktet:

$$\omega_{max}(\tilde{\Psi}) \approx \omega_{max}(\tilde{\Lambda}) + \omega_{max}(\tilde{\Phi}).$$

Bedingt durch den permanenten Entscheidungsbedarf innerhalb des Modells des eXtreme Programmings können fachliche Fragen schneller aufgeworfen werden als es sonst üblich ist, mit der Folge, dass die Entwicklungsrate die Anforderungsrate beschleunigt. Durch das spezielle Konstrukt des eXtreme Programmings, nämlich die Anwesenheit eines wirklich entscheidungsfähigen Kunden im Team, bleibt diese hohe Rate aufrechterhalten. Ohne den Fachbereich im Team wäre die Frequenz $\omega_{max}(\tilde{\Psi})$ bei sehr viel kleineren Werten und würde damit die Softwareentwicklung ausbremsen.

10.6 Model Driven Architecture

Die Model Driven Architecture[36] repräsentiert zurzeit die Avantgarde im Bereich der Softwareentwicklung. Hier kehrt sich das Prinzip der neunziger Jahre, Architecture Drives Development, um und resultiert in einem Vorgehensmodell für Architekturen, welche wiederum ihrerseits zukünftige Applikationsentwicklungen vorantreiben und beeinflussen. Die MDA beschäftigt sich mit dem „Enterprise Centric Computing" (s. S. 8) und betrachtet eine Mischung aus Komponententechnologie, Designpatterns und EAI (s. Abschn. 4.13), ohne eines dieser Gebiete wirklich „neu" zu erfinden. Allerdings werden die Bestandteile diverser Gebiete auf eine sehr interessante und neue Art und Weise kombiniert.

Zum heutigen Zeitpunkt ist die MDA als Vorgehensmodell noch recht abstrakt, da konkrete Implementierungen von größeren Softwaresystemen mit

---

[36] MDA

Hilfe dieser Methodik erst in Einzelfällen existieren. Die Ziele, welche man mit der MDA zu erreichen versucht, sind:

- Standard – einen Standardweg zur Spezifikation einer Software zu liefern. Speziell die Separation zwischen dem „Was" und dem „Wie" soll erreicht werden, daher auch die unterschiedlichen Modelle.
- Richtlinien – Bereitstellung von Richtlinien für die Strukturierung von Anforderungen in Form von Modellen.
- Evolution – die kontinuierliche Evolution[37] von IT-Systemen, ihre Integration und Interoperabilität trotz einer sich permanent wandelnden technischen Plattform sicherzustellen.
- Integration – die Integration in die Applikationslandschaft von dem, was gebaut wurde, was gebaut wird und was gebaut werden wird.
- Flexibilität – Erhöhung der Flexibilität[38] bei gleichzeitiger Reduktion der wahrnehmbaren Komplexität durch den Softwareentwickler.
- Lebensdauer – implizit soll die Lebenserwartung[39] der Software durch eine effektivere Maintenance[40,41] erreicht werden.

10.6.1 MDA-Pattern

Die Model Driven Architecture nutzt ein so genanntes Pattern zur Entwicklung von Software. Die Definition des Begriffs Pattern[42] ist:

> *A pattern is an idea that has been useful in one practical context and will probably be useful in others.*

Die Nutzung von Patterns im Kontext von Architekturen geht zurück auf die Transferleistung von *C. Alexander*, welcher als Erster Muster in der Gebäudearchitektur katalogisierte. Seither haben Patterns und, ihre ironischen Gegenteile, die Antipatterns, ein hohes Maß an Aufmerksamkeit innerhalb der Softwareentwicklung erzeugt.

Das grundlegende Muster hinter der MDA ist ein recht einfaches Pattern (s. Abb. 10.12). Durch die Wiederholung dieses Patterns kann jeder Übergang innerhalb der MDA dargestellt werden.

Dieses Pattern basiert auf einer regelbasierten Transformation von einem Metamodell in ein Modell. Die Regeln hierbei können diverse Formen annehmen, müssen aber existent und konsistent sein. Der Übergang vom Metamodell in das Modell ist immer deduktiv, mit der Konsequenz, dass die MDA sich

---

[37] s. Kap. 8

[38] s. Abschn. 5.4

[39] s. Kap. 8

[40] Diese Erwartung wurde schon als „Verkaufsargument" für Structured Programming, 4GL-Sprachen und -Werkzeugen sowie für die Objektorientierung verwendet, setzte aber in aller Regel nicht ein.

[41] s. Abschn. 10.2

[42] Auch Entwurfsmuster genannt.

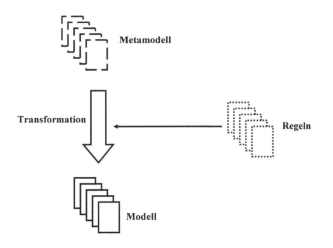

Abb. 10.12: Das MDA Pattern.

nicht selbst erfinden kann. Die Begriffe Metamodell und Modell sind hierbei nur relativ zueinander zu verstehen, im Sinne eines Rollenkontexts.

Das Pattern kann selbstverständlich mehrmals nacheinander angewandt werden (s. Abb. 10.13). Diese Mehrfachanwendung des Patterns kann als eine direkte Anwendung vom Anfangs- in den Endzustand eines neuen Patterns betrachtet werden.

Besonders die Tatsache, dass die MDA das Geschäftsmodell ganz klar von der Implementierungstechnologie abgrenzt und trennt, macht dieses Pattern so mächtig. Ein Modell im Sinne der MDA ist definiert als die Repräsentation einer Funktion, einer Struktur oder des Verhaltens eines Systems. Diese Repräsentation ist eine formale Spezifikation, wenn die verwendete Sprache eine definierte Syntax, eine wohldefinierte Semantik sowie ein Regelwerk für die Analyse besitzt. Die Syntax kann sowohl graphisch sowie textuell sein.

Unter diesem Blickwinkel versucht die MDA, ein Vorgehen zu definieren, mit dem es möglich ist:

- ein System plattformunabhängig zu spezifizieren
- eine konkrete Plattform zu spezifizieren
- die Auswahl einer konkreten Plattform für ein System zu ermöglichen
- die plattformunabhängige Systemspezifikation in eine plattformspezifische zu transformieren

Es werden verschiedene Sichten auf das Gesamtsystem innerhalb der MDA eingesetzt, um diese Arbeiten zu bewältigen. Für die hier angesprochenen Sichten wird in der MDA-Nomenklatur der Ausdruck Viewpoint benutzt. Diese so genannten Viewpoints, deren konkrete Darstellung für ein System dann

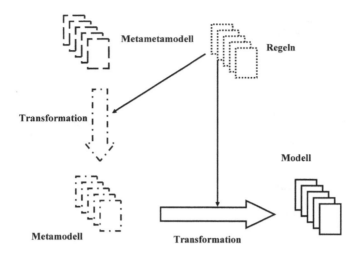

Abb. 10.13: Das multiple MDA-Pattern

die Views darstellen, sind typisierte Darstellungen des Gesamtsystems innerhalb der MDA. Diese Sichten umfassen:

- CIM – **C**omputational **I**ndependent **M**odel
- PIM – **P**latform **I**ndependent **M**odel
- PSM – **P**latform **S**pecific **M**odel

Zusammen stellen diese dann jeweils die einzelnen Sichten auf das Gesamtsystem dar. In Architekturterminologie kann man die verschiedenen Sichten durchaus als verschiedene Abstraktionsebenen auffassen. Die zu dieser Abstraktion gegenteilige Richtung ist das Refinement; das abstraktere Modell wird stets die Abstraktion und das andere die Realisation genannt.

Das Computational Independent Model stellt die höchste Abstraktionsebene dar. In ihm wird versucht, das System völlig unabhängig von der technischen Realisierbarkeit zu spezifizieren. Das Computational Independent Model zeigt keinerlei Details des Systems an. Man sollte es korrekterweise das Domänenmodell nennen, da hier nur Begriffe und Funktionen des jeweiligen Fachbereichs auftauchen und keinerlei Implementierungsdetails gezeigt werden dürfen. Es stellt im traditionellen Sinne die Fachspezifikation dar. Idealerweise sollten alle Anforderungen des Computational Independent Models bis in das Platform Specific Model hinein zu verfolgen sein. Die praktische Erfahrung in Projekten zeigt jedoch, dass ein explizites Anforderungstracking, genauso wie das Change Management, zu den in der Softwareentwicklung am meisten vernachlässigten Disziplinen gehört.

Das Platform Independent Model nähert sich der Implementierung schon sehr viel stärker als das Computational Independent Model. Trotzdem darf das Platform Independent Model keinerlei Plattformspezifika enthalten. Wie

kann der Spagat zwischen dem technischen Realisierungsmodell, Platform Independent Model, und dem plattformspezifischen Modell geschlagen werden?
Platform Independent Models lassen sich am einfachsten modellieren, wenn
man von einer virtuellen Maschine ausgeht, welche bestimmte zugesicherte Eigenschaften hat. Diese virtuelle Maschine besitzt dann eine Persistenz, Kommunikationskanäle, einen Scheduler und so weiter. Unter diesen Annahmen
lässt sich dann ein Platform Independent Model recht gut aufzeigen. Vermutlich stand die Programmiersprache Java Pate für diese Idee, eine abstrakte
Zwischenschicht jenseits der fachlichen Anforderungen und dem konkreten
Code einzuführen. Die meisten Organisationen, die heute MDA betreiben,
versuchen auf der PIM-Ebene zu agieren.

Die langfristige Zielsetzung ist es, das Platform Independent Model zu
einem Computational Complete Model zu entwickeln. Ein solches Computational Complete Model hat die Kerneigenschaft, dass das Modell ausgeführt
werden kann, entweder direkt durch einen Interpreter oder indirekt über einer
Codegeneration. Ein solcher Schritt verlangt eine vollständige Spezifikationssprache für die algorithmische Logik und für die Softwarestruktur. Wenn dieses
technologische Ziel innerhalb der MDA erreicht ist, findet jede Entwicklung
und Ausführung nur noch auf der Modellebene statt.

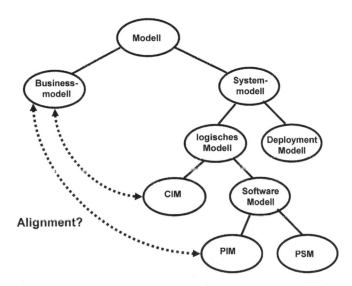

Abb. 10.14: Das Problem des IT-Alignments in der MDA

In der Praxis rangieren die Modelltransformationen von einer rein manuellen Transformation[43] bis hin zu einer automatischen, werkzeuggestütz-
ten Transformation innerhalb einer integrierten Entwicklungsumgebung. Die-

---

[43] Dieser Begriff ist ein Euphemismus für das „klassische" Codieren.

se beiden Extreme decken die Ränder des Spektrums ab. Die wohl interessanteste Zwischenversion ist die Nutzung von Patterns in einem manuellen oder generatorgestützten Transformationsprozess. Die einzelnen Patterns sind hierbei deswegen interessant, weil sie die Vorstufe zu einem automatischen Prozess darstellen und einer einigermaßen standardisierten Sprache unterliegen.

10.6.2 Dynamik

Die in der Entwicklung und dem Einsatz von metadatengetriebenen Entwicklungsmethodiken, welche auf erweiterbaren Objekten, Extensible Objects, basieren, haben einen reichen Erfahrungsschatz geliefert. Diese Erfahrungen werden langfristig gesehen die Fähigkeiten, welche innerhalb einer Softwareentwicklung entstehen, stark verändern. Am Ende dieser logischen Entwicklung der Methodik wird die direkte Manipulation und sofortige Umsetzung des Metamodells in ausführbare Programme stehen.

Zukünftig werden die Transformationsprozesse, vom CIM zum PIM zum PSM, obsolet werden, da das Modell direkt durch die Software interpretiert oder compiliert werden wird.

Das zugrundeliegende Paradigma der dynamischen Objekte führt dazu, dass eventuelle Veränderungen des jeweiligen Metamodells direkt das Verhalten des jeweiligen implementierten Systems beeinflussen und so zu einer vollständigen Laufzeitveränderbarkeit führen. Für die Umsetzung dieses Paradigmas ist ein sehr gut erforschtes Metadatenkonzept notwendig.

Das Resultat dieser Entwicklung wird ein hochgradig adaptives System sein, welches auf Änderungen spontan und zielgerichtet reagieren kann.

10.6.3 Perspektiven

Obwohl die Ansätze der MDA alle sehr gut klingen immerhin wird die MDA von der Object Management Group bewusst forciert ist die MDA zurzeit noch blanke Theorie. Innerhalb des Umfeldes der Theorie klingt MDA überzeugend, aber ein einfacher Vergleich mit der Praxis zeigt, dass sie heute vermutlich auf die wenigsten Organisationen übertrag- oder anwendbar ist; dies trotz der Tatsache, dass sich viele Entwicklungsabteilungen damit brüsten, MDA einzusetzen.

Die Hauptdefizite bei der MDA sind, neben der faktischen Untestbarkeit, keinerlei „echte" Unterstützung bei der Einbindung von Legacy-Applikationen. Im Gegensatz hierzu zeigen die Service Oriented Architectures klarere Wege auf, bestehende Investments zu erhalten.

Selbst in einem Nicht-Legacy-Umfeld ist der Einsatz von MDA noch problematisch, da die heutige Werkzeuglandschaft nicht genügend Codegenerativität zum effektiven Einsatz einer MDA beinhaltet. Das Risiko erscheint relativ hoch, dass die MDA das gleiche Schicksal erleidet wie der Einsatz von I-CASE, **I**ntegrated **C**omputer **A**ided **S**oftware **E**ngineering, in den achtziger

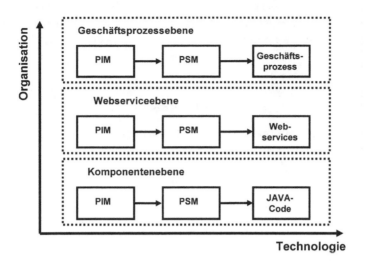

Abb. 10.15: Mehrdimensionales MDA

Jahren, da die Probleme und treibenden Kräfte beider Visionen eng miteinander verwandt sind, ja sogar die Verkaufsargumente sind fast identisch.

Aus Sicht bestehender Middlewaresysteme eignet sich der MDA-Ansatz
als mögliche Integrations- beziehungsweise Migrationsplattform, da im Fall
einer bestehenden Legacysoftware nur eine Deklaration innerhalb des MDA-
Modells notwendig ist. Dies ist nicht weiter verwunderlich, da die OMG auch
die „Vaterschaft" über die klassische Middleware CORBA hat.

10.6.4 MDA-Alignment

Auch wenn es das erklärte Ziel der MDA ist, die Interoperabilität von Applikationen zu erreichen das ultimative Ziel hinter der MDA ist es, Modelle und
Implementierungen von Softwaresystemen zu entwickeln, welche die gesamte
Organisation in allen ihren Dimensionen beschreiben. Wenn Softwareentwickler Modelle erstellen, so benutzen sie Objekte, von denen sie glauben, dass
sie der Realität entsprechen und im konkreten Modell wichtig sind. Oft findet sich dasselbe Objekt in unterschiedlichen Modellen wieder. Aber auch die
Umkehrung ist möglich: Unterschiedliche Objekte können sich auf dasselbe
Modellelement beziehen. Die Repräsentation der „Realität" ist folglich nicht
trivial und wird im Rahmen der MDA als Abstraktion bezeichnet. Insofern
lassen sich im MDA-Sinne auch Geschäftsprozesse als Modelle betrachten,
welche genauso wie andere Modelle durch ein Framework generiert werden
können (s. Abb. 10.15). In dieser Interpretation sind Webservices sowie Menschen Komponenten eines Systems, genannt Organisation. Allerdings sollte
berücksichtigt werden, dass durch diesen „Kunstgriff" das Problem des IT-
Alignments nur auf eine Metaebene gehoben wurde, da es nun gilt, die drei

PIMs miteinander zu verknüpfen. Insofern funktionieren die Verfahren, dies zu messen oder sicherzustellen, genauso wie die schon erwähnten (s. Kap. 5).

Aus der Sicht des Frequenzspektrums ist es das erklärte Ziel, nicht mehr zu kodieren oder zu designen, sondern die Anforderungen schnell umzusetzen:

$$\omega_{max}(\tilde{\Lambda}) = \omega_{max}(\tilde{\Psi}) \tag{10.23}$$

$$\omega_{max}(\tilde{\Phi}) = \omega_{max}(\tilde{\Psi}). \tag{10.24}$$

Ja sogar noch weitergehend – die MDA will erreichen, dass es keinen Zeitverlust (s. Gl. 10.4) zwischen der Umsetzung und der Änderung der Anforderung gibt:

$$\alpha = \omega T(\omega) = 0.$$

Aber nicht nur die Peaks der Frequenzen (Gl. 10.23 und Gl. 10.24) sollten sich langfristig annähern, auch die Spektren sollten auf Dauer identisch werden:

$$\tilde{\Lambda} \approx \tilde{\Phi} \approx \tilde{\Psi}. \tag{10.25}$$

Dieser Zustand wäre dann erreicht, wenn das Modell direkt ohne jede Form der Generierung oder eines manuellen Eingriffs ablauffähig implementiert werden kann.

10.7 Open-Source

Neben der traditionellen (kommerziellen) Softwareentwicklung existiert noch eine weitere Art und Weise Software zu bauen: Die Gemeinschaft der Open-Source-Entwickler[44]. Es existiert keine klare technische oder methodische Barriere zwischen dem Bau von Software mit Mitteln der traditionellen Softwareentwicklung und der Open-Source-Gemeinschaft, da der einzelne Entwickler innerhalb eines Open-Source-Projekts völlig frei entscheiden kann, wie er arbeiten möchte oder welche Werkzeuge er einsetzt.

Die Open-Source-Projekte sind fast immer verteilt organisiert und benutzen als primäres Medium zum Austausch von Informationen das Internet mit Hilfe von Weblogs, HTML-Dokumenten und Zugriffen auf Sourcecode. Diese Verteilung und die daraus resultierende Dezentralität (nur bedingt, siehe auch Abschn. 11.6) führen dazu, dass die Software inkrementell und sehr schnell gebaut wird. Typisch für große Open-Source-Projekte sind so genannte Nightly-Builds, bei denen das lauffähige Produkt jede Nacht produziert wird. Als Ergebnis dieses Vorgehens werden nicht nur die Releasezyklen drastische verkürzt, auch der Lebenszyklus einer Software (s. Abschn. 8.1) wird hierdurch verändert und die Zykluszeit drastisch reduziert.

Im Gegensatz zur traditionellen Entwicklung, bei der die Zahl der Softwareentwickler im Laufe der Entwicklungszeit eher einer Rayleigh-Kurve (s.

---

[44] s. Abschn. 11.6

Abschn. 2.4) folgt, steigt in der Open-Source-Entwicklung die Zahl der Entwickler mit zunehmendem Alter an, da erfolgreiche Open-Source-Projekte attraktiv auf den Pool von potentiellen Open-Source-Entwicklern wirken. Interessanterweise führt diese eher zu einer Beschleunigung der Entwicklung als zu einer Verlangsamung.[45] Die Open-Source-Produkte wachsen manchmal schneller und qualitativ hochwertiger als kommerzielle Systeme, welche sich sehr stark auf Größen wie Projektmanagement und Ökonomie[46] in der Entwicklung konzentrieren. Dadurch, dass in einem Open-Source-Projekt die zukünftigen Endbenutzer die momentanen Entwickler selbst sind, brauchen sie sehr viel weniger Zeit, ihre Anforderungen zu spezifizieren, außerdem ist das kognitive Alignment sehr hoch, da „IT" und „Fachbereich" in denselben Personen vereint sind. Insofern ist das Anforderungsmanagement in einem Open-Source-Projekt das Nebenprodukt eines Diskurses der Projektbeteiligten darüber, was die Software können oder nicht können soll und wer letztlich die Verantwortung für die Implementierung des Gemeinschaftswunschs übernimmt. Traditionelle Anforderungsmanagementverfahren wie in anderen Modellen (Wasserfall und RUP) haben nicht den primären Fokus innerhalb der Open-Source-Entwicklung. Dies hat zur Folge, dass sofort auf Veränderungen in der Domäne reagiert werden kann und folglich das temporale Alignment sehr gut ist:

$$\omega_{max}(\tilde{\Lambda}) \approx \omega_{max}(\tilde{\Psi}) \tag{10.26}$$

$$\omega_{max}(\tilde{\Phi}) \approx \omega_{max}(\tilde{\Psi}). \tag{10.27}$$

Dieses hohe Alignment ist auf die direkte Involvierung der Endbenutzer in Form der Softwareentwickler, der agilen Vorgehensweise (s. Abschn. 10.5) und der, obwohl nur implizit, intensiven Peer-Reviews zurückzuführen. Allerdings sollte beachtet werden, dass die Mehrheit der Open-Source-Projekte klein ist, nur wenige Softwareentwickler, nie etwas produziert und recht schnell eingestellt wird. Diese Projekte erzielen nie eine kritische Masse an Teilnehmern oder Sourcecode, um erfolgreich zu sein.

---

[45] In der traditionellen Softwareentwicklung gilt die Weisheit:

Adding manpower to a late project makes it even later ...

[46] s. Kap. 2

Systemisches Alignment

> *I know where I will wear this dagger then;*
> *Cassius from bondage will deliver Cassius:*
> *Therein, ye gods, you make the weak most strong;*
> *Therein, ye gods, you tyrants do defeat:*
> *Nor stony tower, nor walls of beaten brass,*
> *Nor airless dungeon, nor strong links of iron,*
> *Can be retentive to the strength of spirit;*
> *But life, being weary of these worldly bars,*
> *Never lacks power to dismiss itself.*
> *If I know this, know all the world besides,*
> *That part of tyranny that I do bear*
> *I can shake off at pleasure.*
>
> Julius Caesar
> William Shakespeare
> 1564 – 1616

Die Kommunikationsmuster innerhalb einer Organisation und die zwischen der Organisation und ihrer Umgebung unterscheiden sich drastisch voneinander. Die innerorganisatorischen sind in aller Regel strukturell orientiert, das heißt, sie folgen der Organisationsstruktur, während die außerorganisatorischen sehr viel stärker operational orientiert sind. Bezüglich des Inhaltes verlassen sich die Ersteren auf eine gemeinsame Menge an „Tacit Knowledge", während die außerorganisatorischen diese Annahme nicht treffen können.

In der Kommunikation mit der Umgebung kann die Organisation nur bedingt von einer großen Zahl an Wiederholungen ausgehen, von daher ist „Lernen" nur schwer möglich. Folglich sind alle innerorganisatorischen Mechanismen (Gruppenbildung, shared mental models) nicht anwendbar. Dies heißt nicht, dass nicht ein Informationsaustausch auf technischer Ebene möglich ist, sondern dass ein kompetenter Wissensaustausch nur schwer zu bewerkstelligen ist.

Das Fehlalignment zwischen Informationssystemen auf der einen Seite und menschlichen Geschäftsprozessen auf der anderen ist in allen Organisationen vorhanden; ein Hinweis darauf, dass es falsch ist zu versuchen die Organisation durch die Erzeugung eines IT-Systems zu kreieren. Leider wird von den

COTS-Software-Herstellern[1] dies noch immer mit dem dubiosen Argument des vermeintlichen Standards propagiert. Im Gegenteil, Organisationen sollten als das Resultat aus der Kommunikation der einzelnen Mitarbeiter gesehen werden. Die Dynamik der innerorganisatorischen Beziehungen hängt sehr stark von der Kommunikation der Beteiligten ab. Die Kapazität zur Behandlung von Komplexität durch effektive Reaktion[2] hängt davon ab, wie gut die interne Kommunikationsstruktur die großen Mengen an externen Störungen transformieren kann. Wenn die Störung nicht verarbeitet werden kann, ist sie für die Organisation quasi nichtexistent, mit der Folge, dass auch in der Zukunft darauf nicht adäquat reagiert werden kann. In diesem Fall lernt die Organisation nichts.

11.1 Komplexe Systeme

Organisationen sind nicht nur komplexe Systeme (s. Anhang A), sondern sie sind komplexe Systeme in einem komplexen Kontext. Ihre Komplexität rührt nicht so sehr daher, dass sie sich manchmal nur schwer auf eine Hierarchie abbilden lassen, sondern dass es in ihnen sehr viele unterschiedliche Handelnde mit diversen, zum Teil widersprüchlichen Zielsetzungen gibt. Jeder dieser unterschiedlichen Teilnehmer sieht sich als Zentrum seiner eigenen Welt an.

Diese diversen Zentren erklären auch die Schwierigkeit hinter dem Konzept des IT-Alignments: Das Zentrum der IT ist die IT selbst und das Zentrum eines Fachbereichs ist seine Domäne. Diese unterschiedlichen Zentren führen zu unterschiedlichen Sichtweisen der „Welt"; eine detaillierte Betrachtung fällt unter den Begriff des kognitiven Alignments (s. Kap. 3). Diese unterschiedlichen Sichtweisen führen wiederum zu unterschiedlichen Sprachen und Strukturen, die ihrerseits die daraus resultierenden Sichtweisen beeinflussen und damit die Entfremdung der „Welten" noch verstärkt. Da jeder der Handelnden für seine eigene Wahrnehmung verantwortlich ist beziehungsweise die Wahrnehmung durch die Weltsicht und den Sprachgebrauch gefiltert wird, lässt sich die Differenz des kognitiven Alignments nur sehr schwer überbrücken.

Ein weiteres Charakteristikum von Organisationen ist die Tatsache, dass sie einer Reihe von nur langfristig veränderlichen Regeln folgen. Diese sind zum Teil formal und explizit bekannt, zum Teil aber auch versteckt. Die Tatsache, dass Organisationen aus Menschen aufgebaut sind, hat zur Folge, dass sie sich der Kontrolle im klassischen Sinn entziehen. Zwar hat in hierarchischen Organisationen die Organisationsspitze formal die Kontrolle, aber die De-facto-Wirklichkeit sieht anders aus.

Ein zusätzlicher Aspekt aus der Systemtheorie zeigt sich bei der Beschreibung der Organisation: das Komplementärgesetz. Eine Organisation kann durch viele verschiedene Sichten beschrieben werden; dazu zählen unter anderem:

---

[1] s. Kap. 9
[2] Eine andere Variante wäre die Ignoranz oder Blockade von Information.

- legale Sicht – Diese Sicht ist eine Darstellung der einzelnen juristischen und natürlichen Personen und der entsprechenden Eigentümerschaften.
- finanzielle Sicht – Dies ist das Modell für den Geldfluss innerhalb der Gesamtorganisation.
- Prozesssicht – Prozesse zeigen auf, wie Materialien und Informationen innerhalb der Organisation verarbeitet werden.
- Organigramm – Die Darstellung der Hierarchie innerhalb der Organisation.
- Enterprise-Architektur – Das Modell der IT-Architektur in der Organisation.

Aber eine Organisation besteht aus allen diesen Sichten und noch mehr!

Die Systemtheorie hat noch einen zweiten wichtigen Beitrag zur Beschreibung von Organisationen geliefert: Die klassische Organisationstheorie folgte stark der Idee der Bürokratie (s. S. 206) als Inkarnation einer stabilen Struktur, welche nur durch ihre internen Regularien determiniert war. Neuere Theorien folgen stärker der Idee der offenen Systeme, bei denen die Organisation durch ihre Grenzen und ihre Interfaces festgelegt ist und sich permanent anpasst.

Die Organisation definiert sich durch den Unterschied zwischen ihrer Selbstreferenz und ihrer externen Referenz; dieser Unterschied der Umgebungen macht die Organisation aus.[3] Die Idee geht noch weiter: Durch die gleichzeitige Beobachtung beider Umgebungen[4] sind eine Reihe von Strukturen überhaupt erst erkennbar. Speziell bei den Organisationen im Netzwerkzustand hat das Konzept des offenen Systems eine Konsequenz: Anstelle einer sofortigen Reaktion auf die Veränderung der Umgebung können sich die einzelnen Organisationen zu einem jeweils der Veränderung angepassten Kollektiv formen. Anstelle einer innerorganisatorischen Veränderung werden die Beziehungen zwischen den Organisationsteilen verändert. Dies ist der Versuch, die Umgebung jeder einzelnen Teilorganisation stabil zu halten, denn in den meisten Fällen reicht eine Veränderung der Intensität einer schon existenten Beziehung zu anderen Teilorganisationen aus, um auf die Veränderungen außerhalb des Netzwerks zu reagieren. Nach außen wirkt dieses Netzwerk sehr stabil, aber nach innen setzt ein Prozess der Selbstorganisation ein, welcher durch die Autonomie der kollaborierenden Teilnehmer gestützt wird. Das Interface nach außen bleibt dasselbe, aber die konkrete Durchführung wird innerhalb des Netzwerks auf wechselnde Teilnehmer, je nach Fähigkeit und Zustand, delegiert.

Doch die Wirkung des Netzwerks nach innen hat noch eine zweite Façette, da das Netzwerk jede einzelne Organisation bei der Wissenserzeugung unterstützt. Existierende Netzwerke ermöglichen es, von den Partnern im Netz-

---

[3] s. aber auch S. 1
[4] Wir wüssten nicht, was Blau ist, wenn die ganze Welt blau wäre.

werk neue Technologien[5] und Fähigkeiten zu lernen. Allerdings sollte man sich stets vor Augen führen, dass die Kollaboration faktisch beendet wird, wenn der Wissenstransfer gelungen ist. Aus diesem Blickwinkel betrachtet, versuchen Outsourcingunternehmen eine hohes Maß an Wissen zu extrahieren und dieses anschließend selbst zu verwenden.

Allgemein betrachtet ist ein Netzwerk eine Kollektion von miteinander verknüpften Knoten. Innerhalb der Netzwerkorganisationen sind die „Abstände" zwischen den Knoten kürzer, wobei der „Abstand" unterschiedlich gemessen werden kann. Je nach verwendeter Metrik (s. Anhang C) können durchaus unterschiedliche Bewertungen auftauchen. Generell gilt aber, dass innerhalb eines Netzwerks die Informationsdichte größer ist als zwischen dem Netzwerk und der Außenwelt. Charakteristisch für allgemeine Netzwerke sind folgende Eigenschaften:

- gemeinsame Intentionen aller Teilnehmer
- freiwillige Begrenzung der Autonomie einzelner Teilnehmer
- Reduktion der Teilnehmer auf die Services, die sie bieten, nicht ihrer Rolle oder Struktur
- freiwillige Teilnahme am Netzwerk
- freiwillige, gleichberechtigte, horizontale Kommunikation im Netzwerk
- Aktivierung und Deaktivierung des Netzwerks durch äußere Ereignisse

Auf Grund dieser Charakteristika werden in Netzwerken die formalen Regeln und Unterordnungsbeziehungen einer üblichen Hierarchie durch eine gemeinsame „Ideologie" ersetzt. Beste Beispiele für solche Netzwerke sind Open-Source-Produkte.

Netzwerkorganisationen sind zeitlich begrenzte, zielorientierte Gebilde. Als solche verkörpern sie Strukturen im Sinne von Interaktionsmustern, deren Lebensdauer durch die Aufgabe, welche sie zu erfüllen haben, begrenzt ist. Im Anschluss an die Erreichung seines Ziels geht ein solches temporäres System wieder in einen Potentialzustand über, um zu einem anderen Zeitpunkt in der gleichen oder aber auch in anderer Form – also in wechselnder Zusammensetzung – neu zu entstehen.

11.2 Lebensfähige Organisationen

Mit der bisherigen Betrachtung der Evolution von Organisationen geht eine andere Betrachtung einher: Warum kollabieren manche Organisationen? Oder anders gefragt: Was macht eigentlich eine gegebene Organisation lebensfähig?

Dem materiellen Kollaps einer Organisation geht in aller Regel eine Krise der Wahrnehmung voraus. Die eingeleiteten Verbesserungen der Situation produzieren mehr vom demselben, nicht grundsätzlich Neues, weil der Kontext für die Wahrnehmung nicht verändert wird. Versuche der Kurskorrektur

---

[5] Daher die Kooperationen zwischen den großen Weltunternehmen innerhalb der Automobil- und der Flugzeugindustrie.

laufen ins Leere, weil eine Neuorientierung nicht gelingt. Eine Organisation reproduziert sich durch wiederkehrende, stabilisierende Muster der Interaktion[6]. Treten strukturelle Defizite auf, tendieren diese Interaktionen zu Dysfunktionalität; die Organisation wird pathologisch. In solchen Kontexten dissipieren individuelle Kreativität und Intelligenz. Das System als Ganzes wird zur Selbsterneuerung unfähig.

Es gibt jedoch eine Organisationstheorie nach *Beer*, welche sich explizit mit der Lebensfähigkeit von Organisationen befasst, das VSM[7]. Obwohl das Viable Systems Model nur heuristisch fundiert ist, besitzt es doch eine große Mächtigkeit bezüglich der Diagnose verschiedenster Organisationen.

Nach dem Viable Systems Model ist eine Organisation dann und nur dann lebensfähig, wenn sie über fünf miteinander verschachtelte Steuerungssysteme[8] verfügt (s. Abb. 11.1). Im Sinne des Viable Systems Model bedeutet Lebensfähigkeit den Erhalt der Identität der Organisation. Das System ist dann überlebensfähig im ontogenetischen[9] wie auch im phylogenetischen[10] Sinn.

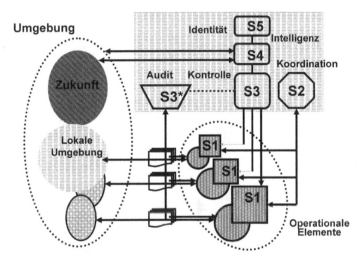

Abb. 11.1: Das Viable Systems Model nach Beer

Diese fünf ineinander geschachtelten Systeme des Viable Systems Models sind:

---

[6] Innerhalb kleiner Gruppen dienen Rituale als stabilisierende Muster.

[7] **V**iable **S**ystems **M**odel

[8] Das Spezialgebiet der Steuerung komplexer Systeme (s. Anhang A) bezeichnet man als Kybernetik nach $\kappa\upsilon\beta\epsilon\rho\nu\eta\tau\iota\kappa\eta\tau\epsilon\chi\nu\eta$ (die Kunst des Steuerns).

[9] Ontogenese ist die Restrukturierung eines Systems.

[10] Phylogenese ist die Evolution der entsprechenden Spezies.

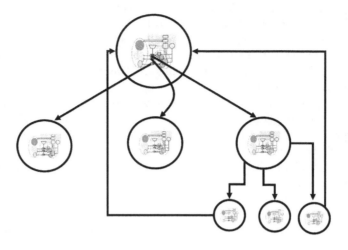

Abb. 11.2: Rekursion der Systemmodelle. Die einzelnen Teilsysteme sind wiederum VSM-Systeme (s. Abb. 11.1)

- System S1 (Operationale Elemente)[11] – Das System S1 stellt die Lenkungskapazität der sich weitgehend autonom anpassenden operativen Basiseinheiten dar. Zielsetzung dieses Systems ist die Optimierung des Tagesgeschäfts der einzelnen Suborganisationen. Die zentralen Aktivitäten das sind solche, die für die Erzeugung der Produkte und Dienstleistungen sorgen, welche durch die Identität der Organisation impliziert werden müssen durch die operationalen Elemente ausgeführt werden. Das System S1 befindet sich in aller Regel im Kern des Unternehmens. Bedingt durch die Rekursion ist System S1 wiederum aus selbstständigen Systemen aufgebaut und zugleich Bestandteil eines größeren Systems. Wenn alle Systeme von Typ S1 innerhalb einer Organisation überlappen und in Konflikte geraten, so hilft System S2 bei der Koordination. Ein solches operatives Management existiert sinngemäß auch dann, wenn sich die Mitarbeiter selbst steuern.
- System S2 (Koordination)[11]– Dieser Regelkreis dient der Verstärkung der selbstregulatorischen Kapazität, Dämpfung sowie Verstärkung zur Verminderung von Oszillationen[12] und zur Koordination von Aktivitäten durch Information und Kommunikation. Dazu zählen typische Teilsysteme, wie zum Bcispiel:
  - Managementinformationssysteme[13]

---

[11] operatives Management
[12] Solche Oszillationen können durchaus ungedämpft sein. Der Bullwhip-Effekt (s. S. 215) ist ein Beispiel für Oszillationen in einer Supply-Chain.
[13] MIS

- Budgetierungssysteme
- Koordinationsteams
- Service-Einheiten
- internes Consulting
- Verhaltensstandards
- Wissensdatenbanken
- Knowledgemanagement

Die Koordination auf dieser Ebene ist nicht die Top-down-Führung, sondern die Steuerung der S1-Elemente untereinander. Dies ist eine Ebene, auf der die steuernde IT besonders hilfreich sein kann. Neben der Dämpfung beziehungsweise Vermeidung von Konflikten ist die Ausschöpfung möglicher Synergiepotentiale eine der Aufgaben von S2.

- System S3 (Kontrolle)[13]– Die Kontrolle dient der internen Steuerung. Sie versucht, ein Gesamtoptimum zwischen den mehr oder minder unabhängigen Basiseinheiten zu erreichen. Hierzu versucht die Kontrolle der eigentlichen operativen Organisationsleitung in Form der Steuerung von Ressourcenallokation auch, Emergenz und Synergie durch Kooperation der Basiseinheiten zu erreichen.

- System S3* (Audit)[13]– Meist wird das Auditsystem in Form der internen Revision implementiert. Dessen Aufgabe ist die Validierung der Informationen und Sicherstellung der Normen und Regelwerke. Das System S3 generiert Informationen, welche es dem System S3 erlauben, den tatsächlichen Zustand der Organisation beurteilen zu können. In Bezug auf die Vielfältigkeit (s. Anhang A.3) muss das System S3* die hohe Vielfältigkeit im System S1 verdichten, um dem System S3 eine niedrige Vielfältigkeit zu liefern.

$$V(\text{S3*} \mapsto \text{S3}) = \mathcal{A}_{\text{S3*}}\psi_{\text{S1}}$$
$$\ll V(\text{S1})$$

- System S4 (Intelligenz)[14] – Dieses System hat als Aufgabe, die umfassende Außen- und langfristige Zukunftsorientierung der Gesamtorganisation sicherzustellen. Hierzu muss die Gesamtorganisation und ihre Umwelt analysiert und modelliert werden. Typische Aufgaben dieses Systems sind:
  - Wissenserzeugung
  - Forschung und Entwicklung
  - Strategisches Management
  - Organisationsentwicklung

Die so definierte Intelligenz (S4) funktioniert als eine Art Zweiwegeverbindung zwischen der Organisation und der Umgebung. Die Auskunftsfähigkeit ist eine der primären Anforderungen für Adaptivität. Die Funktion dieser Steuerungseinheit ist sehr stark auf die Zukunft ausgerichtet (s. Abb. 11.1); es geht darum, den zukünftigen Weg im Licht der Veränderungen der Umgebung zu planen und die Fähigkeiten der Organisation so

---

[14] strategisches Management

vorzubereiten, dass diese ihre Zukunft „erfinden" kann. Damit sichergestellt wird, dass diese Zukunft auch erreicht werden kann, muss die Intelligenz auch über den aktuellen Zustand der Organisation hinreichend
genaue Informationen besitzen. Das System S4 kann sich in dem Fall, dass
die momentane externe Umgebung zu problemgeladen ist, eine „neue[15]"
zukünftige neue externe Umgebung suchen.

- System S5 (Identität)[16] – Die Identität der Organisation wird durch das
  oberste Management beziehungsweise dessen normative Kraft sichergestellt. Typische Tätigkeiten des Systems S5 sind:
  - den Ausgleich zwischen Veränderung und Stabilität bewerkstelligen
  - Innen- und Außensicht miteinander verknüpfen
  - die Systeme S3 und S4 moderieren
  - die Identität der Gesamtorganisation bestimmen und gegebenenfalls
    verändern
  - ethische Normen schaffen und vermitteln

Oft wird dieser Steuerungskreis als der Policy-Steuerungskreis bezeichnet.
Eine der Hauptaufgaben von System S5 ist es, zwischen den Systemen S3,
S3* und S4 zu vermitteln. Aus Sicht der Vielfältigkeit ist das System S5
ein gewaltiger Speicher für Vielfältigkeit.

Zwar ist dieses Modell postulativ, aber die Erfahrung in der Praxis hat
gezeigt, dass, wenn Defizite in einem der Systeme (S1–S5) evident werden, die
Gesamtorganisation in Schwierigkeiten gerät. Was letztlich entsteht, ist eine
Hierarchie von Homöostaten innerhalb des Systems. Ein Homöostat ist ein sich
selbst regulierendes System, das mittels Rückkoppelung innerhalb bestimmter
Grenzen in einem stabilen Zustand bleiben kann. Jeder lebende Organismus
ist ein solcher Homöostat, aus dem griechischen $o\mu o\iota o\sigma\tau\alpha\sigma\eta$ (Gleich-Stand).
Die Homöostaten im Viable Systems Model sind:

- S1 – Der Homöostat S1 steuert den operativen Bereich. Er kann mit dem
  Begriff Effizienz belegt werden.
- S3, S4 – Die Homöostaten S3 und S4 regulieren Sachverhalte, die S1 nicht
  regeln kann. Die Homöostaten S2 und S3 beschäftigen sich mit der Effektivität und S4 mit der Vision.
- S5 – Der Homöostat S5 seinerseits regelt Dinge, die durch S3 und S4 nicht
  abgedeckt werden. S5 kann auch als der Sinn der Organisation verstanden
  werden.

Diese Hierarchie der Homöostaten ist aber eine logische und keine organisatorische oder soziale Hierarchie, denn im Grunde werden alle drei Ebenen des
typischen Managements abgebildet:

---

[15] Unternehmen wie Nokia sind diesen Weg gegangen – von der Holzindustrie zum
Kommunikationsanbieter.
[16] normatives Management

- operativ
- strategisch
- normativ

Allerdings sollte beachtet werden, dass jede dieser Ebenen oder Hierarchien andere Steuerungs- und Messgrößen benutzt; mit der Folge, dass es auf jeder Ebene zu einem unterschiedlichen Kontext[17] und damit auch Sprachgebrauch kommt und dass jede Ebene getrennt gesteuert werden muss. Eine Organisation wird erst dann überlebensfähig sein, wenn sie alle drei Ebenen simultan unter Kontrolle halten kann. Dieses Modell ist auch für kleine Organisationen gültig, da alle drei Ebenen von einer Person, in unterschiedlichen Rollen, wahrgenommen werden können. Der Begriff Lebensfähigkeit schließt aber nicht nur die blanke Identitätserhaltung ein, sondern die Lebensfähigkeit einer Organisation geht über die Erhaltung des reinen Status quo hinaus. Aus diesem Grund ist in dem Viable Systems Model die Entwicklung als ein eigenständiges höheres Ziel angegeben. Dies hat zur Folge, dass das System seine Identität auch auflösen kann, wenn es seine Ziele nicht mehr erreicht. Zu den möglichen Formen der Identitätsaufgabe zählen Fusionen, Joint-Ventures, Management-Buy-Outs und so weiter. Aber auch die beiden Homöostaten S3 und S4 müssen sich gegenseitig beeinflussen, da jeder von ihnen eine große Menge an Vielfältigkeit (s. S. 360) vernichtet.

Eine der wichtigsten Aufgaben der Steuerung in den Hierarchien der Homöostaten ist die Kohäsion innerhalb der Rekursion. Da die Rekursion autonome Einheiten auf den verschiedenen Rekursionsstufen produziert, kann das Gesamtsystem nur dann überlebensfähig sein, wenn diese kohärent zusammenarbeiten. Ein Fehlen der Kohärenz bedeutet, dass entweder der Sinn (Policy) der Organisation verloren gegangen ist oder dass die Struktur der Organisation (s. Kap. 7) nicht adäquat der Policy ist. Der Kohäsionsprozess muss den lokalen Drang nach Autonomie gegenüber der Organisationsstruktur und ihren Bedürfnissen abwägen.

Der Einfluss der Umwelt sollte bei der Entwicklung der Homöostaten nicht vernachlässigt werden, da die Homöostaten eine gewisse Zeit, die so genannte Relaxationszeit, brauchen, um sich im Gleichgewicht zu befinden. Die Relaxationszeit ist die Zeit, welche notwendig ist, um von einem Nichtgleichgewichtszustand in den Gleichgewichtszustand zurückzukehren. Wenn ein System von außen[18] gestört wird, so gerät es zunächst in einen Nichtgleichgewichtszustand, da für das System das Gleichgewicht aber am günstigsten ist, wird es versuchen, diesen Zustand wieder zu erreichen; die hierfür benötige Zeit ist die Relaxationszeit. Wird das System jedoch schneller gestört als es die Relaxationszeit erlaubt, so gerät es nie ins Gleichgewicht und es entsteht das Risiko eines negativen Feedbackloops mit anschließender Zerstörung des Systems. Die einzige Möglichkeit, dies zu verhindern, ist eine Reduktion der Vielfältigkeit! Bei niedriger Vielfältigkeit treten weniger Störsignale auf und das System

---

[17] s. Kap. 3
[18] Störungen von innen verhalten sich ähnlich, bedürfen aber eher einer „Reparatur".

kann immer wieder in seinen Gleichgewichtszustand gelangen. Von daher ist es nicht verwunderlich, dass alle Systeme versuchen, ihre Vielfältigkeit zu minimieren. Auf der anderen Seite besitzen Systeme auch eine gewisse Trägheit, das heißt, es dauert eine gewisse Zeit, bis die Maßnahmen des Kontrollsystems im System wirken. Auch dies stellt eine Relaxationszeit dar. Werden nun die Maßnahmen schneller im System ausgelöst als dieses relaxieren kann, so wird nie ein Gleichgewicht angenommen und keiner der Beteiligten weiß, wo das Gleichgewicht wirklich liegt. Innerhalb der Organisation wird ein solches Phänomen durch die Mitarbeiter als Aktionismus interpretiert.

Tab. 11.1: Das Viable Systems Model und die Koppelungen zwischen den Systemen S1–S5 und der Umgebung U

	S1	S2	S3	S3*	S4	S5	U
S1		✓	✓	✓			✓
S2	✓		✓				
S3	✓	✓		✓	✓	✓	
S3*	✓		✓				
S4			✓			✓	✓
S5				✓			
U	✓		✓	✓			

Das Viable Systems Model bezieht sich in seiner Grundaussage zunächst auf eine einzelne mehr oder minder geschlossene Organisation. Im Allgemeinen sind jedoch hierarchische Organisationen nur dann stabil, wenn sie sich rekursiv verhalten. Durch diese Tatsache entsteht eine Rekursion $S_{n-1} \sim S_n$ von gekoppelten Systemen (s. Abb. 11.2), welche jeder für sich optimieren und steuern können muss. Jedes Kontrollsystem im System reduziert die Vielfältigkeit der Störungen, welche in einem Signal sind. Ein Kontrollsystem eines Systems muss in der Lage sein, mindestens genauso viel Vielfältigkeit (s. Gl. A.1) zu produzieren, wie das kontrollierte System hat.[19] Folglich muss ein Kontrollsystem als Verstärker in das kontrollierte System wirken, damit überhaupt eine solche Vielfältigkeit produziert werden kann, und als Dämpfung, damit die Information aus dem System an andere mit niedriger Vielfältigkeit weitergegeben werden kann.

Softwaretechnische Beispiele für eine Dämpfung der Vielfältigkeit sind:

- Datawarehousereports – Hier wird von der großen Vielfalt des einzelnen Eintrags (hohe Vielfältigkeit) abstrahiert und es werden nur statistisch komprimierte Daten (Anzahl, Häufigkeit und so weiter) weitergegeben (niedrigere Vielfältigkeit).

$$V(\text{Report}) = V(\tilde{A}_{\text{Report}}\psi_{\text{Daten}})$$

---

[19] Ashbys Gesetz, bekannt als das „law of requisite variety".

$$\ll V(\text{Daten})$$

- Buchhaltungen – Die Salden von Konten sind eine Form der reduzierten Vielfältigkeit. In aller Regel werden nur die Salden vom Controlling für Entscheidungen genutzt.

$$V(\text{Salden}) = V(\sum_{\text{Konto}} \Delta_{Buchungen})$$
$$\ll V(\text{Buchungen})$$

- Kostenrechnung – Bei der Kostenrechung wird von dem einzelnen Objekt abstrahiert und es werden summarische Größen wie Kostenstellen und Kostenträger betrachtet (analog einer Buchhaltung).

Die Verstärkung ist in aller Regel nicht allein softwaretechnisch gelöst, sondern wird über soziotechnische Systeme bewerkstelligt. In solchen Fällen werden meistens einzelne Parameter oder Verfügbarkeiten verändert, um dadurch einen hohen Grad an Verstärkung zu erzielen. Beispiele für eine solche Verstärkung sind:

- Teamwork – Aus Sicht des Managements erhöht ein Team seine Vielfältigkeit durch Aufnahme neuen Wissens und neuer Fähigkeiten. Durch diese Erhöhung der Vielfältigkeit erhält es die gleiche oder eine höhere Vielfältigkeit wie das zu steuernde Teilsystem.
- Flugzeugcockpits – Die Piloten nutzen die Technik, um durch wenige Signale eine breite Vielfalt an Operationen im Flugzeug ausführen zu können.

Wenn ein einzelnes Kontrollsystem[20] jedoch nicht in der Lage ist, alle Signale zu eliminieren, dann muss dieses Kontrollsystem hierarchisch in andere Kontrollsysteme verschachtelt werden. Von daher ist es sinnvoll, weitere Kontrollsysteme so lange rekursiv hinzuzufügen, bis ein gewisses Maß an endlicher Vielfältigkeit erreicht ist. Je niedriger die Fähigkeit zur Dämpfung in einem Kontrollsystem, desto mehr hierarchische Stufen werden benötigt, um eine Informationsüberflutung zu verhindern. Dies wird auch als „Ashbys Hierarchiegesetz[21]" bezeichnet.

Die große Menge an Vielfältigkeit in der Umgebung hat eine implizite Auswirkung auf jede Software. Die Trennung von Kontrolle und Prozess, wie im MVC[22]-Paradigma, ist der Versuch, den Feedback aus der Umgebung in das System zu steuern, damit die Software als Ganzes handlungsfähig bleibt und auf Veränderungen der Umwelt reagieren kann. Im Rahmen des Systems S1 muss die Software stets ein Modell des entsprechenden Geschäftsprozesses

---

[20] Aussagen über ein einzelnes Kontrollsystem werden durch das Ashby-Conant-Theorem getroffen (s. Anhang A.4).

[21] Bekannt als das „Law of Requisite Hierarchy".

[22] Model View Controller

beinhalten (der Controller hat ein Modell des kontrollierten Systems), damit eine Kontrolle und eine sinnvolle Verwendung auch zu einem späteren Zeitpunkt überhaupt möglich ist. Die Frage, ob das Modell des Geschäftsprozesses mit der Software übereinstimmt, kann im Rahmen des architektonischen Alignments (s. Kap. 5) genauer untersucht werden.

Ashbys Gesetz hat noch eine weitere Konsequenz für Organisationen: Es bedeutet nämlich, dass eine Organisation genügend interne Vielfältigkeit aufbauen muss, um damit die Veränderungen in einer komplexen Umgebung bewältigen zu können, oder die Organisation muss sich eine Umgebung mit einer geringeren Vielfältigkeit suchen (s. Abb. A.3). Die Softwareevolution ist nach dem *Gesetz des Wachstums* (s. Abschn. 8.2.6) eine Reaktion auf die Veränderung der Umgebung.

Das Rekursionsprinzip kann bis hin zu dem einzelnen Arbeitsplatz reichen. Wenn die Rekursion bis auf den einzelnen Mitarbeiter hinunterreicht, werden Schlagworte wie „Selbstentfaltung", „sinnvolle Arbeit" und „Verantwortung" zu Resultaten des systemischen Modells. Im Gegensatz zu hierarchischen Strukturen sind die rekursiven Strukturen eines Viable Systems Model sehr viel besser in der Lage, Informationen zu verarbeiten und entsprechend zu handeln, da die Komplexität der Umgebung zunächst lokal absorbiert wird. In hierarchischen Systemen gelangt die Komplexität quasi ungefiltert in die Hierarchie. Trotz der dezentralen Handlungsweise bleibt die Gesamtorganisation in ihren Aktivitäten kohärent, da die Systeme S3–S5 auf jeder Rekursionsstufe die Kohärenz sicherstellen. Die so dargestellte Rekursionshierarchie ist nicht eindimensional oder starr zu verstehen, da sich innerhalb eines Netzwerks die Teilorganisationen auch völlig anders anordnen können. Insofern wird eine lebensfähige und flexible Gesamtorganisation geschaffen. Selbst für virtuelle Enterprises ist diese Theorie anwendbar; in diesem Fall müssen die Steuerungsmechanismen für das virtuelle Enterprise sowie für jede teilnehmende Organisation in gleicher Weise vorhanden sein.

Anhand des Viable Systems Modells und seiner Vielfältigkeitsflüsse können vier Organisationsprinzipien für eine lebensfähige Organisation abgeleitet werden:

I *Die unterschiedlichen Vielfältigkeiten:*
- *Management*
- *Operationen*
- *Umgebungsimporte*

balancieren sich auf Dauer gegenseitig aus.

II *Die informationsführenden Kanäle innerhalb der Organisation müssen jeweils eine höhere Vielfältigkeit pro Zeiteinheit übertragen können als das Ursprungssystem in dieser Zeit erzeugen kann.*

Wenn dies nicht der Fall ist, so bleibt kein Raum, um Fehler oder Störungen zu korrigieren. Außerdem zeigt dieses Prinzip, dass es sich bei lebensfähigen Organisationen um dynamisch stabile Systeme handelt. Oder anders formuliert: Die Kommunikation in den Kanälen muss schnell genug sein, um der Rate, mit der Vielfältigkeit erzeugt wird, folgen zu können.

III *Jedes Mal wenn Information in einem Kanal eine Grenze überschreitet, muss sie übersetzt[23] werden. Die Vielfältigkeit des Übersetzers muss mindestens so groß sein wie die Vielfältigkeit des Informationskanals.*

IV *Die ersten drei Prinzipien müssen kontinuierlich in der Zeit angewandt werden.*

Mit Hilfe des Begriffs der Vielfältigkeit können auch die drei Axiome des Managements innerhalb des Viable Systems Models formuliert werden:

I *Die Summe der horizontalen Vielfältigkeit, welche von den operationalen Teilen abgebaut wird, muss gleich der Summe der vertikalen Vielfältigkeit sein.*[24]
Die Basisaussage dieses Axioms ist, dass die überzählige Vielfältigkeit, welche aus der Umwelt über die Operation im Management landet, durch die Vielfältigkeit aufgehoben werden muss, welche aus den Systemen S3 und S3* stammt.

II *Die Vielfältigkeit, die von System S3 im Rahmen des ersten Axioms absorbiert wird, ist gleich der Vielfältigkeit, die vom System S4 absorbiert wird.*
Oder anders formuliert: Die Systeme S3 und S4 müssen in einer Balance sein.

III *Die Vielfältigkeit, die vom System S5 absorbiert wird, ist gleich der residualen Vielfältigkeit, die durch das zweite Axiom erzeugt wird.*
Das System S5 muss quasi die überflüssige Vielfältigkeit aus System S4 „aufsaugen". Wenn der Homöostat S3–S4 gut arbeitet, ist dies einfach, da System S5 permanent das Signal erhält: Alles okay.

Im Rahmen einer Rekursion in der Organisation lässt sich das erste Axiom auch umformulieren[25]:

I* *Die Vielfältigkeit des Systems S1, welches dem System S3 auf der Rekursionsstufe n zugänglich ist, muss gleich der absorbierten Vielfältigkeit sein, welche durch die Summe der Metasysteme entsteht.*

$$V\left(S1^{(n)} \mapsto S3^{(n)}\right) = \sum_{j<n} V\left(S_j^{(k)}\right)$$

---

[23] Transduction

[24] Dieses Axiom ähnelt der Bernoullischen Gleichung der Druckerhaltung in der Gas- und Hydrodynamik.

[25] Auch als *The Law of Cohesion* bezeichnet.

Für das Viable Systems Model ist nicht unbedingt eine streng hierarchische Organisation notwendig, auch Netzwerk- oder Matrixorganisationen lassen sich mit der VSM-Theorie betrachten. In solchen Formen spricht man dann nicht von einer Organisationshierarchie, sondern von einer Informationshierarchie, welche bei der klassisch hierarchischen Organisation zusammenfällt.

11.3 Conants Modell

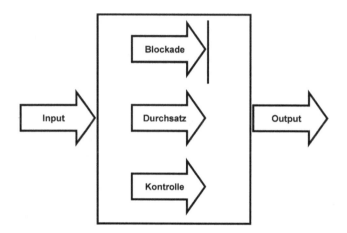

Abb. 11.3: Conants Modell der Informationsverarbeitung

Jedes System und somit auch jedes Teilsystem des Viable Systems Models hat nicht nur eine endliche Fähigkeit, Vielfältigkeit zu verarbeiten, sondern auch noch eine Grenze an Menge von Informationen (s. Abb. 11.3). Die limitierte Kapazität eines Systems, Informationen zu verarbeiten, führt dazu, dass sich die drei Flussgrößen die Informationsverarbeitungskapazität teilen:

- Durchsatz
- Koordination
- Blockade

Damit die vorhandene Kapazität des Systems optimal ausgenutzt werden kann, gibt es vier Teilstrategien:

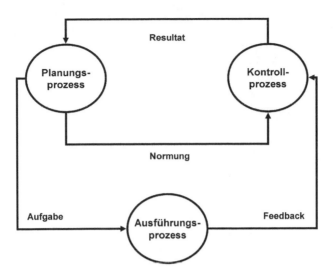

Abb. 11.4: Vereinfachtes Prozessmodell nach Conant

- Minimierung des Outputs – Wenn das System keine unnötigen Informationen produziert, kann die gegebene Kapazität besser genutzt werden. Leider wird diese Strategie äußerst selten verfolgt.[26]
- Minimierung des Inputs – Wenn das System nur selektiv Informationen aufnimmt, muss es intern auch nur wenig blockieren, denn das System arbeitet nicht mit unnötiger Information.
- Minimierung der Koordination – Durch Vereinfachung des Systems wird die notwendige Menge an zu verarbeitender Kontrollinformation reduziert.
- Optimierung der Teile – Wenn jeder Bestandteil des Systems optimiert wird, entstehen keine Engpässe.

Die Minimierung der Koordination und die Optimierung der Teile zeigen den Konflikt zwischen Spezialisierung und Flexibilität. Auf den ersten Blick mag es sinnvoll erscheinen die Flexibilität einzuschränken, die Teile zu optimieren und damit die zur Verfügung stehende Kapazität dem Durchsatz zu widmen, aber dies ist nur in einer stabilen Umgebung sinnvoll. Die Informationsverarbeitung in einem dynamischen Umfeld zeigt ein völlig anderes Bild, da bei einer Veränderung der Umgebung plötzlich eine große Menge an Information blockiert werden kann, was negativ auf den Durchsatz wirkt.

Da in dem Gesamtsystem die Summe aus den Informationsraten konstant sein muss:

$$I_{\text{Durchsatz}} + I_{\text{Blockade}} + I_{\text{Koordination}} = \text{const.,}$$

---

[26] Die stetig steigende Flut an unsinnigem Marketingmaterial zeigt deutlich, dass die Outputminimierung von keiner Organisation ernsthaft in Erwägung gezogen wird.

bedeutet eine starke Erhöhung des internen Feedbacks implizit eine Reduktion des Resultatflusses. Neben der Breite an Vielfältigkeit (Ashbys Gesetz) muss das System auch in der Lage sein, die Information mengenmäßig zu verarbeiten. So lange ein System noch genügend freie Kapazitäten für die Informationsverarbeitung hat, kann der Input erhöht werden, mit der Folge, dass die Vielfältigkeit zunimmt.[27] Aber ein System, welches sich an seiner Kapazitätsgrenze befindet, muss die Blockade erhöhen und importiert mehr Vielfältigkeit als es tatsächlich verarbeiten kann. In diesem Fall ist ein Anstieg an Informationsmenge kontraproduktiv. Aus Sichtweise der Vielfältigkeit (s. S. 360) ergibt sich eine Ungleichung für den Kontroller, der zwischen der Innenwelt und der Umgebung lokalisiert ist:

$$\log_2 P < |\mathcal{C}(\text{Umgebung}) - \mathcal{C}(\text{Innenwelt})|. \tag{11.1}$$

Hier taucht erneut das Phänomen des Alignmentparadoxons (s. Kap. 2) auf: Die von den meisten Organisationen produzierten Informationen stammen strukturell aus einer Zeit vor dem zwanzigsten Jahrhundert (Zeitalter von Feder und Tinte[28]). Für diese Zeit war dies durchaus angemessen, aber heute sind wir in der Lage, Information sehr schnell zu produzieren beziehungsweise zu reproduzieren. Dies führt dazu, dass die internen Systeme mit einer größeren Gesamtmenge an Informationen überschwemmt werden, als die Feder-und-Tinte-Technologie es je zugelassen hat. Umgekehrt betrachtet wird die Umgebung mit immer weniger nutzbarer Information in immer größerer Menge und immer kürzerer Zeit überschwemmt.

11.4 IT-Systeme

Wenn Organisationen als offene Systeme betrachtet werden, so stellt sich die Frage, was diese mit den Informationen machen. Aus der Sichtweise des offenen Systems absorbieren Organisationen Ressourcen aus ihrer Umgebung und verarbeiten sie, um ihr Ziel zu erreichen. Dies geschieht auch mit der Ressource Information, der primären Ressource der IT. Die Information wird aus der Umgebung aufgenommen und zu Wissen verarbeitet. In aller Regel hat die Organisation Substrukturen, um die Informationsverarbeitung zu verbessern. Diese Substrukturen können als eine Art „Informationsraffinerien" betrachtet werden. Die „rohe" Information, welche eine dieser Miniraffinerien braucht, ist nicht notwendigerweise dieselbe wie die Rohinformation, welche eine andere der Raffinerien benötigt. Diese Miniraffinerien sind miteinander verbunden und erzeugen das notwendige Wissen für sich selbst sowie für die

---

[27] Insofern kann der Ruf nach mehr Information zur Problemlösung durchaus kontraproduktiv sein.

[28] Speziell bei Finanzbuchhaltungen ist dies offensichtlich. Die Struktur von Soll und Haben, das so genannte T-Konto, entstand, weil man im Mittelalter mit einem Abakus besser addieren als subtrahieren konnte.

anderen Miniraffinerien. Alle diese kleinen Mengen an Wissen zusammengenommen erzeugen die Gesamtmenge an Wissen in der Gesamtorganisation;
dies ist die wissenserzeugende Funktion der IT in Organisationen.

Neben der reinen Wissenserzeugung spielt die IT auch eine zentrale Rolle
in der Informationsverteilung, indem sie es ermöglicht, das relevante Wissen
zur richtigen Suborganisation effektiv zu transportieren. Nur durch diesen
Kommunikationskanal, sei er formal oder informell, bekommen die relevanten
Mitarbeiter die notwendige Information, die sie für ihre Arbeit benötigen. Die
IT dient also nicht nur der Wissenserzeugung, sondern auch der Wissenswei-
tergabe.

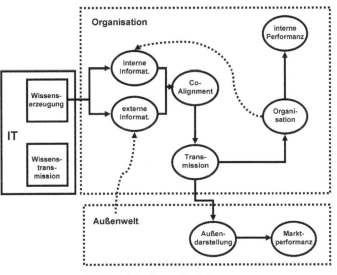

Abb. 11.5: Das Co-Alignment

Als offenes System betrachtet erfüllt die IT die Rolle des Co-Alignments,
indem die IT interne, innerhalb der Organisation, und externe, außerhalb der
Organisation entstehende Information bündelt und diese geeignet weiterver-
arbeitet (s. Abb. 11.5).[29]

---

[29] *Wenn du deinen Feind und auch dich kennst, brauchst du nicht die Ergebnisse von
einhundert Kämpfen zu fürchten. Wenn du dich kennst, nicht aber deinen Feind,
wirst du für jeden Sieg eine Niederlage erfahren. Wenn du weder dich noch deinen
Feind kennst, wirst du in jeder Schlacht versagen.*

Die Kunst des Krieges
Sun Tzu
ca. 600 v. Chr.

Das Co-Alignment legt den Schwerpunkt auf die Informationsgewinnung und -verarbeitung. Das Ziel des Co-Alignments ist es, in der Organisation Wissen zu erzeugen, beziehungsweise die Organisation optimal an Veränderungen anpassen zu können. In dieser Sichtweise kann die Qualität der IT daran gemessen werden, welche Qualität das Wissen hat, das sie erzeugt. Die Qualität dieses Wissens wiederum kann anhand der Angemessenheit für die jeweilige Entscheidung oder Handlung beurteilt werden.[30] Die Organisation muss die externe Umgebung[31] beobachten und die entsprechende Information verarbeiten, um die treibenden Kräfte für mögliche zukünftige Veränderungen zu identifizieren. Zur gleichen Zeit muss aber auch die interne Information über die Organisation selbst[32] verarbeitet werden. Das Ergebnis dieser beiden Aktivitäten muss zusammengeführt, „co-aligned" werden, um effektives Wissen für strategische Planung zu erhalten.

Die Umgebung oder „der Markt" wird von den Organisationen als dynamisch, turbulent und inhärent unsicher wahrgenommen. Diese Wahrnehmung impliziert ein hohes Risiko für die Organisation, gleichgültig ob real oder imaginär, da die Realität innerhalb der Organisation durch die Wahrnehmung der Mitarbeiter geschaffen wird. Es ist die Aufgabe der IT, diese Vieldeutigkeit der Umgebung und der Selbstwahrnehmung zu reduzieren und damit das Risiko für strategische Entscheidungen geringer werden zu lassen.

Die Umgebung besteht ihrerseits aus Organisationen, welche auch wieder Informationen erzeugen und sich selbst verändern. Jede Organisation ist somit Teil eines viel größeren Suprasystems, bestehend aus anderen Organisationen. Die Information, welche aus der Umgebung absorbiert wird, ist in aller Regel eine Information, welche eine andere Organisation erzeugt hat. Insofern existiert nicht nur der Einfluss der Umgebung auf die Organisation[33], sondern auch die Möglichkeit der Organisation, gezielt die Umgebung zu verändern[34].

11.5 Adaptive Organisationen

Unter dem Begriff adaptive Organisationen[35] wird die besondere Eigenschaft von bestimmten Organisationen verstanden, sich auf Veränderungen sehr rasch und flexibel einstellen zu können. Eine solche adaptive Organisation reagiert auf Veränderungen rasch, mit Entschlossenheit und folgt dabei ihren Prinzipien aus ihrer Geschäftsstrategie. Schnelle Reaktionen werden oft auch mit dem Begriff „Agilität" belegt, dabei muss allerdings die Reaktionsdauer eine gewisse Zeit anhalten, um effektiv zu sein und die Organisation muss aus der Reaktion für zukünftige Ereignisse lernen, sonst degradiert die schnelle

---

[30] Ein spezieller Fall des kognitiven Alignments (s. Kap. 3).
[31] *Wenn du deinen Feind ... kennst ...*
[32] *... und auch dich kennst ...*
[33] Organisation als reaktives System.
[34] Organisation als aktives System.
[35] Adaptive Enterprises

Reaktion zu einem hilflosen Aktionismus. Eine adaptive Organisation erreicht dieses Verhalten durch die Schaffung der adaptiven Fähigkeit und einer Vorstellung, wo und wann die Anwendung einer solchen Fähigkeit angemessen ist. Zwar gibt es heute noch keine vollständig adaptiven Organisationen, aber eine hypothetisch adaptive Organisation müsste eine Reihe von Prinzipien erfüllen. Zu diesen Prinzipien zählen:

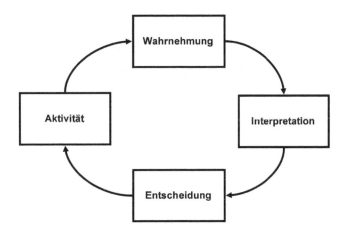

Abb. 11.6: Der „Sense and Respond"-Kreislauf

- Innovation – Die Assimilation von Innovation in der Organisation ist eines der Schlüsselkriterien für eine Organisation, um einen Vorsprung gegenüber der Konkurrenz zu bewahren. Hierbei wird, in aller Regel, die Einführung der Innovation in kommerziell erfolgreicher Art und Weise der Schlüssel sein. Damit Innovationen eingeführt werden können, muss die Organisation einige Regeln befolgen:
  - Die Organisation muss sich über die Möglichkeiten der Rekombination bestehender Komponenten bewusst sein.
  - Die Mängel an den bestehenden Komponenten müssen bewusst sein.
  - Neu aufkommende Initiativen müssen verfolgt und gegebenenfalls gestoppt oder umgelenkt werden.
  - Die Organisation muss offen für Veränderungen[36] sein, so dass neue Initiativen schnell gestartet werden können.

---

[36] Dies scheint die größte Hürde für bestehende Organisationen zu sein, da die Bereitschaft für Veränderung bei dem einzelnen Mitarbeiter beginnt. Dieser ist in den meisten Fällen jedoch veränderungsavers.

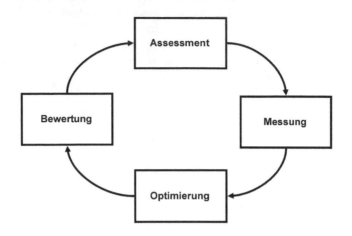

Abb. 11.7: Ein vereinfachter Feedbackloop

- Ein Versagen einer Initiative sollte als eine Investition in die „Lernkurve" verstanden werden.
- Der Innovation sollten innerhalb der Organisation keine künstlichen Grenzen im Sinne einer geistigen Zensur gesetzt werden.

Bei Innovation dreht es sich primär um die Wahrnehmung von Chancen für die Organisation.

- IT-Wahrnehmung – Die IT muss in einer adaptiven Organisation als der „Ermöglicher" der adaptiven Fähigkeit verstanden werden. Dies hat zur Folge, dass das Top-Management die IT auch in dieser Rolle sehen muss. Technologie ist sowohl ein Katalysator als auch eine Inspirationsquelle für Veränderung in einer adaptiven Organisation. Allerdings ist nicht nur die IT-Technologie ein Katalysator für Veränderungen; jede Form der Technologie hat dieses Potential.
- holistisches Denkschema – Das ganzheitliche Denkschema verlangt, die gesamte Organisation als ein vollständiges System (s. Anhang A) zu sehen. Ein System mit allen Eigenschaften, Prozessen, Strukturen und Anlagen, die in der Organisation existieren. Die Organisation ist in der Systemtheorie immer größer als die Summe aus ihren Teilen. Die Organisation sollte sich stets als Ganzes wahrnehmen. Die Nutzung von Enterprisearchitekturen hilft bei diesem Unterfangen. Wenn eine Organisation nicht in der Lage ist, holistisch zu denken, dann ist sie auch nicht in der Lage, adaptiv zu agieren.
- interne Werte – Eine Organisation sollte immer versuchen, Werte zu schaffen[37], beziehungsweise bestehende zu vermehren. Umgekehrt sollte sie Ak-

---

[37] s. auch Kap. 2

tivitäten einstellen, welche keinen Mehrwert für die Organisation erzeugen. Die Folge dieser Betrachtungsweise ist die Wahrnehmung des Werts, welcher als Organisationsteil zur gesamten Organisation beiträgt. Wenn diese Wahrnehmung nicht vorhanden ist, fehlen die nötigen Differenzierungsmittel, um zwischen wertsteigernden und -mindernden Aktivitäten zu unterscheiden. Damit dies in einer Organisation gelingt, sollten folgende Prinzipien beachten werden:

– Kompetenz – Die Organisation muss ihre Kompetenzen kennen. Dies muss sie auch bezüglich ihrer Suborganisationen mit der einfachen Frage: Wer liefert welche Dienstleistung oder welches Produkt in der Organisation?

– Mehrwert – Die Stellen, an denen kein Mehrwert produziert wird, müssen offengelegt werden.

– Ganzheitlichkeit – Die Organisation muss holistisch denken, um sich der Wertdiskussion zu stellen.

– Feedbackloops – Die Organisation muss geschlossene Feedbackloops haben, um solche wertschöpfenden Prozesse steuern und verändern zu können.

– Services – Die internen Dienstleistungen und Ressourcen sollten bekannt sein.

• externe Werte – Die Organisation muss sich als Mitglied in einem gigantischen Netzwerk begreifen. Als solches muss sie in der Lage sein, die Wertschöpfung auch von internen auf externe Anbieter verlagern zu können, beziehungsweise anstelle für interne Kunden auch für externe Organisationen tätig zu sein.

• Modularisierung – Die gesamte Organisation muss in „managebare" Komponenten zerlegbar sein. Diese einzelnen Komponenten liefern definierte Dienstleistungen und Produkte. Ein Beispiel für eine solche Zerlegungsstrategie ist die „Service Oriented Architecture"(s. Abschn. 4.11). Solche Architekturformen ermöglichen die Auswechselung sowie die Rekombination von Dienstleistungen. Die Modularisierung hat eine sehr viel höhere taktische Variabilität zur Folge.

• Variabilität – Eine adaptive Organisation[38] sollte auf jeder Ebene der Organisation veränderbar und, vor allen Dingen, veränderungswillig sein. Dies lässt sich aber nur erreichen, wenn nicht allzu viele Regeln und Regularien zu befolgen sind, welche die Innovativität hemmen. Ein zweiter Aspekt der Variabilität ist die Robustheit oder Stabilität der Organisation als Ganzes, beziehungsweise großer Teile der Organisation. Ein gewisses Maß an Variabilität führt zur Stabilität, da nun Veränderungen akzeptiert werden können ohne die Identität, im Sinne des Viable Systems Models (s. S. 303), zu gefährden. Diese Robustheit kommt speziell bei Bedrohungen aus der Umgebung der Organisation zum Tragen.

---

[38] Eine adaptive Organisation, oft auch emergente Organisation genannt, erreicht nie eine Punkt der Ruhe, sie ist permanent im Prozess der Veränderung begriffen.

- Einfachheit – Innerhalb der Organisation sollte nach einem Höchstmaß an Einfachheit gestrebt werden, da jede Komplexität ein hohes Risiko in sich trägt. Einfache Systeme adaptieren sich sehr viel leichter und schneller als komplexe Systeme.[39] In dem Maße, wie die Verbindungen der Organisation mit anderen Organisationen und der Umwelt anwachsen, steigt die Komplexität exponentiell an. Damit diese Komplexität auch wieder handhabbar gemacht werden kann, ist Vereinfachung notwendig. Eine solche Vereinfachung kann für adaptive Organisationen durch folgende Aktivitäten erreicht werden:
  - Collocation – Im Rahmen der Collocation werden die infrastrukturellen Anlagen, zum Beispiel die Server, an einer Stelle gebündelt. Dies macht das Management dieser Anlagen einfacher, da mit weniger Standorten der Hardware die Sicherheit sowie die Auslastung der Systeme ansteigt.
  - Integration – Ziel hinter der Integration von Applikationen und Systemen ist im Allgemeinen eine Reduktion der Redundanz. Reduzierte Redundanz führt im Rahmen von Migrationen meist zu Einsparungen.
  - Standardisierung – Die Nutzung von Standardisierung führt zu einer Verringerung der Komplexität, da das Standardisieren die Varianz einengt.
  - Selfmanagement – Systeme, welche die Eigenschaft des Selfmanagements besitzen, verstecken ihre Komplexität nach innen und zeigen sie nicht nach außen.[40]

  Alles in allem sollte eine adaptive Organisation versuchen, die Zahl der Applikationen zu reduzieren und eventuell über die Einführung eines COTS-Systems (s. Kap. 9) nachdenken, obwohl dies zum Teil sehr negative Folgen haben kann.
- Integration – Die einzelnen Applikationen sollten sich ohne große Schwierigkeiten integrieren lassen, da nur so eine effektive Rekombination möglich ist. Voraussetzung für eine IT-technische Integration ist allerdings eine nahtlose Integration auf Geschäftsprozessebene.[41]
- Virtualisierung – Durch die Ausdehnung der Organisation auf ein virtuelles Enterprise (s. S. 211) ist der Austausch beziehungsweise Ersatz von Dienstleistungen und Ressourcen besonders einfach geworden. Damit eine Virtualisierung überhaupt möglich ist, sollte im Vorfeld einiges beachtet werden:
  - Unabhängigkeit – Die adaptive Infrastruktur muss von den Applikationen unabhängig sein, da nur so eine Rekombination möglich ist.

---

[39] Dies ist eine der Erklärungen für den großen Erfolg von Linux.

[40] In der Softwareentwicklung auch als Prinzip des Information Hidings (s. S. 56) bekannt.

[41] s. Kap. 5

- Flexibilität – Die eingesetzte Technologie muss ein hohes Maß an inhärenter Flexibilität[42] und Skalierbarkeit bezüglich der Lösungen besitzen.
- Limitierungen – Die Technologie sollte nicht auf physikalische Grenzen treffen.
- Austauschbarkeit – Die Technologie sollte nach Möglichkeit als „Commodity" eingesetzt werden.
- Skalierbarkeit – Die einzelnen Komponenten sollten für eine durchschnittliche Belastung konzipiert werden.[43,44]

Die Virtualisierung ermöglicht ein hohes Maß an Flexibilität.

- Standardisierung – Die Standardisierung vereinfacht den Kontext, in dem die einzelnen Applikationen entwickelt und betrieben werden. Diese Form der Vereinfachung macht sich durch ein erhöhtes Maß an Austauschbarkeit sowie niedrige Komplexität bemerkbar. Von daher sollte eine Organisation sich immer an den Industriestandards ausrichten, beziehungsweise versuchen, diese einzuhalten. Die Nutzung von COTS-Applikationen (s. Kap. 9) ist eine Möglichkeit, dies zu erreichen. Allerdings sollte beachtet werden, dass COTS-Software-Hersteller gerne ihre Produkte als Industriestandard bezeichnen, obwohl ein solcher entweder nicht existiert oder vom Hersteller nicht eingehalten wird. Auf der anderen Seite muss aber auch ein Bewusstsein dafür vorhanden sein, wo in der Organisation Standardisierung notwendig ist. Durch die Standardisierung wird etwas, das selten oder sehr speziell ist, auf Dauer vereinfacht und allgemein genutzt werden. Irgendwann wird dann daraus eine „Commodity".

- Reaktivität – Die Reaktivität, auch als „Sense and Response" bekannt, ist eines der Schlüsselprinzipien für eine adaptive Organisation. Die Organisation muss den Markt wahrnehmen und auf Veränderungen so schnell und adäquat wie möglich reagieren. Es ist wichtig, dass die Organisation sich der Umgebung öffnet, denn nur dann ist sie in der Lage, die Veränderung zu bemerken, da der Prozess der Reaktion immer die Wahrnehmung der Umweltveränderung verlangt. Gesamtheitlich betrachtet durchläuft die Reaktion der Organisation einen Kreislauf (s. Abb. 11.6). Zunächst muss die Organisation eine Veränderung wahrnehmen, diese Veränderung interpretieren und anhand der Interpretation Entscheidungen fällen. Die gewählten Entscheidungen führen wieder zur erneuten Bereitschaft, Veränderungen der Umgebung wahrzunehmen. Systemtheoretisch kann die Aktivität auch die Umgebung so stark beeinflussen, dass es zu einem direkten Feedback durch die Veränderung der Umgebung kommt.

---

[42] s. Abschn. 5.4

[43] Besonders oft missachten Lohn- und Gehaltsabrechnungssysteme diese Maßgabe. Bei diesen Applikationen findet die meiste Berechnungslogik in dem Monatsendlauf statt, mit der Folge, dass große Hardwareleistungen für einige wenige Tage im Monat vorgehalten werden müssen.

[44] Die Nutzung von „On-Demand-Services" macht es adaptiven Organisationen leichter.

- Feedbackloop – Ein vereinfachter Feedbackloop (s. Abb. 11.7) besteht aus den Teilen:
  - Assessment
  - Messung
  - Optimierung
  - Bewertung

  Die adaptive Organisation muss den Feedbackloop bezüglich ihrer Kunden schließen. Dies ist kein einfaches Unterfangen, da durch diverse Kanäle und virtuelle Organisationen der Kreislauf als solcher oft nur noch schwer erkennbar geworden ist. Allerdings hat der Kreislauf den Vorteil, dass durch seine Existenz ein permanentes Lernen der Organisation möglich ist.

Die adaptive Organisation weiß, wo und wann Werte erzeugt oder zerstört werden. Durch die Reduktion der Komplexität ist die Anpassung auf Veränderungen vereinfacht worden und gleichzeitig kann sich die Organisation intern genügend schnell verändern, um auf die sich verändernde Umgebung reagieren zu können. Die adaptive Organisation bewertet sich und ihre Umgebung permanent in einem Feedbackloop.

11.6 Open-Source-Entwicklung

Eine besonders interessante Variante einer Organisation ist die Open-Source-Entwicklung, dies insofern, da hier ein virtuelles Enterprise par excellence beobachtet werden kann. Außerdem spielen Open-Source-Entwicklungen eine Sonderrolle, da hier die „klassischen" Belohnungsmechanismen, wie Geld oder Macht, nicht eingesetzt werden, um ein Ziel zu erreichen. Es existiert nicht „die" Open-Source-Organisation, sondern jedes Open-Source-Projekt stellt seine eigene Organisation dar. Zwar gibt es eine gemeinsame Infrastrukturplattform im Sinne eines Hostings des Sourcecodes sowie eines Webservers mit der entsprechenden Dokumentation, trotzdem tritt diese Plattform des virtuellen Enterprises in aller Regel in den Hintergrund. Klassische Softwareentwicklungsmethodiken wie:

- Pflichten- und Lastenheft
- Planungs- und Steuerungsgremien
- Anforderungsdokumente
- Abnahme- und User Acceptancetests
- Projektcontrolling

sind de facto nicht vorhanden.

Trotzdem gibt es sehr stabile und erfolgreiche Open-Source-Produkte[45], wie die bekanntesten Beispiele zeigen:

---

[45] Zwar handelt es sich nicht um Produkte im klassischen Sinne, welche eine Reihe von Kriterien erfüllen müssen, trotzdem hat der Ausdruck „Produkt" sich für die Ergebnisse eines Open-Source-Projekts eingebürgert.

- Apache oder Tomcat
- JBoss
- Linux

Diese Produkte haben zwar in der Presse und Entwicklerversion eine hohe Aufmerksamkeit, die höchste Durchdringung am Markt haben interessanterweise jedoch die Open-Source-Infrastrukturteile. Hier ist die Verbreitung stiller, aber umso stärker.

- BIND – als Domain Name Service auf den meisten Webservern
- sendmail – der klassische Unix-Mailer
- Perl – eine weitverbreitete CGI-Sprache

Generell wird Open-Source-Software durch folgende mehr oder minder juristische Charakteristika definiert:

- Sourcecode – Der Sourcecode muss allgemein zugänglich und verfügbar sein. Aus diesem Charakteristikum leitet sich auch der Name Open-Source ab.
- Redistribution – Die Software muss weiter- und wiederverteilbar sein, ohne dass dadurch Rechte verletzt werden. Die Weiterverteilung kann auch gegen eine Gebühr geschehen.
- Veränderbarkeit – Die Software muss veränderbar und eine solche Veränderung muss explizit erlaubt sein.
- Diskriminierung – Die Lizenz darf nicht Personengruppen, einzelne Personen, Unternehmen oder Nationen[46] diskriminieren.
- Lizenzierung – Dieselbe Lizenz muss für alle „Kunden" gelten.
- Verwendung – Die Verwendung, auch im Verbund mit anderer Software, kann nicht eingeschränkt werden.

Die Menge der Open-Source-Produkte unterscheidet sich von den anderen möglichen Lizenzformen (s. Tab. 11.2).

Bei einem Open-Source-Projekt handelt es sich um ein soziotechnisch interagierendes Netzwerk aus Individuen, welche nicht aus kommerziellen Interessen agieren. Die Ursprünge der Open-Source Bewegung gehen zurück auf die „Hackerkultur". Im ursprünglichen Sinne waren Hacker sehr kreative Softwareentwickler, für die das Teilen ihres Sourcecodes und die gegenseitige Hilfe ein Credo war.[47] Die Verbreitung des Internets dematerialisierte die Notwen-

---

[46] Speziell bei der Weitergabe von kryptographischer Technologie erscheint dies ein heikler Punkt.

[47] Im Gegensatz zu den Hackern stehen die „Cracker", deren Ziel es ist, die Sicherheitslöchern auszunutzen oder kommerzielle Lizenzschemata zu „knacken". Durch die Freigabe von Software mit ausgeschaltetem Lizenzschutz, so genannte „warez", versuchen Cracker, kommerzielle Organisationen zu unterminieren. Ein typisches Beispiel für die Crackerkultur ist die Crackergruppe *Cult of the Dead Cow*, die für die Utilitysammlung *Back Orifice 2000* verantwortlich ist. Mit *Back Orifice 2000* lassen sich eine Reihe von *Microsoft*-Sicherheitswerkzeugen umgehen.

Tab. 11.2: Verschiedene Lizenzformen

Lizenz	Wieder-ver-teilung	Nutzung	Source Code Verfüg-barkeit	Source Code Verän-derbar-keit	Beispiele
COTS	nein	nach Lizenzen	nein	nein	*Microsoft* Office
Trial Software	ja	temporär	–	–	30 Tage Lizenz
User-Restricted	ja	mit Einschränkungen	–	–	Netscape Navigator
Shareware	ja	temporär	–	–	WinZip
Freeware	ja	beliebig	–	–	Leap frog
Royalty Free Binaries	ja	beliebig	–	–	Internet Explorer, NetMeeting
Royalty Free Libraries	ja	beliebig	ja	–	Klassenbibliotheken
Open-Source	ja	beliebig	ja	ja	Apache, Linux

digkeit, gemeinsam in einem Raum zu sein und schaffte für die „Hacker" ihren Cyberspace. Aus diesem Credo haben Open-Source-Projekte die interessante Konstellation, dass sie nicht nur selbstorganisierend, sondern auch selbstregulierend sind. Die Abneigung gegen Behörden und oft auch gegen kommerzielle Unternehmen, speziell gegen *Microsoft*, ist eine Aversion, die viele Open-Source-Softwareentwickler eint.[48] Die Motivation zur Teilnahme einzelner Softwareentwickler ist unterschiedlich, zu den am häufigsten genannten zählen:

* Spaß
* Übung
* persönliches Erfolgserlebnis
* Langeweile in der aktuellen Position
* Verbesserung der technischen Fertigkeiten

---

[48] Unter Open-Source-Teilnehmern ist der Ausspruch von Michael Faraday (englischer Physiker), den er einem Politiker auf dessen Frage nach der Anwendbarkeit der magnetischen Induktion zur Antwort gab, ein wohlbekanntes Zitat:
Sir, I do not know what it is good for. However, of one thing I am quite certain, some day you will tax it.

Michael Faraday
1791 – 1867

Trotz dieser individuellen Faktoren ist das grundsätzliche Ziel der Teilnahme für einen Softwareentwickler, Vertrauen und Reputation und damit ein gewisses Maß an sozialem Ansehen[49] innerhalb einer mehr oder minder geschlossenen Gruppe zu erreichen. Außerdem scheint die Weitergabe von Sourcecode ein gewisses Maß an Befriedigung[50] zu produzieren. Der Wunsch nach sozialem Ansehen lässt sich daraus ableiten, dass mehr als 60% der Open-Source-Entwickler in mehr als einem Projekt und etwa 5% in mehr als 10 Projekten aktiv mitarbeiten. Die Teilnehmer in Open-Source-Projekten machen dies durchaus in diversen Rollen, ganz im Gegensatz zu der „üblichen" Softwareentwicklung, wo die Trennung zwischen Softwareentwicklern auf der einen Seite und Endbenutzern auf der anderen sehr strikt[51] ist. Da die meisten Softwareentwickler in einem Open-Source-Projekt auch gleichzeitig Endbenutzer dieses Produkts sind, haben sie ein natürliches Interesse an hoher Qualität und Brauchbarkeit des entstehenden Produkts. Die überwältigende Mehrheit jedoch sind einfach Endbenutzer, die irgendwann einmal motiviert wurden, sich an einer Entwicklung zu beteiligen; dies erklärt auch die große Dominanz von Softwarewerkzeugen, die als Open-Source-Produkte entstanden sind.

In der traditionellen Softwareentwicklung wird ein Projekt initiiert, Ressourcen werden zugeteilt[52], Geld wird investiert; alle diese Aktivitäten fehlen in Open-Source-Projekten.

Wie entsteht aus einer Menge von individuellen Softwareentwicklern eines Open-Source Projekts ein virtuelles Enterprise? Durch seine Beiträge und die Wahl des Open-Source-Projekts zeigt der Einzelne, dass er ein Individuum ist, welches gleiche Ansichten und Interessen hat wie die anderen im gleichen Open-Source-Projekt. Diese Softwareentwickler kommunizieren via Mail oder Online-Chats und stellen dabei fest, dass sie sehr viele gemeinsame technische Fertigkeiten, gemeinsame Werte und Ansichten haben. Die gemeinsamen Ansichten, eine Art „Glaubensbekenntnis", manifestieren sich dann in Form des Netzwerks der Open-Source-Entwickler.

Die gemeinsamen Ansichten, Werte und die Kommunikation der Softwareentwickler ermöglicht nicht nur eine Kooperation, sondern sie erzeugen eine gemeinsame Basis für Erfahrungen, zum Lernen und für das Gemeinschaftsgefühl; dies ist für den Einzelnen sehr viel befriedigender als eine Kooperation auf einer willkürlichen Assignmentbasis, wie es in „traditionellen" Projekten üblich ist. Auch die genutzten Anforderungen für die Softwareentwicklung sind andere als in einer traditionellen Umgebung. Es existiert eine Form der Open-

---

[49] „Geek Fame" genannt.

[50] Sehr verwandt der Befriedigung, die Personen durch anonyme Spenden an karitative Organisationen erreichen.

[51] Softwarevorgehensmethodiken, wie beispielsweise eXtreme Programming (s. Abschn. 10.5) versuchen, diese Trennung zu durchbrechen.

[52] In aller Regel bezeichnet der Ausdruck „Ressourcen" Menschen, die bei dem Projekt mitarbeiten sollen. Die Verwendung eines abstrakten Begriffs für konkrete Individuen zeigt, wie gering die Wertschätzung des Einzelnen in einem üblichen Projekt ist: Er ist eine mehr oder weniger schwer austauschbare Ressource.

Source-Software-„Informalität", ein nicht-dokumentengebundes[53], gemeinsames Verständnis[54] der Beteiligten.

In Bezug auf die Administration und die Kontrolle der entstehenden Artefakte bildet sich eine geschichtete Meritokratie[55] heraus. Eine geschichtete Meritokratie ist eine hierarchische Organisationsform, welche bestimmte Autorität, Vertrauen und Respekt für Erfahrung und Erreichtes im Team konzentriert. Die Projektmitglieder in den höheren Schichten haben eine größere wahrgenommene Autorität als die in den niedrigeren Schichten. Aber diese Autorität funktioniert nur, solange jeder der Beteiligten mit ihrem Aufbau und ihrer Legitimität[56] übereinstimmt.

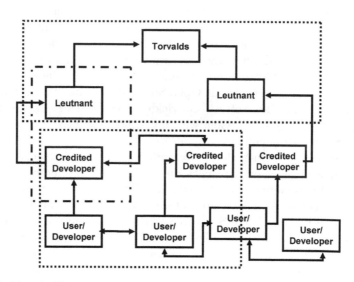

Abb. 11.8: Entscheidungssysteme bei Linux. Die lose gekoppelten Subsysteme entstehen zwischen den einzelnen Individuen. Die Meritokratie bestimmt die Stellung des Einzelnen

Die Softwaremaintenance in jeder Form ist an solchen Open-Source-Projekten permanent zu sehen:

- Tuning
- Reparatur

---

[53] nicht heavyweight, s. Abschn. 10.5

[54] In gewisser Weise ähnelt dies der Arbeitsweise der Baumeister der gotischen Kathedralen. Diese trafen sich vor dem Bau einer neuen Kathedrale und besprachen ihre Erfahrungen und Pläne miteinander.

[55] Meritocracy

[56] Bei Konflikten kann auch von Zeit zu Zeit eine Abspaltung in neue Open-Source-Projekte beobachtet werden.

- Restrukturierung
- Plattformmigration
- Internationalisierung
- Addition von Funktionalität
- Reduktion von Funktionalität

Diese Tätigkeiten machen, wie nicht anders zu erwarten war, einen der größten Anteile an allen Aktivitäten aus. Allerdings liegt bei den Open-Source-Projekten der Schwerpunkt auf der Reinvention. Die Reinvention wird durch das Teilen, die Modifikation und die Redistribution von Konzepten, Techniken und Lösungsmustern[57] projektübergreifend ausgelöst. Diese Reinvention führt zu einer kontinuierlichen Evolution des Sourcecodes eines Open-Source-Projekts.

Dass die Open-Source-Projekte Charakteristika eines Viable Systems Model (s. S. 303) zeigen, lässt sich an der Freigabe von Codeänderungen im Fall von Linux gut zeigen (s. Abb. 11.8). Bei Linux handelt es sich um ein Open-Source-Projekt, welches von Linus Torvalds 1991 initiiert wurde. Die einzelnen Sourcecodeentwicklungsteile sind lose gekoppelte Subsysteme, welche sich im Sinne eines Viable Systems Model als Homöostaten zeigen. Das soziale Netzwerk zeigt, auf Grund der intensiven Zusammenarbeit der Beteiligten, starke Bindungen, die sich allerdings im Laufe der Zeit durchaus wieder verändern können. Die mangelnde Direktkommunikation (s. Abb. 5.3) hat normalerweise starke Defizite im Sinne eines fehlenden Kontexts zur Folge. Bei Linux, und im Grunde auch bei allen Open-Source-Projekten, wird dieser mangelnde Kontext durch standardisierte Prozeduren wettgemacht.

Die noch ungeklärte Frage ist: Wann setzt die Schwelle ein, ab der ein fehlender Kontext durch standardisierte Prozeduren bis zu einem gewissen Grad wettgemacht werden kann? Ab diesem Zeitpunkt ist eine Direktkommunikation nicht mehr nötig.

11.7 Operative, analytische und direktive Softwaresysteme

Unter dem Begriff operative Systeme werden die traditionellen Softwaresysteme zur Bearbeitung von Geschäftsprozessen verstanden, so beispielsweise:

- Faktura
- Buchhaltung
- Lohnbuchhaltung
- Kundendatenbank
- Bestandsverzeichnis
- Auftragsverwaltung
- Produktionsplanung

---

[57] Auch Patterns genannt.

In ihrer Gesamtheit werden solche Systeme oft auch als Enterprise Systems bezeichnet (s. auch Abschn. 9.4). Diese Systeme haben eine sofortige Auswirkung auf den einzelnen Mitarbeiter, den Kunden oder auch den Vorgang innerhalb der Organisation. Die in diesen Systemen enthaltene operative Information ist „überlebenswichtig" für jede Organisation. Ohne diese Systeme wird die Organisation praktisch sofort handlungsunfähig.

Tab. 11.3: Operative und direktive Softwaresysteme

Operative Systeme	Direktive Systeme
Endbenutzer und Nutzung sind zum Zeitpunkt der Entwicklung bekannt.	Endbenutzer und Nutzung sind zum Teil am Anfang unbekannt.
Daten sind notwendig, um das tägliche Geschäft am Laufen zu halten. Die Information muss unabhängig von den Kosten zur Verfügung stehen.	Daten dienen zur Verbesserung des Geschäftsprozesses und der Qualität von Entscheidungen. Kosten und Nutzen werden verglichen.
Regelmäßige Nutzung	Spontane, ad hoc, Nutzung
Die Sammlung der Daten ist wohlgeplant und integraler Bestandteil des Systems.	Verschiedenste Quellen werden kombiniert.
Starke Korrelation zwischen der Sammlung und Nutzung der Daten	Die Daten werden anders genutzt als ursprünglich intendiert war.
Die Endbenutzer kennen die Bedeutung und die Qualität der Daten.	Die Metainformation über Bedeutung, Struktur und Qualität ist unverzichtbar.

Eine andere Form von quasi „operationalen" Softwaresystemen sind die analytischen Systeme. Die analytischen Systeme prozessieren die Daten aus den Geschäftsprozessen und verdichten sie entsprechend, um eine Planung und Steuerung zu ermöglichen. Die gelieferte Information kommt oft in Form von Statistiken. Anders als die operativen Daten müssen die analytischen Daten nicht unbedingt aktuell sein, dafür sollten sie aber stets einen statistisch relevanten Ausschnitt betrachten.[58]

Im Gegensatz zu den operativen und analytischen Systemen stehen die direktiven Systeme.[59] Direktive Information wird genutzt, um typische Managemententscheidungen zu treffen:

- Soll investiert werden?

---

[58] Dies ist manchmal gar nicht so einfach, wie die Technik der Abgrenzungsposten in der Buchhaltung zeigt. Diese werden genutzt, um längerfristige Aktivitäten eindeutig bestimmten Perioden zuzuordnen und damit eine Bilanz (Statistik) zu produzieren.

[59] Eine weitere, nicht disjunkte, Kategorie beinhaltet die „Office Systeme".

- Auf welche Produkte muss in der nächsten Kampagne der Fokus liegen?
- Wie hoch soll der Preis sein?

Die direktive Information wird auch zur Bewertung des Geschäftsprozesses eingesetzt. Typischerweise wird die direktive Information von einem analytischen System geliefert. Allerdings sollte beachtet werden, dass sich ein großer Teil[60] der Information für solche Managemententscheidungen nicht unbedingt in formalen Daten ausdrücken lässt. Obwohl die große Menge an gesammelten Daten durchaus zweifelhaft ist, wird stets nach einem Mehr an Daten verlangt. Manager müssen sich, nach ihrem eigenen Selbstverständnis und nach den kulturellen Erwartungen, rational verhalten. Dies beinhaltet:

- Entscheidungsalternativen formulieren
- Daten über diese Alternativen zu sammeln
- Alternativen bewerten
- optimale Alternative finden

Es wird erwartet, dass Entscheidungen rational sind, oder zumindest vorgeblich rational[61] gefällt werden.

11.8 Organisation und Software

Andere Formen der Alignmentfrage, wie das architektonische Alignment[62] konzentrieren sich sehr stark auf das operative Geschäft einer Organisation oder um in der Sprache des Viable Systems Models zu bleiben: auf die Verknüpfung zwischen S1 und U beziehungsweise auf die inneren Mechanismen von S1. Das Viable Systems Model hingegen beschreibt nicht so sehr, wie ein Geschäftsprozess abläuft, sondern befindet sich in gewisser Weise auf einer Metaebene, in der die Frage nach der Kontrolle und den Feedbacksystemen und ihrer Softwareunterstützung innerhalb der Organisation und an ihrer Schnittstelle zur Umgebung gestellt wird.

Die Frage, ob eine konkrete Organisation sich mit der von ihr eingesetzten Software in einem Alignment befindet und wie „gut" dies ist, lässt sich auch aus Sicht des Viable Systems Modells beantworten. Hierzu sind mehrere Schritte notwendig:

---

[60] Menschen glauben stets, mehr Informationen für ihre Entscheidungen zu nutzen als sie tatsächlich aktiv verwenden, mit der Folge, dass eine Entscheidung umso sicherer erscheint, je mehr Informationen bekannt sind, obwohl sie nur auf einer kleinen Teilmenge der Information beruht.

[61] Es gibt noch immer eine Diskussion darüber, ob Experten am Aktienmarkt mehr Gewinne durch ihre rationale Aktieneinkaufs- und Verkaufsstrategie auf einer breiten Datenbasis produzieren als eine Gruppe von Affen, die zufällig Aktien auswählen.

[62] s. Kap. 5

1 Identifikation der Systeme S1–S5 innerhalb der Organisation. Die Haupt-
arbeit hierbei ist die Identifikation der Abgrenzungen der einzelnen Teilsysteme. Bei größeren Organisationen können die Teilsysteme anhand einer funktionalen Zergliederung der Organisation meist recht gut identifiziert werden. Bei kleineren Organisationen ist dies nicht ganz einfach, da
es hier weder eine funktionale Zerlegung noch eine eindeutige personelle
Trennung der verschiedenen Systeme gibt. Bei kleinen Organisationen ist
es oft ein und dieselbe Person, welche sowohl System S5 als auch S3 und
S4 darstellt.

2 Bestimmung der Vielfältigkeit in jedem der Systeme $V(S_i)$ sowie der Umgebung U.

3 Berechnung der Verstärkung und Dämpfung der Vielfältigkeit, welche notwendig ist, damit Informationen von einem System in das nächste fließen
können, denn die Vielfältigkeit der einzelnen Systeme ist ja schon bekannt.
Tab. 11.1 zeigt alle vorhandenen Verknüpfungen auf.

4 Die Analyse und Zuordnung der Software, die in den einzelnen Systemen
genutzt wird.

5 Abgleich zwischen der Wirkung der Software auf die Vielfältigkeit im jeweiligen System, oder der Transfer von Vielfältigkeit zwischen den jeweiligen Systemen. In dieser Vorstellungswelt ist eine der Aufgaben der
Software, für die Dämpfung und die Verstärkung der Vielfältigkeit zu sorgen, wobei eines der beteiligten Systeme die Rolle des Kontrollsystems
wahrnimmt.

6 Vergleich der Modelle der jeweiligen Systeme mit der jeweiligen Software,
die als Kontrollsystem eingesetzt wird. Nach dem Ashby-Conant-Theorem
(s. Anhang A.4) muss das Kontrollsystem isomorph zu einem Modell des
kontrollierten Systems sein.

Folglich kann als erstes Kriterium bezüglich des Alignments die Überdeckung der Systeme S1–S5 betrachtet werden. Da es sich hierbei um mindestens
sechs Systeme handelt, da das System S1 in mehreren Instanzen vorhanden
sein kann, ist das einfachste, die Überdeckung binär zu zählen:

$$\eta_{\text{VSM}^{(1)}} = \frac{1}{N} \sum_{s \in S1\ldots S5} \delta(s, \text{Software}). \qquad (11.2)$$

Das Kroneckersymbol δ ist 0, außer das System s wird durch Software unterstützt. N stellt die Anzahl der Systeme dar:

$$N = \sum_j S_j^{(k)}.$$

Das zweite Maß ist ein Schnittstellenmaß in der Form:

$$\eta_{\text{VSM}^{(2)}} = \frac{1}{(N+1)^2} \sum_{r \in S1\ldots S5, U} \sum_{s \in S1\ldots S5, U} \delta(s, r, \text{Software}). \qquad (11.3)$$

Im Fall $\delta(s, s, \text{Software})$ entartet das Schnittstellenmaß und wird identisch zu $\eta_{\text{VSM}^{(1)}}$. Für den Fall, dass $s \neq r$, nimmt δ den Wert 0 an, wenn das entsprechende Matrixelement in Tab. 11.1 Null ist. Ansonsten nimmt δ den Wert 1 an, wenn zusätzlich noch Software existiert, welche die Schnittstelle unterstützt.

Der Softwareeinsatz bei den verschiedenen Systemen des Viable Systems Models ist durchaus unterschiedlich, in den meisten Fällen wird Software genutzt, um eine Dämpfung der Vielfältigkeit zu erreichen. Typischerweise fallen alle Reporting- und Statistiksoftwaresysteme in eine solche Kategorie, in der anderen Richtung, der Verstärkung der Vielfältigkeit, steht der menschliche Einsatz stärker im Vordergrund. Dies hat primär historische Gründe: Organisationen hatten schon immer eine Befehls- und Gehorsamskette, welche von „oben" nach „unten" reichte, während die Umkehrung in der Vergangenheit das große Problem[63] darstellte.

Der Einfachheit halber kann die eingesetzte Software jeweils, je nach Richtung, als Verstärker oder als Dämpfer betrachtet werden. Ein notwendiges Kriterium dafür, dass eine Software, welche zwischen dem System $\mathcal{R}$ und $\mathcal{T}$ (dem Kontrollsystem) steht, aus Sicht der Dämpfung der Vielfältigkeit gut ist, lautet:

$$V_{\text{System}}(\mathcal{R}) \gtrless V_{\text{Software}}(\Psi_{\text{Input}}) \tag{11.4}$$

$$= \log_2 \sum_{\text{Inputzustände}} 1 \tag{11.5}$$

$$\gg \log_2 \sum_{\text{Outputzustände}} 1 \tag{11.6}$$

$$= V_{\text{Software}}(\Psi_{\text{Output}}) \tag{11.7}$$

$$\gtrless V_{\text{System}}(\mathcal{T}). \tag{11.8}$$

Aus Sicht der Verstärkung der Vielfältigkeit kehrt sich Ungleichungssystem 11.4 – 11.8 um und wird zu:

$$V_{\text{System}}(\mathcal{T}) \gtrless V_{\text{Software}}(\Psi_{\text{Input}}) \tag{11.9}$$

$$= \log_2 \sum_{\text{Inputzustände}} 1 \tag{11.10}$$

$$\ll \log_2 \sum_{\text{Outputzustände}} 1 \tag{11.11}$$

---

[63] Generäle waren immer in der Lage, ihre Befehle zu erteilen und diese mit Hilfe von Meldern an einzelne Einheiten zu liefern und damit zu verstärken, aber bis zum Beginn der Telekommunikation wussten sie oft nur sehr wenig über Position und Kampfstärke der jeweiligen Einheiten. Eine Folge dieses fehlenden Informationsflusses ist das Chaos einer Schlacht (Borodino-Theorie, s. S. 200).

$$= V_{\text{Software}}(\Psi_{\text{Output}}) \qquad (11.12)$$

$$\lessgtr V_{\text{System}}(\mathcal{R}). \qquad (11.13)$$

In vielen Fällen handelt es sich dabei nicht um die gleiche Software; dann werden beide Softwareteile als ein gemeinsames logisches Softwaresystem verstanden.

Ein drittes Maß an Alignment ergibt sich aus dem zweiten Maß $\eta_{\text{VSM}^{(2)}}$ (s. Gl. 11.3), wenn die Fähigkeit zu Dämpfung und Verstärkung berücksichtigt wird:

$$\eta_{\text{VSM}^{(3)}} = \frac{1}{2(N+1)^2} \sum_{r \in S1\ldots S5, U} \sum_{s \in S1\ldots S5, U} \delta_{s \mapsto r}(\text{Software})$$

$$+ \frac{1}{2(N+1)^2} \sum_{r \in S1\ldots S5, U} \sum_{s \in S1\ldots S5, U} \delta_{r \mapsto s}(\text{Software}).$$

$$(11.14)$$

Der erste Term in Gl. 11.14 misst die Verstärkung und der zweite die Dämpfung. In der Gl. 11.14 nimmt δ den Wert 1 an, wenn die Software der notwendigen Bedingung (entweder Gl.11.4 und Gl. 11.8 oder dem zweiten Satz Gl.11.9 und Gl. 11.13) entspricht. Ansonsten gilt $\delta = 0$, aber auch $\delta_{s \mapsto s} = 0$.

Die so definierten Maße $\eta_{\text{VSM}^{(1)}}$ bis $\eta_{\text{VSM}^{(3)}}$, zeigen an, wie gut die Summe an eingesetzter Software die Organisation bei der Kontrolle und Steuerung unterstützt.

Zusätzlich zu diesen Maßen kann auch noch ein etwas traditionelleres Maß benutzt werden, ein Maß für die Übereinstimmung der Software und der Domäne. Das Ashby-Conant-Theorem besagt, dass das Kontrollsystem isomorph zu einem Modell des zu steuernden Systems sein muss, damit es als gut gilt. Folglich muss überprüft werden, wie isomorph die Software zum kontrollierten System ist. Bei selbstentwickelter Software entspricht dies dem Versuch zu messen, wie viele fachliche Objekte der zu steuernden Domäne in der Software repräsentiert sind, analog zur Informationsvollständigkeit beim architektonischen Alignment (s. S. 151)

$$Q_C(\mathcal{P}) = \frac{n_C^{(S)}(\mathcal{P})}{n_C^{(B)}(\mathcal{P})}.$$

Bei einer COTS-Software wird leider das Modell der COTS-Software oft nicht offengelegt und in den meisten Fällen ist das Domänenmodell nicht existent, so dass hier nur mit Schätzwerten für $Q_C(\mathcal{P})$ gearbeitet werden kann.

Damit eine Vergleichbarkeit zwischen dem, was Software kann, und dem, was Menschen können, hergestellt werden kann, sollte man das menschliche Gehirn als Computer annähern. Dieses hat eine Leistung von etwa 25 Watt[64],

---

[64] Etwa 1 Liter Blut fließt pro Minute durchs Gehirn und erwärmt sich dabei um 1/2 Grad, was in etwa 25 Watt entspricht.

eine Zykluszeit von 10Hz[65] und enthält 10^{10} Neuronen, was in etwa seiner Vielfältigkeit entspricht. Insofern kann das Gehirn eine sehr große Vielfältigkeit aufnehmen und verarbeiten, dies aber nur sehr langsam tun.

11.9 SOA

Der Softwareteil einer Organisation kann als eine Kollektion unabhängiger Services modelliert werden; dies ist eine der Prämissen hinter einer Service Oriented Architecture (s. Abschn. 4.11). Ein einfaches Modell hinter einer solchen SOA ist, jeder Komponenten ein Maß an Vielfältigkeit (s. Anhang A.3) zuzuordnen:

$$\nu_i = \log m_i, \tag{11.15}$$

mit der Folge, dass bei einer Anzahl N von völlig unabhängigen Komponenten das Gesamtsystem eine Vielfältigkeit V_G erhält:

$$V_G = \sum_i \nu_i \tag{11.16}$$

$$= N\overline{\nu}. \tag{11.17}$$

Die Gleichung 11.17 ergibt die mittlere Vielfältigkeit pro Komponente.

Unter der Annahme, dass sich in diesem System Gruppen von Komponenten bilden, welche dazu dienen, einen Geschäftsprozess abzuarbeiten (s. Anhang B), ergibt sich jeweils eine Vielfältigkeit V_D, wenn k-Komponenten zu einem Geschäftsprozess koordiniert werden:

$$V_D(k) = n(k)\overline{\nu}. \tag{11.18}$$

Diese Gleichung gilt nur unter der Maßgabe, dass alle Komponenten disjunkt sind. Im Fall einer Überlappung der Komponenten ergibt sich durch Berücksichtigung der Kombinatorik:

$$V_D(k) = \sum_{j=0}^{k} (-1)^{k-j+1} \binom{N-j}{k-j} Q(N-j)$$

mit

$$Q(N-j) = \sum_{\text{Subsets}} \dots \sum P(s_1 \dots s_N) \log_2 \sum_{\text{Subsets}} P(s_1 \dots s_N).$$

Die kleinste notwendige Zahl an Komponenten, die hierfür notwendig sind, ist somit:

$$N = \sum k n(k)$$

---

[65] Der so genannte Alpharhythmus, bei dem das Gehirn sich in Ruhe befindet, liegt bei etwa 10Hz.

und die Gesamtvielfältigkeit der minimalen Konfiguration ergibt sich zu:

$$V = \sum V_D(k).$$

Folglich zeigt sich auf der Ebene der Gesamtorganisation die Randbedingung für die Vielfältigkeit:

$$N\bar{\nu} = \sum k V_D(k). \tag{11.19}$$

Wenn die Zahl der Komponenten als Skala für Granularität begriffen wird[66], so zeigt Gl. 11.19 den Trade-Off zwischen der Vielfältigkeit in unterschiedlichen Granularitätsstufen auf. Die Erhöhung der Vielfältigkeit auf der einen Ebene muss kompensiert werden durch die Absenkung auf einer anderen, da die Summe (Gl. 11.19) konstant bleibt.

Die Zwangsbedingung (Gl. 11.19) impliziert nun ihrerseits eine besondere Form des „law of requisite variety" (s. S. 308), das „multiscale law of requisite variety":

> *Damit ein System erfolgreich sein kann, muss sein Koordinierungs-mechanismus abhängige und unabhängige Komponenten erlauben, so dass die günstigste Anzahl von Komponenten auf jeder Skalierungs-ebene erreicht wird.*

Welche Auswirkungen hat dies auf den Koordinierungsmechanismus der Services in einer SOA?

Wenn eine Komponente κ (sei es ein Mensch oder eine Software) auf der Ebene l einer hierarchischen Zerlegung angesiedelt ist und diese Komponente selbst wieder b Komponenten koordiniert, so muss für die Vielseitigkeit dieser Komponente gelten:

$$V(\kappa) = V\left(b^{l-1} + 1\right) \tag{11.20}$$

$$= \sum_{k=b^{l-1}+1}^{N} V_D(k) \tag{11.21}$$

$$\approx \bar{\nu} \sum_{k=b^{l-1}+1}^{N} 1, \tag{11.22}$$

oder anders formuliert: Die Vielfältigkeit, welche die Komponenten erzeugen, muss durch die Vielfältigkeit der Kontrollinstanzen abgedeckt sein.

11.10 Visualisierung

Neben der rein steuernden Tätigkeit einer Software innerhalb des Systems Organisation dient heute Software oft dazu, auch Daten oder Fakten darzustellen, sie zu visualisieren. Die Visualisierung ist insofern wichtig, da der

---

[66] Schließlich ist die Granularität einer Komponente willkürlich.

Mensch optische Informationen in größerer Geschwindigkeit und Bandbreite aufnehmen kann als mit seinen sonstigen Sinnen. Dies erklärt auch die heutige Dominanz der Visualisierungswerkzeuge und indirekt auch den Markterfolg graphischer Benutzeroberflächen wie beispielsweise Windows.

Solche Visualisierungswerkzeuge, gleichgültig von welchem COTS-Softwarehersteller sie produziert werden, folgen zwei Paradigmen:

- *Gute Daten sprechen für sich selbst* – Oder anders formuliert: Die Repräsentation und die Daten sind selbsterklärend.

- *Übersicht und Zoom bei Bedarf* – Dieses Paradigma steuert de facto alle heutigen Designvorschläge für Visualisierungswerkzeuge.

Die Folge dieses Denkschemas ist, dass alle heutigen Werkzeuge versuchen, erfasste Daten möglichst gut zu visualisieren. Die Konsequenzen dieses Designs sind offensichtlich. Faktisch alle Werkzeuge haben nur eine limitierte Menge an Repräsentationen, welche in aller Regel vorab bestimmt sind. Die Werkzeuge erlauben als Operationen meist nur einfache Verdichtungen, Filterungen oder primitive zweidimensionale Korrelationen auf vorhandenen Datenmengen.

Verdichtungen von großen Datenmengen und „fest verdrahtete" Auswertungsmöglichkeiten[67] führen zu informationszentrierten Organisationen, die große, möglichst genaue Datenmengen verarbeiten. Solche Vorgehensweisen werden in Ansätzen wie TQM[68] oder ISO-9000-Ansätzen, aber auch in Six Sigma[69] intensiv verfolgt. Ein solcher Ansatz, große und exakte Datenmengen mit vordefinierten Metriken, welche dann softwaretechnisch visualisiert werden, mag für Homöostaten vom Typ S1 durchaus sinnvoll sein. Die Homöostaten S2 sowie S3 und S3* nutzen dann die verdichteten Daten des Prozesses, beziehungsweise die Ergebnisse der jeweils implementierten Metrik[70], aber für die Homöostaten S4 und S5 sind diese Formen der Datenaufbereitung nicht adäquat. In der Praxis, die meist durch Chaos, Abweichungen, Veränderungen und Unvorhersagbarkeit bestimmt ist, mag dieser Grundsatz der reinen und perfekten Daten, welche es zu visualisieren gilt, auch für die Homöostaten S1, S2, S3 und S3* zweifelhaft erscheinen.[71,72]

Alle Organisationen existieren in einer Umgebung, die sich permanent verändert, welche von Unsicherheit auch bezüglich der Daten geprägt ist. Je mehr realisiert wird, dass Organisationen keine mechanistischen Systeme sind, sondern komplexe Systeme, welche sich permanent reproduzieren und auf Druck von außen reorganisieren, desto wichtiger ist es, den Homöostaten

---

[67] Die Kontenpläne in der Finanzbuchhaltung sind ein Beispiel für vorab bestimmte Verdichtungen innerhalb von vorgefertigten Strukturen.

[68] Total Quality Management

[69] Eine Erweiterung des TQM-Gedankens. Das σ steht für die Standardabweichung in einer Gaußschen Normalverteilung. 6σ entsprechen einer Präzision von 99,99966%.

[70] s. Anhang C

[71] s. Fußnote S. 200

[72] s. S. 27–28

S4 und S5 Verknüpfungen zwischen Ursache und Wirkung und Informationen über Vielfältigkeit und Abweichungen zu liefern. Alle heutigen Softwaresysteme haben für die Homöostate S4 und S5 zwei prinzipielle Lücken:

- Konfidenzlücke – Die Konfidenzlücke ist der Unterschied zwischen der Wahrnehmung der Relationen und der Fähigkeit, diese zu erklären und ihre Nützlichkeit für den Kontext festzustellen. Visualisierungswerkzeuge können oft Beziehungen darstellen, sie können aber nicht die Güte und die Nützlichkeit dieser Beziehung vermitteln; so ist beispielsweise der Vergleich zweier Mittelwerte völlig unsinnig, wenn die jeweiligen Grundmengen nicht bekannt sind. Ein anderes Beispiel sind die typischen Datawarehousereports, welche eine große Menge von statistischen Zahlen produzieren, in der Hoffnung, dass der Endbenutzer darunter schon die richtige finden wird.

- Tellerrandlücke – Die meisten Werkzeuge sind auf die inneren Abläufe der Organisation ausgerichtet, von daher ist es oft zweifelhaft, ob das, was dargestellt wird, auch das richtige ist. Die Homöostaten S4 und S5 müssen die Umgebung der Organisation erfassen, folglich stellt sich hier die Frage: Was muss eigentlich visualisiert werden, damit eine Entscheidung möglichst gut gefällt werden kann? Da die Umgebung eine wichtige Rolle spielt, reichen interne Metriken und Strukturen nicht aus.

Erfolgreiche Softwarewerkzeuge für die Homöostaten S4 und S5 (aber, vermutlich in gewissen Bereichen, auch für alle anderen Homöostaten) müssen neben ihren heutigen „schönen" Darstellungen noch eine Reihe von Eigenschaften besitzen, um wirklich nutzbringend zu wirken:

- Unsicherheiten aufzeigen – Die der Datenmenge zugrunde liegende Unsicherheit und die Auswirkung dieser Unsicherheit muss aufgezeigt werden.
- Beziehungen konkretisieren – Hier stellt sich die Frage: Ist die Beziehung statistisch signifikant? Und wenn sie signifikant ist, ist sie eine unerklärliche Korrelation oder eine Kausalität?
- Ursache und Wirkung identifizieren – Kann ein Modell und ein Wirkungsmechanismus gefunden werden?
- Bestimmung der Domängrößen – Welche Größen sind wirklich in der Domäne wichtig und wie lassen sie sich in den akkumulierten Daten wiederfinden?
- Multivariate Ausdrücke – In der Realität wirken viele Parameter (mehr als 2) auf ein Ergebnis. Diese Abhängigkeiten in den Griff zu bekommen und zu beeinflussen ist eine der Aufgaben der Steuerung.
- Hypothesen überprüfen – Strategien beruhen immer auf Hypothesen. Solche Hypothesen anhand vorhandener Daten der Organisation und ihrer Umgebung zu falsifizieren oder mehr Zutrauen in die Hypothesen zu erhalten, muss eine vordringliche Aufgabe von modernen Softwaresystemen sein.

Alignmentevolution

Laufe nicht der Vergangenheit nach.
Verliere dich nicht in der Zukunft.
Die Vergangenheit ist nicht mehr.
Die Zukunft ist noch nicht gekommen.
Das Leben, wie es hier und jetzt ist,
eingehend betrachtend weilt der Übende in Festigkeit
und Freiheit.
Es gilt, uns heute zu bemühen.
Morgen ist es schon zu spät.
Der Tod kommt unerwartet.
Wie können wir mit ihm handeln?
Der Weise nennt jemanden, der es versteht,
Tag und Nacht in Achtsamkeit zu weilen,
jemanden, der den besseren Weg kennt, allein zu leben.

Buddha
560 – 480 v. Chr.

Wie schon vorher erwähnt, ist Alignment nichts Statisches, nichts, was – wenn es einmal erreicht wurde – ewig so bleibt. Alignment ist nie permanent und unterliegt einer stetigen Evolution und in manchen Fällen auch Revolution. Das temporale Alignment[1] geht davon aus, dass die Domäne sich langsam verändert und dass diese Veränderung der Auslöser für eine nachfolgende Veränderung der Software ist, um das vorher bestehende Alignment erhalten zu können.

Aus der Theorie der Evolutionsräume[2] und der Co-Evolution folgt, dass die Entwicklung des Alignments nur bei gleichzeitiger Betrachtung mehrerer Evolutionsräume ein vollständiges Bild ergibt.

12.1 Strategisches Alignment

Eine der größten Schwierigkeiten des strategischen Alignments ist, dass es eingefahrene Wege reproduziert. Wenn ein Alignment zwischen den unterschiedlichen Strategien durch die Planung erreicht wurde, so ist die Hürde,

---

[1] s. Kap. 10
[2] s. Abschn. 8.4

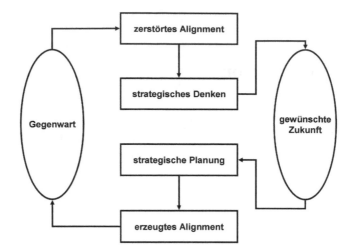

Abb. 12.1: Zerstörung und Schaffung von Alignment im strategischen Denk- und Planungsprozess

eine neue Strategie zu finden, sehr hoch, da das „gute Alignment" dies idealerweise versucht zu verhindern. Folglich muss erst das Alignment zerstört, oder zumindest stark gestört werden, bevor ein neuer Prozess des strategischen Denkens wieder einsetzen kann (s. Abb. 12.1).

In gewisser Weise ist die Entwicklung einer Strategie auch die Umsetzung eines erlernten Lösungsmusters; beim Entwurf der Strategie wird auf die eigene Erfahrungswelt zurückgegriffen, um a priori bestimmte Lösungswege auszuschließen oder zu bevorzugen[3]. Eine aus der Erfahrung entstehende Strategie ist eine Extrapolation der eigenen Vergangenheit. Solange sich die Organisation in einer stabilen oder zumindest sehr langsam veränderlichen Umgebung befindet, funktioniert dieses Lösungsmuster sehr gut.[4] Problematisch wird es in einer disruptiven Umgebung. In einer solchen ändern sich nicht einzelne „Parameter" der Umgebung kontinuierlich, sondern drastisch. Oder anders formuliert: Alte „Spielregeln" werden obsolet und durch neue, zum Teil unbekannte, ersetzt, mit der Folge, dass tradierte Maßnahmen wie Optimierung und Effizienzsteigerung (s. Anhang D) nur sehr wenig Effekt zeigen. Bestes Beispiel in dieser Hinsicht: *Encyclopedia Britannica*. Dieses Unternehmen gab die angesehenste und vollständigste Enzyklopädie weltweit heraus und besaß den erfolgreichsten Direktvertrieb[5], leider wurde dieses über zweihun-

---

[3] Insofern basieren Strategien auf persönlichen Vorurteilen.

[4] Noch im 19. Jahrhundert veränderte sich die technologische Umgebung so langsam, dass das während der Jugend erlernte Wissen praktisch für das ganze Leben ausreichte.

[5] Vorbild für viele „Drückerkolonnen".

dertjährige Erfolgsunternehmen durch die Einführung der CD-ROM binnen fünf Jahren in den Ruin getrieben. Alle erlernten Mechanismen – Rabattierungen, Incentives und Partnerschaften – nützten nichts, da sich die grundlegende Art und Weise des Informationszugangs[6] verändert hatte.

In einer disruptiven Umgebung ist nicht die Erfahrung ausschlaggebend, sie führt nicht zu neuen Strategien, sondern die analytische Entwicklung anderer Strategien. Aber so einfach, wie es oft in Publikationen behauptet wird, ist eine Umsetzung oder eine Änderung einer Strategie nicht. Der Mensch als Individuum und als Mitglied einer sozialen Gemeinschaft ist nur bedingt rational.[7] Viele Entscheidungen und Bedürfnisse sind zutiefst irrational[8], müssen aber in einer erfolgreichen Strategie berücksichtigt werden. Trotz dieser Limitierung haben rationale Ideen ihre Bedeutung, da wir Informationslücken mit unserer eigenen Realität füllen, so dass das Ganze wieder einen Sinn[9] für uns ergibt. Insofern kann die Idee der Reinterpretation der Software, um daraus eine neue Realität zu schaffen, sehr erfolgreich sein (s. Abschn. 10.1).

12.2 Kognitives Alignment

Ein besonderes Problem in der Evolution stellt das kognitive Alignment in einer disruptiven Umgebung oder in einem sich entwickelnden Netzwerk dar. In einer disruptiven Umgebung kommt es zu einer großen Differenz zwischen den kognitiven Karten des einzelnen Mitarbeiters und seiner Wahrnehmung der Phänomene in seiner Umgebung. Eine solche disruptive Umgebung wirkt stressinduzierend auf den Einzelnen, da er permanent gezwungen ist, seine kognitiven Karten stark anzupassen. Eine Möglichkeit, den Stress zu reduzieren, ist die Transformation der Interpretation auf eine Ebene größerer Abstraktion vorzunehmen, da auf einer abstrakteren Ebene die disruptiven Phänomene weniger merklich sind.

Der Kontakt zu einem Netzwerk stellt für den Einzelnen eine zusätzliche Herausforderung dar; der Einzelne muss ein mentales Bild des Netzwerkes für sich entwickeln. Diese mentalen Bilder des Netzwerkes sind für jeden der

---

[6] Ein anderes, neueres Beispiel ist die Einführung des MP3-Datenstandards für akustische Signalaufzeichnungen. Der MP3-Standard zusammen mit den Peer-2-Peer-Systemen wie Napster, Gnutella, Kazaa und Bittorrent sind zurzeit dabei, die Mechanismen der Musikindustrie radikal zu verändern.

[7] Bounded Rationality

[8] Diese Irrationalität zeigt sich deutlich in alltäglichen Phänomenen wie Horoskope oder im Lottospielen, aber leider auch in der Diskriminierung von Personen auf Grund von Geschlecht, Herkunft, Rasse oder Religion. Xenophobie ist primär irrational.

[9] *Science is a necessary fiction to keep us from getting insane...*

Thoughts Disappearing through the Skylight
Douglas R. Hofstadter

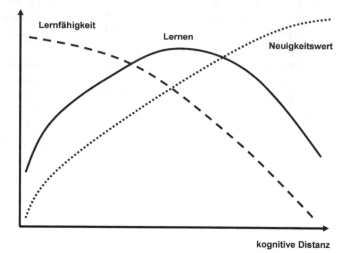

Abb. 12.2: Lernen als Funktion der kognitiven Distanz

Beteiligten im Netzwerk unterschiedlich. Mehr noch, diverse Sichten des Netzwerks sind für jeden notwendig, da eine einzelne Repräsentation nie das volle Spektrum abbilden kann. So ist, neben einem Modell von Hierarchien und Abhängigkeit, ein Modell bezüglich der Fähigkeiten, der Ressourcen, der Reaktionszeiten und so weiter notwendig. Diese diversen Modelle des Netzwerks müssen zu einer einzigen kognitiven Karte verarbeitet werden, da der Einzelne in bestimmten Kontexten das resultierende virtuelle Enterprise als eine singuläre Entität wahrnehmen können muss.

Disruptive Umgebungen wie auch neue Netzwerke haben eins gemeinsam: Sie stellen immer einen neuen Kontext dar. Neue Kontexte führen dazu, dass nicht nur aus einem Repertoire von bestehenden Bedeutungen (dem Erlernten) welche ausgesucht werden, sondern dass sich zusätzliche Bedeutungen (Innovation) in diesem neuen Kontext entwickeln lassen. Dieses Phänomen wird noch stärker dadurch akzentuiert, dass weder in der disruptiven Umgebung noch innerhalb eines neuen Netzwerks das Ex-ante-Design von Regelwerken[10] wirklich gut funktioniert. Die Ex-ante-Regelwerke sind selten vollständig und verhindern sehr oft die Entwicklung, da sie die Autonomie des Einzelnen einschränken. Folglich wird versucht, die kognitive Distanz der Beteiligten zu minimieren. Die einfache Schlussfolgerung, die kognitive Distanz zu minimieren, ist langfristig gesehen kontraproduktiv, da ein hohes Alignment zu dem Verlust des Neuigkeitswerts[11] führt. Der Neuigkeitswert ist jedoch wichtig,

---

[10] Regelwerke sind für jede Form des menschlichen Zusammenlebens notwendig, insofern konzentrieren sich Führungskräfte stark auf Regelwerke. Typische Beispiele für Teile von Managementregelwerken sind die Wahl und Höhe von Incentives.
[11] Novelty Value.

da sonst kein Lernen und kein Know-how-Transfer stattfindet (s. Abb. 12.2). Mit geringerer kognitiver Distanz steigt die Lernfähigkeit an, da bestehende Bedeutungen nur minimal abgeändert werden müssen. Allerdings ist bei geringer kognitiver Distanz das „Incentive", der Neuigkeitswert, sehr gering, was wiederum das Lernen erschwert. Bei einer großen kognitiven Distanz ist der Neuigkeitswert zwar hoch, aber die große Distanz macht das Lernen sehr schwer. Daher existiert eine optimale kognitive Distanz (Maximum der Lernkurve), welche ideal ist. Das Ziel muss es folglich sein, nicht das Alignment zu stark zu erhöhen, sondern immer eine gewisse Distanz zu haben. Diese Distanz kann durch Entwicklungen auf den jeweiligen Gebieten sichergestellt werden.

Aber noch etwas anderes muss auf dem Gebiet des kognitiven Alignments geschehen: Es müssen mehr „Boundary Objects" genutzt werden! In Zukunft wird die individuelle Kreativität innerhalb des Softwareentwicklungsprozesses immer weniger wichtig werden.[12,13] In Zukunft (s. Tab. 1.1) wird die Kreativität interagierender Gruppen immer wichtiger werden, da diese Gruppen sich durch den Entwicklungsprozess ihre eigene Realität schaffen, beziehungsweise nach Conway's Law ihre Organisationsstruktur in Software abbilden. Diese Gruppen können durchaus sehr unterschiedlich sein und eine große kognitive Distanz bilden. Boundary Objects, welche zu jeweils zwei der kognitiven Domänen gehören, sind ideale Kandidaten, da sie von beiden Gruppen simultan wahrgenommen und diskutiert werden können. Gleichzeitig bleibt jedoch die Distanz genügend hoch, so dass der Neuigkeitswert noch sichergestellt ist. Heutige Beispiele für Boundary Objects sind:

• Prototypen
• Simulationen
• Externalisierungen

Je konkreter die Objekte sind, desto einfacher lässt sich die kognitive Distanz überwinden.

12.3 Soziotechnische Systeme

Heutige soziotechnische Systeme werden stets softwarezentrisch gebaut, das heißt, in allen Organisationen steht die Software im Vordergrund und der Mensch ist sekundär. Aus Sicht der Vielfältigkeit (Variety) bedeutet dies, dass der Mensch, welcher ein hohes Maß an Vielfältigkeit verarbeiten kann, über ein Medium kommuniziert, welches nur ein geringes Maß an Vielfältigkeit erlaubt (s. Abb. 12.3). Die heutigen Softwaresysteme aber haben für einen Menschen

---

[12] EXtreme Programming mit seiner starken Betonung des Teamergebnisses, der Teamtätigkeit und des Pairprogrammings sind die ersten Schritte in diese Richtung.

[13] Die Entindividualisierung der Softwareentwicklung ist ein Schritt von der Handwerker- und Künstlertätigkeit zur industriellen Fertigung.

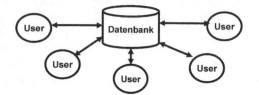

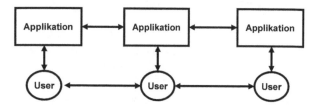

Abb. 12.3: Heutige Entwürfe für soziotechnische Systeme

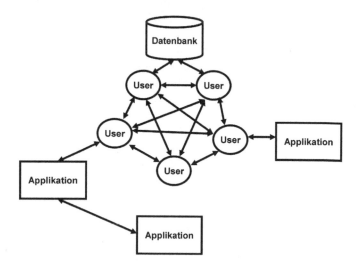

Abb. 12.4: Systemtheoretischer Entwurf für soziotechnische Systeme

eigentlich eine viel zu geringe Bandbreite, als dass eine Kommunikation sinnvoll ist. Das volle Potential kann erst ausgeschöpft werden, wenn der Mensch direkt mit anderen Menschen kommuniziert (s. Abb. 5.3 und Abb. 12.4). Ein solcher menschenzentrierter Entwurf ermöglicht es, das Vielfältigkeitspotential des Menschen optimal zu nutzen, und degradiert den Menschen nicht zu einem „Rädchen" einer komplexen Maschine.

Die heutige Realität zeigt, dass speziell bei der COTS-Software die Endbenutzer die eingesetzte Software oft in einer nicht vorhergesehenen Art und Weise benutzen und damit ihre eigenen Systeme schaffen. Die klassischen Vorgehensmodelle der Softwareentwicklung, wie das Wasserfallmodell oder der Rational Unified Process (s. Kap. 10), ignorieren genau diese Vorgehensweise, da in den traditionellen Methodiken das betrachtete System als geschlossen angesehen wird und „nur" eine Optimierung innerhalb dieses geschlossenen Systems vorgenommen wird.

Im Gegensatz dazu führt die Bricolage (s. Abschn. 10.1) zu einer größeren Vielfältigkeit von Subsystemen, bis hin zu erhöhter Teilredundanz in den Subsystemen. Dieses Vorgehen ermöglicht es, einen großen Teil der Vielfältigkeit der Umgebung aufzufangen und das System als Ganzes lebensfähig zu erhalten. Folglich können Mehrfachimplementierungen derselben Funktionalität, im Sinne der Überlebensfähigkeit, durchaus sinnvoll sein.

Besonders schwierig ist es, soziotechnische Systeme zu planen, wenn es um die Einführung neuer Technologien geht. Die jüngere Geschichte ist voll von Beispielen, wie Technik sich anders entwickelt hat als man ursprünglich dachte:

- Gewohnheitsveränderung – Die Einführung der Fernsteuerung für Fernseher hat zu einem geänderten Nutzerverhalten und dies wiederum zu einem geänderten Inhalt für Fernsehsender geführt.
- Innovative Nutzung – SMS-Nachrichten werden heute zur Koordinierung in Mobs und spontanen Demonstrationen genutzt.

Die erfolgreichste Methode zur Veränderung soziotechnischer Systeme ist die Implementierung eines permanenten evolutionären Prozesses, analog der biologischen Evolution. Das Konzept hinter einem solchen Prozess ist es, eine Entwicklungsumgebung zu kreieren, welche es erlaubt, kreative Veränderungen und Innovationen vorzunehmen. Wenn es gestattet ist, einzelne Teile des soziotechnischen Systems – sei es Software, Hardware, Abläufe oder auch Menschen – zu verändern, so fällt ein wichtiges Hemmnis weg: die eigene geistige Zensur.

Die Veränderungen in den einzelnen Teilen des Systems geschehen über die Einführung alternativer „Komponenten" (Software, Ausrüstungsgegenstände, Training, Outsourcing, Insourcing und so weiter). Alle diese Veränderungen sind Teil des Systems, sie werden nicht als extrinsisch, sondern als intrinsisch gesehen. Auf der Ebene der einzelnen Komponenten können wiederum die „klassischen" Mechanismen (s. Kap. 10) der Softwareentwicklung genutzt werden, allerdings ist jetzt hier der Fokus darauf, nur kleine Teile des Systems zu verändern, nie das System als Ganzes. Dieses Verfahren des inkrementellen Ersatzes einzelner Teile erzeugt Veränderungen immer nur in einem Teil des Gesamtsystems, auch wenn die gleiche Komponente mehrfach im Einsatz ist. Die Veränderungen finden immer nur an einer konkreten Instanz statt. Viele kleine Teams in der gesamten Organisation führen solche Veränderungen mehr oder minder simultan durch. Dies ist das genaue Gegenteil der Standardisie-

rung: die explizite Einführung von Vielfältigkeit.[14] Ein weitergehender Ersatz
der einzelnen Komponente geschieht durch bewusste Selektion einer erfolgreichen kleinen Veränderung. Die Folge dieses Vorgehens ist es, eine erhöhte
Redundanz und Parallelität zu erzeugen, genau dass, was man in der Vergangenheit stets zu vermeiden suchte.

---

[14] Standardisierung ist der Versuch, Vielfältigkeit zu reduzieren.

Anhang

A

Systemtheorie

Ein System ist immer ein funktionales Ganzes. Dies bedeutet, dass jedes System ein reales Geflecht von wechselseitig abhängigen dynamischen Elementen[1] beziehungsweise von untereinander in Wechselwirkung stehenden dynamischen Komponenten[2] sowie eine Abgrenzung nach außen darstellt. Was ein System ist, bleibt der Wahl des Beobachters und des Betrachtungsgegenstandes überlassen: Der jeweilige Beobachter definiert das System und seine Grenzen, insofern ist die Systembildung auch immer eine Modellbildung. Die Wahl des Systems wird durch das Ziel, welches durch das System zu erreichen ist, immer beeinflusst. Oder anders formuliert: Die Grenzen zwischen dem System und seiner Umgebung sowie die Attribute des Systems sind Artefakte der Modellbildung und sollten stets kritisch überprüft werden.

Einen Grundsatz aber haben alle Systeme: Das systemholistische Prinzip. Es besagt, dass das System als Ganzes arbeitet und sich nicht aus der Summe der Kenntnisse über jedes einzelne Teil ableiten lässt. Eine weitere Eigenschaft ist die Differenzierung: Jedes Teil hat eine spezifische Funktionalität[3] und das Gesamtsystem zeigt eine Form der Synergie[4],[5]:
Das Ganze ist mehr als die Summe der Teile.

---

[1] Entitäten genannt.

[2] Relationen genannt.

[3] Innerhalb der Biologie wird beispielsweise ein enger Platz in einem Ökosystem wahrgenommen.

[4] Lange Zeit war es Mode, über Synergie in komplexen Systemen zu reden, so zum Beispiel der Slogan: „Synergie at work ... ". Die inflationäre Benutzung des Begriffs Synergie durch Marketing und Werbung machte ihn jedoch schnell zu einer leeren Worthülse und damit zu einem „Unwort".

[5] Ein anderes Beispiel zeigt die Mikrobiologie: Menschen haben beinahe dieselbe Anzahl von Genen wie Mäuse und ihr Genmaterial stimmt zu 98% mit dem von Affen überein, trotzdem sind wird deutlich anders als Mäuse und Affen. Auch die Zahl der eingesetzten Teile spielt nur eine untergeordnete Rolle: Reis hat doppelt soviel Gene wie der Mensch.

Aristoteles

Eine weitere Eigenschaft von Systemen zeigt sich, wenn unterschiedliche Beobachter in Betracht gezogen werden: das Komplementärgesetz[6]. Verschiedene Perspektiven auf dasselbe System sind weder völlig unabhängig voneinander noch völlig identisch. Zusammengenommen jedoch zeigen sie mehr Eigenschaften des Systems auf als jede Perspektive dies alleine kann, oder anders formuliert: Jeder Beobachter nimmt unterschiedliche Aspekte wahr. Diese unterschiedliche Wahrnehmung der verschiedenen Beobachter ist einer der Gründe dafür, dass wir „reale" Systeme als kompliziert und chaotisch empfinden.

Das Dilemma im Umgang mit Komplexität[7] und Chaos lässt sich darauf zurückführen, dass wir darin geschult wurden, einfache logische Schlüsse zu ziehen sowie einfache und naheliegende Ursache-Wirkungs-Beziehungen dinglicher Vorgänge zu definieren. Von den vernetzten Zusammenhängen in unserer realen Welt hingegen haben wir im Rahmen der Ausbildung selten erfahren. Deshalb schrecken wir vor Komplexität und Chaos zurück und konzentrieren uns lieber auf Detailfragen. Die Eigenschaften von Teilen eines „Systems", zum Beispiel, sind aber keine dinglichen Detaileigenschaften, sondern sie lassen sich nur im Kontext des jeweiligen Ganzen verstehen, weshalb sich das heute allgemein geforderte „Systemdenken" nicht auf Bausteine und Strukturen konzentriert, sondern auf Prinzipien und Muster. Das Systemdenken ist stets gesamtkontextbezogen, und das ist das Gegenteil von analytischem Denken. Für die abendländischen Naturwissenschaften bedeutete deshalb die Feststellung, dass die Systeme durch ihre gewohnte lineare Kausalitätsanalyse nicht verstanden werden können, einen gewissen Schock.

Die Systemtheorie wird eingesetzt, um komplexe Systeme verstehen zu können. In ihren Grundzügen ist sie eine disziplinübergreifende Wissenschaft, welche versucht, die abstrakte Anordnung von Phänomenen[8] unabhängig von ihrer Substanz, Typ, räumlicher oder zeitlicher Ausdehnung der Existenz des jeweiligen Phänomens zu beschreiben. Die Systemtheorie versucht, die gemeinsamen Prinzipien aller komplexen Systeme zu entdecken und diese mathematisch zu formulieren.

Die Entstehung einer ersten „allgemeinen Systemtheorie" ist eng mit dem Namen *Ludwig von Bertalanffy* verbunden. Mit ihrer Hilfe soll, seit nunmehr einem halben Jahrhundert, versucht werden, die sich immer weiter auseinander entwickelnden wissenschaftlichen Disziplinen in Form einer übergreifenden Metatheorie wieder zusammenzuführen. Die allgemeine Systemtheorie unterstellt, dass sich die Eigenschaften, Zustände und Verhaltensweisen un-

---

[6] Complementary Law

[7] In Bezug auf Systeme kann man vereinfachend formulieren: Die Komplexität eines Systems ist die Menge an Information, die notwendig ist, um das System eindeutig zu beschreiben.

[8] Ein Phänomen ist in diesem Sinne etwas, was der Beobachtung direkt zugänglich ist.

terschiedlicher realer Systeme durch allgemein gültige Systemgesetze erklären lassen. Eine entsprechende Terminologie soll die interdisziplinäre Verständigung vereinfachen sowie eine exakte mathematische Formulierung der Systemgesetze, eine Prognose zukünftiger Ereignisse, erlauben. Beides hat die allgemeine Systemtheorie wegen einer zunehmenden Zersplitterung der Systemwissenschaften bislang nicht erreichen können.

Einer direkt beobachtbaren (phänomenologischen) Welt kann man sich auf zwei Arten nähern:

- analytisch
- systemisch

Beide Ansätze sind nicht unbedingt gegensätzlich zueinander, sondern eher komplementär. Der analytische Ansatz versucht, das gegebene System in seine einzelnen Bestandteile zu zerlegen, diese zu isolieren und zu verstehen. Neben den einzelnen, quasi atomaren, Bestandteilen werden bei der analytischen Vorgehensweise auch die direkten Beziehungen der einzelnen Bestandteile untersucht. Durch die Veränderung jeweils eines Parameters zu einem Zeitpunkt wird eine Prognose des Gesamtsystems angestrebt. Ein einfaches Beispiel für die analytische Vorgehensweise ist die kinetische Gastheorie. Wenn die Eigenschaften von Molekülen bekannt sind, diese nur schwach miteinander wechselwirken und die Moleküle in sehr großer Zahl in einem Gas vorkommen, so lassen sich die Gesetze der Statistik auf das Gas anwenden und das Gas lässt sich so beschreiben. Wenn jedoch die Wechselwirkung zwischen den Bestandteilen groß ist, so kann diese überwiegen und völlig neue Charakteristika, jenseits der Eigenschaften der einzelnen Moleküle, produzieren, so beispielsweise bei Flüssigkeiten oder Festkörpern. Hier ist nicht mehr das einzelne Molekül entscheidend, sondern nur noch das gemeinsame, systemisches Verhalten einer großen Zahl von Molekülen.

A.1 Subsysteme

Wie schon eingangs erwähnt, besteht jedes System aus zwei grundlegenden Teilen:

- Elementen
- Relationen

Einige dieser Elemente oder Entitäten können ihrerseits wiederum eigenständige Systeme sein. Ein Subsystem ist ein identifizierbares und abgrenzbares Element eines Systems, welches seinerseits durch wechselwirkende Elemente aufgebaut ist und somit auch ein System bildet. Die Relation zwischen Subsystemen wird als Schnittstelle oder Interface bezeichnet. Die Terminologie von Systemen überträgt sich nahtlos auf die Subsysteme.

Die Bildung von Subsystemen ist der Versuch, innerhalb eines Systems auf sehr hoher Ebene analytisch vorzugehen, damit auf dieser abstrakten Ebene ein systemisches Denken überhaupt möglich ist. Faktisch sind alle unsere heutigen Geräte, vom Auto bis zum PC, aus Subsystemen aufgebaut.

Das Problem, ein sinnvolles Subsystem durch die im System vorhandenen Untermengen an Elementen zu definieren, wird durch die Subjektivität[9] des Beobachters verschärft. Neben der Tatsache, dass systemische Eigenschaften keinen Absolutheitsanspruch haben, zeigen sich bei der Zerlegung in Subsysteme die unterschiedlichen Sichten der Beteiligten besonders stark. Von daher ist es günstiger, sich mehrere Zerlegungen nacheinander zu betrachten und anhand von Auswirkungen das Zerlegungsmodell zu wählen, welches dem Kontext am besten entspricht.

A.2 Deterministische Systeme

Der einfachste Fall eines Systems ist ein deterministisches System. Ein deterministisches System entwickelt sich nach einem festen Satz von Regeln im Laufe der Zeit. Für das deterministische System reicht es aus, den Anfangszustand $\psi(t_0)$ und den Satz an Entwicklungsregeln $\mathcal{A}_R$ zu kennen, denn der Zustand zu einem späteren Zeitpunkt ergibt sich aus:

$$\begin{aligned}
\psi(t) &= \psi(t_0 + \Delta t) \\
&= \mathcal{A}_R\left(\psi(t_0 + \Delta t - \epsilon)\right) \\
&= \mathcal{A}_R\left(\mathcal{A}_R\left(\mathcal{A}_R\left(\ldots \psi(t_0)\ldots\right)\right)\right).
\end{aligned}$$

Die Dimension des deterministischen Systems ist durch die minimale Anzahl an Variablen gegeben, die das System eindeutig beschreiben; diese Variablen werden auch Zustandsvariablen genannt. Jeder Zustand des Systems ψ ist durch eine eindeutige Kombination dieser Variablen bestimmt:

$$\psi = \begin{pmatrix} \phi_1 \\ \phi_2 \\ \ldots \\ \phi_{n-1} \\ \phi_n \end{pmatrix}$$

Die Evolutionsregeln $\mathcal{A}_R$ geben nun an, wie sich die Variablen im Rahmen der Zeit und abhängig von den anderen Variablen verändern.

Zwar sind deterministische Systeme sehr hilfreich, ihre Anwendung auf wirkliche Systeme jedoch sehr fragwürdig:

- Es ist in aller Regel bei einem echten System nicht möglich, den Ausgangszustand vollständig zu beschreiben.[10] Jedes Modell ist eine begrenzte Beschreibung und von daher schon inhärent limitiert.

---

[9] Komplementärgesetz

[10] Metereologen können nicht sagen, welcher Wetterzustand auf der gesamten Erde zu einem gegebenen Zeitpunkt herrscht.

- Die Regeln müssen keinem Determinismus folgen. Jeder Determinismus ist eine Idealisierung. Die Wirklichkeit besteht aus Zufällen, sich ändernden Regeln und jeder Menge von stochastischen Prozessen.
- In der realen Welt gibt es Entropie, welche streng monoton steigt. Deterministische Systeme sind, zumindest theoretisch, reversibel, was die Entropie konstant lassen würde.

Ein deterministisches System kann auch relativ schwer zu verstehen sein; solche Systeme werden dann als komplizierte Systeme[11] bezeichnet. Trotz ihrer scheinbaren Mächtigkeit lassen sich alle komplizierten System aus ihren Bestandteilen eindeutig vorhersagen. Die Theorie komplexer Systeme ist jedoch so mächtig, dass es einfacher ist, den Determinismus komplizierter Systeme ausser Acht zu lassen und sie wie komplexe Systeme zu behandeln. Im Sprachgebrauch zeigen die komplizierten Systeme dann auch Eigenschaften wie Emergenz. Oft werden die systemischen Beschreibungen solcher komplizierten Systeme auch als schwache Emergenz bezeichnet. Komplizierte Systeme lassen sich zwar prinzipiell durch ihre Einzelteile vollständig deterministisch beschreiben, es ist jedoch oft sehr viel praktikabler, sie durch makroskopische Attribute zu charakterisieren.

A.3 Komplexe Systeme

As simple ideas are observed to exist in several combinations united together, so the mind has a power to consider several of them united together as one idea; and that not only as they are united in external objects, but as itself has joined them together. Ideas thus made up of several simple ones put together, I call complex;- such as are beauty, gratitude, a man, an army, the universe; which, though complicated of various simple ideas, or complex ideas made up of simple ones, yet are, when the mind pleases, considered each by itself, as one entire thing, and signified by one name.

An Essay Concerning Human Understanding
John Locke
1632 – 1704

Weil komplexe[12] Systeme häufig auf den ersten Blick ein Verhalten aufweisen, das der Intuition ihres Beobachters zuwider läuft, lassen sie sich nicht einfach auf fiktive triviale Systeme reduzieren. Doch sie verhalten sich, bei aufmerksamer Betrachtung, durchaus nachvollziehbar, aber nicht unbedingt deterministisch (vorhersagbar). Alle natürlichen Systeme sind komplexe Systeme. Die natürlichen Systeme sind immer aus anderen komplexen Systemen

---

[11] Complicated Systems, nicht zu verwechseln mit komplexen Systemen.

[12] Nicht zu verwechseln mit künstlicher Komplexität, diese ist das Resultat einer falschen Modellierung.

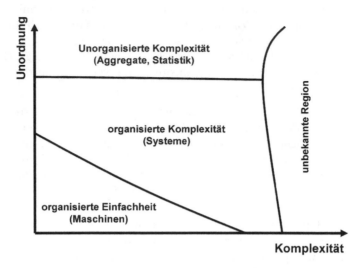

Abb. A.1: Unterschiedliche Systemtypen

aufgebaut. Folglich sind auch wir Menschen komplexe Systeme. Im Kontext von Organisationen als Systeme taucht der Mensch in den verschiedenen Elementen beziehungsweise Subsystemen auf.

Heutige Softwaresysteme und zum größten Teil auch Organisationen besitzen folgende Charakteristika:

- Sie sind gekennzeichnet durch eine sehr hohe Entropie.
- Sie lassen sich nur sehr schwer verändern.
- Das System besitzt unbekannte und undokumentierte Teile.
- Kein einzelner Softwareentwickler oder Organisator kann das System komplett verstehen.

Aus systemtheoretischer Sicht handelt es sich folglich um ein komplexes System, welches nicht auf einer einfachen Parametrisierung oder einer singulären Kausalität beruht. Neben der schieren Größe solcher Systeme enthalten diese auch eine Unmenge an Informationen und Gestaltungsmöglichkeiten – so viele, dass kein einzelner Softwareentwickler sie mehr komplett überschauen kann.

Der traditionelle Ansatz, diese Probleme anzugehen, beruht darauf, ein Modell des Systems zu entwickeln, welches nur wenige, aber dafür die wichtigsten Aspekte beschreibt, um damit das System als Ganzes zu kontrollieren. Die Einführung von Schichten oder Komponenten fällt in diese Kategorie von Maßnahmen. Die gesamte Idee des Information Hiding und der Kapselung will die Komplexität auf wenige Größen reduzieren. Historisch gesehen stammt dieser Ansatz aus der Newtonschen Mechanik, wo sich durch diesen Ansatz eine einfache mechanische Maschine beschreiben lässt. Aber alle diese mechanistischen Systeme haben gemeinsam:

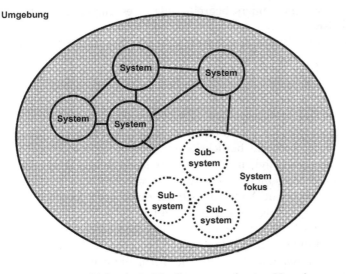

Abb. A.2: Ein System und seine Umgebung

- geringe Detailkomplexität – sie haben nur wenige einfache Teile,
- wenige Wechselwirkungen zwischen den Teilen – eine geringe dynamische Komplexität,
- vorhersagbares Verhalten – dies kann zwar sehr kompliziert sein, ist aber prinzipiell stets eindeutig vorbestimmt.

Solche Systeme verhalten sich immer streng kausal und lassen sich recht einfach vorhersagen, da aus dem Wissen über die einzelnen Teile auf das Verhalten des Gesamtsystems geschlossen werden kann.

Reale Systeme verhalten sich jedoch völlig anders; sie sind irreversibel und entziehen sich einer einfachen Kausalitätsbeziehung, da hier die dynamische Komplexität, das heißt, die Wechselwirkung zwischen den einzelnen Teilen, überwiegt. In manchen Fällen führt die gleiche Tätigkeit zu einem etwas anderen Zeitpunkt zu drastisch anderen Ergebnissen. Werden in solchen Systemen Softwaresubsysteme entwickelt, so sind Wiederholungen meistens nicht durchführbar. Deshalb ist es oft müßig darüber zu spekulieren, welche Entwicklungsmethodik besser ist, da dasselbe Experiment nicht wiederholt werden kann.

Für den Softwareentwicklungsprozess ist neben der Komplexität des Systems auch die Beteiligung des Menschen am Entwicklungsprozess selbst einer der wichtigsten Punkte. Der Mensch kann in diesem komplexen System jedoch nur dann sinnvoll agieren, wenn er das System „beherrscht". Diese Beherrschung bedeutet nicht komplette und vollständige Kontrolle über alle Aspekte des Systems, wie es ein mechanistisches Weltbild impliziert, sondern die Möglichkeit zur Steuerung der Komplexität, ohne sie detailliert kennen zu müssen. Damit der einzelne Softwareentwickler dies erreichen kann, muss er die komplexen Systeme anders begreifen als er es aus dem Newtonschen Denken gewohnt ist.

Charakteristisch für komplexe Systeme sind folgende Eigenschaften:

- Offenheit – Alle Systeme sind offen. Jedes System steht in Wechselwirkung mit seiner Umgebung. Von daher lässt sich ein System nur in seinem jeweiligen Kontext verstehen, der soziotechnische Kontext sollte daher auch Bestandteil der Definition eines jeden Softwaresystems sein.

  Innerhalb der Vorgehensmodelle bedeutet dies zunächst, dass alle möglichen Endanwender auch mit berücksichtigt werden müssen, da sie für das System die Umwelt darstellen. Da die Systeme in permanenter Wechselwirkung mit ihrer Umgebung leben, sind sie zwei Kräften ausgesetzt: Der Selbsterhaltung und dem Anpassungsdruck durch die Systemumgebung. Die Selbsterhaltung erfolgt durch die ständige Selbstreproduktion – die Maintenance – des Systems. Wenn das Softwareentwicklerteam auch als ein System verstanden wird, gehorcht es ähnlichen Kräften; hier ist die Selbsterhaltung durch die Projekt- und Firmenkultur bestimmt. Diese Kultur wird durch ständige Wiederholung ritualisiert und schafft somit eine Abgrenzung gegen andere Gruppen, mit der Konsequenz eines problematischen kognitiven Alignments (s. Kap. 3).

- Flexibilität – Jedes System besitzt eine Reihe von Freiheitsgraden. Unter der Freiheit des Systems versteht man die Möglichkeit, dass das System sich zwischen verschiedenen Alternativen entscheiden kann. Die Flexibilität eines Systems ist umso höher, je mehr Entscheidungsmöglichkeiten es hat. Die Gegenbewegung, die Einschränkung von Freiheit, wird als Macht bezeichnet, wobei hier zwischen intrinsischer – die Macht des Systems, sich selbst einzuschränken – und externer Macht – die Umwelt, in der Regel andere Systeme[13,14], üben Macht auf das betrachtete System aus – unterschieden wird. Die meisten Entwicklungsmethodiken setzen ihre externe Macht ein, um so die Flexibilität einzuschränken. Durch die eingeschränkte Flexibilität werden ganze Lösungsräume unzugänglich gemacht, was zunächst eine Vereinfachung ist. Auffällig wird dies erst dann, wenn sich die Umgebung verändert: Plötzlich müsste ein anderer Lösungsraum wahrgenommen werden, was aber durch die Zwangsbedingung unmöglich geworden ist. Speziell die Improvisation und eXtreme Programming (s. Kap. 10) haben dies als einen ihrer Kernpunkte erkannt.

  Der heute vorherrschende Streit zwischen den Verfechtern der traditionellen Entwicklung und denen der agilen Methoden und, in gewissem Grad, auch zwischen den Anhängern des Rational Unified Process beruht auf der Frage: Wo liegt die Trennlinie zwischen Stabilität und Flexibilität? Wird

---

[13] Fast jedes System ist ein Subsystem. Einzige denkbare Ausnahme: Das Universum.

[14] Systeme, von denen es nur eine Instanz gibt, wie zum Beispiel die Menschheit oder das Universum, sind sehr schwer zu beschreiben, da wir nur im Vergleich von ähnlichen Systemen Abstraktionen erkennen oder bilden können.

die Stabilität überbewertet, so führt das so gewählte Vorgehen zu einer Starre, wird der Flexibilität zu viel Gewicht gegeben, so entsteht ein Chaos. Die Frage nach dem Maß an Flexibilität, welches ein System braucht, lässt sich nicht generell beantworten. Als Faustregel lässt sich jedoch beobachten: Je dynamischer die Systemumgebung, desto flexibler muss das System sein. Diese Faustregel erklärt auch die architektonische Entscheidung für Webservices, welche ein hohes Maß an Flexibilität aufweisen, erzwungen durch die hohe Dynamik des B2B- und B2C-Wirtschaftssektors. Außerdem lässt sich hieraus ableiten, dass bei niedriger Dynamik der Systemumgebungen starre, monolithische Systeme durchaus adäquat sein können. Was hier für die IT-Systeme formuliert wurde, gilt völlig identisch für den Entwicklungsprozess: Je dynamischer die Anforderungen, desto flexibler der Prozess, und je statischer die Anforderungen, desto stabiler kann der Entwicklungsprozess sein.

- Dimensionalität – Alle komplexen Systeme sind mehrdimensional. Die Vorstellung, dass nur ein einziger Parameter ausreicht, um ein System zu steuern, ist ein Relikt der Modellbildung der Naturwissenschaften. Der Vorteil einer Eindimensionalität ist eine einfache Kausalität, das heißt es gibt genau eine Ursache, welche genau eine Wirkung zeigt.

Dieses Denkschema kann ins Absurde führen: Viele Projekte erhöhen die Qualität der Tests, um die Qualität des Produktes zu erhöhen. Dass hier das letzte Glied der Kette benutzt wird, um damit die Fehler der prozeduralen Vergangenheit zu eliminieren, entgeht ironischerweise den meisten Beteiligten. Die Ursachen sind jedoch in komplexen Systemen sehr viel vielfältiger. Speziell im Entwicklungsprozess nehmen nichtmessbare Größen, wie Motivation und Zufriedenheit, eine steuernde Position ein, ohne dass die Kausalität direkt verfolgbar ist.

Ein Lebewesen als Beispiel eines komplexen Systems ist vollständig durch Atome aufgebaut. Warum sind wir nicht in der Lage, das Lebewesen deterministisch zu beschreiben, obwohl wir doch alle Atome und ihre Wechselwirkungen beschreiben könnten? Es gibt vier Gründe hierfür:

- Offenheit – Lebewesen sind offene Systeme. Sie interagieren permanent mit ihrer Umgebung, diese entzieht sich jedoch der deterministischen Beschreibung. Zwar könnte man die Umgebung hinzufügen, würde dann aber versuchen immer höhere Systeme zu beschreiben und letztlich beim Universum und der „Weltformel[15]" landen.

- Quantenmechanik – Die kleinsten Bausteine weisen eine grundsätzliche Nichtvorhersagbarkeit auf. Quantenmechanik liefert nur Wahrscheinlichkeiten und keinen Determinismus. Erst eine Selektion bestimmter quantenmechanischer Ergebnisse führt zu einem „klassischen" Verhalten (welches nur eine Modellvorstellung ist). Die grundsätzliche quantenmechanische Ungewissheit bleibt.

---

[15] An der Weltformel sind schon *Einstein* und *Heisenberg* gescheitert.

- Top-down-Action – Das Lebewesen selbst strukturiert seine Zellen und diese wiederum ihre Bestandteile, so dass das System als Ganzes wieder die Bestandteile beeinflusst.
- Freier Wille – Der freie Wille eines Lebewesens ist eine autonome kausale Quelle und wird nicht durch die Physik bestimmt. Ein denkender Geist, der in der Lage ist, rationale Entscheidungen zu treffen, ist die Voraussetzung für die Wissenschaft, die wir Physik nennen. Oder anders formuliert: Es gibt keine physikalischen Theorien oder Experimente, die bestimmen können, welches Experiment der Physiker als nächstes ausführt.

Biologische Systeme zeigen in aller Regel eine fraktale Struktur mit einer „gebrochenen" Dimensionalität. So ist beispielsweise die biologische Aktivität $\mathcal{A}$ mit der Länge des Organismus l verknüpft durch:

$$\mathcal{A} = l^D,$$

wobei D experimentell auf

$$2,2 < D < 2,3$$

eingeschränkt werden kann. Da diese Beobachtung für alle Organismen gilt, legt es die empirische Vermutung nahe, dass die gleiche Gesetzmäßigkeit auch für Organisationen gilt. Hier müsste die Gleichung umformuliert werden zu:

$$\mathcal{A} = V^{D/3},$$

wobei V das „Volumen" der Organisation darstellt, für den Exponenten sollte sich die Näherung $D/3 \approx 0,74$ ergeben.

- Emergenz – Unter Emergenz wird das Auftreten von Eigenschaften eines Systems verstanden, welche sich nicht aus den Teilen des Systems ableiten lassen. Alle komplexen Systeme zeigen diese Eigenschaft der Emergenz. Das Ziel muss es sein, eine hohe Emergenz zu erreichen, da dann ein echter Mehrwert für die Organisation geschaffen wird. Da das klassische analytische Denkschema die Emergenz nicht erklären kann, ist sie auch ungeeignet, das Auftreten von Emergenz vorherzusagen. Außerdem sind emergente Eigenschaften nicht messbar, was sowohl ihre Definition sowie die Feststellung ihrer Existenz stark erschwert. Es gibt aber drei Prinzipien, die Voraussetzungen für das Auftreten von Emergenz sind:

  I Emergenz – Die Emergenz entsteht immer durch die Wechselwirkung der Teile.

  II Komplexität – Ohne ein gewisses Mindestmaß an dynamischer Komplexität entsteht keine Emergenz. Umgekehrt formuliert: Starre Systeme zeigen keine Emergenz!

  III Reproduktion – Durch den ständigen Reproduktionsprozess der Systemteile bildet und reproduziert sich Emergenz. Dies ist auch unter dem Begriff Feedback bekannt, dieser kann dämpfend oder verstärkend wirken.

Das Verhältnis zwischen den Teilen und der Gesamtheit ist iterativ und co-evolutionär, denn Emergenz ist der Prozess, durch den neue Ordnungen aus der Selbstorganisation der Teile entstehen.

Eng mit der Emergenz ist die Hierarchie verknüpft. Nach dem Prinzip der Hierarchie können die Entitäten (Bausteine) des Systems wiederum als „abgeschlossene" Subsysteme betrachtet werden, welche ihrerseits aus kleineren Entitäten aufgebaut sind. Innerhalb einer solchen Zerlegungs-strategie[16] bezeichnet das Auftreten von Emergenz eine Zerlegungsstufe.

Praktische Beobachtungen zeigen ein ähnliches Bild: Je größer die Frei-heiten der Beteiligten, desto besser ist das Ergebnis und je besser das Ergebnis, desto mehr Motivation, was wiederum zu mehr Freiheiten führt. Allerdings führt die ständige Reproduktion des Systems zum Anstieg der Entropie. Der Anstieg der Entropie kann in biologischen Systemen (Le-bewesen) durch Energieaufnahme und metabolische Abgabe eine Zeitlang unter „Kontrolle" gehalten werden, aber irgendwann steigt die Fehlerrate bei der Reproduktion an und das Lebewesen altert.

Die Emergenz in konzipierten Systemen lässt sich in drei Typen kategori-sieren:

- unerwünschte – Bekannter unter dem Begriff: Seiteneffekte. Die un-erwünschte Emergenz taucht in konzipierten System spontan auf und entwickelt ein Eigenleben, was sich nur mit großem Energieeinsatz kor-rigieren lässt. In diesen Fällen versuchen Teile des Systems, ihre lokale Entropie (s. S. 360) zu minimieren, was starke Auswirkungen auf die benachbarten Subsysteme hat. Diese sind oft nicht in der Lage, die entstehende Vielfältigkeit zu verarbeiten.

- zufällige[17] – Genau wie die unerwünschte Emergenz entsteht diese spontan, allerdings wird sie von den Beteiligten nur sehr selten wahr-genommen.

- gewünschte – Dies ist die geplante Emergenz, welche von den System-designern ab initio vorgesehen wurde.

• Nichtintuitivität – Alle komplexen Systeme sind per se nichtintuitiv. Man kann dies auch als eine Art Definition[18] für komplexe Systeme nutzen, das heißt umgekehrt formuliert: Intuitive Systeme sind nicht komplex! Durch den hohen Grad an Wechselwirkungen lässt sich die Auswirkung einer Veränderung nicht eindeutig vorhersagen. Ursachen und Wirkungen sind oft überhaupt nicht mehr unterscheidbar, was zu Kausalitätszyklen führt. Allein die Beobachtung eines Systems durch eine Messung führt schon zu einer Veränderung des Systems. Dies ist eine Eigenschaft, welche die komplexen Systeme mit der Quantenmechanik gemeinsam haben; auch

---

[16] Moderne Softwareentwicklungsumgebungen erlauben es, die Anforderungen zu spezifizieren und daraus tayloristisch das System aufzubauen, allerdings negieren diese Werkzeuge jede Form der Emergenz und Kreativität.

[17] Serendipitous

[18] Komplizierte Systeme sind oft nichtintuitiv, aber nicht komplex.

hier zerstört[19] die Messung oft den messbaren Zustand. Jede Entscheidung verändert das System, mit der Folge, dass dieselbe Entscheidung zu einem späteren Zeitpunkt „falsch" sein kann, da jeder Eingriff ein neues System produziert. Neben der Kausalität zeigen komplexe Systeme einen Hang zur Zeitverzögerung. Oft lassen sich Kausalitäten allein auf Grund der zeitlichen Distanz nicht mehr zuordnen, was die Steuerung immens erschwert.

Tab. A.1: Vergleich zwischen analytischem (reduktionalem) und systemischem (holistischem) Vorgehen

analytischer Ansatz	systemischer Ansatz
Fokus auf Teile	Fokus auf das Ganze
lineare Kausalität	zirkuläre Kausalität
$A \mapsto B$	$A \mapsto B \mapsto A$
Kontext irrelevant	Kontext sehr relevant
Eine Wahrheit, ein Optimum	Multiple Wahrheiten und Optima
Von der Umgebung isoliert	Umgebung wichtiger Teil
Probleme werden gelöst	Probleme werden akzeptiert und integriert

Wenn wir die komplexen Systeme als komplex wahrnehmen und das Augenmerk primär auf die Eigenschaften des Systems als Ganzes richten, so lassen sich diese Systeme auch erfassen und steuern. Dies hat allerdings seinen Preis, denn die Idee der Kausalität auf der Ebene der Einzelteile muss aufgegeben werden. Dafür halten statistische und thermodynamische Betrachtungsweisen Einzug in die Welt der komplexen Systeme; daher auch die Nutzung stochastischer Modelle.

In komplexen Systemen gibt es noch einige weitere Phänomene, welche vor allen Dingen bei Entscheidungsprozessen auftauchen: Zum einen die Counterfinality. Hierunter wird die Beobachtung verstanden, dass eine Reihe von scheinbar richtigen kleinen Schritten zu einem Ergebnis führen, welches der ursprünglichen Absicht widerspricht, und zum anderen das „Shifting the Burden". Einer kurzfristigen Lösung wird gegenüber einer langfristigen stets der Vorrang gegeben, obwohl sie das vorliegende Problem eher langfristig verschärft. Das „Shifting the Burden" ist eines der großen Risiken hinter der Improvisation und den agilen Methoden, speziell hinter dem eXtreme

---

[19] Eine Messung einer physikalischen Größe $\hat{O}_1$, in der Quantenmechanik Observable genannt, stört dann nicht die Messung einer anderen Observablen $\hat{O}_2$, wenn der Kommutator der beiden verschwindet:

$$\left[\hat{O}_1, \hat{O}_2\right] = 0.$$

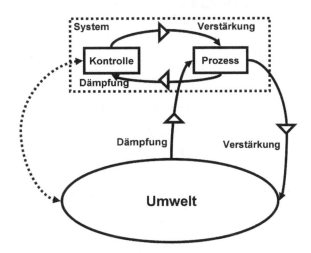

Abb. A.3: Ein System und seine Umgebung aus Sicht der Vielfältigkeit

Programming. Ein bekanntes Beispiel für dieses Verhaltensmuster ist die Tendenz, eine mögliche Verletzung eines Meilensteins durch massive Überstunden zu korrigieren, mit dem Erfolg, dass Frustration und Defekte, langfristig gesehen, stark zunehmen.

Bezüglich der Organisationen kann man auch von „menschlichen" Eigenschaften von Organisationen als komplexen Systemen sprechen. Die einzelnen Organisationen beherrschen, in den meisten Fällen, folgende Fähigkeiten mehr oder minder gut:

- Anpassung – Als Anpassung bezeichnet man die Selbsttransformation der Organisation, damit diese sich verändernden Anforderungen gerecht werden kann, wobei die Selbsttransformation die Veränderung des Systems bei der Reproduktion[20] ist.

- Lernen – Bei einer Organisation wird Lernen als das Zunehmen an Kapazität verstanden, wirksame Aktionen durchführen zu können. Neben einer Steigerung der Effizienz oder Effektivität sind bei Organisationen auch grundlegende Änderungen von Verhaltensmustern möglich.

- Entwicklung – Bei einer Organisation bezeichnet Entwicklung die Fähigkeit, Ansprüche, sowohl die der Organisation selbst als auch die anderer Organisationen oder Individuen, zu erfüllen. Zur Entwicklung gehört auch die Restrukturierung (s. Kap. 7) bis zur völligen Auflösung[21] der bestehenden Organisation.

---

[20] Oft ist es schwer, zwischen Veränderung und Selbsterhaltung im Sinne von Identität zu unterscheiden.

[21] Aus Systemsicht ist dies ein Graubereich, da bei der Auflösung (Verlust der Identität) schwerlich von Reproduktion gesprochen werden kann.

- Beherrschung der „Vielfältigkeit[22]" – Unter dem Begriff Vielfältigkeit wird ein Maß für die möglichen Zustände eines Systems verstanden. Eine Möglichkeit, die Vielfältigkeit zu definieren, ist über die Summe der möglichen Zustände[23]

$$E = \sum_{\psi \in S} 1.$$

In den meisten Fällen wird jedoch der Logarithmus zur Bestimmung genutzt:

$$V = \log_2 \left(\sum_{\psi \in S} 1 \right). \tag{A.1}$$

Die Aufgabe eines Managers in einer Organisation ist die Kontrolle der Vielfältigkeit. Indem er nur bestimmte Informationen selektiv weitergibt, werden die möglichen Zustände im Gesamtsystem reduziert.

Damit ein System lebensfähig ist, muss es in der Lage sein, die von außen kommende Vielfältigkeit zu dämpfen und die innen entstehende Vielfältigkeit nach außen zu verstärken. Dasselbe gilt auch für das Management einer Organisation nach innen hinein, da nur so auf der Ebene der Vielfältigkeit eine Homöostase (s. Abschn. 11.2) erreicht werden kann.

Was ein System ist und was seine Grenzen bildet, ist oft nur sehr schwer entscheidbar, aber es gibt eine Größe, die es einfacher macht, ein System und seine Grenzen zu trennen: Die Entropie (s. Anhang C.7.1). Mit Hilfe der Entropie lässt sich ein System wie folgt definieren:

Ein System ist eine Kollektion von miteinander verknüpften Entitäten, so dass sowohl die Entitäten als auch ihre jeweiligen Relationen die lokale Entropie reduzieren.

Aus dieser Definition lässt sich auch der Umgebungsbegriff (s. Abb. A.2) näher fassen:

Eine Umgebung ist das, was die Wechselwirkung zwischen Systemen vermittelt. Die Gesamtumgebung ist die Summe aller solcher vermittelnden Wechselwirkungen.

Diese Umgebungsdefinition führt sofort zur Festlegung von Gleichgewicht für Systeme:

Ein System befindet sich im Gleichgewicht (Equilibrium), wenn seine Umgebung stabil[24] ist.

---

[22] Variety

[23] In diesem Fall hätte ein Lichtschalter die Vielfältigkeit 2 und eine Ziffer die Vielfältigkeit 10. Eine zehnstellige Zahl schon $10^{10} = 10.000.000.000$.

[24] Diese Stabilität kann dynamischer oder auch statischer Natur sein.

Die Vielfältigkeit (s. Gl.A.1) und die Entropie (s. Gl. C.4) haben einen engen Zusammenhang. Wird nämlich jeder mögliche Zustand der in der Messung der Vielfältigkeit auftaucht (bei der Vielfältigkeit mit dem Faktor 1), mit der Wahrscheinlichkeit multipliziert, mit der er in dem System angenommen werden kann, so ergibt sich, bis auf triviale Vorfaktoren, die Entropie.

A.4 Ashby-Conant

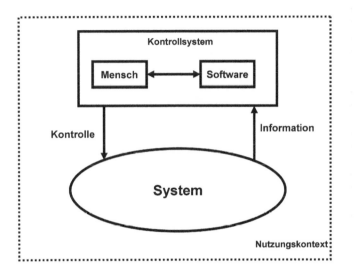

Abb. A.4: Ein Kontrollsystem

Ein wichtiger Grundsatz aus der Systemtheorie, der Auswirkungen auf die Software hat, ist das Ashby-Conant-Theorem:

Jedes gute[25] Kontrollsystem[26] eines Systems muss ein Modell[27] des Systems sein.

Dieses Theorem der Systemtheorie findet seine Analogie in Conway's Law (s. Abschn. 8.3). Außerdem stellt es eine der Grundlagen für die Untersuchung des Alignments dar, denn ein großer Teil der Kontrollsysteme sind Softwaresysteme, folglich kann eine Aussage über ihre Qualität, im Sinne von Einfachheit und Effektivität, durch einen Vergleich mit der zu kontrollierenden Systemstruktur getroffen werden. Aus dem Ashby-Conant-Theorem folgt aber auch,

---

[25] Gut bedeutet hierbei zugleich maximal einfach und erfolgreich.

[26] Regulator

[27] ... muss isomorph zum ...

dass das Ergebnis eines Managementprozesses nicht besser[28] sein kann als das dem Prozess zugrundeliegende Modell.

---

[28] Außer durch reinen Zufall.

B

Geschäftsprozessmodell

Die Geschäftsprozesse werden als betriebliche Prozesse, die zur Erstellung der jeweiligen Organisationsleistung beitragen, verstanden. Dazu gehören beispielsweise auch Prozesse der Produkt- und Serviceentwicklung oder auch Marktforschung. Im Kontext der Softwareentwicklung wird in der Regel von dieser Unterscheidung abstrahiert und unter einem Geschäftsprozess die inhaltlich abgeschlossene, zeitlich-sachlogische Abfolge von Funktionen verstanden, die zur Bearbeitung eines für die Leistungserbringung beziehungsweise -abwicklung der Organisation relevanten Objekts erforderlich sind. Aus systemtheoretischer Sicht sind Geschäftsprozesse Abfolgen bestimmter diskreter Zustandsänderungen des betrachteten Systems Organisation.

Ein Geschäftsprozess besteht aus einer Reihe von Aktivitäten. Jeder Geschäftsprozess hat einen eindeutigen In- und Output und hat im Rahmen einer Organisation, oder zwischen zwei Organisationen, einen sinnvollen Zweck.[1] Unter einer Aktivität versteht man einen diskreten Schritt innerhalb eines Prozesses, welcher entweder durch einen Menschen oder eine Maschine durchgeführt wird. Die Aktivitäten können noch in tiefer liegende Aufgaben[2] zerfallen. Wichtig ist jedoch, dass der Geschäftsprozess von der Umwelt initiiert wird und auch in der Umwelt eine Veränderung erzeugt. Oder anders formuliert: Der Geschäftsprozess geht stets vom Kunden aus und endet auch wieder beim Kunden.

Charakteristisch für alle heutigen Geschäftsprozessmodelle sind folgende Annahmen und Eigenschaften:

- Isolation der Aktivität – Die einzelnen Aktivitäten werden als atomar angenommen. Dies geschieht oft nicht durch eine explizite Annahme, aber auf Grund der Tatsache, dass ein Kontexttransfer zwischen den Prozessen in den meisten Modellen zu Beginn oder zum Ende eines Prozesses vorgenommen werden kann, wird implizit eine Isolation vorausgesetzt.

---

[1] Erfahrungsgemäß besitzt eine Organisation auf abstrakter Modellebene in etwa 150–300 Aktivitäten.

[2] Tasks

- grobe Granularität – Die Granularität der Aktivitäten ist meistens sehr grob und wird üblicherweise nach den funktionalen Einheiten der Organisation[3] modelliert. Bei organisationsübergreifenden Modellen subsumieren manche Aktivitäten oft komplette Organisationen.

- feste Granularität – Wird die Granularität einmal im Modell festgelegt, so kann man sie nachträglich meist nicht mehr verändern.

- Unidirektionalität – Der Informationsfluss geschieht immer nur in einer Richtung, welche immer identisch zur temporalen Orientierung ist.

- Transaktionsorientierung – Die meisten Geschäftsprozessmodelle machen den Versuch, die einzelnen Prozesse beziehungsweise Aktivitäten in Form von Transaktionen darzustellen.

Die Aktivitäten innerhalb eines Geschäftsprozessmodells lassen sich auch formal beschreiben. Hierbei empfiehlt es sich, zwei beliebige Aktivitäten $\mathcal{A}^{(1)}$ und $\mathcal{A}^{(2)}$ zu betrachten. In diesem Fall können die Aktivitäten als ein diskreter Übergang von Zustandsvariablen modelliert werden, in der Form, dass gilt:

$$\psi(t > t_0) = \mathcal{A}^{(n)}\psi(t_0) \tag{B.1}$$

$$= \mathcal{A}^{(n)} \begin{pmatrix} \phi_1 \\ \dots \\ \phi_k \\ \dots \\ \phi_N \end{pmatrix} \tag{B.2}$$

$$= \begin{pmatrix} \phi_1' \\ \dots \\ \phi_k' \\ \dots \\ \phi_N' \end{pmatrix}. \tag{B.3}$$

Für den Fall, dass sich die Zustandsvariablen ϕ_k nicht ändern, können sie aus der Beschreibung eliminiert werden. Insofern lässt sich jede Aktivität $\mathcal{A}^{(n)}$ durch ihre Wirkung auf die Zustandsvariablen eindeutig charakterisieren:

$$\mathcal{A}^{(n)} = \begin{pmatrix} A_{11}^{(n)} & A_{12}^{(n)} & \dots & A_{1N-1}^{(n)} & A_{1N}^{(n)} \\ A_{21}^{(n)} & A_{22}^{(n)} & \dots & A_{2N-1}^{(n)} & A_{2N}^{(n)} \\ \dots & \dots & \dots & \dots & \dots \\ A_{N1}^{(n)} & A_{N2}^{(n)} & \dots & A_{NN-1}^{(n)} & A_{NN}^{(n)} \end{pmatrix} \tag{B.4}$$

$$= \begin{pmatrix} \phi_1'\phi_1 & \phi_1'\phi_2 & \dots & \phi_1'\phi_{N-1} & \phi_1'\phi_N \\ \phi_2'\phi_1 & \phi_2'\phi_2 & \dots & \phi_2'\phi_{N-1} & \phi_2'\phi_N \\ \dots & \dots & \dots & \dots & \dots \\ \phi_N'\phi_1 & \phi_N'\phi_2 & \dots & \phi_N'\phi_{N-1} & \phi_N'\phi_N \end{pmatrix}. \tag{B.5}$$

---

[3] Ein Überbleibsel aus der Zeit, als man hierarchische Organisationen für die „Krone der Schöpfung" hielt.

Ein so genannter Kontexttransfer zwischen den Aktivitäten $A_{ij}^{(1)}$ und $A_{kl}^{(2)}$ liegt dann vor, wenn die Zustandsvariable nicht in der Lage ist, einen Übergang von einem Zustand in den anderen zu machen $\phi \rightarrow \phi'$, wenn nicht vorher die andere Aktivität vollzogen wurde.

Mit Hilfe dieses Formalismus lassen sich einfache Integrationsformen innerhalb von Geschäftsprozessmodellen beschreiben:

- unabhängige Aktivitäten – Zwei Aktivitäten sind voneinander unabhängig, wenn es keinen Kontexttransfer zwischen ihnen gibt.

$$\phi'_k \phi_n = 0$$

- integrierte Aktivitäten – Zwei Aktivitäten sind integriert, wenn es zwischen diesen beiden höchstens einen Kontexttransfer gibt, mit der Maßgabe, dass die zweite Aktivität erst nach der ersten starten kann.

$$\phi'_k \phi_n \neq 0$$

- verschachtelte Aktivitäten – Zwei Aktivitäten sind verschachtelt, wenn es mehr als einen Kontexttransfer zwischen den beiden gibt.

$$\phi''_k \phi_n = \sum_l \phi''_k \phi'_l \phi'_l \phi_n$$

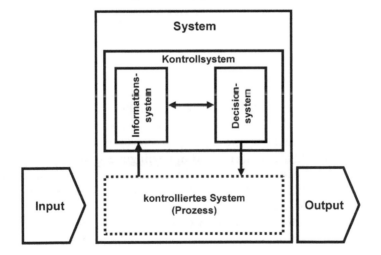

Abb. B.1: Der abstrakte IT-gestützte Prozess

Eine abstrakte Beschreibung eines IT-gestützten Prozesses hat die drei Subsysteme (s. Abb. B.1):

- Kontrollsystem
- Decision- oder Entscheidungssystem
- Informationssystem

B.1 Geschäftsprozesse

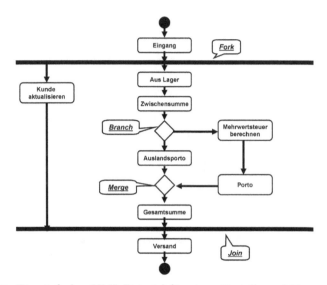

Abb. B.2: Ein einfaches UML-Beispiel für einen Bestell- und Versandprozess

Die Modellierung von Geschäftsprozessen stellt eine eigenständige Herausforderung dar. Zunächst muss ein Modell des Geschäftsprozesses entwickelt werden, dessen Korrektheit und Angemessenheit seiner Ausführung nachgewiesen sein und schließlich auch die Randbedingungen durch die unterliegenden Services und Ressourcen sowie fachliche Integritätsbedingungen erhalten bleiben müssen. Die „normale" Durchführung eines Geschäftsprozesses ist oft einfach, da sie meist als eine simple lineare Abfolge der im Geschäftsprozess enthaltenen Aktivitäten verstanden werden kann, aber die Ausnahmebehandlung[4] ist schwierig zu modellieren und genauso schwierig umzusetzen.

Außerdem sind die meisten „interessanten" Geschäftsprozesse in vielen Fällen lang andauernde Geschäftsprozesse, welche sich nicht auf eine einfache Kette von atomaren Transaktionen reduzieren lassen. Auf Grund dieser Nichtatomizität können die Wechselwirkungen zwischen verschiedenen

---

[4] Exceptionhandling

Geschäftsprozesstypen und sogar den verschiedenen Geschäftsprozessinstanzen sehr komplex werden. So kann ein Geschäftsprozess durchaus das Zwischenergebnis eines anderen Geschäftsprozesses für ungültig erklären und so eine Ausnahmebehandlung erzwingen. Die Ausnahmen und die Rücknahme von Zwischenergebnissen sind die Hauptquellen für Probleme im Umgang mit Geschäftsprozessen.

Diese zunächst fachlich motivierten Ausnahmen werden noch durch ein breites Spektrum an technisch bedingten Ausnahmeerscheinungen durch die benutzte Softwarefunktionalität ergänzt. So muss im Fall einer zugrunde liegenden Datenbank deren Transaktionsmodell berücksichtigt werden. Im Fall einer SOA wäre es einfacher, da diese schon einen Teil der technischen Komplikationen kapselt.

Solche Geschäftsprozesse können auch mit der UML-Notation dargestellt werden (s. Abb. B.2). Die für einen Geschäftsprozess notwendigen Elemente sind:

- Sequence – Das ist der Übergang von einer Aktivität zur nächsten.
- Branch – Ein Entscheidungspunkt im Ablauf, der mehrere mögliche Wege bietet.
- Merge – Bei diesem Punkt treffen die vorher divergierten Ausführungspfade wieder zusammen.
- Fork – Spaltet den Ablauf in mehrere konkurrierende oder unabhängige Abläufe (Instanzen) auf.
- Join – Synchronisiert die vorher durch den Fork aufgespalteten Instanzen wieder.

Interessanterweise gibt es kein Ausnahmeelement. Zwar könnte man auf die Idee kommen, Ausnahmen explizit als alternative Abläufe (Branch) zu modellieren, aber dann wird das Diagramm schnell sehr unübersichtlich.

B.2 Servicemodellierung

Neben der Modellierung der Prozesse in einer Organisation sind im Rahmen einer SOA (s. Abschn. 4.11) auch die Services zu modellieren. Die Bereitstellung eines Services kann als die Veränderung von Zuständen, beziehungsweise die Nutzung von Übergängen in Geschäftsobjekten gesehen werden. Dabei darf nicht aufgezeigt werden, wie der Übergang funktioniert, trotzdem müssen alle einem „Kunden" zugänglichen Zustände eines solchen Geschäftsobjekts definiert und die Funktionen für die Übergänge benannt und als Interfaces beschrieben werden. Ein solcher Service kann dann, wie jede andere Aktivität auch, modelliert werden.

B.3 Outsourcing

Das Outsourcing ist der Versuch, einen Teil der Prozesse auszulagern. Oft werden Reklamebotschaften wie „Partnerschaften für Innovation" oder „Global Network of Innovation" benutzt; in der Realität ist jedoch Outsourcing stets der Versuch einer Organisation, wieder profitabel zu werden. Diese erneute Profitabilität soll durch Mitarbeiterreduktion erreicht werden.

Es scheint so zu sein, dass nur Organisationen, welche schon auf dem absteigenden Ast sind, sich mit dem Gedanken von massivem Outsourcing beschäftigen. Für diese Organisationen ist Outsourcing ein Rettungsanker, der allerdings in den wenigsten Fällen wirklich erfolgreich ist. Im Gegensatz dazu benutzen erfolgreiche Organisationen in der Regel das Outsourcing nur sehr selektiv.

Es existieren jedoch auch kulturelle Unterschiede, die das Ergebnis von Outsourcing beeinflussen können. So tendieren Kulturen mit einer niedrigen Individualität dazu, mehr Risiken bezüglich eines Softwaresystems einzugehen. Auf der anderen Seite haben Kulturen, welche die Unsicherheit traditionell scheuen, erhöhte Widerstände gegen die Einführung neuer Software. Interessanterweise tendieren Kulturen mit einem hohem Anteil an Traditionalismus[5] dazu, weniger detaillierte Pläne für die Zukunft zu machen, was zu einer geringeren Anzahl von Planungssystemen führt.

Ein weiterer Punkt, welcher im Rahmen der Outsourcing-Euphorie oft übersehen wird, sind die „internen" Kosten. Dies sind hauptsächlich die Kosten für den Koordinierungsaufwand. Diese betragen meistens über 10% der Kosten des Outsourcings.

---

[5] In den neunziger Jahren hatten von 13 japanischen Fabriken in Europa nur 2 eine integrierte IT-Business-Planung.

C

Metrik

Im Umgang mit dem Alignment ist es notwendig, quantifizierbare Größen bestimmen zu können. Neben einer rein subjektiv geprägten Qualitätsbetrachtung bieten quantifizierbare Größen die Möglichkeit, sowohl den Zustand des Alignments zu bestimmen als auch Steuerungsgrößen direkt oder indirekt zu berechnen.

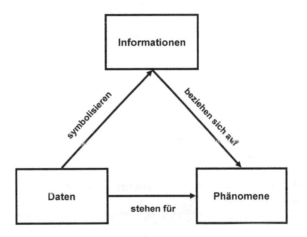

Abb. C.1: Messung, Daten und Phänomene

Erst die Messbarkeit von Eigenschaften (Quantifizierung) macht ein System vergleich- und bewertbar. Dies wurde in der Physik am deutlichsten 1891 durch den bekannten Physiker Lord Kelvin beschrieben:

When you can measure what you are speaking about, and express it in numbers, you know something about it; but when you cannot express it in satisfactory kind; it may be the beginning of knowledge, but you have scarcely, in your thoughts, advanced to the stage of science.

Mit Hilfe einer Messung wird stets versucht, die in der realen Welt beobachtbaren Phänomene durch Daten zu beschreiben (s. Abb. C.1). Die gemessenen Daten repräsentieren das Phänomen, aber nur indirekt via Information, da die Realität erst im Rahmen eines mentalen Konzepts wahrgenommen werden kann. Diese Interpretation ist nicht frei vom Kontext und der Erfahrung des Einzelnen. Allerdings sollte auch beachtet werden, dass die meisten Versuche, metrische Programme unternehmensweit einzuführen, versagt[1] haben. Typische Gründe für das Versagen sind:

- Metriken sind nicht mit dem Geschäftsziel verknüpft
- Metriken sind irrelevant oder werden nicht verstanden
- Keine Konsequenzen aus Abweichungen
- Falsches Verhalten[2] wird belohnt

C.1 Messbarkeit

Die Verwendung von Metriken entstammt den ingenieurmäßigen Disziplinen, da diese sich sehr gerne auf quantifizierbare Größen berufen.

Eine Metrik (s. Abb. C.2) braucht immer folgende fünf Größen:

- Messvorschrift – Eine Messvorschrift, die vorgibt, was und wie gemessen werden soll.
- Modell – Ein Modell, das Parameter kennt, um aus dem Modell, den Parametern und der Messung eine Vorhersage zu erzeugen. Mathematische Modelle sind die wissenschaftliche Form von Analogien. Wie jede Analogie haben sie auch ihre Limitierungen, das heißt Aspekte, die das Modell nicht beschreibt, welche aber der Phänomenologie zugänglich (beobachtbar) sind.
- Parameter – Einen Satz von Parametern, damit das generische Modell konkretisiert werden kann.
- Spezifikation – Eine Spezifikation der Bedeutung und Interpretation der Metrik.
- Referenzwert – Den Vergleich der Vorhersage des Modells mit der realen Welt. Ohne eine solche, prinzipiell existente, Vergleichsmöglichkeit bleibt die Metrik mehr oder minder metaphysisch.

---

[1] Nach *Pitts* sind nur 20% aller Metrikprogramme erfolgreich.
[2] Sehr oft werden Egoismen gefördert.

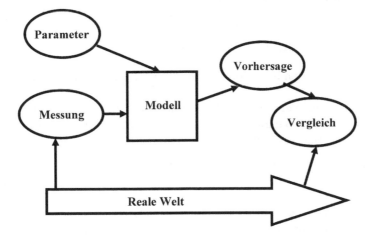

Abb. C.2: Metriken brauchen Modelle und Messvorschriften

Die angesprochene Messung besteht immer aus einer Messvorschrift und einer Einheit und stellt den Versuch dar, eine Abbildung aus der realen, physischen Welt in eine mathematische Modellwelt[3] vorzunehmen. Aus der Physik sind Einheiten wie kg, m, Pa, h, und so weiter bekannt. Beim Messen von Software sind die Einheiten recht einfach: Sie sind entweder dimensionslos – damit haben sie die Einheit 1 – oder sie sind mit der Zeit beziehungsweise der inversen Zeit (Hertz: $1\mathrm{Hz} = \frac{1}{s}$) verknüpft. Die durchgeführte Messung liefert stets eine Momentaufnahme des Messgegenstandes. Die Messergebnisse können genutzt werden, um Aussagen über die Software zu gewinnen.

Leider wird aber bei Messungen ein zweiter Punkt oft übersehen: Kein Ergebnis einer Messung ist exakt. Es existiert immer ein gewisses Maß an Unsicherheit in der Messung, oder anders formuliert: Jede Messung enthält Fehler.

Mathematisch gesehen ist eine Metrik M der Abstand zweier Punkte in einem Raum mit den Eigenschaften:

$$M(\mathbf{a}, \mathbf{b}) \geq 0, \qquad\qquad \forall \mathbf{a}, \mathbf{b},$$
$$M(\mathbf{a}, \mathbf{a}) = 0, \qquad\qquad \forall \mathbf{a},$$
$$M(\mathbf{a}, \mathbf{c}) \leq M(\mathbf{a}, \mathbf{b}) + M(\mathbf{b}, \mathbf{c}), \qquad \forall \mathbf{a}, \mathbf{b}, \mathbf{c}. \qquad (\text{C.1})$$

Die so definierte Metrik ist stets positiv definit mit $M(\mathbf{0}) = 0$. Für Metriken hat es sich bewährt als Referenzvektor den Nullvektor zu wählen, was

---

[3] Speziell bei Metriken wie den Funktionspunkten ist zurzeit noch unklar, was eigentlich das zugrunde liegende Modell ist. Oder anders formuliert: Wie wird eigentlich ein Funktionspunkt definiert?

dazu führt, dass die Gleichungen C.1 übergehen in:

$$M(\mathbf{a}) > 0, \qquad\qquad \forall \mathbf{a} \neq \mathbf{0},$$
$$M(\mathbf{a}, \mathbf{b}) \leq M(\mathbf{a}) + M(\mathbf{b}), \qquad\qquad \forall \mathbf{a}, \mathbf{b}. \qquad\qquad \text{(C.2)}$$

Jede Metrik muss den in den obigen Gleichungen C.2 gewählten Eigenschaften genügen.

Es existiert eine große Anzahl von unterschiedlichen Metriken; leider sind alle in ihrer Vorhersagekraft und Vergleichbarkeit nicht besonders ausgeprägt. Dafür gibt es folgende Gründe:

- Definitionen – Viele Metriken haben keine exakte Definition. Es ist völlig unklar, was Qualität oder Kohäsion bedeutet. Auch bei der Frage der Komplexität gibt es Widersprüche.
- Modelle – Oft fehlt für die publizierten Metriken das dazugehörige Modell oder der Parametersatz (s. Abb. C.2).
- Praxisrelevanz – Viele Metriken können in der Praxis überhaupt nicht eingesetzt werden, da ihnen jede praktische Relevanz fehlt.

C.2 Scoring

Ein Scoring ist ein Bewertungsverfahren, welches als Ergebnis eine Schätzung in Form einer positiven reellen Zahl enthält. Insofern ist das Scoring eine Abbildung der Form:

$$\mathcal{F}_{\text{Score}} \Re^{(n)} \mapsto \Re_0^+.$$

Üblicherweise ist das Scoring[4] eine Summe über gewichtete Klassifikationen der einzelnen Dimensionen des $\Re^{(n)}$ in der Form:

$$\mathcal{F}_{\text{Score}}(x) = \sum_{i=1}^{n} \Omega_i \Theta_i(x_i). \qquad\qquad \text{(C.3)}$$

Die Gewichte Ω_i geben an, wie stark das einzelne Attribut zum Score $\mathcal{F}_{\text{Score}}(x)$ beiträgt. Die Funktionen Θ_i bilden pro Attribut eine Reihe von disjunkten Kategorien, wobei jeder Kategorie ein reeller, meist positiver Wert zugeordnet wird. Ratingagenturen liefern der Industrie oft solche Werte, wobei das einzelne Modell dann meist in den Gewichten Ω_i modifiziert wird. In vielen Fällen, so beispielsweise bei der Kreditvergabe, existiert kein geschlossenes Modell, welches die Attribute mit dem Score und einer möglichen Reaktion verbindet. In solchen Fällen werden die vorhandenen Daten mit Hilfe diverser Kombinationen von Ω_i und Θ_i (hier wird eine Rekategorisierung versucht) getestet und das „Optimale" ermittelt.

---

[4] Oft auch Rating genannt.

C.3 Benchmarking

Eine spezielle Form der Messung ist das Benchmarking. Hierbei werden unterschiedliche Organisationen miteinander verglichen, damit die quantifizierbaren Ergebnisse einer Untersuchung einen relativen Aussagewert haben. Die Grundidee hinter dem Benchmarking ist, dass es für jede Organisation eine Reihe von anderen Organisationen gibt, welche sich mit den gleichen Problemen und Lösungsansätzen beschäftigen. Dabei kooperieren die unterschiedlichen Organisationen im Rahmen der Messung, welche bei allen mit dem gleichen Regelwerk durchgeführt werden muss, um Vergleichbarkeit sicherzustellen, miteinander, um gemeinsam von dem Ergebnis des Benchmarkings zu profitieren.

In vielen Fällen werden so genannte „Public Benchmarks" genutzt, damit eine Organisation ihren aktuelle Position identifizieren kann. Solche öffentlichen Benchmarks sind mit großer Vorsicht zu genießen, da sehr oft weder das Messverfahren noch die Streuung noch systematische Fehler veröffentlicht oder erhoben werden. Besonders Unternehmensberater nutzen oft öffentliche Benchmarks, um in Organisationen das Gefühl zu wecken, die Organisation sei ineffizient[5]; im Anschluss daran bietet die Unternehmensberatung ihre Dienste zur Verbesserung der Effizienz an. Ob das so entstehende Zahlenkonvolut[6] von irgendeiner Bedeutung ist, bleibt zweifelhaft.

Viele Benchmarks von Unternehmensberatung sind dem Bereich des Marketing beziehungsweise des Vertriebs zuzuordnen. Die Consultingunternehmen produzieren eine Studie, um mit den Teilnehmern der Studie ins Gespräch zu kommen und dadurch Folgegeschäft zu produzieren. Dabei wird die stetig wachsende Unsicherheit der heutigen IT-Entscheider ausgenutzt. Berücksichtigt man noch den permanenten Rechtfertigungsdruck, unter dem heute CIOs stehen, so versuchen diese durch eine angeblich objektive externe Autorität ihre einmal getroffene Technologiewahl zu legitimieren.[7]

---

[5] Das Verfahren ähnelt dem Versuch, den Zeitpunkt des eigenen Aufstehens dadurch zu bestimmen, dass man beobachtet, wann der Nachbar morgens sein Haus verlässt. Dies ist per se ein öffentlicher Benchmark, allerdings von zweifelhaftem Wert.

[6] *He uses statistics as a drunken man uses lamp-posts for support rather than illumination.*

Andrew Lang
1844 – 1912
Schottischer Dichter

[7] Nicht nur Unternehmensberatungen nutzen diesen Rechtfertigungsdruck aus, auch große COTS-Software-Hersteller tun dies (s. Kap. 9).

C.4 Balanced Scorecard

Die Balanced Scorecard ist ein Managementsystem, von *Kaplan* und *Norton* entwickelt, welches es den Organisationen ermöglicht, ihre Strategie zu verdeutlichen und diese in Aktionen umzusetzen. Innerhalb der Balanced Scorecard werden unterschiedliche Sichten auf die Organisation formuliert, ähnlich dem strategischen Alignmentansatz. Dabei wird versucht, die einzelnen Bereiche zu quantifizieren. Damit ein Gesamtergebnis produziert werden kann, müssen die einzelnen Metriken durch Gewichtsfaktoren bewertet und anschließend addiert werden. So entsteht ein Gesamtscore, ähnlich den Scoringmodellen (s. S. 372).

Eines der Probleme hinter der Balanced Scorecard ist, dass Erkenntnisse, welche aus der Balanced Scorecard gewonnen werden, nicht notwendigerweise einen Erfolg garantieren und zu einem hohen Grad willkürlich sind. Auch der Einsatz so genannter „Best-Practices" beseitigt nicht diese Willkürlichkeit, sondern ersetzt sie durch die Willkürlichkeit des Consultingunternehmens, welches die „Best-Practices" einsetzt. Die meisten Unternehmensberatungen setzen auf so genannte „Best-Practices". In fast allen Fällen handelt es sich hierbei um ein Sammelsurium aus Kochrezepten, wie mit welcher Situation umgegangen werden soll. Genauer betrachtet werden dabei Erfahrungen, welche beim letzten Kunden gewonnen wurden, direkt auf den nächsten Kunden[8] übertragen, ohne dass man sich Gedanken über ein theoretisches Modell macht. Oft existieren ganze Checklisten oder schon elaborierte Templates für den Einsatz dieser „Best-Practices"; diese Instrumente helfen besonders Berufsanfängern ohne große Erfahrung, sich mit dem Flair der Professionalität zu umgeben. Solche „Best-Practices" verführen dazu, auf eine anstrengende Ursachenforschung zu verzichten und diese durch das „Abhaken" einer Liste zu ersetzen. Das Ergebnis eines solchen Vorgehens ist offensichtlich, trotzdem wird es immer wieder praktiziert. Da die Gewichtungen bei der Balanced Scorecard beliebig wählbar sind, lassen sich auch beliebige Ergebnisse daraus ableiten. Ohne eine klare Korrelation zwischen den Visionen, den Strategien, den Werten, der Architektur, den Zielen und den ökonomischen Fakten in der Balanced Scorecard wird diese nur genutzt, um die Vorurteile des Managements zu bestätigen.[9]

C.5 Metrikbasierte Verbesserungen

Eines der Ziele hinter dem Einsatz einer Metrik ist nicht nur eine aktuelle Bestandsaufnahme über den Zustand zu erhalten, sondern auch die Fähig-

---

[8] Wenn es bei mehreren Kunden erfolgreich war, bekommt es schnell den Rang einer „Heuristik".

[9] Erfolgreiche Unternehmensberater versuchen immer, die Vorurteile des jeweiligen Auftraggebers zu bestätigen und damit sein Ego zu stärken; dies ist ein sicheres Mittel, Folgeaufträge zu bekommen.

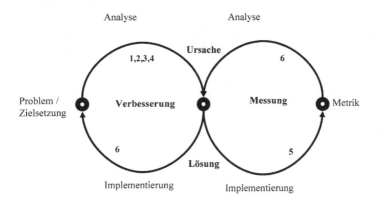

Abb. C.3: Metrikbasierte Verbesserungen (für die Bedeutung der Nummern s. S. 376)

keit zu bekommen, die Zukunft zu beeinflussen. Neben der Veränderung des Systems an sich kann die Metrik auch eingesetzt werden, um damit den Prozess der Veränderung selbst zu verbessern (s. Abb. C.3). Der Zyklus beginnt auf der linken Seite mit dem Problem oder der Zielsetzung. Die Organisation analysiert das Problem und ermittelt eine Reihe von möglichen Ursachen für das Problem. Für diese Form der Analyse wird eine Kombination aus Erfahrung und allgemein zur Verfügung stehendem Wissen, im Sinne einer Theorie, genutzt. Im nächsten Schritt wird ein Messprogramm, eine Metrik, beziehungsweise eine Interpretation einer Metrik aufgebaut, um die eigentliche Ursache besser identifizieren zu können. Die Messungen werden durchgeführt und so kann man einer möglichen Lösung oder einer besseren Präzisierung der Ursachen näher kommen. Schließlich reichen die gesammelten Daten aus, um den Prozess selbst zu verändern. Diese Veränderung wird dann dem Problem gegenübergestellt, das heißt, die einzelne Veränderung verändert auch das Problem[10] oder das Problem wird durch das Verfahren gelöst.

Alle Messungen sollten für jedes Unternehmen einen Mehrwert produzieren, wobei der Mehrwert von außerhalb, das heißt jenseits der Messung, kommen muss. Die Hauptgründe für die Implementierung eines Messprogramms (s. Abb. C.3) sind:

- Reporting – Oft ist ein Reporting auch Bestandteil eines Service Level Agreements. Das Reporting ermöglicht bis zu einem gewissen Grad auch Vorhersagen, ob additive Schwellenwerte erreicht werden oder ob bestimmte Ereignisse vorliegen.

---

[10] Typisch für komplexe Systeme.

- Performanzmonitoring – Die Beobachtung der aktuellen Performanz geschieht in der Regel intern, im Gegensatz zum Reporting, welches meistens ex post erfolgt und oft auch externe Abnehmer hat.
- Lernen – Durch die Zunahme an Informationen über ein jeweiliges Gebiet lassen sich besser Planungen und Vorhersagen über zukünftige Aufgabenstellungen treffen.
- Performanzverbesserung – Hinter diesem Ansatz steckt die Idee, dass es eine Korrelation zwischen Messgrößen auf der einen Seite und einem Prozess oder Produkt auf der anderen Seite gibt. Folglich kann vorhergesagt werden, was eine Veränderung der Messgröße produzieren würde. Die Zielsetzung ist dann, ein Optimum für eine Größe, beispielsweise Aufwand, zu finden.
- Organisationsgüte – Eine Metrik kann auch genutzt werden, um damit den „Reifegrad" (s. Tab. 6.5) oder die Güte einer Organisation zu bestimmen.

Die Verbesserung durch den Einsatz von Metriken durchläuft eine Reihe von notwendigen Schritten (s. Abb. C.3, die Nummerierung in der Abbildung folgt der Nummerierung hier):

1 Bestimmung des Wertes der Messung oder des Verbesserungsprogramms; hierbei kann nur die jeweilige Organisation bestimmen, was für sie selbst wichtig ist.
2 Die Annahmen über die Beziehungen zwischen den Veränderungen, welche vorgenommen werden, und den zu erzielenden Resultaten[11] werden explizit formuliert.
3 Ein Plan, um dieses Ergebnis zu erreichen, wird formuliert. Verbesserung kann nur durch Veränderung der Organisation in einem oder mehreren Aspekten erreicht werden.
4 Follow-up-Szenarien werden entwickelt. Für jedes mögliche Ergebnis der Veränderung werden Szenarien gebildet, welche die spezifische Reaktion auf das Ergebnis beschreiben.
5 Design und Implementierung des Messprogramms
6 Reaktion auf das Messprogramm – Nach einer Weile stellen sich die ersten Resultate ein, dann müssen diese Daten analysiert werden. Nach dem Ergebnis der Analyse muss eines der Szenarien aus Schritt 4 durchgeführt werden.

C.6 Menschliche Faktoren

Nicht zu unterschätzen sind menschliche Faktoren bei den Metriken; speziell dann, wenn mit einer Metrik die Arbeitsleistung eines Menschen beurteilt werden soll. Besonders in ökonomisch gefährdeten Organisationen bildet sich, meistens auf Druck des Controllings, eine regelrechte Metrikmanie aus: Es

---

[11] Dies wird oft auch die Findung der Hebel genannt.

kommt zu einer Metrikproliferation! Eine solche ist, in den meisten Fällen, kontraproduktiv, da ein Mitarbeiter sich nicht auf zu viele Metriken gleichzeitig konzentrieren kann, anhand derer er gemessen werden soll – folglich wird der Einzelne bestimmte Metriken priorisieren. Sein Vorgesetzter wird diese willkürliche Selektion als eine Art „Fehlalignment" empfinden. Wirklich erfolgreiche Organisationen benutzen Metriken nur sehr selektiv zur Führung und stellen soziale Kompetenzen stärker in den Vordergrund.

Bei verteilten Organisationen kann der Besitz von lokalem Wissen zu einer Verschlechterung der metrischen Werte führen, da Metriken in aller Regel für die ganze Organisation global formuliert werden und damit im krassen Widerspruch zu lokalen Anforderungen stehen können. Dies führt zu einem positiven lokalen „Ergebnis", aber schlecht aussehenden Werten in der Metrik.

Etwas Ähnliches konnte in den Ostblockstaaten im Rahmen der kommunistischen Planwirtschaften beobachtet werden. Hier wurden quantifizierbare Metriken definiert, deren Sinnhaftigkeit und, vor allen Dingen, Angemessenheit oft zu wünschen übrig ließ: Polnische Möbelfabriken wurden nach dem kumulierten Gesamtgewicht der von ihnen produzierten Möbel bewertet, was dazu führte, dass Polen lange Zeit die schwersten Möbel[12] der Welt herstellte.

C.7 Komplexitätsmaße

Eine der großen Schwierigkeiten beim Umgang mit komplexen Systemen (s. Anhang A) ist die Tatsache, dass es kein allgemeingültiges Maß für die Komplexität gibt. Am gängigsten ist die Verwendung der Intuition, das heißt, wenn das System sich nicht-intuitiv verhält ist es komplex (s. Abb. A.1). Im Sinne einer Metrik ist dies äußerst unbefriedigend.

C.7.1 Entropie

Die Entropie stellt ein Maß für die Unordnung in einem System dar. Ursprünglich im Rahmen der klassischen Thermodynamik definiert, wurde der Begriff auf die statistische Mechanik ausgedehnt. Die Entropiedefinition der statistischen Mechanik kann auf die Informationstheorie übertragen werden. Der Physiker Helmholtz entlehnte den Begriff Entropie aus dem griechischen Wort $\epsilon\nu\tau\rho\epsilon\pi\iota\nu$ mit der Bedeutung von „umkehren" oder „umwenden".

Die Entropie eines Systems ist definiert als:

$$S = -\sum_{j=1}^{N} p_j \log_2 p_j, \tag{C.4}$$

---

[12] Das gleiche galt auch für die sowjetische Kronleuchterproduktionsnorm! Über die Auswirkung auf die Norm (Metrik) für das Bauen von Stuckdecken ist nichts bekannt ...

wobei p_j die Wahrscheinlichkeit ist, dass der Zustand j angenommen wird. Wenn es nur einen Zustand gibt, so gilt $p_j = 1$ und damit folgt:

$$S = 0 \quad wenn \quad p = 1.$$

Sind in einem System alle Zustände unterschiedlich und alle gleichwahrscheinlich, so gilt:

$$p_j = \frac{1}{N}.$$

Hieraus resultiert die Entropie von:

$$S = -\sum_{j=1}^{N} \frac{1}{N} \log_2 \frac{1}{N}$$
$$= \log_2 N.$$

Daraus folgt, dass für jedes System gilt:

$$0 \leq S \leq \log_2 N.$$

Da diese obere Schranke auch die Vielfältigkeit (s. Gl. A.1) ist, gilt:

$$S \leq V,$$

im Grenzfall, dass alle Zustände des Systems gleichwahrscheinlich sind, gilt:

$$S = V.$$

Wie verändert sich die Entropie, wenn einem System ein neuer Zustand hinzugefügt wird? Zwar lässt sich diese Frage im Einzelfall nur durch eine exakte Berechnung mit Hilfe der Wahrscheinlichkeiten beantworten, für sehr große Systeme mit $N \gg 1$ folgt näherungsweise

$$\Delta S = S - S_0,$$
$$\approx \log_2(N + 1) - \log_2(N),$$
$$= \frac{1}{\ln 2} \ln\left(1 + \frac{1}{N}\right),$$
$$\approx \frac{1}{\ln 2}\left(1 - \frac{1}{N}\right).$$

Wenn zwei Systeme A und B zusammengefügt werden, so ergibt sich die gemeinsame Entropie näherungsweise zu:

$$S(A \cup B) \approx S(A) + S(B) + \frac{1}{N} \log_2 N. \tag{C.5}$$

Bei sehr großen Systemen ist die Zahl N so groß, dass sich durch das Hinzufügen eines Zustandes die Entropie um eine Konstante erhöht.

$$\Delta S = \frac{1}{\ln 2}.$$

Die so gewählte Definition über das System berücksichtigt jedoch nicht die innere Entropie der Elemente (Subsysteme). Wenn die innere Entropie der Elemente mit ins Kalkül gezogen wird, ergibt sich die Entropie zu:

$$S = S\left(System\right) + \sum_{Zustand} S\left(Elemente\right). \tag{C.6}$$

Für den Fall, dass mehrere Systeme miteinander verglichen werden müssen, empfiehlt es sich, die Entropie zu normalisieren:

$$S^{\dagger} = \frac{1}{\max(S)}S, \tag{C.7}$$

$$= -\frac{1}{\log_2 N}\sum_{i-1}^{N} p_i \log_2 p_i, \tag{C.8}$$

mit der Folge, dass für die normalisierte Entropie gilt:

$$0 \leq S^{\dagger} \leq 1.$$

Es empfiehlt sich die normalisierte Entropie $S^{\dagger}$ bei der Betrachtung von Entropieänderungen

$$\dot{S}^{\dagger} = \frac{\partial S^d ag}{\partial t}$$

zu nutzen.

Es existiert auch ein Zusammenhang zwischen der Entropie (Gl. C.4) und der Temperatur. Wenn Information zerstört wird, ändert sich Gl. C.4 um ΔS, mit der Folge, dass die physische Entropie des Systems sich auch ändert:

$$\Delta S_{\text{phys}} = -k\ln 2\Delta S \tag{C.9}$$

Dies wiederum führt zu einer Änderung der Energie im System:

$$\Delta Q = T\Delta S_{\text{phys}} \tag{C.10}$$
$$= -kT\ln 2\Delta S \tag{C.11}$$

Gl. C.11 wird auch als das Landauer Prinzip bezeichnet: Das Löschen von einem Bit an Information produziert mindestens $kT\ln 2$ Wärmeenergie.

C.7.2 Rényi-Maße

Die übliche Entropie (s. Gl. C.4) bewertet alle Zustände, welche ein System annehmen kann, gleich stark. Wird jedoch berücksichtigt, dass komplexe

Systeme sich zumindest partiell deterministisch verhalten, so taucht die Notwendigkeit auf, die klassische Entropie, je nach der Beobachtungsreihe, zu gewichten:

$$S^{(q)} = \frac{1}{1-q} \sum_{j=1}^{N} \ln p_j^q. \tag{C.12}$$

Der Parameter q bestimmt, wie stark die jeweilige Datenreihe N^q in die Gewichtung eingeht. Die Gl. C.12 wird als die Rényi-Entropie bezeichnet. Im Grenzfall kleiner q gilt:

$$\lim_{q \to 0} S^{(q)} = 0.$$

Werden alle Datenreihen gleich stark gewichtet und der Grenzfall $q \to 1$ betrachtet, so reduziert sich die Rényi-Entropie auf die normale Entropie (Gl. C.4):

$$S^{(1)} = \lim_{q \to 1} S^{(q)}$$

$$= \lim_{q \to 1} \frac{1}{1-q} \sum_{j=1}^{N} \ln p_j^q$$

$$= -\sum_{j=1}^{N} p_j \ln p_j$$

$$= S.$$

Je größer der Parameter q, desto weniger tragen seltene Ereignisse zur Rényi-Entropie bei, da ihr p kleiner ist und zusätzlich noch mit einer höheren Potenz p^q versehen wird. Interessanterweise gilt für die Rényi-Entropie die Ungleichung:

$$S^{(q)} \leq S^{(q')} \qquad \forall q \leq q'.$$

Im Fall von gleichverteilten Daten $p = \frac{1}{N}$ reduziert sich Gl. C.12 auf:

$$S^{(q)} = log_2 N.$$

Die Rényi-Entropie ist sehr sensitiv auf die jeweils gewählte Partition q, je nach der gewählten Partition ergibt sich ein anderes Maß. Um diesem Problem zu begegnen, wird die Auswirkung der Partitionierung betrachtet. Hierzu definiert sich die Rényi-Dimension aus der Einteilung der Partition in Intervalle: $I = [n\varepsilon, (n+1)\varepsilon)$ zu:

$$D^{(q)} = \lim_{\varepsilon \to 0^+} \frac{S^{(q)}(\varepsilon)}{\ln \varepsilon}. \tag{C.13}$$

Diese Rényi-Dimension wird dann an Stelle der Entropie genutzt.

C.8 Semantische Ähnlichkeit

Eine semantische Ähnlichkeit wird über die Intention der jeweiligen Definition des Begriffs vorgenommen. Eine intentionale Definition hat immer die Form: $\{x : x$ hat die Eigenschaft E$\}$. Es existieren sechs Ähnlichkeitsrelationen, zu ihrer Bestimmung werden zwei Ausdrücke P, Q betrachtet und mit der jeweiligen Intention $\iota(P), \iota(Q)$ verglichen.

- Äquivalenz – Zwei Ausdrücke sind genau dann gleich, wenn sie identisch intendierte Definitionen haben:

$$\{P = Q\} \Leftrightarrow \{\iota(P) = \iota(Q)\}$$

- Spezialisierung – Der Ausdruck P ist eine Spezialisierung von Q, wenn die intentionale Definition von P in der intentionalen Bedeutung von Q enthalten ist:

$$\{P \leq Q\} \Leftrightarrow \{\iota(P) \wedge \iota(Q) \equiv \iota(P)\}$$

- Generalisierung – Der Ausdruck P generalisiert einen Ausdruck Q, wenn die Union der beiden intentionalen Definitionen gleich der intentionalen Definition von P ist:

$$\{P \geq Q\} \Leftrightarrow \{\iota(P) \vee \iota(Q) \equiv \iota(P)\}$$

- Überlappung – Ein Ausdruck P überlappt mit dem Ausdruck Q, wenn beide in einem Teilbereich übereinstimmen, oder anders ausgedrückt, wenn die Konjugation der beiden intentionalen Definitionen nicht leer ist:

$$\{P \sim Q\} \Leftrightarrow \{\{\iota(P) \wedge \iota(Q) \equiv \iota(R)\} \wedge \{\iota(R) \neq \emptyset\}\}$$

- Disjunktion – Zwei Ausdrücke werden als disjunkt bezeichnet, wenn die Konjugation ihrer intentionalen Definition leer ist:

$$\{P \neq Q\} \Leftrightarrow \{\iota(P) \wedge \iota(Q) = \emptyset\}$$

- Inverse – P ist invers zu Q, wenn seine intentionale Definition invers zu der von Q ist:

$$\{P = Q^{-1}\} \Leftrightarrow \{\iota(P) = \iota(Q^{-1})\}$$

Solche semantischen Ähnlichkeiten können genutzt werden, um Services automatisch miteinander zu vergleichen. Dazu wird eine zusätzliche Relation $\text{Sim}(Q, P)$ definiert, mit der Eigenschaft:

$$\text{Sim}(Q, P) = \begin{cases} 1 & \Rightarrow \{Q = P\} \vee \{Q < P\} \\ 0 & \Rightarrow \{Q \sim P\} \vee \{Q > P\} \\ -1 & \Rightarrow \quad\quad \{Q \neq P\} \\ -2 & \Rightarrow \quad\quad \{Q = P^{-1}\}. \end{cases} \tag{C.14}$$

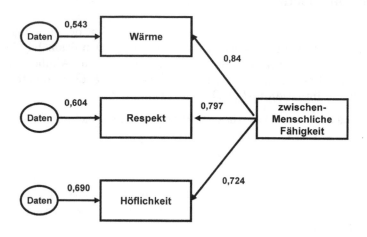

Abb. C.4: Structural Equation Modeling. Die Werte stammen aus einem hypothetischen Beispiel. Die Korrelation zwischen Wärme und Respekt wäre 0,84*0,797 = 0.67. Der Pfadkoeffizient für Wärme ist $p_w = 0,543$ und die Störung $s_w = 0,84$. Auf Grund der Normierung ergibt sich $1 = p_w^2 + s_w^2$

C.9 Structural Equation Modeling

Hinter dem Begriff **S**tructural **E**quation **M**odeling[13] (SEM) verbirgt sich eine sehr allgemeingültige statistische Modellierungstechnik, welche besonders in der Psychologie und Soziologie eingesetzt wird. Dabei wird zunächst ein Modell postuliert, in dem einzelne messbare Faktoren, die so genannten messbaren Variablen, und einige aus dem Modell ableitbare Variablen, die so genannten latenten Variablen[14], vorhanden sind. Das so definierte Modell ist ein Graph, bestehend aus gerichteten Kanten, wobei die Knoten latente oder messbare Variablen darstellen. Das entwickelte Modell muss für jede einzelne Beobachtung gültig sein, das heißt, alle messbaren Variablen zu einer einzelnen Beobachtung i werden simultan aufgenommen, beispielsweise anhand eines Fragebogens. Für jede dieser Messungen wird die Gültigkeit des Modells postuliert und anschließend für alle Beobachtungen gemeinsam betrachtet. Insofern steht hinter dem SEM die Idee, strukturelle Abhängigkeiten zu messen, welche ansonsten durch einen Vergleich von rein statistischen Mittelwerten verloren gehen würden.

Da sich das Modell stets auf die Empirie bezieht und a priori auch Messfehler vorhanden sind, ergibt sich für die latenten Variablen $\overline{\eta}_i$ als Funktion der einzelnen Beobachtung i folgende Abhängigkeit:

---

[13] Auch Covariance Structuring Modeling genannt.
[14] Je nach Kontext kann es sich auch um statistische Fehlervariablen handeln.

$$\overline{\eta}_i = \overline{\alpha} + \mathbb{B}\overline{\eta}_i + \Gamma\overline{x}_i + \overline{\zeta}_i, \hspace{2cm} \text{(C.15)}$$

wobei der Vektor $\overline{\alpha}$ eine Art Konstante (Interceptvektor), die Matrix $\mathbb{B}$ die Abhängigkeiten der latenten Variablen im Modell, die Matrix Γ die lineare Regression in den messbaren Variablen $\overline{x}$ und $\overline{\zeta}$ der Fehlervektor ist.

Im Rahmen des Structural Equation Modeling kann auch die Korrelation zwischen zwei Variablen bestimmt werden. Die Korrelation entspricht dem Gewicht der jeweiligen Kante, welche sich aus der Regression Γ ergeben hat (s. Abb. C.4).

Die übliche Vorgehensweise für das Structural Equation Modeling verläuft in fünf Schritten:

- Modellspezifikation – Die Modellspezifikation ist das eigentliche Messmodell (s. Abb. C.1). Hier müssen die latenten Variablen und die Messgrößen sowie das Messverfahren bestimmt werden. Das Modell dient als Hypothese, welche an der Messung überprüft wird. Eine der größten Schwierigkeiten hinter der Methodik des Structural Equation Modeling ist, dass sie eine Menge von Korrelationen und keine Kausalitäten[15] liefert.

- Modellidentifikation – Das Modell muss noch mit einer Reihe von Zwangsbedingungen versehen werden, da sonst die Regression oft sinnlose Lösungen findet; eine der Zwangsbedingungen ist die Normierung.

- Messung – Die Messwerte werden skaliert und eingegeben.

- Test – Ein χ^2-Anpassungstest wird auf die Sensitivität der Messung bezüglich des Modells durchgeführt.

- Respezifikation – Die Modellspezifikation wird einem kritischen Test unterworfen, eventuell verworfen und durch eine neue ersetzt.

Eine Ausdehnung des Structural Equation Modeling ist die Koppelung mehrerer Modelle. Rein graphentheoretisch entsteht daraus ein neues, größeres Modell, welches auch wieder der SEM-Systematik unterliegt.

---

[15] So existiert beispielsweise eine Korrelation zwischen Krebserkrankung und Depression. Dies bedeutet, dass entweder Depressive ein höheres Krebsrisiko haben oder dass Krebspatienten leichter eine Depression bekommen.

D

Optimierung

Je nachdem, was global in einer Organisation erreicht werden soll, bilden sich unterschiedliche Optimierungsstrategien heraus. Diese verschiedenen Strategien lassen sich relativ einfach mathematisch formulieren. Die vier Standardoptimierungen sind:

- organisatorische Effektivitätsoptimierung
- technische Effizienzoptimierung
- Wachstum
- Gesamtkostenoptimierung

Am einfachsten ist es, sich die Organisation als eine Art „Maschine" vorzustellen. Diese Maschine hat einen Inputvektor $\hat{\Psi} = \{\psi_i\}$. Unter der Annahme[1], dass sich der Output linear aus dem Input ergibt, lassen sich einfache lineare Regressionsverfahren einsetzen.

Dann ergibt sich der Output pro Zeiteinheit Δt aus der Maschine:

$$\Delta T_O = a_0(t) + \sum_i a_i(t)\Delta\psi_i, \qquad (D.1)$$

hierbei sind die Koeffizienten $a_j(t)$ Regressionskoeffizienten, welche den Input linear mit dem Output verknüpfen. Theoretisch könnte der Zusammenhang komplexer sein, in der Praxis reicht diese Näherung jedoch völlig aus. Die Näherung $a_J(t) = const.$ ist in den meisten praktischen Fällen gegeben. Die für die Organisation in diesem Zeitraum entstehenden Kosten sind:

$$\Delta C_I = b_0(t) + \sum_i b_i(t)\Delta\psi_i, \qquad (D.2)$$

wobei b_0 die Fixkosten und b_i die zu dem jeweiligem Input ψ_i assoziierten Kosten darstellen. Dieses einfache Modell ermöglicht es nun, diverse Optimierungen zu betrachten.

---

[1] Diese Näherung reduziert die Organisation auf ein einfaches System und negiert jede Komplexität.

Die organisatorische Optimierung auf Effektivität lässt sich nun durch Gl. D.1 und Gl. D.2 wie folgt definieren:

$$\max \equiv a_0(t) + \sum_i a_i(t)\Delta\psi_i \tag{D.3}$$

$$\text{const.} = b_0(t) + \sum_i b_i(t)\Delta\psi_i$$

Es wird im Rahmen dieser Strategie versucht, den Output zu maximieren (Gl. D.3) unter der Bedingung, dass die Kosten des Inputs konstant sind. Zusätzlich gibt es noch die offensichtlichen Randbedingungen:

$$\psi_i^{(max)} \geq \psi_i \geq \psi_i^{(min)} \geq 0 \qquad \forall i. \tag{D.4}$$

Die beste technische Effizienz existiert, wenn erreicht werden kann, den Input zu minimieren, das heißt:

$$\text{const.} = a_0(t) + \sum_i a_i(t)\Delta\psi_i$$

$$\min \equiv b_0(t) + \sum_i b_i(t)\Delta\psi_i, \tag{D.5}$$

wieder unter obiger Randbedingung Gl. D.4. Es wird bei dieser Strategie versucht, den gegebenen Output mit einem minimalen Aufwand an Input zu erreichen.

Die Optimierung des Wachstums ist etwas komplexer. Sie ergibt sich durch die Maximierung von:

$$\max \equiv \max \frac{\Delta T_O - a_0(t)}{\Delta C - b_0(t)}$$

$$= \max \frac{\sum_i a_i(t)\Delta\psi_i}{\sum_i b_i(t)\Delta\psi_i}. \tag{D.6}$$

Allerdings macht Wachstum nur dann Sinn, wenn die Randbedingungen Gl. D.4 gelten und zusätzlich Wachstum vorhanden ist, das heißt, es gibt noch Zwangsbedingungen für In- und Output in der Form:

$$\left[\sum_i a_i\Delta\psi_i\right]_t \geq \left[\sum_i a_i\Delta\psi_i\right]_{t<\tau}$$

$$\left[\sum_i b_i\Delta\psi_i\right]_t \geq \left[\sum_i b_i\Delta\psi_i\right]_{t<\tau}.$$

Der Versuch, die Gesamtkosten zu minimieren, ist sehr verwandt der Wachstumsstrategie (Gl. D.6), allerdings werden jetzt zusätzliche Randbedingungen der Form:

$$\text{const.} \geq \sum_i a_i \Delta \psi_i$$

$$\text{const.} \geq \sum_i b_i \Delta \psi_i$$

dem System aufgezwungen und die Gesamtkosten werden in Betracht gezogen:

$$\max \equiv \max \frac{\Delta T_O}{\Delta C}$$

$$= \max \frac{a_0(t) + \sum_i a_i(t) \Delta \psi_i}{b_0(t) + \sum_i b_i(t) \Delta \psi_i}. \tag{D.7}$$

E

Glossar

Abstraktion: Das fundamentale Prinzip zur Bewältigung von Komplexität. Die Abstraktion beschreibt alle fundamentalen Eigenschaften eines Objekts und vereint die Gemeinsamkeiten einer Menge von ähnlichen Objekten.

Adaptive Architektur: Eine Menge von Designspezifikationen, die zu einer strukturierten Architektur führen, welche die Eigenschaft besitzt, sich auf eine veränderte Umgebung einstellen zu können, ohne dass die Architektur geändert werden muss.

Agent: Ein Objekt, das für andere Objekte Operationen ausführen kann, für das aber auch andere Objekte Operationen ausführen können. Ein Agent wird normalerweise erzeugt, um Arbeit für einen Menschen oder ein Programm oder einen anderen Agenten auszuführen.

ANSI: American National Standards Institute.

Apache: Open-Source-Projekte der Apache Software Foundation umfassen einen Webserver, XML-Tools, die Servlet-Engine Tomcat, Frameworks u.a.m. Adresse: *www.apache.org*

API: Application Programming Interface (Applikationsprogrammschnittstelle). Formal definierte Schnittstelle, über die Applikationsprogramme Systemservices (Netz, Betriebssystem, DBMS, Windows-Manager u.ä.) oder Dienstleistungen anderer Applikationsprogramme aufrufen können.

Application Integration: Ein Prozess mit der Zielsetzung, die Zusammenarbeit unterschiedlicher Anwendungen zu ermöglichen. Dies kann von einfachem Datenaustausch über gemeinsame Datenbanken bis hin zu Application-Servern und Middlewaresystemen reichen.

Application-Portfolio: Eine Gruppe von Anwendungen, welche innerhalb einer Organisation benutzt und weiterentwickelt werden, gleichgültig ob sie eingekauft oder selbst entwickelt wurden.

Application-Server: Software, welche die serverseitige Verarbeitung steuert. Ein Application-Server unterstützt web-basierte Verarbeitung und klassische 3-Tier-Architektur. Er steuert Transaktionen und unterstützt meist Enterprise Java Beans (EJB). Bekannte Produkte sind beispielsweise der Oracle Application-Server, WebSphere Application-Server, Weblogic Application-Server, Borland Application-Server.

Artefakt: Ein Stück Information, welches in einem Prozess genutzt wird, welches aber auch verändert werden kann und für das es eine Verantwortlichkeit gibt. Typische Artefakte sind: Sourcecode, Anforderungen, Modelle.

ASCII: American Standard Code for Information Interchange, im PC- und Unix-Bereich übliche Zeichendarstellung mit 7 Bit.

ASP: Application Service Provider. Dies sind Organisationen, welche die Nutzung von Applikationen und verwandten Dienstleistungen für andere ermöglichen. ASPs liefern standardisierte Software und Services. Die Dienstleistung kann über das Internet erfolgen oder direkt auf der Anlage des Kunden.

B2B: Business to Business.

B2C: Business to Consumer.

B2E: Business to Employee.

B2G: Business to Government.

Balanced Scorecard: Die Methodik hilft die Schlüsselfaktoren im Bereich Finanz, Kundenbindung, Wachstum und Qualität zu identifizieren. Sie wird „balanced" genannt, weil versucht wird, eine Balance zwischen den unterschiedlichen Anforderungen zu gewährleisten.

BAPI: Business Application Programming Interface. BAPI stellt eine objektorientierte Schnittstelle von SAP für Programmkomponenten (Business Objects) dar.

Baseline: Eine innerhalb der Organisation anerkannte Auswahl von Versionen bestimmter Artefakte. Typischerweise bilden Releases Baselines.

Best-Practices: Sammlung von Erfahrungen, die sich in der Praxis bewährt haben (sollten).

BPA: Business Process Automation. Die Automatisierung komplexer Geschäftsprozesse; der Fokus liegt auf der Ausführung des Prozesses.

BPEL4WS: Business Process Execution Language for Web Services. Eine Spezifikation von Microsoft und IBM, um Webservices den Geschäftsprozessen zugänglich zu machen.

BPM: Business Process Management. BPM beschreibt eine Menge von Diensten und Werkzeugen, die zur Steuerung von Geschäftsprozessen dienen. Typischerweise enthalten Workflowsysteme eine Menge solcher Funktionalitäten.

BPM: Business Process Modeling. Die Modellierung der Geschäftsprozesse und ihre jeweilige Unterstützung durch die IT.

BPO: Business Process Outsourcing. Die Auslagerung ganzer Geschäftsprozesse an Dritte. In der Regel werden hier entsprechende Service Level Agreements geschlossen.

BPR: s. Business Process Reengineering.

BSP: Business Service Provider. Der Dienstleister, welcher die Services im Rahmen eines BPO erbringt.

Business Engineering: Das Business Engineering bezeichnet einen systematischen und ganzheitlichen Ansatz zur Entwicklung soziotechnischer Geschäftslösungen im Kontext der Transformation von Organisationen. Es handelt sich um einen ingenieurwissenschaftlichen Ansatz, der sich beispielsweise in der Betonung der Relevanz von Methoden und Modellen manifestiert, sich aber auch darin äußert, dass Business Engineering als eine Konstruktionslehre verstanden wird. Business Engineering setzt oftmals auf der Ebene der Gestaltung von Geschäftsprozessen an, die als Bindeglied zwischen Informationssystemen einerseits und Organisationsstrategie andererseits verstanden werden. Werden in Business-Engineering-Projekten Prozesse fundamental überdacht, kann Business Process Reengineering als ein Element verstanden werden. Je höher der Grad der Veränderung ist, umso bedeutender sind für ein erfolgreiches Business Engineering zudem Ansätze des Change Managements.

Business Intelligence: Ein Prozess, um die strukturierten domänenspezifischen Daten einer Organisation zu untersuchen und dadurch zu neuen Einsichten und Strategien zu gelangen.

Business-Optimierung: Unter Business-Optimierung versteht man die kontinuierliche Anpassung der Organisation an die sich verändernden Gegebenheiten des Marktes.

Business Process Reengineering: auch BPR genannt. Business Reengineering bezeichnet Ansätze, in deren Rahmen auf Basis einer ausgeprägten Kundenorientierung ein fundamentales Überdenken und ein radikales Neugestalten von Geschäftsprozessen vorgenommen werden. Business Reengineering kann als ein Element des Business Engineering verstanden werden. Business Engineering muss allerdings im Gegensatz zum Business Process Reengineering nicht zu einer radikalen Neugestaltung führen. Des Weiteren sind die methodischen Elemente in Ansätzen des Business Reengineering weniger stark ausgeprägt als dies im Business Engineering üblich ist.

Change Management: Das Change Management hat zwei unterschiedliche Kontexte:

- Organisation
- IT

Im Kontext der Organisationsentwicklung versteht man unter Change Management Ansätze, welche die Veränderung von Organisationen begleiten, um Widerstände und Barrieren in Veränderungsprozessen abzubauen und Akzeptanz zu erzielen. Change Management im Kontext des IT-Servicemanagements wird als ein systematischer Ansatz verstanden, der auf Basis von Änderungsanforderungen die notwendigen Anpassungen an Informationssystemen und Infrastruktur in einer nachvollziehbaren und die Konsistenz der Systeme gewährleistenden Form steuert. Basis für ein erfolgreiches Change Management ist in der Regel die Kenntnis der gesamten IT-Infrastruktur und der Abhängigkeiten aller Komponenten untereinander. Dies ist Gegenstand des Configuration Managements, das daher oft in Verbindung mit Change Management genannt wird.

CIO: Der Begriff des Chief Information Officers wird je nach Verantwortungsbereich und Aufgabengebiet unterschiedlich definiert. Zu den Hauptaufgaben des CIO gehören die Ausrichtung der IT auf die Organisationsstrategie, der Aufbau und Betrieb geeigneter System- und Kommunikationsarchitekturen sowie die Weiterentwicklung der Informationssysteme. In vielen Organisationen ist der CIO direkt dem Chief Executive Officer, CEO, unterstellt, in einigen wenigen ist er Mitglied der Geschäftsleitung.

Client: Bezeichnung für Programme, die von anderen Services anfordern.

Client-Server: Architektur, in der ein Server seine Services vielen Clients über ein API zur Verfügung stellt. Ursprünglich eine reine Hardware-Architektur im LAN, in der die Festplatte eines Datei-Servers allen Workstations im Netz als virtuelle Platte zur Verfügung gestellt wurde. Sukzessive entwickelte sich hieraus eine Software-Architektur für verteilte Systeme. Hierbei läuft ein substantieller Teil einer Applikation auf Arbeitsplatzrechnern ab, der Applikationsservices auf anderen Rechnern in Anspruch nimmt. Diese umfassen z.B. Datenbank-Funktionen, Mail- und Druckservices oder Verarbeitungsfunktionalität (Application-Server).

CMM: s. CMMI.

CMMI: Das Capability Maturity Model Integration des SEI, Software Engineering Institute der Carnegie Mellon University, früher als CMM bezeichnet, ist ursprünglich als 5-stufiges Modell entworfen, gemäß dem die Reife von Organisationen bezüglich ihrer Qualitätssicherung beurteilt werden kann. Es ist in seiner aktuellen Form mit Methoden unterlegt, die Organisationen anwenden sollten, wenn sie eine bestimmte Reifestufe anstreben. Das SEI zertifiziert Organisationen nach diesem Modell. Die Stufen reichen von 1, d.h. unvollständig, bis zu 5, d.h. einem optimierenden Unternehmen:

1 Initial – Der Prozess ist ad hoc und im Grunde chaotisch. Der Erfolg hängt alleine von der Anstrengung und dem Glück einzelner Mitarbeiter ab. Organisationen, welche sich primär ihrer Softwareproduktqualität verschrieben haben, setzen heute oft agile Methoden ein. Aus Sicht von CMM oder SPICE sind diese Organisationen völlig chaotisch.

2 Wiederholbar – Es existiert ein Basisprojektmanagement. Die notwendigen Managementdisziplinen erlauben eine Wiederholbarkeit von Projekterfolgen in ähnlichem Umfeld.

3 Definiert – Der Softwareprozess ist beschrieben und definiert. Alle Aktivitäten sind dokumentiert und es existiert ein akzeptiertes Vorgehensmodell. Primär prozessorientierte Organisationen, welche erfolgreich standardisierte Vorgehensmodelle einsetzen, fallen in diese Kategorie.

4 Managed – Messungen bezüglich der Produkte sowie der Prozesse werden vorgenommen und zur Steuerung eingesetzt. Beim Erreichen die-

ser Stufe ist der Prozess nicht nur qualitativ, sondern auch quantitativ erfasst worden. Damit ein Outsourcingunternehmen überhaupt sinnvoll arbeiten kann, sollte dieses Niveau die Voraussetzung sein.

5 Optimierend – Ein kontinuierlicher Verbesserungsprozess, welcher über ein Feedback-System implementiert worden ist, muss innerhalb der Organisation vorhanden sein, um diese Stufe zu erreichen. Erst sehr wenige große Offshoring-Unternehmen, fast nur solche mit einem Geschäftsschwerpunkt in den USA, haben diese Stufe erreicht. Alle Unternehmen, die an die amerikanischen Streitkräfte liefern, müssen CMM Stufe 4 erreicht haben, aber nicht nur die Unternehmen selber, sondern auch deren Subunternehmen.

CObIT: Control Objectives for Information and Related Topics, ist ein Referenzmodell für IT-Governance, das eine Menge von Kontrollzielen für die Informatikprozesse definiert. In seiner aktuellen Version identifiziert das Modell 34 IT-Prozesse, die anhand von 318 Kontroll- und Überwachungsrichtlinien bewertet werden. Über Critical Success Factors, Key Performance Indicators und andere Kennzahlen wird dem Bedarf des Managements nach Kontrolle und Messbarkeit der IT Rechnung getragen. Hierdurch kann die IT-Umgebung den von CObIT identifizierten IT-Prozessen gegenübergestellt und beurteilt werden.

Composite Application: Eine Architektur, welche es ermöglicht, Applikationen aus einzelnen Bausteinen immer wieder neu zusammenzustellen, um sich an die Veränderung der Organisation und der Umgebung anzupassen.

Component: s. Komponenten.

Configuration Management: s. Konfigurationsmanagement.

Controlling: Der englische Begriff „to control" lässt sich übersetzen in beherrschen, leiten, lenken, dirigieren, einschränken, beaufsichtigen, überwachen, prüfen, kontrollieren und steuern. Beim Controlling handelt es sich somit um mehr als nur Kontrolle; der Begriff wird deshalb in der Betriebswirtschaftslehre in Kontrolle und Steuerung übersetzt. Zum Controlling gehören demnach alle Maßnahmen, die einerseits Transparenz schaffen und andererseits die Wahrscheinlichkeit erhöhen, dass gesetzte Ziele erreicht werden.

Cooperative Processing: Zusammenarbeit von Komponenten einer Applikation (Module, Unterprogramme, Objekte), die auf mehrere Rechner verteilt sind, über Mechanismen der Inter-Programm-Kommunikation. Mittels Cooperative Processing ist es möglich, im Rahmen einer Applikation die unterschiedlichen Fähigkeiten und Kapazitäten verschiedener Rechner bestens zu nutzen (z.B. grafische Benutzeroberfläche auf einer Workstation und Massendatenverarbeitung auf einem Großrechner).

CORBA: Common Object Request Broker Architecture. Definitionen für einheitliche Schnittstellen und Funktionen eines Object Request Brokers. Mit dem Standard CORBA 2 ist auch die rechnerübergreifende Interaktion zwischen unterschiedlichen ORBs definiert.

Corporate Governance: Im weitesten Sinne ist es das System, wie eine Organisation von der Geschäftsleitung geführt, kontrolliert und gesteuert wird.

COTS: Commercial Off The Shelf Software. Standardsoftware, die zu ihrem Einsatz nur noch installiert und konfiguriert werden muss, ohne jeden Anteil von Individualprogrammierung.

CRM: Customer Relationship Management. Zusammenfassung aller Konzepte und Techniken zum Erhalt und Ausbau der Beziehungen zu Kunden.

Data Warehouse: Ein Konzept zur Informationsbereitstellung für dispositive Applikationen, es umfasst drei Bereiche: - Aufbau und Design einer Informationsbasis (zentrale Informations-Datenbank und einzelne Data Marts) - Aktualisierung und Transformation der benötigten Daten aus operativen Datenbeständen oder externen Quellen - Bereitstellung von Informationen mittels Reports, eines EIS (Executive Information System) oder Ad-hoc-Abfragen.

Design Pattern: Entwurfsmuster. Ein Entwurfsmuster beschreibt ein in einem bestimmten Kontext immer wiederkehrendes Entwurfsproblem sowie ein generisches Schema zur Lösung dieses Problems (d. h. Entwurfsmuster sind Lösungsmuster). Entwurfsmuster ergeben sich auf Grund praktischer Erfahrung von Softwareentwicklern; das heißt sie sind Heuristiken.

Domäne: Eine zusammengehörige Menge von Anwendungen und Services zur Unterstützung von Geschäftsprozessen, die im Rahmen der Strukturierung der Anwendungslandschaft als eine fachliche Einheit angesehen werden sollen. Domänen sind die fachlichen Komponenten der Anwendungslandschaft.

Dot-Com: Ein Ausdruck für ein Unternehmen, welches den größten Teil seines Geschäftes über das Internet abwickelt.

EAI: Enterprise Application Integration. Middleware, die als generische Funktion eine Vielzahl unterschiedlicher Quell- und Ziel-Applikationen integrieren kann. Dabei sollen die Nachrichtenflüsse und die Nachrichtentransformation über Regeln gesteuert werden.

EAM: Enterprise Asset Management. Wie bei der traditionellen Anlagenbuchhaltung werden sowohl IT-Systeme als auch das Wissen der Mitarbeiter als Investitionsgüter angesehen und verwaltet.

EAS: Enterprise Application Software. Zur EAS zählt in der Regel die Standardsoftware, die zur Automatisierung der Front- und Backofficeoperationen genutzt wird. Typischerweise handelt es sich hierbei um:

- ERP, Enterprise Resource Planning
- CRM, Customer Relationship Management
- SCM, Supply Chain Management

eBusiness: Zusammenarbeit mit externen Partnern über das Internet. Dies umfasst alle Formen (Information, Kommunikation und Transaktionen) unter Verwendung aller Internet-Services (Mail, browserbasierende Interaktionen und Rechner/Rechner-Kommunikation mit XML). eCommerce (= Handel über das Internet) ist eine Teilmenge von eBusiness.

ebXML: Globales Rahmenwerk für die XML-basierte Geschäftskommunikation über das Internet, von dem Konsortium OASIS und der UNO entwickelt (www.ebxml.org). Ersatz für EDIFACT.

eCommerce: Handelsanwendungen über das Internet. Hierunter fallen Shopping-, Beschaffungs- und Marktplatz-Applikationen.

Economic Value Added: EVA. Netto-Betriebsergebnis nach Steuern und dem Abzug der Kapitalbeschaffungskosten.

eCRM: e-Channel Customer Relationship Management. Die Integration elektronischer Kanäle inklusive Web in das CRM-System.

EDI: Electronic Data Interchange. Direkter Austausch formatierter elektronischer Dokumente (z.B. Bestellung, Rechnung) zwischen Rechnern.

EIS: Executive Information System. Eine Applikation zur Bereitstellung von Kennzahlen zur Führungs- und Entscheidungsunterstützung in meist grafischer Form mit der Möglichkeit der Verfeinerung der Daten (drill down).

Enterprise: Ein Enterprise, wörtlich übersetzt eine Unternehmung, ist im ursprünglichen Sinn eine Aktivität, welche eine wohldefinierte Zielsetzung beinhaltet. Heute verstehen wir darunter ein Unternehmen oder eine Menge von Organisationen, welche eine gemeinsame Zielsetzung haben oder ein gemeinsames Ergebnis produzieren. Ein Enterprise in diesem Sinn kann alles von einem großen Konzern bis hin zu einer staatlichen Institution oder einem Ministerium sein. Große Konzerne und staatliche Stellen bestehen oft aus mehreren Enterprises.

ERP: Enterprise Resource Planning. Ein unternehmensweites Softwaresystem, dient zur softwaretechnischen Unterstützung von Ein- und Verkauf, Produktion, Lagerverwaltung und Buchhaltung.

ESB: Enterprise Service Bus. Eine verteilte Middlewareinfrastruktur. welche Webservices und XML, Routing und intelligenten Transport miteinander vereint.

extended Enterprise: Eine Organisationsform, welche IT-technisch unterstützt auch seine Zulieferer in die Organisation mit einbezieht.

G2B: Government to Business.

G2C: Government to Constitutents.

G2G: Government to Government.

Geschäftsfunktion: Übergeordneter Bereich geschäftlicher Aktivität eines Unternehmens. Beispiele: Einkauf, Fertigung, Vertrieb.

Geschäftsprozess: Integrierte, zeitlich-logische Anordnung von Aktivitäten, welche zur Wertschöpfung in einer Organisation einen wesentlichen Beitrag leisten. Jeder Prozess sollte einen messbaren In- und Output haben, wiederholbar und eindeutig einem Verantwortungsbereich zuzuordnen sein. Ein Geschäftsprozess ist eine Folge geschäftlicher Aktivitäten, die ein bestimmtes Ergebnis anstreben. Geschäftsprozesse in ihrer Gesamtheit setzen die Geschäftsfunktionen um. IT-Systeme sollen die Durchführung der Geschäftsprozesse unterstützen und vereinfachen.

Geschäftsprozessmanagement: Geschäftsprozessmanagement ist ein ganzheitliches Managementkonzept, in dessen Mittelpunkt Geschäftsprozesse stehen. Aufgaben der Gestaltung und Implementierung von Geschäftsprozessen werden in Form von Projekten wahrgenommen. Handelt es sich um ein fundamentales Neugestalten, spricht man auch von Business Process Reengineering. Neben diesen Maßnahmen mit Projektcharakter sind es insbesondere die dauerhaft und kontinuierlich wahrgenommenen Aufgaben, die das Geschäftsprozessmanagement prägen. Hierzu gehören das Führen, Planen, Überwachen und Steuern sowie das kontinuierliche Verbessern von Prozessen. Charakteristisch im Geschäftsprozessmanagement ist das Denken in Regelkreisen und die Integration von Ziel-, Planungs- und Kontrollsystemen.

Hosting: Üblicherweise das Speichern von Daten auf dem Server um diese später zu verwenden. Neuerdings wird der Ausdruck aber auch für den Betrieb von Applikationen auf einer Plattform verwendet, s. ASP.

HTML: **H**ypertext **M**arkup **L**anguage. Beschreibungssprache für Web-Seiten. Durch neutrale Formatierungsanweisungen, die in den Text eingebettet sind, ist eine starke Unabhängigkeit vom Zielsystem möglich. Sie wird durch einen Web-Browser interpretiert und angezeigt (Rendering). Durch Cascading Style Sheets sind auch externe Formatbeschreibungen möglich. Das Typenkonzept (MIME = Multimedia Mail Extension) ermöglicht, unterschiedliche Dateien an eine HTML-Seite anzubinden (Multi-Media). Seit HTML 3.2 sind auch Formulare mit HTML möglich.

HTTP: **H**ypertext **T**ransfer **P**rotocol. Kommunikationsprotokoll im WWW zwischen Webserver und Web-Client. HTTP basiert auf TCP/IP und entwickelte sich zum universellen Client/Server-Protokoll in TCP/IP-Netzen (Internet und Intranet).

IEEE: **I**nstitute of **E**lectrical and **E**lectronics **E**ngineers. Eine Institution zur Standardisierung von elektronischen und elektrischen Protokollen und Gegenständen.

Information Hiding: Der Prozess, alle Details eines Objekts zu verbergen, die nicht zu seinen wesentlichen Eigenschaften gehören. Normalerweise ist die Struktur eines Objekts verborgen, wie auch die Implementation seiner Methoden.

Interface: s. Schnittstelle

Internet: Das Internet ist ein weltumspannendes Netzwerk aus tausenden von physischen Netzwerken, die auf Grund des einheitlichen Transportprotokolls IP (Internet Protocol) auch zwischen unterschiedlichen Rechnern Daten austauschen können. Es ist als militärisches Forschungsnetz (ARPANET) entstanden.

Interoperabilität: Zusammenarbeit von Geräten oder Softwarekomponenten unterschiedlicher Hersteller durch die Verwendung von anerkannten Standards.

ISO: International Standards Organization. Internationales Gremium für die Standardisierung, das auch das OSI-Referenzmodell (Open Systems Interconnection) der Kommunikationsebenen entwickelt hat.

IT: Information Technology. Der Ausdruck für das ganze Spektrum der Informationsverarbeitung, inklusive Hardware, Software, Kommunikation und Services, beziehungsweise Entwicklung.

IT-Balanced Scorecard: Bei einer IT-Balanced Scorecard werden die vier Perspektiven der Balanced Scorecard auf die Spezifika der IT adaptiert:

- Die Kundenperspektive deckt die Wahrnehmung der Kunden auf die IT ab
- die Finanzperspektive versucht neben den Kosten der IT die Frage nach dem Strategiebeitrag der IT abzudecken
- die Prozessperspektive nimmt die IT-Prozesse mit eventuellem Verbesserungspotenzial in den Fokus
- die Potenzialperspektive zeigt auf, welche Voraussetzungen in der IT geschaffen werden müssen, um zukünftigen Entwicklungen folgen zu können.

IT-Governance: Unter der Governance werden Grundsätze, Verfahren und Maßnahmen zusammengefasst, welche möglichst effizient zur Unterstützung und Durchsetzung der Organisationsstrategien und -ziele beitragen sollen. Als integraler Teil der Organisationsführung strebt IT-Governance nach einer Ausrichtung der IT auf die Geschäftstätigkeit, einem verantwortungsvollen Umgang mit IT-Ressourcen und den damit verbundenen Risiken sowie dem Erkennen und Nutzen von IT- inhärenten Wettbewerbsvorteilen. Das IT Governance Institute beschäftigt sich mit der Entwicklung von Prinzipien und Standards zur IT-Governance und ist entscheidend an der Entstehung der aktuellen Version des CObIT-Referenzmodells beteiligt.

ITIL: Die Information Technology Infrastructure Library ist eine herstellerunabhängige „Best-Practices"-Sammlung für das IT-Servicemanagement. Als generisches Referenzmodell für die Planung, Überwachung und Steuerung von IT-Leistungen ist ITIL mittlerweile zum internationalen De-facto-Standard für das IT-Servicemanagement geworden. Dem Framework ITIL liegen insgesamt fünf Prozessbereiche zugrunde:

- Business Perspective
- Application Management
- Service Delivery
- Infrastructure Management
- Service Support

Ziel ist es, in strategischen, taktischen und operativen Bereichen eine verbesserte Kunden- und Serviceorientierung beim jeweiligen IT-Dienstleister zu gewährleisten.

IT-Servicemanagement: Das IT-Servicemanagement umfasst die Verfahren, welche der Erstellung von zuverlässigen, kundengerechten IT-Dienstleistungen dienen. Neben der Kundenorientierung zielt das Servicemanagement auch auf eine Qualitätsverbesserung und Kostensenkung ab. Diese Ziele ziehen im Allgemeinen Paradigmenwechsel nach sich und setzen einen kulturellen Wandel in der Organisation voraus.

Junk Bonds: Junk Bonds sind festverzinsliche Wertpapiere, bei denen Zins-
und Tilgungszahlungen relativ unsicher sind.

Key Performance Indicator: Ein kleine Liste von Metriken, die Auskunft
über den aktuellen Zustand geben.

Komponenten: Autonome Softwarebausteine, welche über standardisierte
Schnittstellen verfügen, so dass sie mit anderen zu einer Applikation zusammengebaut werden können. Technologien, die ein solches Konzept unterstützen, sind: COM (Microsoft) und Java Bean/EJB. Die Komponenten sind die Strukturelemente von (IT-)Systemen, sie bieten Funktionalität die sie implementieren, über Schnittstellen an und verwenden andere Komponenten über deren Schnittstellen. Komponenten können andere
Komponenten enthalten und somit hierarchisch geschachtelt sein. Dies
bleibt nach außen hin jedoch verborgen.

Konfigurationsmanagement: Das Konfigurationsmanagement unterstützt
den IT-Betrieb und bezweckt das koordinierte Bereitstellen von Diensten sowie das reibungslose Betreiben von IT-Lösungen. Die zentrale Rolle
des Konfigurationsmanagements betrifft das Release Management, d.h.
alle IT-Prozesse, die bei Veränderungen der IT-Produktionsumgebung
tangiert sind. Einzelne Hardware- und Softwareänderungen müssen koordiniert bereitgestellt und bei Bedarf aus Sicherheitsgründen wieder
rückgängig gemacht werden können.

Legacysoftware: Eine Applikation, welche in der Vergangenheit installiert
wurde und heute noch sehr nützlich ist. In aller Regel ist sie nur noch sehr
schwer veränderbar.

Linux: s. Unix.

Mainframe: Großrechner. Ein Großrechner ist ein sehr komplexes und um-
fangreiches Computersystem, das weit über die Kapazitäten eines Personal Computers und oft sogar über die typischer Serversysteme hinausgeht.
Ein Großrechner zeichnet sich vor allem durch seine Zuverlässigkeit und
hohe Ein-Ausgabe-Leistung aus.

Message Queueing: Start einer asynchronen Verarbeitung mit Übergabe
einer Nachricht. Die Nachricht wird in einer Warteschlange (Message
Queue) zwischengespeichert.

Metamodell: Ein Modell gilt als Metamodell bezüglich eines anderen Modells, wenn es ein Beschreibungsmodell der Sprache, in der dieses Modell
formuliert ist, darstellt. Metamodelle auf Grundlage dieses sprachbasier-
ten Metamodellbegriffs unterscheiden sich im Wesentlichen dadurch, welche Eigenschaften der modellierten Sprache sie abbilden und in welcher
Sprache sie selbst formuliert sind. Das Prinzip der Metamodellierung lässt
sich über mehrere Modellierungsebenen hinweg fortsetzen. Ein Metame-
tamodell ist folglich ein Beschreibungsmodell einer Sprache, in der ein
Metamodell formuliert ist. Moderne Modellierungssprachen werden heute
häufig auf Basis von Metamodellen spezifiziert. Ein bekanntes Beispiel ist
die Unified Modeling Language.

Midrange: Eine Bezeichnung für Computersysteme zwischen PC und Mainframes. Typische Vertreter sind Unixrechner oder die AS400-Systeme von IBM.

Modularisierung: Mit Hilfe der Modularisierung wird eine sinnvolle Zerlegung des Systems in Subsysteme und Komponenten vorgenommen.

Netzwerk: Im allgemeinen Sinne beschreiben Netzwerke alle Einrichtungen zur Unterstützung der Übermittlung von Informationen. Im engeren Sinne sind Kommunikationsnetzwerke damit bezeichnet, die den Nachrichtenaustausch zwischen mehreren Teilnehmern erlauben. Die (elektronischen) Nachrichtenkommunikationssysteme stellen dazu Nachrichtenverbindungen zwischen mehreren Endstellen her.

nichtfunktionale Anforderungen: Unter dem Begriff nichtfunktionale Anforderungen werden Eigenschaften verstanden, welche Bedingungen an die funktionalen Anforderungen oder Umgebung stellen. Dazu zählen beispielsweise: Usability, Performanz, Zuverlässigkeit, Wartbarkeit.

OMG: Object Management Group. Vereinigung, die sich die Standardisierung im Bereich der Objektorientierung zum Ziel gesetzt hat. Erstes Ergebnis ist die Definition einheitlicher Schnittstellen für einen Object Request Broker (s. oben). Weiterhin arbeitet die OMG an der Standardisierung von UML und MDA.

Open-Source-Software: Open-Source-Software ist die Software, die den Kriterien der Open-Source-Initiative entspricht. Ziel dieser Initiative war es, eine schnelle Akzeptanz freier Software durch Unternehmer und Kapitalgeber zu erreichen. Dabei wurde bewusst auf langfristige Überlegungen bezüglich philosophischer, ethischer und gesellschaftlicher Aspekte verzichtet und man hat sich nur auf technische Dinge konzentriert.

Outsourcing: Unter Outsourcing versteht man die teilweise oder komplette Übertragung von Aufgaben und Ressourcen der Informationsverarbeitung an einen oder mehrere rechtlich unabhängige Dienstleister. Die Auslagerung betrachtet damit den Übergang von der Eigenerstellung, „Make", zum Fremdbezug, „Buy", bestimmter, beziehungsweise sämtlicher IT-Funktionen, und drückt eine Veränderung in der zwischenbetrieblichen Arbeitsteilung durch die Reduktion der Fertigungstiefe aus.

Peer-to-Peer: End-zu-End-Kommunikation. Eine spezielle Form der Inter-Progamm-Kommunikation, bei der jeder der beteiligten Kommunikationspartner gleichberechtigt ist und somit die Kommunikation eröffnen und steuern kann. Im Gegensatz dazu steht die Master/Slave-Beziehung (Client/Server-Protokoll), bei der ein Partner vordefiniert für die Initialisierung der Kommunikation verantwortlich ist. Einige P2P-Protokolle erfreuen sich hoher Beliebtheit in Musiktauschbörsen.

Persistenz: Dauerhaftigkeit. Überleben eines Objekts über die Laufzeit des Programms hinaus.

Portabilität: Unabhängigkeit von Programmen von anderen Software- oder Hardware-Komponenten.

Prototyp: Provisorisches Software-System, das während der Produktdefinition erstellt wird, um Anforderungsfragen zu klären oder Anforderungen zu veranschaulichen.

Prozess: Die Aktivierung eines einzigen Steuerflusses. Ein Betriebssystem unterstützt üblicherweise die Abwicklung mehrerer Prozesse durch überlappende Verarbeitung. In einem Prozess können durch mehrere Threads wiederum weitere parallele Verarbeitungen stattfinden.

RPC: Remote Procedure Call. Mechanismus zur Programm-zu-Programm-Kommunikation über Rechner. Ein RPC arbeitet nach dem Prinzip des Unterprogrammaufrufs. Er erfordert keine Änderungen im Programm gegenüber einem rechnerinternen Unterprogrammaufruf, da das jeweilige Partnerprogramm durch einen Stub ersetzt wird, der seinerseits das RPC-Laufzeitsystem zum Transport der Parameter zwischen den Programmen aktiviert.

Schnittstelle: Die Außenansicht einer Klasse, eines Objekts oder eines Moduls, die dessen Abstraktion in den Vordergrund stellt, aber die Struktur und die Details des Verhaltens verbirgt (Interface).

Server: Zentrale Ressource in Netzwerken: Fileserver, Printserver, Terminalserver, Kommunikationsserver und so weiter. Darüber hinaus auch die Bezeichnung von Software-Komponenten, die im Netz ihre Dienste anbieten: DB-Server, Applikations-Server, Webserver und so weiter.

Service: Ein Service beschreibt eine wohl definierte, in sich abgeschlossene fachliche Funktion. Er verfügt über eine klar definierte Schnittstelle. Diese Schnittstelle legt fest, wie der Service aufgerufen werden kann, welche Parameter zu übergeben sind und wie das Resultat aussieht.

Service Level Agreement: Das Service Level Agreement ist ein Vertrag, bei dem die Leistungs- und Qualitätsstufen für IT-Dienstleistungen festgelegt und vereinbart werden. Solche SLAs können betriebsintern zwischen dem Informatikbereich und den Fachbereichen oder zwischen den Organisationen und einem Anbieter für Outsourcing-Dienste ausgehandelt und umgesetzt werden. Die SLA-Verträge regeln neben Leistung und Qualität auch die Art und Periodizität der Berichterstattung zwischen Anbieter und Nutzer.

Service Portfolio Management: Ein Service Portfolio ist eine Menge von Services mit definierten Attributen. Die Werte der Attribute definieren die Eigenschaften der Services. Eines dieser Attribute kategorisiert die Services. Die Portfoliostrategie definiert, anhand welcher Attribute zu entscheiden ist, in welche Klasse die Elemente gehören. Das Erfassen der Elemente und das Anpassen der Eigenschaften sowie die Definition der Portfoliostrategie und die damit erfolgende Klassifizierung bedeuten Service Portfolio Management.

Tailoring: Die Nutzung des vom Hersteller vorgesehenen Mechanismus zur Veränderung der COTS-Software wird als Tailoring bezeichnet.

System: Ein aus einzelnen, miteinander in Beziehung stehenden Elementen zusammengesetztes, abgeschlossenes Ganzes.

TCO: Total Cost of Ownership. Ein Kostenmodell für die Betriebskosten von IT-Systemen, das auch die Arbeitsplatzkosten einbezieht.

TCP/IP: Transmission Control Protocol/Internet Protocol. Ein weit verbreitetes Netzwerkprotokoll zur Kommunikation zwischen heterogenen Rechnern. Im Unix-Umfeld entstanden, inzwischen Implementierungen für alle Betriebssysteme verfügbar.

UDDI: Universal Description, Discovery and Integration. Verzeichnisservice im Internet, um Organisationen und deren Angebote an Webservices zu finden. UDDI ist damit eine Business Registry (s. www.uddi.org).

UML: Unified Modeling Language. Eine Sammlung von Diagrammen, um damit Modelle zu repräsentieren.

Unix: Betriebssystem für eine Vielzahl verschiedener Rechner. Ursprünglich in den Bell Laboratories von AT&T entwickelt, verbreitete sich Unix rasch im Midrange-Bereich. Heute existieren viele Unix-Derivate, die durch Anreicherungen der verschiedenen Hersteller entstanden (hardware-abhängiges Unix). Daneben verbreitet sich Linux, das als Open-Source-Produkt auf Rechnern verschiedener Hersteller läuft.

URI: Universal Resource Identifier. Allgemeine Form der Adressierung ohne Angabe des Protokolls; kann eine beliebige Ressource oder eine URL (Web-Ressource) sein.

URL: Universal Resource Locator. Symbolische Adresse eines Dokumentes oder einer Ressource im Internet mit Angabe von Protokoll, Domäne, Server, Verzeichnis, Unterverzeichnis u.a. Dadurch ist jedes Objekt weltweit eindeutig adressierbar.

URN: Uniform Ressource Name. Standardisiertes Format zur Adressierung von beliebigen Objekten, die mittels TCP/IP erreichbar sind. Erfordert keine Protokollangabe (s. auch URI).

Virtuelles Enterprise: Virtuelle Organisationen umfassen die Kooperation von organisatorischen Einheiten bei gleichzeitiger Konzentration auf deren jeweilige Kernkompetenzen. Dies zielt darauf ab, in einem dynamischen Umfeld konkurrenzfähig zu sein und die notwendige Flexibilität erreichen zu können. Diese Flexibilität setzt einen weitgehenden Verzicht auf statische und bürokratische Strukturen voraus. Virtualisierung kann dabei betrieben werden als innerorganisatorische Strategie zur Verbesserung der Flexibilität, der Kundenorientierung und der Innovationsfähigkeit von Organisationen oder als externe Kooperationsstrategie zwischen rechtlich selbstständigen Organisationseinheiten.

Virtuelle Produkte: Darunter werden physische Produkte und Dienstleistungen verstanden, die „on demand", d.h. nach Anforderung durch einen Kunden von der anbietenden Institution, z.B. einer Organisation oder einer virtuellen Organisation, erzeugt und geliefert werden.

Wasserfallmodell: Ist ein Vorgehensmodell für die sequentielle, stufenweise und dokumentenorientierte Softwareentwicklung eines Produkts, wobei jede Aktivität in der vollen Produktbreite durchgeführt wird und abgeschlossen sein muss, bevor die nächste Aktivität beginnt.

Webservice: Ein Service im Internet oder Intranet, welcher sich mittels XML-basierten Nachrichten und SOAP-Protokoll aus anderen Applikationen aufrufen und integrieren lässt. Zur Beschreibung der Schnittstellen eines Webservices wird die WSDL verwendet.

WSDL: **W**eb **S**ervice **D**escription **L**anguage. Eine XML-DTD, mit der die Eigenschaften eines Webservice beschrieben werden: verfügbare Operationen, erforderliche Parameter, Adresse im Web u.a.

XML: e**X**tensible **M**ark-up **L**anguage. Auszeichnungssprache, die im Gegensatz zu HTML nicht nur vordefinierte Tags, sondern auch benutzerdefinierbare Tags enthält. Dadurch können Felder explizit benannt und bearbeitet werden. XML-Daten lassen sich u.a. in eine HTML-Darstellung überführen.

Literaturverzeichnis

[1] A. Abran, P. N. Robilliard: *Function Point Analysis: An Empirical Study of Its Measurement Processes*, IEEE Transactions on Software Engineering Vol. 22(12), S. 895–910, 1996

[2] J. R. Abrial: *Assigning Programs to Meaning*, Prentice Hall, 1993

[3] J. Adams et al.:*Patterns for e-Business*, IBM Press, 2002

[4] *Manifesto for Agile Software Development*, http://www. agilealliance. org

[5] A. Alderson, H. Shah: *Viewpoints on Legacy Systems*, Communications of the ACM, Vol. 42(3), S. 115–117, 1999

[6] C. Alexander et al.: *A Pattern Language*, Oxford University Press, 1977

[7] G. Alonso et al.: *Web Services. Concepts, Architectures and Applications*, Springer, 2004

[8] R. Amar, J. Stasko: *A Knowledge Task-Based Framework for Design and Evaluation of Information Visualizations*, IEEE Symposium in Information Visualization 2004, Austin Texas, 2004

[9] S. W. Ambler: *Agile Modeling: Best Practices for the Unified Process and Extreme Programming*, Wiley Computer Press, 2002

[10] M. Amram, N. Kukatilaka: *Real Options: Managing Strategic Investment in an Uncertain World*, Harvard Business School, 1999

[11] K. R. Andrews: *The Concept of Corporate Strategy*, Dow Jones - Irwin, 1980

[12] A. I. Antón, C. Potts: *Functional Paleontology: System Evolution as the User Sees It*, Proc. 23rd (IEEE) International Conference on Software Engineering, Toronto, Canada, S. 421–430, 2001

[13] E. C. Arranga, F. P. Coyle: *COBOL: Perceptions and reality*, Computer, Vol. 30(3), S. 126–128, 1997

[14] C. Axton et al.: *Web Services for the Enterprise: Opportunities and Challenges*, Ovum, 2002

[15] C. Y. Baldwin, K. B. Clark: *Design Rule: The Power of Modularity*, MIT Press, 1999

[16] D. L. Banks, K. M. Carley: *Models for Network Evolution*, Journal of Mathematical Sociology, Vol. 21(2), S. 173–196, 1996

[17] D. Bannister, J. M. M. Mair: *The Evolution of Personal Constructs*, Academic Press, 1968

[18] Y. Bar-Yam: *About Engineering Complex Systems: Multiscale Analysis and Evolutionary Engineering*, in: S. Bruckner et al. (Hrsg.): *ESQA 2004*, Springer, 2005

[19] R. Baskerville et al.: *Systems Without Method: The impact of new technologies on information systems development projects*, IFIP Transactions A, Vol. 8, S. 241–269, 1992

[20] L. Bass et al.: *Software Arcitecture in Practice*, Addison Wesley, 1997

[21] R. Bauer: *Struktur und Differenz: Vielfalt als Konstruktionsprinzip von Organisationen und Organisationstheorien*, Universitätsverlag Rudolf Trauner, 2002

[22] K. Beck: *Extreme Programming Explained. Embrace Change*, Addison Wesley, 2000

[23] S. Beer: *The Heart of the Enterprise*, Wiley, 1979

[24] S. Beer: *Brain of the Firm*, 2nd Ed., Wiley, 1981

[25] S. Beer: *Diagnosing the System for Organizations*, Wiley, 1985

[26] S. Beer: *Beyond Dispute*, Wiley, 1994

[27] B. L. Belady, M. M. Lehman: *A model of large program development*, IBM Systems Journal, 15(3), 1976

[28] P. Berger, T. Luckmann: *The Social Construction of Reality*, Anchor Books, 1967

[29] F. Bergeron et al.: *Strategic Alignment of Information Technology: Performance outcomes in small and medium-sized firms*, in: Business Excellence I: Performance Measures, Benchmarking and Best Practices in New Economy, University of Minho, Braga, Portugal, S. 67–72, 2003

[30] P. Bernus et al.:*Handbook of Architectures of Information Systems*, Springer, 1998

[31] Bianchi, A. et al.: *Evaluating Software Degradation through Entropy*. in: *Pro. of the Seventh International Software Metrics Symposium METRICS 2001*, S. 210–220, London 2001

[32] J. Bisbal et al.: *Legacy Information Systems: Issues and Directions*, IEEE Software, September/October, 1999

[33] B. H. Boar: *Constructing Blueprints for Enterprise IT Architectures*, John Wiley, 1998

[34] B. W. Boehm: *Software Engineering Economics*, Prentice Hall, 1981

[35] B. Boehm: *A spiral model of software development and enhancement*, IEEE Computer, Vol. 21, S. 61–72, 1988

[36] B. W. Boehm: *Software Risk Management*, IEEE Computer Society Press, 1989

[37] B. Boehm: *Anchoring the Software Process*, IEEE Software, Vol. 13(7), S. 73–82, 1996

[38] C. Boldyreff et al.: *A basis for process improvement in application management*, Software Quality Journal, Vol. 6, S. 99–111, 1997

[39] J. Bosch: *Design and Use of Software Architectures*, Addison Wesley, 2000

[40] Boston Consulting Group: *IT Costs in Banks: Revisit Your Beliefs!*, BCG's 2003 European IT Benchmarking in Banking Study, BCG, 2004

[41] A. Bouguettaya et al.: *Interconnecting Heterogeneous Information Systems*, Kluwer Academic Press, 1998

[42] W. Bowen: *The Puny Payoff from Office Computers*, Fortune, May 1986, S. 24, 1986

[43] D. Box et al.: Simple Object Access Protocol (SOAP) 1. 1, W3C Note, http://www. w3c. org/TR/SOAP/, 2000

[44] A. C. Boynton et al.: *The Influence of IT Management Practice on IT Use in Large Organizations*, MIS Quarterly, Vol. 18(3), S. 299–318, 1994

[45] K. Braa et al.: *Organizing the Redesign Process in System Development*, The Journal of Systems and Software, Vol. 33(2), S. 133–140, 1996

[46] M. H. Brackett: *Data Sharing Using a Common Data Architecture*, Wiley Computer Press, 1994

[47] J. Bradshaw (Hrsg.): *Software Agents*, AAAI Press, 1997

[48] B. Brehmer: *In one word: Not from experience*, Acta Psychologica, Vol. 45, S. 223–241, 1980

[49] L. Briand et al.: *Q-MOPP: qualitative evaluation of maintenance organizations, processes and products*, Journal of Software Maintenance: Research and Practice, Vol. 10(4), S. 249–278, 1998

[50] M. Brinks: *Aggression gegen Computer. Eine wissenschaftliche Untersuchung eines alltäglichen Phänomens*, ibidem-Verlag, 2005

[51] P. Bristow et al.: *Enterprise Portals: Business Application and Technologies*, Butler Group, 2001

[52] C. Britton: *IT Architecture and Middleware: Strategies for Building Large, Integrated Systems*, Prentice Hall, 2001

[53] M. Brodie, M. Stonebraker: *Migrating Legacy Systems: Gateways, Interfaces and the Incremental Approach*, Morgan Kaufmann, 1995

[54] R. Brooks: *Towards a theory of the comprehension of computer programs* International Journal of Man-Machine Studies, Vol. 18, S. 543–554, 1983

[55] W. J. Brown et al.: *AntiPatterns: Refactoring Software, Architectures and Projects in Crisis*, John Wiley & Sons, 1998

[56] L. Brownsword et al.: *Developing New Processes for COTS-based Systems*, IEEE Software, Vol. 17(4), S. 48–55, 2000

[57] E. Brynjolfsson: *The productivity paradox of information technology*, Communications of The ACM, Vol. 36(12), S. 67–77, 1994

[58] D. Buchta et al.: *Strategisches IT-Management*, Gatter Verlag, 2004

[59] R. Budde et al. : *Prototyping: An Approach to Evolutionary System Development*, Springer, 1992

[60] J. Buckley et al.: *Towards a taxonomy of software changes*, Journal of Software Maintenance and Evolution: Research and Practice 2003, S. 1–7, 2003

[61] W. J. Buffam: *E-Business and IS Solutions: An Architectural Approach to Business Problems and Opportunities*, Addison Wesley, 2000

[62] M. Bugajska, G. Schwabe: *Framework for Communication and Visualization of IT and Business Alignment for Financial Institution*, Proceedings of the Eleventh American Conference on Information Systems, Omaha, NE, USA August 11th – 14th, 2005

[63] M. Bundschuh, A. Fabry: *Aufwandsschätzung von IT-Projekten*, Mitp-Verlag 2000

[64] J. M. Burn: *A Professional Balancing Act: Walking the Tightrope of Strategic Alignment*, In: C. Sauer, P. W. Yetton (Ed.): *Steps to the Future: Fresh Thinking on the Management of IT-Based Organizational Transformation*, John Wiley, 1997

[65] D. N. Card, R. L. Glass: *Measuring Software Design Quality*, Prentice Hall, 1990

[66] E. Carmel, S. Becker: *A process model for packaged software development*, IEEE Transactions and Engineering Management, Vol. 41(5), S. 50–61, 1995

[67] E. Carmel, S. Sawyer: *Packaged software development teams: What makes them different?* , Information Technology & People, Vol. 11(1), S. 7–19

[68] D. Carney et al.: *Complex COTS-Based Software Systems: Practical Steps for Their Maintenance*, Journal of Software Maintenance: Research and Practice, Vol. 12(6), S. 357–376, 2001

[69] M. Castells: *The Rise of the Network Society*, Blackwell Publishers, 1996

[70] Y. Chan, S. Huff: *Strategic Information Systems Alignment*, Business Quarterly, Vol. 58(1), S. 51–56, 1993

[71] N. Chapin et al.: *Types of software evolution and software maintenance*, Journal of Software Maintenance and Evolution, Vol. 13, S. 3–30, 2001

[72] G. Chastek et al.: *Product Line Analysis: A Practical Introduction*, Carnegie Mellon University, 2001

[73] P. Checkland, J. Scholes: *Soft Systems Methodology in Action*, John Wiley & Sons, 1990

[74] P. Checkland: *Systems Thinking*, John Wiley & Sons, 1999

[75] J. Chew: *Making ERP Work*, Forrester Research Inc., 2001

[76] E. Chikofsky, J. Cross II: *Reverse Engineering and Design Recovery: A Taxonomy*, IEEE Software, Vol. 7(1), S. 13–17, 1990

[77] C. M. Christensen: *The Innovator's Dilemma*, HarperBusiness, 1999

[78] D. Crutchfield: *The calculi of emergence: Computational, dynamics, and induction*, Physica D 75, S. 11–54, 1994

[79] W. C. Chu et al.:*Pattern based software re-engineering: a case study*, Journal of Software Maintenance: Research and Practice, Vol. 12(2), S. 121–141, 2000

[80] L. Chung et al.: *Non-Functional Requirements in Software Engineering*, Kluwer Academic Publisher, 2000

[81] C. U. Ciborra: *De profundis? Deconstructing the concept of strategic alignment*, Scandinavian Journal of Information Systems, Vol. 9(1), S. 67–82, 1997

[82] C. U. Ciborra, O. Hanseth: *From Tool to Gestell*, Information, Technology & People, Vol. 11(4), S. 305–327, 2000

[83] C. U. Ciborra: *The Labyrinths of Information, Challenging the Wisdom of Systems*, Oxford University Press, 2002

[84] W. J. Clancey: *Heuristic Classifications*, Artificial Intelligence, Vol. 27, S. 289–350, 1985

[85] W. J. Clancey: *Model Construction Operators*, Artificial Intelligence, Vol. 27, S. 289–350, 1985

[86] P. Clements, L. Northrop: *Software Production Lines: Practices and Patterns*, Addison Wesley, 2001

[87] P. Clements et al.: *Evaluating Software Architectures, Methods and Case Studies*, Addison Wesley, 2002

[88] A. Cockburn: *Agile Software Development*, Addison Wesley, 2002

[89] M. A. Cook: *Building Enterprise Information Architectures: Reengineering Information Systems*, Prentice Hall, 1996

[90] D. Coleman et al.: *Using Metrics to Evaluate Software System Maintainability*, Computer Vol. 27(8), S. 44–49, 1994

[91] D. Coleman et al.: *The Application of Software Maintainability Models in Industrial Software Systems*, Journal of Systems Software Vol. 29(1), S. 3–16, 1995

[92] P. Comer, J. Chard: *A measurement maturity model*, Software Quality Journal, Vol. 2(4), S. 277–289, 1993

[93] L. Constantine, L. Lockwood: *Software for Use*, ACM Press, 1999

[94] S. D. Conte et al.: *Software Engineering Metrics and Models*, Benjamin/Cummings Pub., 1986

[95] F. Coyle: *XML, Web Services and The Data Revolution*, Addison Wesley, 2002

[96] J. Crichlow: *The Essence of Distributed Systems*, Prentice Hall, 2000

[97] K. Cowston, B. Scozzi: *Open-Source-Software Projects as Virtual Organisations: Competency Rallying for Software Development*, IEEE Proceedings – Software, Vol. 149(1), S. 3–17, 2002

[98] M. A. Cusumano, R. Selby: *How Microsoft builds software*, Communication of the ACM, Vol. 40, S. 53–61, 1997

[99] M. A. Cusumano, D. B. Yoffe: *Software development on Internet time*, IEEE Computer, Vol. 32, S. 60–69, 1999

[100] R. L. Daft: *Organization Theory and Design*, South-Western College Publishing, 1998

[101] B. Dahlbohm, L. Matthiassen: *Computers in context: the philosophy and practice of systems design*, Blackwell, 1993

[102] A. M. Davies: *Software Requirements: Objects, Functions and States*, Prentice Hall, 1993

[103] A. M. Davies: *Fifteen principles of software engineering*, IEEE Software, Vol. 11(6), S. 94–97, 1994

[104] G. B. Davis, M. H. Olson: *Management Information Systems*, 2nd Ed., McGraw-Hill, 1985

[105] M. M. Davydov: *Corporate Portals and e-Business Integration*, McGraw-Hill, 2001

[106] G. Dedene, J. P. De Vreese: *Realities of off-shore reengineering*, IEEE Software, Vol. 7(1), S. 35–45, 1995

[107] S. M. Deklava: *The Influence of the Information System Development Approach on Maintenance*, Management Information Systems Quarterly, Sept., 1992

[108] T. DeMarco: *Controlling Software Projects*, Dorset House, 1982

[109] M. Diaz, J. Sligo: *How Software Process Improvement Helped Motorola*, IEEE Software, Vol. 14(5), S. 75–81, 1997

[110] E. W. Dijkstra: *The End of Computing Science*, Communication of the ACM, Vol. 44(3), S. 92, 2001

[111] D. Dikel et al.: *Software Architecture: Organizational Principles and Patterns*, Prentice Hall, 2001

[112] C. Domd, M. Green: *Phase Transition and Critical Phenomena*, Academic Press, 1972

[113] J. B. Dreger: *Function Point Analysis*, Prentice Hall, 1989

[114] S. W. Duck: *The Study of Acquaintance*, Saxon House, 1977

[115] M. J. Earl:*Information Management: The Strategic Dimension*, Oxford University Press, 1988

[116] M. J. Earl:*Management strategies for information technology*, Prentice Hall 1989

[117] C. Ebert: *Dealing with Nonfunctional Requirements in Large Software Systems*, Annals of Software Engineering, Vol. 3(9), S. 367–395, 1997

[118] L. Egghe, R. Rousseau: *Introduction to Informetrics*, Elsevier Science Publisher, 1990

[119] N. Eldredge: *The Pattern of Evolution*, W. H. Freeman and Company, 1999

[120] R. Ellison et al.:*Survivable Network System Analysis: A Case Study*, IEEE Software, Vol. 16(4), S. 70–77, 1999

[121] J. Elster: *Explaining Technical Change*, Cambridge University Press, 1983

[122] R. Espejo, R. Hamden (Hrsg.): *The Viable Systems Model, Interpretations and Applications of Stafford Beers VSM*, Wiley, 1989

[123] R. Espejo, M. Schwaninger (Hrsg.): *Organisational Fitness, Corporate Effectiveness through Management Cybernetics*, Campus, 1993

[124] R. Espejo, M. Schwaninger (Hrsg.): *To Be or Not to Be, that is the System. A Tribute to Stafford Beer, CD-ROM*, Carl Auer Systeme Verlag, 1996

[125] J. Favaro et al.: *Value based software reuse investment*, Annals of Software Engineering, Vol. 5(1), S. 5–52, 1998

[126] L. Fejis et al.: *A Relational Approach to Software Architecture Analysis*, Software Practice and Experience, Vol. 28(4), S. 371–400, 1998

[127] M. Felici: *Taxonomy of Evolution and Dependability*, Proceedings for the Second International Workshop on Unanticipated Software Evolution, USE 2003, Warschau, Polen, S. 95–104, 2003

[128] N. Fenton, S. L. Pfleeger: *Software Metrics: A Rigorous Approach*, Chapman & Hall, 1997

[129] R. T. Fielding: *Shared Leadership in the Apache Project*, Communications of the ACM, Vol. 42(4), S. 42–43, 1999

[130] M. Foegen, J. Battenfeld: *Die Rolle der Architektur in der Anwendungsentwicklung*, Informatik Spektrum, Vol. 24, S. 290–301, 2001

[131] J. Fonseca: *Complexity and Innovation in Organisations*, Routledge, 2002

[132] M. Foucault: *Die Ordnung der Dinge*, Suhrkamp 1974

[133] M. Foucault: *Überwachen und Strafen: Die Geburt des Gefängnisses*, Suhrkamp 2001

[134] D. Frankel: *Model Driven Architecture: Applying MDA to Enterprise Computing*, John Wiley & Sons, 2003

[135] G. W. Furnas et al.: *The vocabulary problem in human-system communication*, Communications of the ACM, Vol. 30(11), S. 964–971, 1987

[136] C. Gacek, B. Arief: *The Many Meanings of Open Source*, IEEE Software Vol. 21(1), S. 34–40, 2004

[137] J. R. Galbraith: *Organization Design*, Addison Wesley, 1977

[138] E. Gamma et al.: *Design Patterns, Elements of Reusable Object Oriented Software*, Addison Wesley, 1995

[139] P. Gärdenfors: *Conceptual Spaces: The geometry of thought*, MIT Press, 2000

[140] D. Garmus, D. Herron: *Function Point Analysis – Measurement Practices for Successfull Software Projects*, Addison Wesley, 2001

[141] P. R: Garvey: *Probability Methods for Cost Uncertainty Analysis – A Systems Engineering Perspective*, Marcel Dekker Inc., 2000

[142] M. Gaulke: *Risikomanagement in IT-Projekten*, Oldenburgverlag, 2004

[143] J. Gharajedaghi: *Systems Thinking. Managing Chaos and Complexity. A Platform for Designing Business Architecture*, Butterworth-Heinemann, 1999

[144] W. W. Gibbs: *Software's Chronic Crisis*, Scientific American, September, S. 86–95, 1994

[145] T. Gilb: *Principles of Software Engineering Management*, Addison Wesley, 1988

[146] R. L. Glass: *Business applications: what should a programming language offer?*, The Software Practitioner, Septemberausgabe, 1996

[147] R. L. Glass: *Cobol – a contradiction and an engima*, Communications of the ACM, Vol. 40(9), S. 11–13, 1997

[148] R. L. Glass: *Computing Calamities – Lessons Learned from Products, Projects and Companies that Failed*, Prentice Hall, 1998

[149] R. L. Glass: *Software Runaways – Lessons Learned from Massive Software Projects Failures*, Prentice Hall, 1998

[150] R. L. Glass: *ComputingFailures. com – War Stories from the Electronic Revolution*, Prentice Hall, 2001

[151] J. Gleick: *Chaos: Making a New Science*, Penguin Books, 1987

[152] D. Goeudevert: *Wie ein Vogel im Aquarium*, Rowohlt, 1998

[153] B. Goldfedder: *The Joy of Patterns: Using Patterns for Enterprise Development*, Addison Wesley, 2002

[154] M. Goodyear: *Enterprise System Architectures*, CRC Press, 2001

[155] R. B. Grady: *Practical software metrics for project management and process improvement*, Prentice-Hall, 1992

[156] E. Gray, W. Smith: *On the limitations of software process assessment and the recognition of a required re-orientation for global process improvement*, Software Quality Journal, Vol. 7(1), S. 21–34, 1998

[157] L. E. Greiner: *Evolution and Revolution as Organizations Grow*, Harvard Business Review Vol. 50(4), S. 37–46, 1972

[158] V. Gurbaxani: *The new world of Information Technology outsourcing*, Communcations of the ACM, Vol. 39(7), S. 45–47, 1996

[159] Guttierez: *e-Business on demand: A developer's roadmap*, IBM, Februar 2003

[160] E. Hall: *Managing Risk, Methods for Software Systems Developers*, Addison Wesley 1997

[161] T. Hall, N. Fenton: *Implementing Effective Software Metrics Programs*, IEEE Software, Vol 14(2), S. 55–65, 1997

[162] M. Halstead: *Elements of Software Science*, Elsevier North Holland, 1977

[163] M. Hammer, J. Champy: *Reengineering the Corporation*, New York, 1993

[164] D. Harel, M. Politi: *Modeling Reaction Systems with Statecharts*, McGraw-Hill, 1998

[165] E. Harrold, W. Means: *XML in a Nutshell*, O'Reilly, 2001

[166] P. Harmon et al.: *Developing E-Business Systems and Architectures*, Morgan Kaufman, 2001

[167] W. Harrison: *An Entropy-Based Measure of Software Complexity*, IEEE Transactions on Software Engineering, 18(11), 1992

[168] D. C. Hay: *Data Model Patterns: Conventions of Thought*, Dorset House, 2003

[169] D. C. Hay: *Requirement Analysis: From Business Views to Architecture*, Prentice Hall, 2003

[170] M. Heidegger: *Sein und Zeit*, Klostermann, 1977

[171] J. C. Henderson, N. Venkatraman: *Strategic Alignment: Leveraging Information Technology for Transforming Organizations*, IBM Systems Journal, Vol. 32(1), S. 4–16, 1993

[172] S. Henry: *Software metrics based on information flow*, IEEE Transactions on Software Engineering, Vol. 7(5), S. 481, 1981

[173] B. Henderson-Sellers: *Object-oriented metrics: measures of complexity*, Prentice Hall 1996

[174] Th. Hess, L. Brecht: *State of the Art des Business Process Redesign*, Gabler Verlag, 1995

[175] A. Hevner: *Phase containment metrics for software quality improvement*, Information and Software Technology, Vol. 39(13), S. 867–877, 1997

[176] J. Highsmith: *Adaptive Software Development – A Collaborative Approach to Managing Complex Systems*, Dorset House, 2000

[177] J. Highsmith: *Agile Software Development Ecosystems*, Addison Wesley, 2002

[178] S. Hissam, D. Carney: *Isolating Faults in Complex COTS-Based Systems*, Journal of Software Maintenance: Research and Practice, Vol. 11(3), S. 183–199, 1998

[179] D. K. Hitchins: *Putting Systems to Work*, John Wiley, 1992

[180] H. F. Hofmann, F. Lehner: *Requirements Engineering as a success factor in software projects*, IEEE Software, Juli/August 2001

[181] J. Holland: *Hidden Order: How Adaptation Builds Complexity*, Addison Wesley, 1995

[182] J. Holland: *Emergence: From Chaos to Order*, Addison Wesley, 1998

[183] I. F. Hooks, K. A. Farry: *Customer Centered Products: Creating Successful Products Through Smart Requirements Management*, Amacom, 2001

[184] F. Hoque: *e-Enterprise: Business Models, Architecture and Components*, Cambridge University Press, 2000

[185] Y. Huang et al.: *A model-driven framewok for enterprise service mnanagement*, Informations Systems and e-Business Management, Vol. 3, S. 201. 217, 2005

[186] A. S. Huff: *Mapping Strategic Thought*, John Wiley& Sons Ltd., 1990

[187] A. Hunt, D. Thomas: *The Pragmatic Programmer*, Addison Wesley, 2000

[188] H. H. Husmann: *Re-engineering Economics*, Eden Systems, 1990

[189] E. Husserl: *The Crisis of European Science and Transcendential Phenomenology*, MIT Press, 1970

[190] D. W. Hybertson et al.: *Maintenance of COTS-intensive Software Systems*, Journal of Software Maintenance, Vol. 9(4), S. 203–216, 1997

[191] F. A. M. de M. Ilharco: *Information Technology as Ontology: A Phenonomenological Investigation into Information Technology and Strategy In-the-World*, London School of Economics and Political Science, Dissertation, 2002

[192] L. D. Introna, E. A. Whitley: *Against method-ism. Exploring the limits of method*, Information Technology & People, Vol. 10(1), S. 31–45, 1997

[193] T. Jennings: *Intelligent Integration*, Butler Group, 2002

[194] R. Jeffrey, J. Stathis: *Function Point Sizing: Structure, Validity and Applicability*, Empirical Software Engineering: An International Journal, Vol. 1(1), S. 11–30, 1996

[195] O. Jeffry et al.: *The Vision of Autonomic Computing*, IEEE Computer, Vol. 36(1), S. 41–50, 2003

[196] C. Jones: *Assessment and Control of Software Risks*, Prentice-Hall, 1994

[197] C. Jones: *Software Metrics: Good, Bad, and Missing*, Computer Vol. 27(9), S. 98–100, 1994

[198] C. Jones: *Applied Software Measurement: Assuring Productivity and Quality*, McGraw-Hill, 1996

[199] C. Jones: *Patterns of Software Systems Failure and Success*, International Thomson Computer Press, 1996

[200] C. Jones: *Estimating Software Costs*, McGraw-Hill, 1998

[201] C. Jones: *The Year 2000 Software Problem – Quantifying the Costs and Assessing the Consequences*, Addison Wesley, 1998

[202] C. Jones: *Software Assessments, Benchmarks and Best Practices*, Addison Wesley, 2000

[203] M. Jørgensen, *An Empirical Study of Software Maintenance Tasks*, Journal of Software Maintenance: Research and Practice, Vol. 7(1), S. 27–48, 1995

[204] M. Jørgensen, D. I. K. Sjøberg, *Impact of experience on maintenance skills*, Journal of Software Maintenance: Research and Practice, Vol. 14(2), 2002

[205] R. S. Kaplan, D. P. Norton: *The Balanced Scorecard – Translating Strategy into Action*, Harvard Business School Press, 1996

[206] E. A. Karlsson: *Software Reuse – A Holistic Approach*, John Wiley & Sons, 1995

[207] R. Kazman et al.: *Scenario Based Analysis of Software Architecture*, IEEE Software, Vol. 13(11), S. 47–55, 1996

[208] J. J. Kassbøll: *How evolution of information systems may fail: many improvements adding up to negative effects*, European Journal of Information Systems, Vol. 6, S. 172–180, 1997

[209] S. Kauffman, W. MacReady; *Technological Evolution and Adaptive Organisation*, Complexity Journal, Vol. 1(2), S. 26–43, 1995

[210] B. Kersten, C. Verhoef: *IT Portfolio Management: A Banker's Perspective on IT*, Cutter IT Journal, Vol. 16(4), S. 34–40, 2003

[211] S. T. Knox: *Modeling the Cost of Software Quality*, Digital Technical Journal, Vol. 5(4), S. 9–17, 1993

[212] W. Kobitzsch et al.: *Outsourcing in India*, IEEE Software, Vol 12(2), S. 78–86, 2001

[213] J. Kontio: *A Case Study in Applying a Systematic Method for COTS-Software Selection*, in: Proceedings of the International Conference on Software Engineering, Berlin, March 25–29, 1996, IEEE Computer Society, 1996

[214] J. E. Kottemann, B. R. Konsynski: *Information Systems Planning and Development: Strategic Postures and Methodologies*, Journal of Information Systems, Vol. 1(2), S. 45–63, 1984

[215] P. B. Kruchten: *The Rational Unified Process*, Addison Wesley, 1999

[216] T. S. Kühn: *The Structure of Scientific Revolutions*, Chicago University Press, 1962

[217] J. D. Kuo: *Dot Bomb*, Little, Brown & Company, 2001

[218] J. Laartz et al.: *Designing IT for Business*, McKinsey Quarterly, July 2004

[219] M. Lacity, R. Hirschheim: *Information Systems Outsourcing: Myths, Metaphors and Realities*, John Wiley & Sons, 1993

[220] M. Lacity, R. Hirschheim: *Beyond the Information Systems Outsourcing Bandwagon: The Insourcing Response*, John Wiley & Sons, 1995

[221] C. S. Langdon: *Information systems architecture styles and business interaction patterns: Toward theoretic correspondence*, Information Systems and e-Business Management, Vol. 1, S. 283–304, 2003

[222] T. Langenohl: *Systemarchitekturen elektronischer Märkte*, Rosch-Buch, 1995

[223] H. L. Lee et al.: *The Bullwhip Effect in Supply Chains*, Sloan Management Review, S. 93–102, 1997

[224] M. M. Lehman: *On understanding Laws, evolution and conversation in the large program lifecycle*, Journal of Software & Systems,. Vol. 1, S. 213–221, 1980

[225] M. M. Lehman: *Programs, Life Cycles and Laws of Software Evolution*, Proceedings of IEEE on Software Engineering, Vol. 68(9), S. 1060–1076, 1980

[226] M. M. Lehman: *Program evolution*, Academic Press, 1985

[227] M. M. Lehman et al.:*Metrics and laws of Software Evolution*, In: *Proceedings of the Fourth International Software Metrics Symposium*, Albuquerque, 1997

[228] F. Lehner: *Softwarewartung, Management und methodische Unterstützung*, Hanser Verlag, 1991

[229] W. C. Lim: *Effects of reuse on quality, productivity and economics*, IEEE Software, Vol. 17(1), S. 23–30, 1994

[230] D. S. Linthicum: *Enterprise Application Integration*, Addison Wesley, 1999

[231] D. S. Linthicum: *B2B Application Integration – e-Businesss-Enable Your Enterprise*, Addison Wesley, 2000

[232] M. Lippert et al.: *EXtreme Programming in Action*, John Wiley & Sons, 2002

[233] K. Liu: *Semiotics of Information Systems Engineering*, Cambridge University Press, 2000

[234] B. Londeix: *Cost Estimation for Software Development*, Addison Wesley, 1987

[235] M. Lorenz, J. Kidd: *Object-Oriented Software Metrics. A Practical Guide*, Prentice Hall, 1994

[236] C. Lovelock et al.: *Services Marketing*, Prentice Hall, 1996

[237] H. C. Lucas: *Why Information Systems Fail*, Columbia University Press, 1975

[238] J. N. Luftman et al.: *Transforming the Enterprise: The alignment of business and information technology strategies*, IBM Systems Journal, Vol. 32(1), S. 204, 1993

[239] J. N. Luftman: *Competing in the Information Age – Align in the Sand*, Prentice-Hall, 2003

[240] J. N. Luftman: *Managing the Information Technology Resource*, Prentice-Hall, 2004

[241] R. Malveau, T. J. Mowbray: *Software Architect Bootcamp*, Prentice Hall, 2001

[242] R. C. Martin: *Agile Software Development, Principles, Patterns and Practices*, Prentice Hall, 2002

[243] D. Masak: *Moderne Enterprise Architekturen*, Springer, 2004

[244] D. Masak: *Legacysoftware – Das lange Leben der Altsysteme*, Springer, 2004

[245] P. McBreen: *Software Craftsmanship*, Addison Wesley, 2002

[246] T. J. McCabe, A. H. Watson: *Software Complexity*, Journal of Defense Software Engineering Vol. 7(12), S. 5–9, 1994

[247] L. A. McCauley: *Requirements Engineering*, Springer, 1996

[248] C. McClure: *The three R's of software automation: re-engineering, repository, reusability*, Prentice Hall, 1992

[249] F. W. McFarlan: *Portfolio approach to information systems*, Harvard Business Review, Vol. 59(5), S. 142–150, 1981

[250] *OMG Model Driven Architecture Home Page*, http://www. omg. org/mda/index. htm

[251] N. Mead et al.:*Managing Software Development for Survivable Systems*, Annals of Software Engineering, Vol. 11(11), S. 45–78, 2000

[252] N. Mead et al.:*Towards Survivable COTS-Based Systems*, Cutter IT-Journal, Vol. 14(2), S. 4–11, 2001

[253] S. Mellor, M. Balcer: *Executable UML: A Foundation for Model Driven Architecture*, Addison Wesley, 2002

[254] A. Melton: *Software Measurement*, International Thomson Computer Press 1996

[255] META Group: *The Business of IT-Portfolio Management: Balanced Risk, Innovation and ROI*, META Group, 2002

[256] C. Meyer: *Fast Cycle Time: How to Align Purpose, Strategy and Structure for Speed*, Free Press, 1993

[257] B. Meyers, P. A. Oberndorf: *Managing Software Acquisition: Open Systems and COTS-Software Products*, Addison Wesley, 2001

[258] H. Mintzberg: *The Structuring of Organizations*, Prentice Hall, 1979

[259] M. Minsky: *The Psychology of Computer Vision*, McGraw-Hill, 1975

[260] *OMG Meta Object Facility Specification*, http://www. omg. org

[261] M. S. Morton: *The Corporation of the 1990's: Information Technology and Organizational Transformation*, Oxford University Press, 1991

[262] F. Mosteller, J. W. Tukey: *Data Reduction and Regression*, Addison Wesley, 1977

[263] J. Moubray: *Reliability-Centered Maintenance*, Industrial Press, 2001

[264] H. A. Müller et al.: *A Reverse Engineering Approach To Subsystem Structure Identification*, Software Maintenance Research and Practice, Vol. 5, S. 181–204, 1993

[265] G. Myers: *Reliable Software through Composite Design*, Petrocelli/Charter, 1975

[266] L. R. Ness: *Assessing the Relationship among IT Flexibility, Strategic Alignment, and IT Effectiveness: Study Overview and Findings*, Journal of Information Technology Management, Vol. XVI(2), S. 1–16, 2005

[267] E. Newcomer: *Understanding Web Services: XML, WSDL, SOAP and UDDI*, Addison Wesley, 2002

[268] F. Niessink, H, van Vliet: *Software Maintenance from a Service Perspective*, Journal of Software Maintenance, Vol. 12(2), S. 103–120, 2000

[269] G. Norris et al.: *E-Business and ERP: Transforming the Enterprise*, John Wiley & Sons, 2000

[270] B. Noteboom: *Inter-firm alliances: Analysis and design*, Routledge, 1999

[271] B. Noteboom: *Learning and innovation in organization and economies*, Oxford University Press, 2000

[272] B. Noteboom: *Trust: Forms, foundations, functions, failures and figures*, Edward Elgar, 2002

[273] P. Nowak: *Structures and Interactions – Characterising Object Oriented Software Architectures*, Dissertation, University of Southern Denmark, 1999

[274] D. Oberle: *Mythologie der Informatik*, preprint, Universität Karlsruhe, 2001

[275] R. J. Offen, R. Jeffery: *Establishing Software Measurement Programs*, IEEE Software, Vol. 14(2), S, 45–53, 1997

[276] P. W. Oman, J. Hagemeister: *Constructing and Testing of Polynomials Predicting Software Maintainability*, Journal of Systems and Software Vol. 24(3), S. 251–266, 1994

[277] P. W. Oman, C. Cook: *A taxonomy for programming style*, 18th ACM Computer Science Conference Proceedings, S. 244–247, 1990

[278] A. Onoma et al.: *Software Maintenance – an Industrial Experience*, Journal of Software Maintenance: Research and Practice, Vol. 7, S. 333–375, 1995

[279] A. Osterwalder et al.: *Clarifying Business Models: Origins, Present, and Future of the Concept*, Communications of the AIS, Vol. 15, S. 1–39, 2005

[280] R. Otte et al.: *Understanding CORBA*, Prentice Hall, 1996

[281] M. A. Ould: *CMM and ISO 9001*, Software Process – Improvement and Practice, Vol. 2(4), S. 281–289, 1996

[282] R. Papp: *Strategic Information Technology: Opportunities for Competitive Advantage*, Idea Group Publishing, 2001

[283] R. Papp: *Strategic Alignment: Web-based Analysis & Assessment*, Idea Group Publishing, 2003

[284] M. Parker, R. Benson: *Information Economics*, Prentice Hall, 1988

[285] C. N. Parkinson: *Parkinson's Law or the Pursuit of Progress*, John Murray, 1957

[286] C. N. Parkinson: *The Law and the Profits*, John Murray, 1957

[287] C. N. Parkinson: *The Law of Delay*, John Murray, 1957

[288] R. Pastor-Satorras et al.: *Dynamical and correlation properties of the Internet*, Phys. Rev. Lett. 87, S. 258, 2001

[289] M. C. Paulk: *How ISO 9001 compares to CMM*, IEEE Software Vol. 12(1), S. 74–83, 1995

[290] R. Pavelicek: *Embracing Insanity: Open-Source-Software Development*, SAMS Publishing, 2000

[291] T. Pfarr, J. E. Reis: *The Integration of COTS/GOTS Within NASA's HST Command and Control System*, Proceedings of the First International Conference on COTS-Based Software Systems, Lecture Notes in Computer Science, Springer, 2002

[292] S. L. Pfleeger: *Lessons Learned in Building a Corporate Metrics Program*, IEEE Software, Vol. 10(3), S. 67–74, 1993

[293] T. M. Pigoski: *Practical Software Maintenance: Best Practices for Managing Your Software Investment*, Wiley 1997

[294] D. R. Pitts: *Metrics: Problem Solved?*, CrossTalk, Vol. 10, S. 28–30, 1997

[295] M. E. Porter: *Competitive Advantage*, Free Press, 1985

[296] M. E. Porter: *What is Strategy?*, Harvard Business Review, Vol. 75(6), S. 61–77, 1996

[297] I. Prigogine, I. Steingers: *The End of Certainty: Time, Chaos and the New Laws of Nature*, Free Press, 1991

[298] K. Pulford et al.: *A Quantitative Approach To Software Management – The Ami Handbook*, Addison Wesley, 1996

[299] R. Purushothaman, D. E. Perry: *Towards Understanding Software Evolution: One-Line Changes*, International Workshop on Mining Software Repositories, 2004

[300] L. H. Putnam, W. Myers: *Measures for Excellence – Reliable Software on Time, Within Budget*, Yourdan Press Computing Series, 1992

[301] W. E. Rajput: *E-Commerce Systems Architecture and Applications*, Artech House, 2000

[302] A. Rapoport: *General Systems Theory, Essential Concepts an Applications*, Abacus Press, 1986

[303] B. H. Reich, I. Benbasat: *Factors that influence the social dimension of alignment between business and information technology objectives*, MIS Quarterly, Vol. 24(1), S. 81–113, 2000

[304] D. Reisberg: *Cognition*, W. W. Norton & Company, 1997

[305] R. Riehm: *Integration von heterogenen Applikationen*, Difo-Druck Bamberg, 1997

[306] L. Rogers: *Alignment Revisited*, CIO Magazine, May 15, 1997

[307] W. Ruh et al.: *Enterprise Application Integration: A Wiley Tech Brief*, John Wiley & Sons, 2001

[308] J. Rumbaugh et al.: *The Unified Modeling Language Reference Manual*, Addison Wesley, 1998

[309] W. Scacchi: *Experience with Software Process Simulation and Modeling*, Journal of Systems and Software, Vol. 46(2), S. 183–192, 1999

[310] W. Scacchi: *Understanding the Requirements for Developing Open-Source-Software Systems*, IEEE Proceedings on Software, Vol. 149(1), S. 24–39, 2002

[311] S. R. Schach et al.: *Maintainability of the Linux Kernel*, IEEE Proceedings – Software, Vol. 149(1), S. 18–23, 2002

[312] A. W. Scheer: *Architecture of Integrated Information Systems, Foundations of Enterprise Modeling*, Springer, 1992

[313] A. W. Scheer: *Business Process Engineering: Reference Models for Industrial Enterprises* Springer, 1994

[314] P. Schuh: *Recovery, Redemption and Extreme Programming*, IEEE Software, Vol. 18, S. 34–41, 2001

[315] M. Schwaninger: *Managementsysteme*, Campus, 1994

[316] D. Serain: *Middleware*, Springer, 1998

[317] M. Shaw, D. Garlan: *Software Architecture: Perspectives of an Emerging Discipline*, Prentice Hall, 1996

[318] G. Shegalov et al.: *XML-enabled workflow management for e-service across heterogenous platforms*, Springer, 2001

[319] M. Shepperd: *Fundamentals of software measurement*, Prentice Hall, 1995

[320] C. Shirky: *Web services and context horizons*, IEEE Computer, Vol. 35(9), S. 98–100, 2002

[321] J. Siegel, *CORBA fundamentels and programming*, John Wiley & Sons, 1996

[322] A. R. Simon: *Systems Migration – A Complete Reference*, Van Nostrand Reinhold, 1992

[323] O. Sims: *Business Objects – Delivering Cooperative Objects for Client/Server*, McGraw-Hill, 1994

[324] M. Sipper: *The Emergence of Cellular Computing*, IEEE Computer, Vol. 37(7), S. 18–26, 1999

[325] C. Smith: *Performance Engineering of Software Systems*, Addison Wesley, 1990

[326] C. Soh et al.: *Cultural fits and misfits: Is ERP a universal solution?*, Communications of the ACM Vol. 43(4), S. 47–51, 2000

[327] I. Sommerville, P. Sawyer: *Requirements Engineering: A Good Practice Guide*, John Wiley & Sons, 1997

[328] I. Sommerville: *Software Engineering*, Addison Wesley, 2000

[329] J. F. Sowa, J. A. Zachman:*Extending and Formalizing the Framework for Information Systems Architecture*, IBM Journal 31(3), 1992

[330] S. Spewak: *Enterprise Architecture Planning*, John Wiley and Sons, 1992

[331] R. D. Stacey: *Complexity and Creativity in Organizations*, Berret-Koehler, 1996

[332] T. D. Steiner, D. B. Teixera: *Technology in Banking – Creating Value and Destroying Profits*, McGraw-Hill, 1992

[333] P. A. Strassmann: *The Squandered Computer*, The Information Economics Press, 1997

[334] Stanford University: *Enterprise Architecture Home Page*, http://www. stanford. edu/group/APS/arch/index. html

[335] M. Svahnberg, J. Bosch: *Evolution in Software Product Lines: Two Cases*, Journal of Software Maintenance, Vol. 11(6), S. 391–422, 1999

[336] E. B. Swanson, C. M. Beath: *Maintaining information systems in organizations*, John Wiley & Sons, 1989

[337] C. Symons: *Function point analysis: difficulties and improvements*, IEEE Transactions on Software Engineering, Vol. 14(1), S. 2–11, 1988

[338] C. Szyperski: Component Software: Beyond Object Oriented Programming, Addison Wesley, 1997

[339] P. P. Tallon, K. L. Kraemer: *A Process-oriented Assessment for the Alignment of Information Systems and Business Strategy: Implications for IT Business Value*, Proceedings of the 4th American Conference on Information Systems, Baltimore, 1998

[340] D. Tapscott, A. Caston: *Paradigm Shift, The new promise of information technology*, McGraw-Hill, 1993

[341] J. Taramaa et al.: *From Software Configuration to Application Management*, Journal of Software Maintenance and Evolution: Research and Practice, Vol. 8(1), S. 26–38, 1996

[342] P. P. Tallon et al.: *Executives Perceptions of the Contribution of Information Technology to Firm Performance: A Process Oriented Approach*, Journal of Management Information Systems, Vol. 16(4), S. 137–165, 2000

[343] The Open Group Architecture Framework: *Technical Reference Model*, http://www. opengroup. org/togaf

[344] K. S. Trivedi: *Probability and Statistics with Reliability, Queuing and Computer Science Applications*, Prentice-Hall, 1982

[345] D. Truex et al.: *Growing Systems in an Emergent Organisation*, Communications of the ACM, Vol. 42(8), S. 117–123, 1999

[346] V. F. Turchin: *The Phenomenon of Science*, Columbia University Press, 1977

[347] V. F. Turchin: *A constructive interpretation of the full set theory*, Journal of Symbolic Logic, Vol. 52(1), S. 172–173, 1987

[348] W. M. Turski: *Reference Model for Smooth Growth of Software Systems*, IEEE Transactions on Software Engineering, Vol. 22(8), 1996

[349] C. Verhoef: *Quantitative IT Portfolio Management*, Science of Computer Programming, Vol. 45(1), S. 1–96, 2002

[350] C. Verhoef. *Quantitative Aspects of Outsourcing Deals*, Science of Computer Programming, 2004. To Appear.

[351] J. M. Voas: *COTS software: The economical choice?*, IEEE Software, Vol. 15(2), S. 16–19, 1998

[352] K. Wallnau et al.:*Building Systems from Commercial Components*, Addison Wesley, 2001

[353] G. Walsham: *Interpreting Information Systems in Organisations*, Wiley Series on Information Systems, 1993

[354] B. F. Webster: *Pitfalls of Object-Oriented Development*, M& T Books, 1995

[355] K. D. Welker, P. W. Oman: *Software Maintainability Metrics Models in Practice*, Journal of Defense Software Engineering Vol. 8(11), S. 19–23, 1995

[356] R. Weiber: *Der virtuelle Wettbewerb*, Gabler, 2001

[357] K. E. Weick: *Making Sense of the Organization*, Blackwell Publishers, 2001

[358] S. White et al.: *An Architectural Approach to Autonomic Computing*, ICAC 2004, S. 2–9, 2004

[359] S. A. Whitmire: *Object-Oriented Design Measurement*, John Wiley & Sons, 1997

[360] L. Willcocks, G. Fitzgerald: *A Business Guide to Outsourcing Information Technology*, Business Intelligence, 1994

[361] H. Williamson: *XML: The Complete Reference*, Osborne, 2001

[362] W. E. Wong et al.: *Quantifying the Closeness between Program Components and Features*, The Journal of Systems and Software, Vol. 54, S. 87–98, 2000

[363] D. Woods: *Enterprise Services Architecture*, O'Reilly, 2003

[364] H. Willke: *Systemtheorie I: Eine Einführung in die Grundprobleme der Theorie sozialer Systeme*, Lucis& Lucius, 2001

[365] E. Yourdan, L. L. Constantine: *Decline and Fall of the American Programmer*, Prentice Hall, 1993

[366] E. Yourdan: *Death March – The Complete Software Developer's Guide to Surviving „Mission Impossible" Projects*, Prentice Hall, 1997

[367] S. Zahran: *Software Process Improvement: Practical Guidelines for Business Success*, Addison Wesley, 1997

[368] V. A. Zeithaml, M. J. Bitner: *Service Marketing*, McGraw Hill, 1996

[369] M. V. Zelkowitz et al.: *Principles of Software Engineering and Design*, Prentice Hall, 1979

[370] C. Zook, J. Allen: *Profit from the Core*, Harvard Business School Press, 2001

[371] H. Zuse: *A Framework for Software Measurement*, de Gruyter, 1991

Sachverzeichnis

Kafka 206
Kapital 19, 50–52, 255
Kapitalbedarf 39
Kapitalbeschaffung 52, 53
Kapitaldecke 14
Kapitaleinsatz 51
Kapitalmengen 51
Kapitalverzehr 49
Kapselung 107, 352
Karrierepfade 206
Karte 66, 67, 339, 340
Kasperltruppe 209
Katalysator 19, 318
Katastrophentheorie 261
Kategorie 23, 55, 66, 95, 102, 108, 127,
    128, 140, 156, 157, 235, 268, 328,
    331, 352, 372
Kategorisierung 61, 62, 66, 74
Kathedrale 326
Kazaa 144, 339
Kelvin 369
Kernkompetenz 211
Key Performance Indicator 398
Khmer 74
Klassifikation 74, 89, 96, 264, 372
Know-how-Transfer 341
Knowledge 285, 286, 299
Knowledgemanagement 305
Kochrezept 26, 200, 374
Koeffizienten 43, 44, 385
Koexistenz 120, 280
Kognition 65, 67
Kollaboration 92, 302
Kollaborationsstadium 200
Kollaps 302
Kollektion 85, 88, 138, 140, 243, 302,
    333, 360
Kollektiv 301
Kolmogorov-Smirnov 29
Kombination 5, 23, 27, 48, 136, 154,
    206, 239, 289, 350, 372, 375
Kombinatorik 333
Komitee 209
Kommunikation 5, 11, 66–68, 70, 95,
    117, 119, 123, 124, 126, 132, 135,
    141, 153–155, 202, 204, 207, 217,
    282, 285, 287, 299, 300, 302, 304,
    310, 325, 342
Kommunikationsanbieter 306

Kommunikationsfluss 64
Kommunikationsform 206
Kommunikationskanal 315
Kommunikationsmodell 233
Kommunikationsmuster 299
Kommunikationsnormen 217
Kommunikationsprozess 64
Kommunikationsstruktur 153, 155,
    232, 233, 300
Kommutator 358
Kompetenz 63, 64, 68, 255, 319, 377
Komponente 8, 60, 64, 72, 91, 92, 95,
    96, 108, 113, 118, 122, 123, 136,
    137, 141, 143, 237, 244, 249, 280,
    289, 295, 317, 319, 321, 333, 334,
    343, 344, 347, 352
Komponenten 398
Kompression 36–39, 45, 48
Kompressionsprojekte 39
Konfiguration 156, 334
Konfigurationsmanagement 398
Konjugation 381
Konservierung 273
Konsumenten 79
Kontakt 63, 215, 339
Konten 153, 309
Kontext 12, 66, 70, 72–74, 79, 108, 114,
    123, 127, 135, 146, 202, 290, 300,
    302, 303, 307, 321, 327, 336, 340,
    348, 350, 352, 354, 358, 363, 370,
    382
Kontextbezogenheit 12
Kontexttransfer 363, 365
Kontextualismus 70, 72
Kontextwechsel 73
Kontrolle 3–5, 46, 100, 139, 143, 150,
    208, 210, 270, 273, 300, 305, 307,
    309, 310, 314, 326, 329, 332, 353,
    357, 360
Kontrollinformation 313
Kontrollkrise 208
Kontrollmechanismen 210
Kontrollorgane 205
Kontrollsystem 204, 308, 309, 330–332,
    361, 366
Kontrollverlust 270
Konzernkonsolidierung 208
Konzernstrategien 75

438   Sachverzeichnis

CPSIA information can be obtained
at www.ICGtesting.com
Printed in the USA
LVHW08*2142180818
587392LV00009B/198/P